KBO NUMBERS BOOK 2025

프로야구 넘버스 북 2025

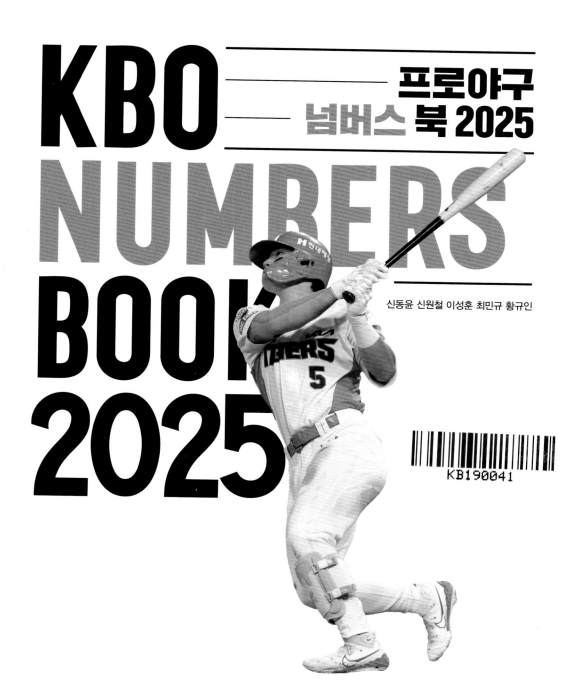

신동윤 신원철 이성훈 최민규 황규인

KB190041

하빌리스

CONTENTS ————————————

[FEATURES]

[RECIPES]

[TEAM ISSUES]

이 책을 펴내는 데 도움 주신 분들

KIA 타이거즈

삼성 라이온즈

LG 트윈스

두산 베어스

KT 위즈

SSG 랜더스

롯데 자이언츠

한화 이글스

NC 다이노스

키움 히어로즈

n2shot 신주영 실장님

KBOP 장호성 님

한국프로야구선수협회 장윤선 팀장님

감사하게도 추천사를 허락해 주신 허구연 총재님, 정재승 교수님, 이동욱 위원님

게티이미지코리아 권민 팀장님, 임언정 차장님

외고를 흔쾌히 써주신 이재국 위원님, 이창섭 위원님

멋진 디자인으로 책을 다듬어 주신 END DESIGN 여러분

실수를 많이 메워주신 박진호, 유동조 님

※ 2025년 불의의 사고로 우리 곁을 떠나신 KIA 타이거즈 고강인 프로님을 추모합니다.

왜 이 기록들을 알아야 하나?

_신원철

이 책에는 여러 야구 통계 지표를 활용한 글이 담겼습니다. 낯선 단어를 생경하게 느끼실 분들을 위해 어떤 지표가 어떤 맥락을 갖는지 간단하게 소개합니다.

이미 아는 단어라고 생각하신 분은 너무 간단한 소개라고 생각하실 수 있습니다. 반대로 이 지표들이 낯선 분은 불친절한 설명으로 느낄 수 있습니다. 지표 하나하나를 깊게 파고들 정도로 알 필요는 없습니다. 이 책은 세이버메트릭스 교과서가 아니라, 세이버메트릭스의 방법으로 KBO 리그를 돌아본 책입니다. 맥락 속에서 자연스럽게 이해할 수 있도록 집필 방향을 잡았습니다.

익숙하지 않은 지표들이 진입 장벽으로 느껴지신다면 아래 순서대로 읽어보시기를 추천합니다. 이론적 뿌리가 되는 지표부터, 그 지표에서 파생한 지표들을 차례로 소개했습니다. 책 본문에서 이 지표들을 어떻게 활용했는지 살펴보세요. 호기심이 생기셨다면 이미 검색창에 이 단어들을 넣어보셨을 거라고 생각합니다.

WAR 대체선수대비기여승, Wins Above Replacement

세이버메트릭스 발달의 총체이자 총아. 선수 팀 기여도를 '승'이라는 단 하나의 숫자로 보여준다. 선수의 가치를 대체선수보다 몇 승을 더해줄 수 있는지로 표현한다. 과거 개별 지표로 평가됐던 타격, 주루, 수비, 투구 등을 통합했다. 계산 방법이 다양해 계산식에 따라 수치 차이가 크다. 이런 임의성은 WAR의 단점으로 꼽힌다.

이 책이 기준으로 하는 STATIZ의 KBO 리그 WAR은 대체선수로만 구성된 팀은 1년에 승률 .220을 기록한다고 전제한다. 무승부가 없다면 31.7승이다. 2024년 KBO 리그 1군 경기에 출장한 타자 296명 가운데 가운데 WAR 1승 이상 선수는 전체의 27%, 2승 이상은 15%, 3승 이상은 10%, 4승 이상은 4%, 5승 이상은 2%였다.

RE 기대득점, Run Expectancy 와 RE24

야구 경기는 아웃카운트와 주자 수에 따라 24가지 상황으로 나눌 수 있다. 3가지 아웃카운트 상황(무사, 1사, 2사)과 8가지 주자 상황(주자 없음, 1루, 2루, 3루, 1·2루, 1·3루, 2·3루, 만루)의 조합이다. 각 상황에서 해당 이닝이 끝날 때까지 나온 점수의 평균이 기대득점이다. 이를 선수 개인기록으로 활용한 게 RE24다. 선수의 각 상황 평균 대비 득점 기여도를 더한 값이다. 2024년 메이저리그 RE24 1위는 애런 저지(96.8), 2위는 오타니 쇼헤이(81.4)였다.

RV 득점가치, Run Value

선수의 플레이가 기대득점에 끼친 영향. 플레이 전후 기대득점 차이로 계산할 수 있다.

WP 승리확률, Win Probability 와 WPA 추가승리확률, Win Probability Added

과거 야구경기 기록을 바탕으로 이닝, 아웃카운트, 주자 상황, 점수 차, 볼카운트 등에 따른 홈, 또는 원정팀의 승리 확률. 1903-2023시즌 메이저리그 기록을 바탕으로 할 때 9회말 타이 스코어에서 무사 주자 1루 초구 상황의 홈팀은 73.42% 확률로 승리했다. 이 73.4%가 WP다. WP는 플레이의 결과에 따라 바뀐다. 각 플레이가 바꾼 WP 차이가 WPA다. 위 상황에서 타자가 삼진을 당해 1사 1루가 됐다면 다음 타자가 초구를 기다릴 때 WP는 66.98%로 줄어든다. 앞 타자의 WPA는 −6.44%다.

LI 레버리지인덱스, Leverage Index

각 상황의 중요성을 나타내는 지표. 이닝, 점수, 아웃카운트, 주자 위치에 따라 경기의 특정 상황이 얼마나 중요한지를 숫자로 보여준다. 1 보다 낮으면 덜 중요한 상황, 높으면 중요한 상황이다. 흔히 말하는 '하이레버리지 상황'은 승부가 갈릴 수 있는 중요한 상황이다.

파크팩터 구장효과, Park Factor

야구장은 외야 펜스 거리, 파울지역 넓이, 해발고도, 기온 등에 따라 개성을 갖는다. 경기 내용에도 영향을 미칠 수 있다. 넓은 잠실야구장은 투수에게 유리하지만, 좌우중간 펜스거리가 짧은 대구삼성라이온즈파크는 타자에게 유리하다. 파크팩터는 구장이 어떤 특성을 지녔는지를 숫자로 표현한다.

투구

FIP 수비무관평균자책점, Fielding Independent Pitching

야구의 목적은 승리이고, 승리는 점수 차이로 결정된다. 그래서 야구 선수의 기량, 혹은 팀 기여도는 점수를 기준으로 하는 게 좋다. 고전적인 기록인 평균자책점은 이 점에서 훌륭한 지표다. 투수가 9이닝을 책임졌을 때 몇 자책점을 주는지를 계산한다. 자책점을 기준으로 하므로 수비 실수의 영향도 어느정도 제거된다. 하지만 수비는 투구 결과에 상당한 영향을 미친다. 비자책점을 계산에서 제외하는 것만으로는 부족하다. 이런 취지에서 톰 탱고가 2006년 출판한 〈The Book〉에서 발표한 지표가 FIP다. '인플레이타구는 수비의 영향을 받는다'는 기본 아이디어에서 시작한다. 계산식에는 홈런, 4사구, 삼진, 이닝과 FIP 상수가 포함되며 평균자책점과 유사한 스케일이다.

DIPS 수비무관투구기록, Defense Independent Pitching Statistics

FIP에 앞서 DIPS가 있었다. 야구 분석가 보로스 맥크라켄은 대학원생이던 1999년 의미있는 주장을 했다. "인플레이타구로 인해 생긴 결과는 투수의 책임이 아니며 운과 수비력에 좌우된다"는 것이다. 수비의 목표는 실점 저지다. 실점 저지는 투수와 수비수의 공동 작업이다. 더 뛰어난 야수들을 동료로 둔 투수는 더 적은 실점을 할 가능성이 크다. 그렇다면 실점을 기반으로 하는 '평균자책점'은 수비의 영향을 받은 결과라고 봐야 한다. 이전에도 비슷한 통계수치가 있었지만 맥크라켄이 촉발한 논쟁으로 수비의 영향과 중요도에 대한 깊이 있는 논의가 이뤄졌고, 새로운 지표들이 고안됐다.

BABIP 인플레이타구타율, Batting Average on Balls In Play

맥크라켄이 DIPS 이론을 설명하며 고안한 지표. 수비로부터 독립적이지 않은 인플레이 타구만으로 측정한 타율을 가리킨다. 따라서 홈런과 삼진은 계산에서 제외된다. 맥크라켄은 처음에 "아무리 위대한 투수도 BABIP을 제어할 수 없다"는 입장이었다. 후속 연구가 진행됨에 따라 땅볼/플라이볼 비율과 같은 '능력'이 BABIP에 영향을 미친다는 사실이 발견됐다. 하지만 맥크라켄 이전 사람들이 생각했던 것보다는 훨씬 적은 영향이다. 일반적으로 평균보다 지나치게 높은 BABIP은 행운의 결과이며 평균으로 수렴할 가능성이 높다.

GS 게임스코어, Game Score

빌 제임스가 고안하고 톰 탱고가 발전시킨 선발투수 경기력 평가 지표. 기본점수 50점(제임스 버전)과 40점(탱고 버전)을 시작으로 상황마다 점수를 가감해 결과를 계산한다. 이 책에서는 제임스 버전을 썼다. MLB.com은 탱고 버전을 사용하고 있다.

K/9, BB/9

9이닝당 탈삼진, 9이닝당 볼넷. 삼진과 볼넷을 이닝수로 나눈 뒤 9를 곱한 값이다. 9는 선발투수가 정규 9이닝 완투를 했다는 가정을 나타낸다. 물론, 전 세계 야구에서 완투는 지속적으로 줄어드는 추세다.

LOB% 잔루처리율, Left On Base Percentage

출루했지만 득점에 실패해 잔루로 남은 주자 비율. 안타, 4사구, 홈런, 실점을 바탕으로 계산한다. 도루실패나 견제사 등으로 사라진 주자, 실책이나 야수선택으로 출루한 주자는 계산에서 제외한다.

타격

wOBA 가중출루율, Weighted On-Base Average

타자의 생산력을 더 정확하게 파악하기 위해 만들어진 지표. 장타율은 공식이 간단하지만 2루타, 3루타, 홈런을 각각 단타보다 2, 3, 4배 가치가 있는 것으로 계산한다는 단점이 있다. OPS는 장타율과 출루율의 가치를 일대일로 본다는 게 약점이다. wOBA는 RV를 활용해 각 타격 결과가 득점에 끼친 영향을 세분화해 계산한다. 이름과는 달리 출루 능력을 평가하는 지표가 아니다. 종합적인 득점 생산력을 평가하지만 스케일을 출루율에 맞췄기 때문에 '가중출루율'이라는 이름이 붙었다. 리그 평균 wOBA는 늘 리그 평균 출루율과 같게 조정된다.

wRC 가중득점생산력, Weighted Runs Created

제임스는 타자의 공격 기여도를 '생산해낸 득점'으로 표현하는 RC(Runs Created)를 개발했다. 다양한 버전이 있지만 기본은 출루율과 루타수의 곱이다. wRC는 타자의 타격을 득점으로 나타낸다는 점에서 RC의 발상은 따른다. 하지만 wOBA를 바탕으로 계산한다.

wRC+ 조정가중득점생산력, Weighted Runs Created+

세이버메트릭스 지표 중에는 wRC+나 OPS+처럼 '+'가 붙는 것들이 있다. 여기서 +는 '조정', 즉 파크팩터나 리그 환경의 영향을 중립적으로 조정한 수치를 의미한다. wRC+는 wRC에 리그 평균, 파크팩터를 적용해 조정한 값이다. 각기 다른 구장, 시즌, 시대에 뛰었던 선수들의 공격력을 비교할 수 있다는 장점이 있다.

순수출루율Isolated Disciple과 순수장타율Isolated Power

출루율과 장타율은 기본적으로 타율이 높은 선수에게 유리하다. 출루율과 장타율에서 타율의 영향을
배제하기 위해 순수출루율과 순수장타율이 만들어졌다. 출루율과 장타율에서 타율을 뺀 값이다.

수비와 주루

DER수비효율지수, Defensive Efficiency Ratio

인플레이 타구를 얼마나 아웃으로 변환했는지를 보여주는 지표. 수비로부터 독립적인 4사구와 삼진,
홈런을 제외한 인플레이타구 가운데 야수가 아웃 처리한 비율을 계산한다. 역시 DIPS 이론에 근거해
고안됐다.

Spd스피드스코어, Speed score

주루 능력 평가 지표. 0–10점 스케일이다. 도루성공률과 도루시도율, 3루타, 득점 성공률 등을 기반
으로 측정한다. 이 지표를 채택하는 미국 통계사이트 팬그래프는 7.0을 '매우 뛰어남', 6.0을 '뛰어남',
5.5를 '평균 이상', 4.5를 '평균', 4.0을 '평균 이하', 3.0을 '별로', 2.0을 '최악'으로 설명하고 있다.

여기까지 읽으셨다면 '이 숫자를 잘 알면 야구가 재미있어질까?'라는 의문이 들 수도 있습니다. 미국에서는 세이버메트릭스가 야구를 재미없게 만들었다는 말도 나오니까요. 기록과 통계를 거부하는 이들이 한 말이 아닙니다. 테오 엡스타인은 보스턴 단장으로 '밤비노의 저주'를, 시카고 컵스 사장으로 '염소의 저주'를 깬 인물입니다. 그는 2020년 컵스 사장직을 물러나면서 이렇게 말했습니다.

"야구는 가장 훌륭한 스포츠지만, 경기가 진화하는 방식이 위협이 되기도 합니다. 저 역시 그에 대한 책임이 있습니다. 저처럼 분석과 지표로 개인과 팀의 성과를 최적화하는 데 많은 시간을 보낸 이들은 무의식적으로 경기의 아름다움, 경기의 즐거움 측면에서 부정적인 영향을 끼쳤습니다."

WAR만 내세우면 모든 토론을 끝낼 수 있을까요? 빌 제임스는 여러 차례 WAR의 약점을 지적했습니다. WAR은 '추정치'에 기반한 결과에 의존하는 특징이 있기 때문입니다. 하지만 '정확한 추정치'를 확보하는 건 어렵습니다. 그는 2017년 애런 저지와 호세 알투베의 MVP 경쟁에서 WAR이 더 낮은 알투베를 지지했습니다.

2020년에는 'WAR 만능론'에 이렇게 반발하기도 했죠.

"WAR에 대한 내 반감의 핵심은 'WAR은 전혀 문제가 없다'는 생각이 아니다. 수학을 생각의 대체재로 생각해서는 안 된다는 데 있다. 많은, 정말 많은 사람들이 토론을 '끝장내는' 수단으로 WAR을 사용한다."

세이버메트릭스를 만들고 성공적으로 활용했던 사람들이 이렇게 말하는데, 왜 보통 야구팬이 이런 기록들을 알아야 할까요? 이들의 말은 역설적입니다. 엡스타인의 말은 세이버메트릭스가 현실의 야구를 바꿀 만큼 영향력을 가졌다는 의미입니다. 제임스의 비판은 야구팬들이 WAR을 절대적으로 신봉하는 데서 나온 우려입니다.

주장은 근거를 지녀야 합니다. 요즘 우리 주변에는 '말이면 다인 줄' 아는 이가 많아졌습니다. 큰 목소리로 깜짝 놀랄 주장을 펼치지만 근거는 빈약하거나 없는 사람들 얘깁니다. 야구도 비슷합니다. "야구 해봤어?" 그러나 직함과 경력에서 오는 권위가 모든 것을 설명할 수는 없습니다.

세이버메트릭스는 질문에 대한 설득력 있는 답을 찾는 과정입니다. 세이버메트릭스를 통해 과거에 그렇게 인식했으나 사실은 달랐던 것들이 새롭게 드러나기도 하고, 막연하게 느꼈던 점들이 더 구체적으로 밝혀지기도 합니다. 세이버메트릭스는 누구나 야구를 보며 생각했을 만한 의문에서 시작했습니다. 야구에는 여전히 우리가 모르는 것이 더 많습니다.

숫자로 깊이 들여다 본 한국야구
FEATURES

기록으로 본 2024년

KBO 리그

_신원철

"각 팀의 목적은 상대팀보다 많이 득점하여 승리하는 데에 있다."
"The objective of each team is to win by scoring more runs than the opponent."

야구 규칙은 경기에 참여하는 팀의 목적을 이렇게 정하고 있다. 타자는 출루해 주자가 되거나 주자를 진루시켜 득점에 기여해야 한다. 투수와 수비수는 상대 타자의 출루와 기주자 진루를 막아 실점을 줄여야 한다. 세이버메트릭스도 여기서 출발한다. WAR, wRC+, FIP, UZR 등등 복잡해 보이는 지표도 결국 다 점수 얘기다. 방법은 제각각일 수 있어도 결국은 한 가지로 모인다. 팀, 그리고 선수의 능력을 점수에 대한 기여로 평가한다. 복잡하고 낯설게 느껴지지만 핵심은 점수다.

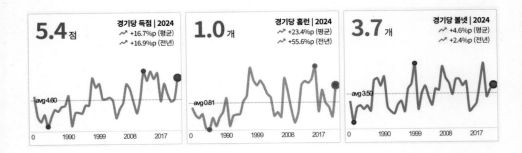

KBO 리그는 지난 2년 동안 팬들에게 야구의 두 가지 맛을 모두 보여줬다. 투고타저와 타고투저다. 2024년 정규시즌 전체 OPS는 0.772로 역대 9번째였다. 한 팀의 경기당 득점은 5.4점(5.375점)으로 역대 5위다. 2023년은 OPS 0.712, 평균 득점이 5.0점인 투고타저 시즌이었다. 2023년에 비해 2024년 타자들의 성적이 뚜렷하게 좋아져 투고에서 타고로의 전환이 확실히 체감됐다. 2023년과 2024년 OPS 차이는 +0.060으로 직전 시즌 대비 OPS 변동 폭이 역대 여섯 번째(2018→2019 −0.081, 1992→1993 −0.079, 2013→2014 +0.070, 2008→2009 +0.065, 1998→1999 +0.064)로 컸다.

KBO는 2024년 3월 22일 경기사용구(공인구) 1차 시험 결과를 발표했다. 샘플 3타의 반발계수는 0.4203, 0.4212, 0.4209로 모두 합격 기준에 도달했으나 합격 기준 상한선(0.4234)에 가까운 수치가 나왔다. 1년 전 평균 0.4175보다도 높은 수치였다. 갑작스러운 환경 변화의 배경에 '탱탱볼'이 있다는 해석이 따라왔다. 타고와 투고의 원인을 흔히 공인구 반발계수에서 찾기 쉽지만 같은 타고라도 그 배경은 각각 다를 수 있다.

KBO 리그 역사상 가장 투수들에게 불리했던 시즌으로 꼽히는 2014년(OPS 0.808, 역대 1위)과 2018년(0.803, 2위)만 봐도 그 양상은 서로 다르다. 2014년이 경기당 3.78개의 볼넷(2018년 3.21개)이 쏟아진 출루의 시즌이었다면 2018년은 경기당 1.22개의 홈런(2014년 1.01개)이 터진 대포의 시즌이었다. 리그 환경 변화에 반발계수의 영향이 없지 않겠지만, 오직 반발계수만으로 설명하기는 어렵다. 비거리에 영향을 끼치는 요소로는 반발계수 외에 항력계수가 있는데, 여기에 대한 연구는 한국에서는 아직 없었다. 또 대표적인 타자 친화 구장인 목동구장이 2015년까지, 마산구장이 2018년까지 쓰였다는 점 또한 감안해야 한다.

2024년 도입된 제도적 변화가 원인이라는 가설도 세워볼 수 있다. 경기당 볼넷은 평균 대비 4.6%가 늘었다. ABS(자동투구판정시스템)라는 제도적 변화가 있었던 점이 영향을 끼쳤을 수 있다. BABIP은 0.325로 타고투저 양상이 5년이나 지속된 2014-2018년에 버금가는 수치가 나왔다. 시프트 제한의 효과가 BABIP 상승으로 이어졌을 가능성을 무시할 수 없다.

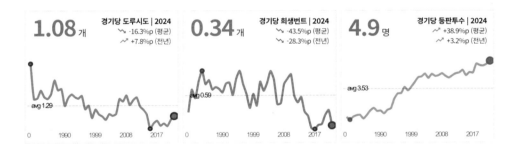

타고투저, 또는 투고타저 같은 득점 환경 변화는 야구 경기의 내용도 바꾼다. 감독의 판단 기준 또한 달라져야 한다. 희생번트와 도루, 그리고 투수 교체는 경기에서 감독의 영향을 많이 받는 변수로 볼 수 있다. 타고투저 환경이라면 아웃카운트와 진루를 맞바꾸는 전략은 손해로 이어질 가능성이 크다. 세이버메트릭스는 희생번트를 죄악시한다는 오해를 받곤 한다. 하지만 투고타저 환경이거나, 강한 투수를 상대하는 경기, 약한 투수를 잘 상대하지 않는 포스트시즌에는 진루가 더 유리한 선택일 수 있다. 장타가 많이 나오는 시즌이라면 실패 위험을 감수하면서 도루로 다음 베이스를 노리지 않아도 된다. 실점이 늘어나면 투수 교체를 고민할 일도 많아진다.

희생번트는 갑자기, 크게 줄어들었다. 2022년과 2023년은 OPS 0.712로 투고타저 시즌이었고, 경기당 희생번트가 각각 0.42개와 0.47개였다. 2017년 0.42개 이후 가장 많았다. 다시 타고투저 환경이 되자 감독들이 여기에 적응했다. 2024년 경기당 희생번트는 0.33개로 감소했다. 2019년 0.30개 이후 가장 적다.

규칙 개정으로 아웃카운트를 버리는 희생번트보다 도루 시도가 늘어났을 수도 있다. KBO 리그에서 도루는 한동안 사양세인 작전이었다. 2016년 경기당 1.11회였던 도루 시도가 2017년 0.82회로 갑자기 줄어들었다. 이 수치는 2022년까지 모두 1.00개를 밑돌다가 2023년 1.00개로 회복됐다. 2023년에는 LG가 무려 267회 도루를 시도하며 리그 전체 수치에 영향을 끼쳤다. 2024년 베이스 크기 확대라는 규칙 변화와 함께 리그 출루율이 전년 0.338에서 0.352로 올랐다. 이에 발맞춰 경기당 도루 시도 또한 1.08개로 증가했다. 그런데 성공률은 2023년 72.2%에서 2024년 74.4%로 소폭 오르는 데 그쳤다. 메이저리그에서는 베이스 크기 확대 전후인 2022년 75.4%에서 2023년 80.2%로 4.8%p가 올랐다.

KBO 리그 감독들은 OPS가 올라가면 투수도 많이 쓴다. 10개 구단 체제가 된 뒤로는 확실히 그랬다. 2015년부터 OPS가 상승한 시즌에는 경기당 투수 기용 또한 늘어나는 경향을 보였다. 2014년은 시즌 OPS가 역대 최고였던 때지만 9개 구단 체제라 모든 팀들이 주기적으로 나흘을 쉴 수 있었다는 점을 고려해야 한다. 그런데 이런 점을 생각해도 2024년 수치는 확실히 눈에 띈다. 2024년보다 OPS가 높았던 시즌은 있어도, 2024년처럼 많은 투수를 쓴 적은 없었다.

이 팀은 어떻게 득점했을까

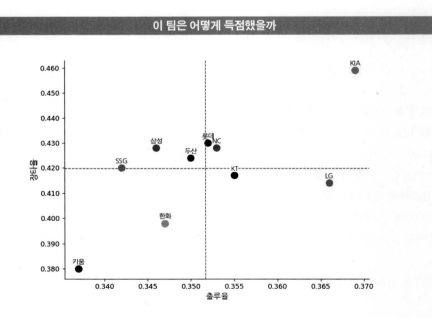

우승팀 KIA는 공격 지표부터 돋보인다. 출루율도 장타율도 1위, 우승 자격을 증명했다. 특히 장타율은 2위 롯데와 큰 차이를 보였다. 0.459로 롯데(0.430)보다 0.029나 높다. 장타율 3위 삼성(0.428)과 9위 한화(0.398)의 차이가 0.030으로 KIA와 롯데의 차이와 비슷했다.

장타에서 KIA를 넘보는 팀이 없었던 것과 달리 출루에서는 '출루 악마' 홍창기를 보유한 LG가 KIA를 위협했다. 출루율 1위 KIA(0.369)와 2위 LG의 차이가 0.003에 불과한 반면 LG와 3위 KT(0.355)의 차이는 0.011로 컸다.

출루율이 비슷한 KIA와 LG지만 과정에서는 차이가 있었다. KIA는 팀 타율(0.301) 1위답게 안타에 의한 출루가 가장 많고, LG는 타석당 볼넷이 1위였다.

홈런 득점은 팀 홈런 1위 삼성이 302점으로 가장 많았다. KIA는 273점으로 2위. NC가 270점으로 3위에 올랐다. NC는 팀 홈런은 172개로 2위였지만 홈런으로 만든 득점은 163홈런을 기록한 KIA보다 적었다. 홈런 득점 최하위는 역시 최소 홈런을 기록한 키움이었다. 키움은 홈런 104개로 181점을 뽑았다.

홈런당 득점은 팀 홈런 8위(115개)이자 출루율 2위(0.366)인 LG가 1.81점으로 가장 높았다. 하지만 출루율이 높은 팀이 반드시 홈런당 평균 득점이 높지는 않았다. 팀 출루율 3위 KT(0.355)와 4위 NC(0.353)의 홈런당 평균 득점은 각각 10위, 9위였다. KT는 솔로 홈런 비율이 60%를 넘는 유일한 팀이었다(62.8%). NC의 솔로 홈런 비율도 57.6%로 전체 2위였다.

홈런 외 장타에 의한 득점 비율은 KT가 18.5%, 한화가 18.3%, LG가 18.2%로 상위권을 이뤘다. NC는 12.9%로 최하위에 그쳤다. 뒤에서 2위 삼성(14.4%)은 홈구장 특성상 홈런이 많아 2루타와 3루타가 상대적으로 적었던 것으로 보인다.

그런데 NC는 홈런에 의한 득점, 비홈런 장타에 의한 득점 모두 비율이 낮았다. NC의 상황별 장타율은 주자 없을 때 0.432로 가장 높고, 주자 있을 때 0.423, 득점권 0.395다. 득점권 장타율은 리그 최하위였다.

장타율 2위 롯데(0.430)와 3위 삼성(0.428)는 방향성이 달랐다. 롯데는 타수당 홈런은 8위로 하위권이지만 타수당 '비홈런 장타'는 1위였다. 삼성은 반대로 타수당 홈런은 1위, 타수당 비홈런 장타는 최하위다.

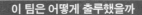

이 팀은 어떻게 출루했을까

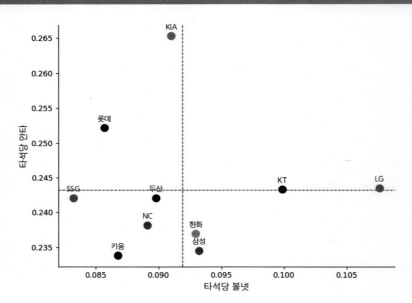

이 팀의 장타는 어떻게 이뤄졌을까

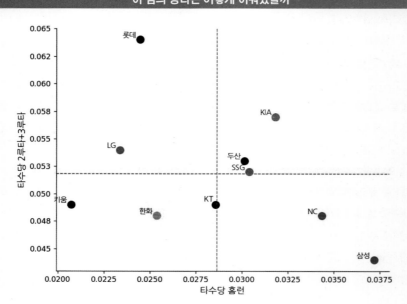

기대 득점 Run expectancy, 8회말까지						
2023				2024		
	0아웃	1아웃	2아웃		0아웃	1아웃	2아웃
주자 없음	0.52	0.27	0.10	주자 없음	0.61	0.32	0.13
1루	0.94	0.53	0.22	1루	1.05	0.60	0.26
1·2루	1.59	0.97	0.47	1,2루	1.63	1.16	0.54
1·3루	1.81	1.24	0.55	1,3루	2.05	1.26	0.51
2루	1.23	0.75	0.37	2루	1.29	0.85	0.39
2·3루	2.02	1.59	0.62	2,3루	2.25	1.57	0.63
3루	1.60	0.97	0.38	3루	1.45	1.00	0.45
만루	2.34	1.67	0.92	만루	2.57	2.04	0.92

기대 득점은 해당 상황에서 이닝이 끝날 때까지 나온 평균 득점. 득점 확률은 해당 상황에서 이닝이 끝났을 때까지 한 점이라도 나왔을 확률이다. 기대 득점은 주자가 많을수록, 득점 확률은 주자가 홈에 가까워질수록 높아지는 경향을 보인다. 2024년 시즌에 이닝 선두타자가 1루에 출루했을 때(무사 1루) 평균 1.05득점이 나왔다. 여기서 점수가 난 경우는 전체 사례의 46.2%였다. 희생번트 등으로 아웃카운트가 올라간 대신 주자를 한 베이스 진루시켰을 때(1사 2루)의 평균 득점은 0.85점으로 조금 하락한다. 하지만 득점으로 이어진 확률은 47.3%로 상승했다. 실점을 막기 위해 자동고의4구를 내주는 경우의 변화도 알 수 있다. 투고 성향이었던 2023년 득점 확률은 1사 2·3루에서 72.5%지만 1사 만루가 되면 69.5%로 떨어진다.

두 기록 모두 톰 탱고가 〈더 북(The Book)〉에서 제시한 방법을 따라 8회말까지를 기준으로 계산했다. 탱고는 1점의 중요성이 매우 커지는 9회에는 평균적인 상황에 비해 총 득점이 적고, 따라서 통계에 왜곡이 생길 수 있다고 봤다.

투고타저에서 타고투저로 환경이 바뀌면서 '기대 득점'과 '득점 확률' 또한 달라졌다. 리그 평균 OPS는 2023년 역대 29위인 0.712였는데 2024년에는 역대 9위인 0.772로 크게 올랐다. 상승폭으로 역대 4위 기록이다. 하락까지 포함했을 때는 6번째로 변동폭이 컸다. 최근 5년 기간에서는 2018년→2019년의 −0.081 이후 두 번째로 큰 변동이었다. 덕분에 기대 득점과 득점 확률이 리그 환경의 영향을 받는다는 것을 체감할 수 있다. 타고, 즉 많은 점수가 나는 환경에서는 작전의 효용이 투고 환경에 비해 상대적으로 떨어진다. 최근 2시즌 기대 득점과 득점 확률을 비교해 보면 무사 3루를 제외하고는 모두 타고 성향이었던 2024년 수치가 높다.

득점 확률 Run Probability, 8회말까지							
	2023				**2024**		
	0아웃	1아웃	2아웃		0아웃	1아웃	2아웃
주자 없음	0.274	0.153	0.065	주자 없음	0.311	0.180	0.083
1루	0.439	0.267	0.124	1루	0.462	0.288	0.135
1·2루	0.652	0.436	0.247	1·2루	0.643	0.472	0.271
1·3루	0.874	0.662	0.282	1·3루	0.884	0.630	0.287
2루	0.660	0.413	0.250	2루	0.689	0.473	0.264
2·3루	0.886	0.725	0.289	2·3루	0.904	0.735	0.270
3루	0.897	0.695	0.248	3루	0.874	0.699	0.292
만루	0.878	0.695	0.353	만루	0.889	0.734	0.373

하지만 야구는 매일이 다르다. 기대 득점과 득점 확률은 시즌 전반의 성격을 보여주는 기록이지만 모든 경기 상황에 대입할 수는 없다. 1회 카일 하트(1회 실점 제로), 한 점 차 9회에 김택연의 패스트볼을 상대하는 건 다른 투수를 만나는 것과 다르다.

승리를 만든 요소들

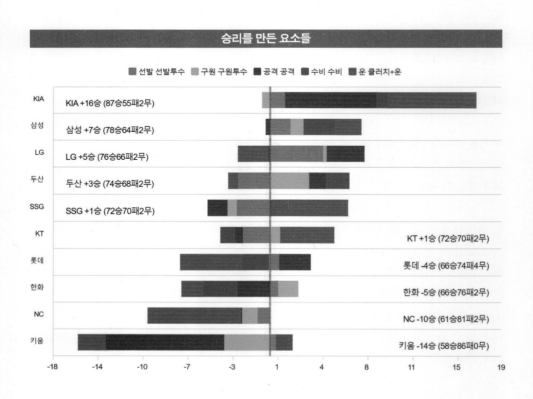

팀	승	선발	구원	공격	수비	클러치+운
KIA	16	1.2	-0.6	7.4	0.9	7.2
삼성	7	1.6	1	-0.4	2.5	2.2
LG	5	4.3	0.3	3	-0.2	-2.4
두산	3	-2.6	3.1	1.4	1.9	-0.8
SSG	1	-2.7	-0.7	-1.6	0	6.3
KT	1	-2.2	0.8	-0.6	-1.2	4.4
롯데	-4	0.7	-0.1	2.5	-2.2	-5
한화	-5	0.7	1.6	-2.6	-2.8	-1.7
NC	-10	-1	-1.3	-0.1	-0.1	-7.5
키움	-14	0.5	-3.7	-9.6	1.3	-2.2

(표 제목: Team Rank)

2024년의 KBO 리그 구단들은 어떻게 승수를 쌓았고, 또 어떤 점이 부족해 패배가 쌓였을까. 승률 0.500을 기준으로 플러스와 마이너스 승수를 만든 요인을 다섯 가지로 나눠봤다. 선발과 구원, 공격과 수비에 대한 설명은 따로 필요 없을 듯. 하지만 '클러치와 운'은 설명이 필요하다. KIA가 운으로 우승했다는 뜻이 아니다. '클러치+운'은 기대 승률과 실제 승률 사이 차이를 의미한다. 타이트한 승부에서 많이 이겼을 때. 또는 졌을 때 차이가 생길 수 있다. 접전에서 강했다면 클러치 상황에서 좋은 결과를 냈다는 얘기다. 그런데 야구에서는 정말 '운'으로 승패가 갈리기도 한다. 접전에서는 더욱 그럴 수 있다. 그래서 기대 승률과 실 제승률 차이가 전부 클러치 상황 결과에서 온다고 볼 수도 없다. 그래서 '클러치+운'이다. KIA는 접전에 강했고, 그 뒤에는 강력한 타선이 있었다. NC는 접전에서 힘을 쓰지 못했다. 마운드의 힘이 부족했다.

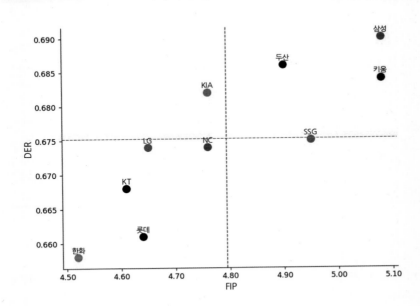

실점은 투수와 야수의 공동 책임이고, 실점을 막는 일은 투수와 야수의 공동 작업이다. 그렇다면 실점 과정에서 투수 몫과 야수 몫으로 나눠 생각해볼 수 있다. FIP(수비무관평균자책점)과 DER(수비효율지수)을 비교해 각 팀이 어떻게 실점을 막았는지 살펴봤다. 4분면에서 오른쪽 아래는 투수력과 수비력 조화가 좋다는 의미. 반대로 왼쪽 위는 투수력도 수비력도 약했다고 볼 수 있다. 2024년엔 여기에 해당한다고 볼 만한 팀은 없었다.

불균형이 나타난 팀은 많았다. 삼성과 키움, 두산은 수비력에 비해 투수력이 아쉬웠고, 한화와 롯데, KT는 수비력이 투수력을 따라오지 못했다.

오른쪽 위로 갈수록 투수력에 비해 수비력이 좋았던 팀이다. 팀 평균자책점 3위(4.68) 삼성은 타자친화 구장의 영향을 많이 받았다. DER이 가장 높다. 인플레이 타구는 잘 처리했지만 피홈런 때문에 FIP도 가장 높았다. 삼성의 홈구장 피홈런은 99개로 102개의 SSG 다음으로 많다. SSG는 삼성보다는 FIP이 낮지만 수비력이 평균 수준이었고, 여기에 피홈런까지 많아 팀 평균자책점 최하위(5.25)에 그쳤다. 키움은 DER 3위로 수비력이 준수했으나 정작 팀 평균자책점은 5.16으로 9위에 머물렀다. 높은 FIP에서 투수력의 약점이 드러난다.

왼쪽 아래로 갈수록 투수력은 안정적이지만 수비력에 약점이 있는 팀이다. 한화는 팀 평균자책점 4.98을 기록했는데 FIP은 가장 낮은 반면 DER은 가장 높았다. 수비가 받쳐줬다면 더 나은 성적을 낼 수 있었다는 해석이 가능하다. 2025년는 FA(프리에이전트) 시장에서 심우준부터 영입한 결실을 볼 수 있을까. kt와 롯데 또한 투수력에 비해 수비력이 아쉬웠다. NC와 KIA는 FIP과 DER이 모두 평균 근처에 있다. 그러나 팀 평균자책점은 KIA가 4.40으로 1위고, NC는 5.00으로 6위였다.

AGS로 본 원투펀치, 이닝으로 본 원투펀치

	평균 GS(15G 이상)		선발투수 이닝	
LG	49.53	임찬규 52.04 엔스 51.40	755.0	엔스 167⅔ 손주영 143⅔
KIA	49.17	네일 51.12 양현종 51.56	709⅓	양현종 171⅓ 네일 149⅓
삼성	48.78	코너 56.07 원태인 53.07	735⅔	코너 160.0 원태인 159⅔
롯데	47.94	반즈 56.68 윌커슨 52.81	763⅔	윌커슨 196⅔ 박세웅 173⅓
NC	47.89	하트 60.58 카스타노 49.63	715⅓	하트 157.0 신민혁 120⅓
키움	47.88	후라도 55.93 헤이수스 53.60	755⅓	후라도 190⅓ 헤이수스 171⅓
두산	47.66	곽빈 52.23 최준호 48.40	683⅓	곽빈 167⅔ 최원준 110.0
SSG	47.2	앤더슨 53.83 엘리아스 52.10	690⅔	김광현 162⅓ 엘리아스 121⅓
한화	46.92	와이스 55.25 류현진 50.54	675.0	류현진 158⅓ 문동주 111⅓
KT	46.81	쿠에바스 52.55 벤자민 50.82	715⅔	쿠에바스 173⅓ 엄상백 156⅔

선발 로테이션의 질을 평가하려면 어떤 지표를 봐야 할까. 평균자책점이 아쉽다면 FIP을 쓸 수 있겠다. 하지만 FIP은 선발투수의 중요안 능력인 이닝소화력을 보여주지 못한다는 단점이 있다. 짧은 이닝을 강하게 던지는 선발투수가 각광받기 시작한 메이저리그와 달리 KBO 리그는 여전히 긴 이닝을 던지는 지배력이 뛰어나야 좋은 선발로 여겨진다. 그래서 (완벽한 방법은 아니지만) '평균 게임스코어(AGS)'로 각 팀 선발 로테이션의 평균적인 수준, 그리고 원투펀치(팀별 AGS 상위 2명)를 살펴봤다. 게임스코어는 긴 이닝을 던질수록, 주자를 덜 내보내고 삼진을 많이 잡을 수록 높아진다.

AGS에서는 KIA·삼성·LG, 2024년 상위 3개 팀이 돋보였다. LG는 원투펀치의 힘은 상대적으로 떨어졌지만 전반적인 로테이션의 질이 높았다. NC는 카일 하트라는 리그 에이스를 보유했으나 그를 받쳐줄 선발투수가 부족했다. 키움은 경기 내용과 투구 이닝에서 모두 팀을 이끌었던 아리엘 후라도와 엔마누엘 데 헤이수스를 동시에 떠나보내며 올시즌 기꺼이 불확실성을 선택했다. 두산은 유일하게 외국인 투수가 명단에 포함되지 않았다. 15경기 이상 등판한 외국인 선발투수가 없었다. 브랜든 와델이 14경기에서 AGS 54.50을 기록했지만 여전히 다른 투수들의 존재감은 희미했다.

불펜 '좌우놀이' 지수				
2024년 정규시즌 '마무리 제외' 중간투수 타석과 OPS				
24	LvL+RvR_누적	LvL+RvR_비율	LvL OPS	RvR OPS
한화	1070	53.4%	0.980	0.757
KIA	1177	62.0%	0.706	0.838
KT	981	54.4%	0.958	0.779
LG	948	57.8%	0.751	0.871
롯데	1063	62.6%	0.826	0.798
NC	1018	56.4%	0.764	0.745
두산	1197	58.0%	0.777	0.828
SSG	1042	55.2%	0.714	0.898
삼성	968	56.5%	1.012	0.736
키움	870	53.3%	0.840	0.816
리그 평균		57.0%	0.804	0.805

왼손 타자에게 왼손 중간투수, 오른손 타자에게 오른손 중간투수를 붙이는 전략은 대체로 성과가 있었다. 피OPS로 봤을 때 '좌vs좌'가 0.804, '우vs우'가 0.805로 높아 보이지만 왼손 중간투수가 오른손 타자를 상대했을 때는 0.861, 오른손 중간투수가 왼손 타자를 상대했을 때는 0.838의 OPS를 기록했다.

같은 손을 쓰는 투수를 가장 적극적으로 투입한 팀은 롯데(62.6%)와 KIA(62.0%)였는데 두 팀의 강점은 서로 달랐다. KIA 왼손 중간투수들은 왼손 타자를 가장 잘 상대했다(OPS 0.704). 롯데는 오른손 투수들이 오른손 타자를 상대적으로 잘 잡았다(좌완 중간 vs 좌타자 0.826, 우완 중간 vs 우타자 0.798).

반대로 키움은 '좌우놀이'에 가장 소극적인 팀이었다. 같은 손 쓰는 중간투수를 기용한 경우는 2023

젊은 마무리의 시대				
KIA	삼성	LG	두산	KT
01정해영 31S	82오승환 27S	97유영찬 26S	05김택연 19S	03박영현 25S
	90김재윤 11S			
SSG	롯데	한화	NC	키움
89문승원 20S	93김원중 25S	92주현상 23S	89이용찬 16S	00주승우 14S
02조병현 12S				

선수 앞 숫자는 태어난 연도

년 49.7%, 2024년 53.3%로 2년 연속 가장 적었다.

마무리투수들이 어려지고 있다. 2024년 10세이브 이상 기록한 선수는 모두 12명. 여기서 5명이 2000년 이후 태어났다. 2023년에는 정해영 혼자였다. 1980년대생으로 마무리 자리를 지킨 선수는 1982년생 오승환(27세이브)과 1989년생 문승원(20세이브), 이용찬(16세이브) 딱 세 명이다. 여기서 문승원과 이용찬은 새 시즌 선발투수로 보직을 바꿀 계획이다. 2025년에는 2024년보다 젊은 마무리가 늘어난다고 볼 수 있다. SSG는 이미 2002년생 프로 4년차 조병현에게 마무리를 맡기기 시작했다. NC는 1999년생 김시훈 등을 후보로 두고 새 마무리를 찾고 있다.

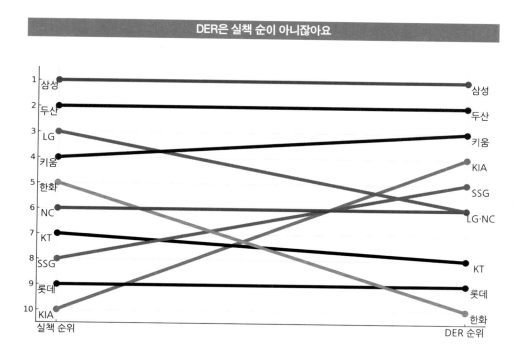

DER은 실책 순이 아니잖아요

실책 순위 / DER 순위

KBO 리그는 2021년 이후 4년 연속 시즌으로 해마다 1000실책을 넘겼다. 2022년은 10개 구단 체제 최다인 1130개, 경기당 실책 1.57개가 쏟아졌다. 전통적으로 실책은 볼넷과 함께 '경기의 질'을 평가하는 중요한 잣대로 여겨졌다. 2022년 늘어난 실책은 KBO 리그가 수준 낮은 경기력으로 인해 인기를 잃었다는 주장을 뒷받침하는데 쓰이기도 했다. 그런데 2022년 DER은 0.693로 경기당 실책이 1.33개(총 실책 961개)에 불과했던 2020년의 0.687보다 높았다. 실책으로 기록된 상황은 많았을지 몰라도, 인플레이 타구를 처리한 비율은 10개 구단 체제 최소 실책 시즌이었던 2020년보다 더 높았다.

시즌별 경기당 실책과 DER		
	경기당 실책	DER
2015	0.70개	0.674
2016	0.73개	0.669
2017	0.68개	0.672
2018	0.69개	0.671
2019	0.69개	0.690
2020	0.67개	0.687
2021	0.72개	0.696
2022	0.78개	0.693
2023	0.78개	0.690
2024	0.76개	0.675

2023년과 2024년은 실책 수와 DER이 반대로 움직였다. 경기당 실책은 2023년 1.56개로 2024년(1.51개)보다 많았다. 반면 DER은 2023년 0.690으로 2024년(0.675)보다 높았다. 2024년 타고투저가 홈런과 인플레이 타구 모두의 영향이라는 추측이 가능하다. BABIP은 2023년 0.310에서 2024년 0.325로 높아졌다. 2015년 이후 직전 시즌 대비 BABIP 변동에서 상승폭이 가장 컸다. 좌·우타자 모두 2023년보다 2024년이 높았다. 특히 왼손 타자가 BABIP이 0.314에서 0.333으로 오른손 타자(0.307→0.314)보다 크게 올랐다. 2024년 도입된 시프트 제한 규칙의 영향을 받았을 수 있다.

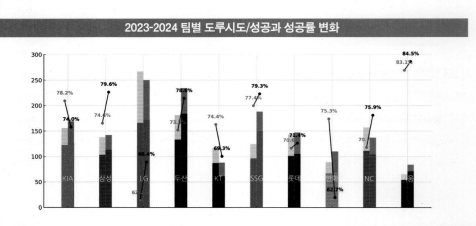

2024년 KBO 리그는 메이저리그 규칙 개정에 발맞춰 베이스 크기를 키웠다. LG, NC, KT를 제외한 7개 구단이 도루시도를 늘렸다. 도루성공률은 KIA, KT, 한화를 뺀 나머지 구단에서 모두 상승했다. 키움은 도루시도가 가장 적었지만 성공률이 가장 높은 팀이었다. 10차례 이상 도루를 시도한 선수가 김혜성(36시도 30성공)과 송성문(21시도 21성공) 둘 뿐인데 모두 성공률이 높았다. 한화는 뛰는 야구에 대한 김경문 감독의 의지에도 불구하고, 시도만 늘었을 뿐 성공 횟수는 큰 차이가 없었다. 도루성공률은 12.6%p나 떨어졌다. 가장 많이 뛴 팀은 2023년에도, 2024년에도 LG였다. 그러나 베이스 확대에도 도루시도가 늘어나지는 않았다. 계속해서 70%를 밑도는 성공률과 주전 위주 라인업 구성으로 인한 체력 관리의 필요성 때문에 도루시도를 의도적으로 줄인 탓이다. LG의 경기당 도루시도는 6월까지 2.12회였는데 7월 이후로는 1.21회로 반토막이 났다.

피치클락과 경기 시간				
2020	2021	2022	2023	2024
3:10	3:14	3:11	3:12	3:10

KBO는 원래 2024년 후반기부터 피치클락을 도입하려 했다. 전반기 시범도입 뒤 후반기 정식도입이 초기 계획이었지만 현장 반발로 '2024년 시범도입, 2025년 정식도입'으로 한발 물러났다. 2024년 시범경기 때 피치클락 효과는 확실히 있었다. KBO는 그해 3월 13일 "첫 19차례 시범경기 경기 시간이 2시간 35분으로 전년 대비 23분 단축됐다"며 피치클락 효과를 홍보했다.

그러나 볼카운트 제제 없이 경고만 주어지는 제도적 한계는 선수들의 인식에도 영향을 끼쳤다. 2024년 경기 시간은 3시간 10분으로 전년 대비 2분 단축에 그쳤다. 경기당 평균 피치클락 위반은 12.0회였다. 총 8590차례 피치클락 위반 경고 가운데 타자가 타격 준비를 마치지 않은 경우가 4081회로 가장 많았다. 투수가 투구 시간을 지키지 못한 경우는 주자 있을 때 3248회, 주자 없을 때 1165회였다. 포수의 준비가 끝나지 않은 경우는 96번 나왔다.

2025년부터 피치클락을 쓴다는 계획은 바뀌지 않았다. 그런데 세부 규정이 달라졌다. 2025년부터 투수들은 주자 없을 때 20초, 주자 있을 때 25초 안에 투구 동작에 들어가야 한다. 시범 도입 때 18초:23초에서 후퇴했다. 메이저리그에서는 주자 없을 때 15초, 주자 있을 때 18초로 차이가 크다. 피치컴 없이는 18초:23초도 어렵다는 주장에 장비를 먼저 들여 왔는데, 정작 규칙은 느슨해졌다. 메이저리그와 달리 투수판에서 발을 뗄 수 있는 기회도 무제한으로 주어진다.

김도영의
2024년은
얼마나
위대했나

_이성훈

프로야구사에는 '누군가의 시대'라고 부를 수 있는 시기가 있다. 압도적인 기량과 대중의 마음을 사로잡는 카리스마로 리그를 지배한 선수. 선동열과 이종범, 이승엽과 류현진, 이정후가 KBO 리그에서 현역으로 뛸 때 자신들의 시대를 만들었다.

2024년은 프로야구 역사상 가장 많은 팬이 야구장을 찾은 해였다. 스포츠 팬은 슈퍼스타를 열망한다. 사랑하는 스포츠가 더 멋지고 위대한, 남들과 나누기에 부족함이 없는 그 무엇이 되기를 원한다.

2024년 김도영의 등장은 그래서 더욱 뜻깊다.

다시 등장한 '세모난 네모', 김도영

김도영 바로 전에 리그를 평정한 이정후는 독특한 유형의 슈퍼스타였다. 타자에게 콘택트 능력과 장타력은 전혀 다른 기술이다. 신체적, 정신적으로 정반대 특성을 요구한다. 홈런을 많이 치려면 어느 정도 콘택트 손해를 감수하고 풀스윙을 해야 한다. 반대로 콘택트에 집중하는 타자는 짧은 스윙으로 단타를 추구하는 대신 홈런을 포기한다. 그래서 콘택트 능력과 장타력을 둘 다 최고 수준으로 갖춘다는 건 '세모난 네모', '짠맛 딸기' 같은 형용모순이다.

이정후는 그 형용모순을 현실로 만들어냈다.
그는 프로야구 역사상 최고 수준의 콘택트히터였다. 2022년 삼진 비율은 규정타석을 채운 타자 중 최저인 5.1%. 1991년 백인호 이후 31년 만의 최소치였고, 리그 평균(18.7%)보다 무려 13.6%p 낮았다. 규정타석 기준 리그 평균보다 13%p 이상 낮은 삼진 비율을 기록한 타자는 프로야구 역사상 이정후가 유일했다.

삼진 비율이 리그 평균보다 한참 낮았던 타자들				
연도	선수	삼진 비율	리그 평균	평균과 차이
2022	이정후	5.1%	18.7%	13.6%
2021	페르난데스	5.7%	18.2%	12.5%
2023	허경민	5.5%	17.7%	12.2%
2023	김선빈	5.5%	17.7%	12.2%
2020	허경민	5.8%	17.4%	11.6%

출처=스탯티즈

그런데 또한 이정후는 리그 최고 수준의 장타자이기도 했다. 이정후가 KBO 리그에서 뛴 마지막 3년 동안 기록한 장타율은 0.527. 최정과 나성범에 이어 세 번째로 높았다. 2022년에는 장타율 1위도 차지했다. 역대 최고 수준 콘택트 능력과 당대 최고 장타력을 겸비한 '세모난 네모'가 된 것이다.

이정후의 시대가 막을 내린 2024년, 곧장 '왕좌의 후계자'가 등장할 거라고 예상한 사람은 많지 않았을 것이다. 그런데 그 후계자도, '세모난 네모'였다.

2023년의 부상 여파를 완전히 떨치지 못했던 김도영은 시즌 7번째 경기를 치른 4월 2일에야 시즌 첫 도루, 그 사흘 뒤에 첫 홈런을 기록했다. 시동이 걸린 뒤로 활약은 어마어마했다. 4월 25일에는 시즌 10호 홈런을 때렸다. 도루는 이미 14개를 쌓고 있었다. KBO 리그 사상 최초로 '월간 10홈런-10도루'의 기록을 달성했다. 4월에 끝나기까지 네 경기가 더 남아있는 시점이었다.

김도영은 단 24경기 사이에 10홈런과 14도루를 해냈다. KBO 리그에는 당연히 전례가 없다. 메이저리그에서도 '24경기 10홈런 10도루'는 딱 두 명만 기록했다. 1987년 당대 최고 호타준족선수 에릭 데이비스가 5월에서 6월 사이에 11홈런 14도루를 기록했다. 그리고 지난해 오타니 쇼헤이가 두 번째 선수였다.

그렇게 김도영은 4월에 홈런과 도루 모두 1위에 올랐다. '홈런-도루 동반 월간 1위' 선수는 김도영 이전에도 있었다. 하지만 김도영과 같은 스타일의 선수는 없었다.

월간 홈런/도루 동반 1위			
월	선수	홈런	도루
1993년 7월	이종범	6	13
1994년 5월	이종범	7	22
1998년 4월	박재홍	5	5
2004년 9월	이종범	4	11
2024년 4월	김도영	10	14

자료제공=한국야구위원회(KBO)

김도영이 계보를 잇는 '호타준족형 타자'의 대표주자인 이 종범이 세 번, 박재홍이 한 번씩 기록했다. 이종범은 1994 년 역대 KBO 리그 타자 시즌 WAR 1위(11.8) 기록을 세웠다. 이해 5월에 기록한 7홈런–22도루는 지금 봐도 믿기 힘든 대활약이다. 하지만 이해 이종범은 김도영만큼의 장타력은 없었다. 박재홍은 '30–30'의 대명사다. 1998년에도 30홈런 을 쳤다. 하지만 홈런왕 경쟁과는 거리가 있었다. 이해 1위 타이론 우즈와는 12개 거리가 있었다.

이정후처럼 정상급 콘택트와 파워를 함께 갖춘 타자가 희 귀한 것처럼, 스피드/파워 조합도 리그 최고 수준으로 겸비 하기란 대단히 어렵다. 정상급 파워를 갖기 위해서는 몸이 커지는 게 유리한데, 큰 체구는 스피드를 내기에 불리하기 때문이다. 특히 트레이닝 방법이 주먹구구였던 시기에는 '슬 러거는 뚱뚱이', '날쌘돌이는 멸치'라는 이미지가 정형화됐 다. 둘 모두를 갖출 방법도, 고정관념을 넘어서겠다는 의지 도 부족했던 시기가 KBO 리그에서는 최근까지 이어졌다.

그래서 이정후와 스타일은 다르지만, 김도영도 형용 모순이 다. 최고 수준 스피드와 홈런 파워를 동시에 갖춘, 세계적으 로 드문 유형의 선수이기 때문이다. 그것도 만 21살 어린 나 이에. 심지어 김도영은 2024년 시즌 대부분의 시기에 만 20 세였다. 생일이 지난 나이를 해당 시즌의 나이로 삼는 세계 야구계 관행에 따라 2024년은 김도영의 '21세 시즌'이 됐다.

모두가 김도영의 불가사의한 4월에 경탄하는 동안, KIA 구 단과 이범호 감독은 부상과 '오버페이스'를 걱정했다. 그래 서 도루 자제를 직간접적으로 권했다. 실제로 김도영은 5월 부터 한 번도 월간 10도루를 넘어서지 않았다. 도루는 줄었 지만 장타력은 끝까지 유지됐다. 7월에는 4월보다 높은 장 타율 0.815를 찍기도 했다. 시즌 내내 배트와 발로 리그를 폭격한 결과가 만장일치에 가까운 MVP 수상이었다.

© KIA 타이거즈

역대 가장 위대한

'21세 타자 시즌'

김도영의 2024년은 얼마나 위대했을까.

지난해부터 숱한 찬사가 쏟아졌다. 여기에 이런 사실을 덧붙일 수 있다.

● 김도영은 지난해 40도루를 달성했다. 그리고 장타율 0.647을 기록했다. 시즌 40도루를 넘긴 국내 타자 가운데 장타율 0.600을 넘긴 선수는 김도영이 유일하다. 지난 100년간 메이저리그에서 40도루와 장타율 0.600을 같은 시즌 달성한 타자는 딱 2명. 1996년 배리 본즈(40도루-0.615)와 지난해 오타니(59-0.646)다. 해당 시즌 본즈는 31세, 오타니는 29세였다. 지난해 김도영은 본즈보다 10살, 오타니보다 8살 어렸다.

● 김도영은 리그 최고 수준 주자였다. 106차례 추가진루 기회에서 32번 성공했다. 추가진루 횟수도, 성공률(30.5%)도 모두 리그 1위였다. 두 부문 모두 2위 선수는 빠른 발을 앞세워 메이저리그 진출에 성공한 김혜성이었다.
김도영은 또 역대 최고 수준의 베이스 도둑이다. 지난해 도루성공률 90.9%(44회 시도/40회 성공)를 기록하며 통산 기록을 87.6%(78/89)까지 끌어올렸다. 통산 도루시도 80회 이상 선수 가운데 김도영보다 성공률이 높은 선수는 김지찬 뿐이다.

역대 40도루 이상 타자 장타율

연도	선수	도루	장타율
2015	테임즈	40	0.790
2024	김도영	40	0.647
1997	이종범	64	0.581
1994	이종범	84	0.581
1996	이종범	57	0.566

출처=스탯티즈

통산 도루 성공률

선수	도루	도실	성공률
김지찬	124	17	87.9%
김도영	78	11	87.6%
김혜성	211	37	85.1%
조동찬	150	29	83.8%
최지훈	128	26	83.1%

도루시도 80회 이상 기준
출처=스탯티즈

2024년 추가진루 횟수

선수	추가진루 기회	진루 성공	성공률
김도영	106	32	30.5%
김혜성	94	26	28.3%
김지찬	99	23	27.1%
에레디아	76	21	27.0%
고승민	75	19	16.0%

출처=스탯티즈

● 21세는 야구 선수에게는 '성장기'다. 아직 몸도 기량도 완전히 무르익기 전이다. 아마추어 시절보다 더 뛰어난 프로의 공에 적응해야 하는 타자에게는 더 어렵다. 그래서 21살에 리그를 지배하는 타자는 대단히 드물다. 메이저리그에서도 최연소 타자 MVP는 1970년 22세 298일이던 조니 벤치였다.

역대 21세 이하 타자 WAR			
연도	선수	나이	WAR
2024	김도영	21	8.3
2009	김현수	21	7.4
1992	홍현우	20	7.2
2008	김현수	20	7.2
1997	이승엽	21	6.3

출처=스탯티즈

'타격기계' 김현수도, '국민타자' 이승엽도, 21살에는 김도영처럼 압도적인 시즌을 만들지 못했다. 그러니까 우리는 지난해, 우리 인생에 본 적 없는 '가장 찬란한 21살 타자의 시즌'을 목격한 것이다.

●김도영에게 또 하나 무서운 부분이 있다. 약점을 하나씩 지워가고 있다는 것이다. 데뷔 뒤 2년 동안 김도영은 '유리몸'이라는 우려를 샀다. 첫 시즌에 내야 수비 도중 땅볼 바운드를 못 맞춰 손가락을 다치는 바람에 3주 동안 쉬었다. 2년째에는 아무런 외부 충격 없이 혼자 달리다 발가락 뼈가 부러져 두 달 넘게 결장했다. 시즌 뒤 아시아프로야구챔피언십에서는 일본과의 결승전에서 의욕이 앞선 나머지 헤드 퍼스트 슬라이딩을 하다 왼쪽 엄지 인대가 끊어지기도 했다. 김도영은 3년째 141경기에 출전해 의구심을 말끔히 지웠다. 체력 소모가 많은 다이내믹한 플레이를 하는 선수라는 점에서 더욱 인상적인 대목이다.

건강 외에 3루 수비의 안정성에도 의문부호가 붙었다. 첫 두 시즌 김도영은 3루수로 1102⅓이닝 동안 실책 22개를 범했다. 적지도 많지도 않은 평범한 수준. 수비 범위는 평균 이상이라는 평가도 받았다. 하지만 지난해 갑자기 실수가 급증했다. 3루수를 맡은 1111이닝에서 실책이 무려 30개였다. 역대 2위 기록. 39년 전 유지훤(OB)이 세웠던 역대 최다 실책 기록(31개)를 건드릴 뻔했다(또 다른 시즌 30실책 기록의 주인공은 다름 아닌 이범호 KIA 감독이다. 2004년 한

화 소속으로 실책 30개를 저질렀다. 포지션은 3루수. 1986년 유지훤은 유격수였다).

김도영은 수비 능력도 조금씩 향상시켰다. 6월까지 3루수로 선발 출전한 경기에서 경기당 실책은 0.25개였다. 7월 이후에는 0.20개로 줄였다. 그리고 생애 처음 나선 한국시리즈 5경기와 시즌 뒤 열린 프리미어12 5경기까지 무실책 행진을 이어갔다. '수비 장인'으로 불리는 류중일 대표팀 감독도 "김도영의 수비가 많이 안정됐다"고 평가했다.

타격에서는 2년차까지 오른손 투수 상대 능력이 조금 아쉬웠다. 좌투 상대로는 72타석에서 타율 0.387/OPS 1.039로 잘 공략했지만 우투에겐 0.284/0.774로 평범해 보였다. 지난해에는 좌우를 가리지 않고 평등하게 난타했다. 우투 상대 OPS 1.073, 왼손 투수에게는 1.132였다. 리그 전체에서 좌/우투수를 상대로 모두 OPS 1.000을 넘긴 타자는 김도영이 유일했다.

좌/우 투수 상대 OPS			
선수명	vs 우투	선수명	vs 좌투
구자욱	1.098	데이비슨	1.252
김도영	1.073	김도영	1.132
송성문	1.013	장성우	0.954
로하스	1.009	에레디아	0.951
오스틴	0.999	레이예스	0.920

출처=스탯티즈

스카우트들은 리그 전체에서 패스트볼 계열 구종을 가장 잘 치는 타자가 김도영이라고 평가한다. "굳이 약점을 꼽자면"이라는 질문에 "잘 제구된 포크볼과 커브 등 떨어지는 공"이라는 답을 들었다. '밥을 먹으면 배가 부르다'처럼 큰 의미는 없는 말이다. 잘 제구된 포크볼과 커브를 잘 치는 타자는 전세계에 존재하지 않기 때문이다.

기록으로 굳이 흠을 잡자면 '사이드암 투수 대처 능력' 정도다. 김도영은 지난해 언더핸드/사이드암 투수 상대로 48타석에서 타율 0.238/OPS 0.738로 약한 편이었다. 모든 팀이 이 사실을 알지만 '김도영 공략법'이 될 수 없다. 사이드암 투수는 원래 희소하고, 더 희소해지고 있기 때문이다. 2018년 우완 옆구리 투수들은 리그 전체 이닝의 14%인 1775이닝을 소화했다. 이후 점점 줄어 지난해에는 7.7%(986⅔이닝)로 급감했다. 2015년 시작된 '10구단 시대' 들어 처음으로 1000이닝을 채우지 못했다. 학생야구에서부터 사이드암 투수는 점점 줄고 있다. 취업과 진학을 위해서는 빠른 구속이 유리하다. 아마추어 투수들의 구속은 점점 빨라지는 추세다. 공이 느린 사이드암의 경쟁력은 줄어들었다. 지난해 도입된 ABS가 사이드암 투수에게는 불리해 투구 이닝도 줄었다는 추정도 가능하다. 김도영 뿐 아니라 대부분 우타자들에게 '잠재적 천적'이 사라지고 있다.

'최고 선수'를 넘어선 '시대의 아이콘'

지난해 7월 10일, 김도영은 '폭풍 질주'로 팬들을 열광시켰다. LG에 한 점 뒤진 9회 투아웃. 최형우의 좌중간 단타 때 1루 주자 김도영은 단숨에 홈까지 들어와 동점 득점을 만들었다. 김도영이 헤드퍼스트 슬라이딩으로 홈플레이트를 쓸고 가는 순간 잠실구장 3루쪽 KIA 팬들의 함성은 고막을 찢는 듯 했다. 아마도 2024년 가장 짜릿한 플레이 중 하나로 기억될 주루에 대해 김도영은 이렇게 말했다.

"그냥 서서 들어갔다면 솔직히 멋이 없었을 것 같아서, (슬라이딩 해서) 좋았던 것 같아요."(2024년 7월 11일 SBS 스포츠머그 인터뷰)

팬들을 열광시키기란 쉬운 일이 아니다. 실패를 두려워하지 않는 용기와 모험을 성공으로 만들 수 있는 실력을 겸비해야 한다. 열광을 즐기는 스타성을 갖춘 선수는 더 희귀하다. 조금씩 달라지고 있지만. 한국 스포츠계에는 오랫동안 권위주의가 지배적이었다. 불과 몇 년 전이라면 스무 살을 갓 넘은 어린 선수가 "환호를 즐긴다"고 솔직히 말하기는 쉽지 않다. 선배들로부터 건방지다고 꾸지람을 들었을 것이다.

김도영은 그렇지 않다. '슈퍼스타'가 된 자신의 삶을 사랑하고, 그 사랑을 솔직하게 드러낸다.

● 슈퍼스타로 사는 삶은 어때요?

"저는 기분 좋은 것 같아요. 저한테 딱 맞는 것 같고."(2024년 8월 15일 역대 최연소 '30홈런-30도루' 달성 뒤 중계방송 인터뷰)

2024년을 사는 많은 젊은이가 자신과 비슷하게 느끼고 말하며, 자신의 업에 최고 실력으로 최선을 다하는 동년배 스타에게 열광했다. 고된 하루의 스트레스를 김도영의 다이내믹한 플레이로 씻어버린 중년들도, 손자뻘 젊은이에게서 옛 '바람의 아들'의 추억을 느낀 노년 팬들도 '도니살'을 한목소리로 외쳤다. '도영아, 니 땀시 살어야'라는 호남 방언의 줄임말이다.

김도영의 활약에 최고 인기팀 KIA의 12번째 우승까지 이어지며 천만 관중 시대가 시작됐다. 프로야구 마케팅의 신기원이 열렸다. 김도영의 유니폼 상의 매출액은 120억 원에 육박하는 것으로 알려졌다. 이범호 감독의 표현에 따르면 "광주 송정역에 김도영 3000명이 걸어 다녔다".(2025년 2월 11일 SBS 비디오머그 '교양이를 부탁해')

그렇게 김도영은 최고 야구스타를 넘어, 한 시대의 아이콘이 됐다. 2024년이, 그리고 앞으로 꽤 오랜 세월이 '김도영의 시간'으로 기록될 이유다.

김택연의 직구가 특별한 이유, '바우어 유닛'

_이성훈

© 두산 베어스

지난해 3월 열린 메이저리그 서울시리즈는 한국 야구팬에게 특별한 선물이었다. 야구 통계를 좋아하는 사람들도 '노다지'를 만났다. 메이저리그 공식 통계 사이트 '베이스볼서번트(baseballsavant.com)'에 메이저리그 팀들과 평가전을 치른 한국 선수 측정 데이터가 올라왔다. 미국 모든 구단과 야구 전문 매체가 메이저리그 선수를 분석할 때 쓰는 측정 장비와 잣대로 한국 선수들을 들여다 볼 수 있게 된 것이다.

고척돔에서 만났던 메이저리그 사무국 기술 담당자는 "전날 서번트에 올라온 데이터는 '트랙맨'으로 측정했다"고 밝혔다. 최근 메이저리그에서 쓰고 있는 '호크아이' 시스템도 고척돔에 설치는 했다고 한다. 하지만 비주얼 스카우트 및 코칭용으로만 쓴다는 설명이었다. 이 이야기를 들은 한 국내 구단 관계자는 (KIA를 제외한) 한국 9개 구단이 살 엄두를 못 내는 고가 장비를 고작 닷새 쓰려고 서울까지 가져온 메이저리그의 '머니 파워'에 혀를 내둘렀다.

이 특별한 순간에 가장 눈에 띈 선수는 아직 프로 데뷔도 하지 않았던 19세 신인 투수 김택연이었다.

3월 18일 LA 다저스전 6회에 등판한 김택연은 단 2타자만 상대하고도 세계 야구계의 눈길을 사로잡았다. 다저스 주축 타자인 테오스카 에르난데스와 제임스 아웃맨을 모두 헛스윙 삼진으로 돌려세웠다. 고척돔에서 취재 중이던 존 모로시 엠엘비닷컴(MLB.com) 기자는 트위터(X)에 "이제 김택연이라는 이름을 기억해야 한다"고 올렸다. 데이브 로버츠 다저스 감독은 "경기에서 인상적인 한국 선수가 있었냐"는 질문에 김택연을 지목했다.

다저스전에서 김택연은 공 11개 중 커브 한 개를 제외한 10개를 포심패스트볼로만 던졌다. 패스트볼 평균 구속은 시속 92.7마일(149.1km). KBO 리그에서는 강속구지만, 메이저리그의 기준으로는 느렸다. 지난해 메이저리그 투수 평균 포심 구속은 시속 94.1마일. 구원투수들은 시속 94.4마일이었다.

그런데 시즌 개막을 이틀 앞두고 타격감이 올라온 다저스 주축 타자들은, 김택연의 공을 건드리지도 못했다. 다섯 번 방망이를 냈는데 모조리 헛스윙이었다.

어떻게 이런 일이 벌어졌을까?
정답은 '속도가 전부가 아니기' 때문이다.

투수가 던진 공에는 회전이 걸린다. 오버핸드 투수의 포심 패스트볼에는 날아가는 방향 반대쪽으로 돌아가는 '백스핀'이 걸린다. 백스핀은 공이 중력에 저항하게 만든다. 즉 중력 때문에 지면 방향으로 떨어져야 하는 공이 '덜 떨어지게' 된다. 회전수가 많을수록 이 '덜 떨어지는' 효과도 커진다. 그래서 타자 눈에는 공이 '떠오르는 것처럼' 느껴진다. 이른바 '라이징패스트볼'이 이렇게 만들어진다.

당시 김택연의 포심 패스트볼 분당회전수(rpm)은 최대 2483회, 평균 2428회였다. 이 경기에 등판한 두 팀 투수들 중 포심 평균 회전수가 김택연보다 높았던 투수는 아무도 없었다.

LA 다저스 vs 팀 코리아 포심 평균 구속(mph)과 분당회전수(rpm)		
선수	구속	회전수
김택연	92.7	2428
박영현	90.1	2356
이의리	92.5	2333
곽빈	94.2	2331
손동현	87.7	2320
바비 밀러	98.8	2309
J.P 파이어라이센	92.8	2286
오원석	89.6	2216
황준서	91.0	2183
최지민	91.2	2169
개빈 스톤	95.5	2143

자료출처 : baseballsavant.com

위 표에서 대표팀 투수들이 회전수에서 상위권을 점령한 데는 공인구 차이도 있을 것이다. 당시 한국 투수는 KBO 리그 공인구, 다저스 투수는 메이저리그 공인구를 던졌다. 두 공인구에는 차이가 있다. KBO 리그 공인구는 실밥이 조금 높고 표면이 덜 미끄러워 투수들이 회전을 걸기에 조금 유리한 것으로 알려져 있다. 이 변수를 감안해도 김택연의 회전수는 대단히 인상적이다. 김택연은 이 엄청난 회전으로 타자들의 눈에 공이 떠오르는 것처럼 보이는 착시를 만들었다.

이 착시 효과를 더 강하게 만드는 변수가 있다. 바로 '속도와 회전수의 조합'이다.

트레버 바우어는 야구 외적 문제로 메이저리그 복귀가 힘든 처지다. 2025년도 메이저리그로 복귀하지 못하고 2년 전 뛰었던 일본프로야구(NPB) 요코하마로 돌아갔다. 하지만 4년 전까지 바우어는 빅리그 최고 투수 중 한 명이었다. 바우어가 빅리그를 평정한 이유 중 하나가 포심패스트볼의 독특한 특성이었다. 평균 시속 93~94마일 정도로 빅리그 평균 수준이었지만 회전이 어마어마했다. 특히 내셔널리그 사이영상을 수상한 2020년과 이듬해는 이 분야에서 메이저리그 1위였다.

보통 패스트볼 회전수는 속도와 비례하는 경향이 있다. 그래서 바우어의 포심은 대단히 특이했다. 타자 눈에는 '그 정도로 떠오를 수 없는 속도의 공이, 엄청나게 치솟아 오르는 것처럼' 보인 것이다. 다르게 표현하면 '속도 대비 회전'이 매우 특이한 공이었다.

이후 연구들을 통해 '속도 대비 회전'은 패스트볼 효과를 결정하는 매우 중요한 요소로 밝혀졌다. 그렇게 만들어진 용어가 '바우어유닛(Bauer Unit)'이다. 공식은 간단하다. '회전수/속도'. 패스트볼 회전수가 2000rpm인데 속도가 시속 90마일이라면 22.2(2000/90)라는 값이 나온다. 메이저리그

평균 바우어유닛은 24 정도다. 바우어유닛은 높으면 높을수록 좋다. 타자 눈에 '더 떠오르는 것처럼' 느껴진다. 이런 공은 스트라이크 존 위쪽으로 던지면 헛스윙을 끌어낼 확률이 높다. 하이패스트볼로 활용하기 좋은 구질이다.

3월 18일 다저스전에서 김택연의 바우어유닛을 계산하면 26.2(2428/92.7)다. 지난해 빅리그에서 포심 200개 이상 던진 투수 360명 가운데 이 수치가 26.2를 넘긴 투수는 몇 명이었을까. 25명에 불과하다. 한국 프로야구에 데뷔도 안한 19세 루키가 바우어유닛 기준으로 빅리그 상위 7%급 '라이징패스트볼'을 던진 것이다.

김택연은 이 공으로 데뷔 시즌부터 KBO 리그를 평정했고, 결국 신인왕을 차지했다. 김택연의 2024년이 얼마나 놀라웠는지는 아래와 같이 볼 수 있다.

● 2024년 김택연은 60경기 65이닝에 등판해 평균자책점 2.08을 기록했다. 프로야구 역사에서 규정이닝 30% 이상을 던진 19세 투수 가운데 가장 낮았다.

19세 투수 평균자책점*		
연도	선수	ERA
2024	김택연	2.08
2006	류현진	2.23
1992	염종석	2.33
2007	임태훈	2.40
1991	강병규	2.67

자료출처 스탯티즈(규정이닝의 30% 이상)
*규정이닝 30% 이상 기준

● 위 표 연도를 확인하면 김택연 혼자 다른 환경에서 뛰었다는 게 드러난다. 2024년은 대단한 '타고투저' 시즌이었다. 표에서 김택연 밑에 있는 4명은 모두 지금보다 훨씬 점수가 덜 나는 환경에서 뛰었다. 평균자책점을 낮추기에 김택연보

다 유리했다.

야구 통계 사이트 스탯티즈에서 볼 수 있는 지표 'ERA-'는 '리그 평균 대비 평균자책점'이다. ERA-가 50이라면, 평균 자책점이 리그 평균 대비 딱 절반이라는 뜻이다. 김택연의 ERA-는 44다. 프로야구 43년 역사상, ERA-가 50이하인 19세 투수는? 김택연 뿐이다.

19세 투수 ERA-		
연도	선수	ERA
2024	김택연	44
1992	염종석	51
2006	류현진	59
2007	임태훈	61
2002	이동현	65

자료출처 스탯티즈(규정이닝의 30% 이상)
*규정이닝 30% 이상 기준

김택연이 엄청난 평균자책점을 기록할 수 있었던 가장 큰 원동력은 탈삼진 능력이다. 김택연의 지난해 탈삼진 비율은 28.2%. 규정이닝 30% 이상 소화한 국내 투수들 중 조병현 (31.8%)에 이어 2위였고, 역대 19세 투수들 중 가장 높았다.

19세 투수 탈삼진 비율		
연도	선수	K%
2024	김택연	28.2%
2018	윤성빈	27.7%
1998	김수경	25.6%
2006	류현진	25.5%
2022	박영현	25.1%

자료출처 스탯티즈(규정이닝의 30% 이상)
*규정이닝 30% 이상 기준

지난해 야구 팬들은 프로야구 역사상 가장 압도적인 19세 구원투수를 목격했다. 만약 김도영이 없었다면 2024년은 김택연의 시간으로 기록됐을 것이다.

© 두산 베어스

김혜성,
전례 없는 유형의
'KBO 출신
메이저리거'

_이성훈

지금까지 KBO 리그에서 뛰다 메이저리그에 진출한 타자들에게는 공통점이 있다. 뛰어난 장타력을 보여줬다는 사실이다.

강정호와 김현수, 박병호와 이대호, 황재균, 김하성과 이정후까지. 모두 전성기에는 리그 최고 수준 장타력을 자랑했고, 국가대표 타선에서 핵심으로 활약했다.

이정후는 한국 야구 사상 최고의 콘택트히터지만, KBO 리그에서는 당대 최고 수준 장타자이기도 했다. 2022년 리그 장타율 1위, 순수장타율(장타율-타율) 3위 선수가 이정후였다.

2025년 LA 다저스 유니폼을 입은 김혜성은 궤를 달리하는 선수다. 장타력은 떨어진다. 2017년 프로 데뷔 이후 8시즌 동안 두 자릿수 홈런은 딱 한 번 쳤다. 지난해 기록한 11홈런이었다. 그의 장점은 기동력과 2루 수비력, 콘택트 능력이다. 그래서 김혜성은 역대 가장 독특한, 전례 없는 유형의 KBO 리그 출신 메이저리거가 될 것이다.

김혜성은 KBO 리그에서 통산 200도루를 넘긴 '대도' 28명 중 한 명이다. 이들 중 25세 이전에 200도루 고지를 밟은 선수는 정수근과 김혜성 단 두 명이다. 더 놀라운 건 성공률이다. 김혜성의 통산 도루성공률은 85.1%. 통산 100도루를 넘긴 84명 중 단연 1위다.

도루만 잘 하는 게 아니다. 2017년 데뷔 이후 김혜성은 리그에서 가장 빠르고 공격적인 주자였다. 야구 통계 사이트 스탯티즈는 '추가진루'라는 통계를 제공한다. '최소 진루 가능권보다 한 베이스를 더 가는 경우'에 추가진루가 주어진다. 예를 들어 1루 주자가 후속 타자 단타 때 2루를 넘어 3루에서 세이프된 경우다. 2017년 데뷔 이후 김혜성의 추가진루율은 27.2%다. 지난 8년간 김혜성보다 자주 추가진루에 성공한 주자는 없다.

2017년 이후 추가진루 톱5

선수	추가진루 횟수	추가진루%
김혜성	611	27.2%
박해민	586	26.4%
손아섭	531	22.4%
홍창기	520	23.3%
전준우	497	23.0%

자료출처 : 스탯티즈

공격적으로 달리면서도, 실수가 적었다. 전체 주루 상황의 2%에서만 주루사를 기록했다. 추가진루 시도 빈도가 가장 높은 10명 중 가장 낮은 수치다. 즉, 가장 자주 '한 베이스 더'를 노리면서도 실수는 가장 적었던 것이다. 그래서 이 기간 주루로 이뤄낸 득점기여(RAA)가 압도적인 리그 1위다.

2017년 이후 주루득점기여 톱5

선수	주루득점기여
김혜성	23.9
김지찬	17.8
조수행	16.3
최지훈	14.5
박민우	11.8

자료출처 : 스탯티즈

통산 도루 성공률 톱10

선수	도루성공률	도루성공	도루실패
김혜성	85.1%	211	37
조동찬	83.8%	150	29
이종범	81.9%	510	113
조동화	79.3%	191	50
구자욱	79.1%	140	37
김민호	78.9%	232	62
박민우	78.8%	275	74
심우준	78.8%	156	42
이종욱	78.7%	340	92
김종국	78.4%	254	70

자료출처 : 스탯티즈
*통산 100도루 이상 기준.

주루 능력이 'KBO 리그 역사상 최고 수준'이라면, 2루 수비력은 '당대 최고'다. 김혜성은 2022년과 2023년 2루수 부문 수비득점기여 1위에 올랐다. 김혜성이 주로 뛰었던 구장 환경을 고려하면 더욱 인상적이다. 고척스카이돔은 2023년 메이저리그 개막시리즈를 앞두고 대대적인 내부 공사를 했다. 빅리그 구장 수준의 인조잔디를 설치했다. 2023년까지 고척돔 인조잔디는 내야수들에게 악몽과 다름없었다. 마모가 심해 타구 속도가 엄청나게 빨랐다.

2023-2024시즌 2루수 수비득점기여 톱5

선수	RAA
김혜성	17.4
박민우	11.7
강승호	8.7
오윤석	6.6
안재석	6.2

자료출처 : 스탯티즈

김혜성의 3가지 장점 중 마지막인 '콘택트 능력'은 주루와 수비력 수준은 아니다. 지난해 김혜성의 삼진율(삼진/타석)은 10.9%로 규정타석을 채운 타자 56명 중 여섯 번째로 좋았다. 콘택트 비율 86.8%는 12위였다. 뛰어나지만 최정상급이라고 볼 수는 없다. 이 정도 콘택트 능력은 메이저리그에서 어떻게 '변환'될까?

삼진율은 작은 표본 크기로도 의미를 갖는 기록 중 하나다. 세이버메트릭스계 연구에 따르면 메이저리그에서 타자 삼진율은 70타석이면 안정화되기 시작한다. 즉 70타석만 보면 선수의 삼진 성향을 짐작할 수 있다는 뜻이다.

지난 5년간 메이저리그에서 70타석 이상, 그 직전 혹은 직후 시즌에 KBO 리그에서 100타석 이상 들어선 타자는 19명이다.

이 선수들이 메이저리그와 KBO 리그에서 기록한 삼진율 사이 상관계수는 0.7180이다. 쉽게 말해, '꽤 관계가 많다'. 빅리그에서 '선풍기'였던 타자는 KBO 리그에서도 삼진을 자주 당할 가능성이 높다. 한국에서 콘택트를 잘 했던 타자는 메이저리그에서도 삼진을 잘 당하지 않을 것이다.

이정후의 삼진율은 KBO 리그 역대 최저 수준이었다. 지난해 메이저리그에서 기록은 8.2%. 150타석 이상 들어선 타자 중 '타격왕' 루이스 아라에스(4.3%)에 이어 두 번째로 낮았다.

위의 표에서 KBO 리그에서 삼진율이 김혜성(10.9%)과 비슷한 타자로는 페르난데스 터커 아수아헤 김하성 마차도 라가레스 등을 꼽을 수 있다. 이들이 직전 혹은 직후 시즌에 빅리그에서 찍은 삼진율은 최소 12.2%(2018년 페르난데스)부터 최대 23.8%(2021년 김하성)까지 다양하다. 12.2%라면 메이저리그 상위 2%에 해당하는 매우 뛰어난 기록이다. 23.8%는 평균(22.6%) 수준이다.

위의 타자 19명은 예외없이 KBO 리그에서보다 메이저리그에서 삼진율이 높았다. 그래서 김혜성도 삼진이 늘어날 것이다. 하지만 비관적으로 추정해도 빅리그 평균 언저리 수준은 될 것이다. 야구 통계 사이트 팬그래프는 2025년 김

한국과 미국, '공통 경험자'들의 삼진율(%)

	KBO		메이저리그	
선수	연도	삼진 비율	연도	삼진율
베탄코트	2019	22.8	2022	24.0
러프	2019	15.3	2020	23.0
페르난데스	2019	8.4	2018	12.2
터커	2019	11.0	2018	23.4
아수아헤	2019	12.4	2018	21.1
윌리엄슨	2019	29.8	2019	30.6
김하성	2020	10.9	2021	23.8
마차도	2020	12.1	2018	17.6
러셀	2020	13.7	2019	24.1
터크먼	2022	16.1	2023	21.4
라가레스	2022	8.9	2021	23.2
마티니	2022	14.9	2023	19.0
피터스	2022	21.8	2021	34.2
알포드	2022	27.9	2021	39.2
가르시아	2022	25.6	2021	35.9
루이스	2022	13.8	2021	27.0
마틴	2023	21.3	2021	26.6
에레디아	2023	14.3	2022	39.0
이정후	2023	5.9	2024	8.2
김혜성	2024	10.9	2025	?

*MLB 70타석 이상+그 직전 혹은 직후 시즌 KBO 리그에서 100타석 이상 기준
자료출처 : 스탯티즈, Fangraphs.com

혜성의 삼진율을 16.2%로 예측했다.

다저스 구단이 김혜성의 현재 콘택트 능력보다는 '장기 추세'를 눈여겨봤을 수도 있다.

첫 풀타임 시즌인 2018년 김혜성의 삼진율은 25.2%에 달했다. 리그 평균(18.2%)보다 한참 높고, 300타석 이상 들어선 타자 84명 중 10번째로 높았다. 리그에서 콘택트 능력이 가장 떨어지는 타자 중에 꼽혔다. 위에 쓴 대로 삼진율은 신뢰성이 높은 지표다. 타자의 몸에 어린 시절부터 새겨지는 '고유한 경향'처럼 보인다. KBO 리그에서 낮은 삼진율을 기록하는 타자 중 절대다수는 데뷔 시점부터 '콘택트 귀신'이었다. 프로 첫 시즌부터 좀체 삼진을 당하지 않았다. 김혜성처럼 콘택트 능력이 매우 약했던 타자가 시간이 흘러 최상위권으로 향상되는 경우는 매우 희귀한 케이스라는 것이다.
지난해 리그 최저 삼진율 타자 10명 가운데 6년 전보다 10%p 이상 향상된 선수는 오직 김혜성(14.3%p)뿐이다. 데뷔 시점부터 따지면 강민호가 2025년 24.3%에서 지난해 11.5%로 8.6%p 향상을 이뤘다. 하지만 강민호가 10%초반대 삼진율을 기록한 때는 35세 이후부터. 신민재는 데뷔 시즌인 2019년 18.1%에서 지난해 9.9%로 8.2%p 향상됐다.

데뷔시즌 94타석만 소화했을 뿐이다. 김혜성은 첫 풀시즌 473타석에 들어섰다.

예외적인 향상 추세는 김혜성의 재능과 성실성을 모두 보여주는 증거가 아닐까. 다저스 구단은 김혜성의 현재만큼이나 미래 발전 가능성에 베팅을 한 게 아닐까. 빅리그 평균 연봉 수준이 되지 않는 베팅 금액은 큰 성공으로 돌아올지 모른다.

2024년 삼진율 톱10 선수 2018년 기록 비교

선수	2024	2018	차이
허경민	5.2	9.0	3.8
김지찬	7.5	15.3	7.8
박찬호	7.6	15.3	7.7
김선빈	8.4	8.5	0.1
신민재	9.9	18.1	8.2
김혜성	10.9	25.2	14.3
강민호	11.5	20.1	8.6
양의지	11.5	8.0	-3.5
정수빈	11.8	11.6	-0.2
권희동	12.3	14.8	2.5

*김지찬은 데뷔 시즌인 2020년, 박찬호와 신민재(2018년 1군 미출전)는 2019년 기록.

© NC 다이노스

프로야구 선수들이 달라지고 있다

: 김휘집 임창민

투수는 컨디션이 늘 좋을 수 없다. 느낌이 안 좋은 날 상대 팀 타석에는 부담스러운 강타자가 서 있다. 투수는 어떻게 해야 할까. 투수 임창민은 이렇게 말했다. "이 선수 타석 때 안 나가야 한다".

청중석에서는 웃음이 터졌다. 지난해 12월 21일 서울 동국대학교에서 열린 한국야구학회 겨울 학술대회였다. 임창민은 내야수 김휘집과 함께 '프로야구 선수의 눈으로 본 세이버메트릭스'라는 주제 발표자로 이날 연단에 섰다.

유머러스했지만, 진지했다. 다음 답변에서 임창민은 '데이터'를 대응 방법 중 하나로 언급했다. "타자의 볼카운트별 스윙 빈도, 좋아하거나 싫어하는 코스 등을 사전에 연구한다. 정확하게 던지면 타자를 잡을 수 있는 코스가 있다. 여기에서 조금이라도 빗나가면 내가 진다", "강한 상대를 만나면 단 한 번의 기회를 살려야 한다. 강한 사람은 기회를 여러 번 받지만 약한 사람은 그렇지 않다." '한 번의 기회'에서 성공 확률을 높이기 위해 데이터를 파고든다는 의미로 들렸다.

'지피지기면 백전불태(知彼知己百戰不殆)'. 야구라는 전쟁에서도 적을 아는 것만큼이나 나를 아는 게 중요하다. 임창민은 데이터를 통해 자신이 어떤 투수인지를 파악하고 있다. 그는 "나는 릴리스포인트가 150-170cm 사이일 때 가장 좋은 패스트볼을 던진다. 패스트볼 수직무브먼트 값이 큰 투수는 대개 수평무브먼트가 0에 가까울수록 좋다. 나는 수직무브먼트가 좋은 투수에 속한다. 그러면서도 수평무브먼트가 30cm 정도일 때 최상이다"고 표현했다. '최상'이라는 단어에는 근거가 있었다. "이 공에 타자 헛스윙률이 높다".

1

'데이터와 함께하는 선수의 하루'

김휘집은 "데이터가 늘 옳은 답을 주지는 않는다"고 했다. 당연하다. 60% 성공 확률인 선택지가 있다고 하자. 야구에서 60%는 상당히 높은 확률이다. 하지만 40% 실패 확률을 감수해야 한다는 뜻도 된다. 그는 "야구는 확률 게임이다. 데이터를 연구하면서 성공 확률을 높이려 한다"고 말했다. 그리고 데이터를 통해 체력 향상, 부상 방지, 기량 향상, 경기 플랜 수립을 위한 객관적인 근거를 찾고 자신에게 맞는 목표를 설정하려 한다. 그는 "마음이 편안하고 안정돼야 좋은 플레이가 나온다. 슬럼프에 빠진 선수에게는 뭔가 변화가 있다. 데이터를 통해 변화를 확인하면 무엇을 고쳐야 하는지 목표를 세울 수 있다. 근거가 있는 훈련을 하면 심리적으로 흔들리지 않는다"고 했다.

김휘집은 임창민보다 12년 늦게 프로에 입문했다. 그 사이에 한국 프로야구 구단에는 많은 변화가 있었다. 과거보다 더 폭넓게 데이터가 활용되고 있다. 김휘집은 경기 기록뿐 아니라 구장에 출근해서 퇴근할 때까지 진행하는 일과에서 숫자로 표시되는 많은 것을 '데이터'로 받아들인다. 그는 자신의 일과를 아래와 같이 설명했다.

오후 6시 30분에 시작하는 홈 경기라면 정오에서 오후 1시 사이에 창원 NC파크로 출근한다. 먼저 가동성과 코어근육을 향상시키는 운동을 한다. 부상 방지와 연결되는 중요한 운동이다. 관절 가동성이 떨어졌다면 어딘가 문제가 생겼을 수 있다. 예전에는 눈대중으로 체크하거나, 각도기로 재기도 했다. 최근에는 측정 장비에 숫자가 찍힌다. 그래서 몸 상태를 객관적으로 파악할 수 있다. 김휘집은 허벅지 뒤쪽 부위인 햄스트링에 신경을 쓴다. 이 부위가 뻣뻣한 편이다. 허벅지 앞과 뒷부위 균형이 중요하다. 앞쪽이 너무 강해도 햄스트링을 다칠 수 있다. 그래서 균형 잡힌 수치가 나오는지 신경을 쓴다.

다음은 웨이트트레이닝 차례다. 보통 이틀에 한 번꼴로 한다. 아마추어 시절부터 해 왔다. 단순히 '무거운 무게를 빨리 든다'는 감각이었다. 프로 입단 뒤엔 차이가 있다. 운동 목표를 설정하고 이를 이루는 방법을 설정한다. 기기에는 근육 수축 속도와 템포가 표시된다. 근 순발력 강화가 목표라면 높은 수치를 입력한 뒤 운동한다. 투수 투구 폼 분석에 쓰이는 지면반력장비도 웨이트 때 이용한다. 스쾃 동작 때 좌우 다리의 힘을 측정한다. 양다리에 들어가는 힘이 다르면 훈련 중 부상이 올 수 있다. 김휘집은 "지금은 학생 선수들도 스포츠과학에 관심이 많다. 좋은 장비를 설비한 센터도 많이 생겼다. 긍정적인 방향이라고 생각한다"고 말했다.

웨이트트레이닝이 끝나면 '데일리 루틴' 시간이다. 루틴은 '일상적인', 혹은 '반복적인'이라는 뜻이다. 일상적이고 반복적인 상황에 심신을 두고 안정감을 찾는 게 스포츠에서 루틴의 효과다. 김휘집은 "식사와 휴식도 루틴에 포함된다. 다만 자기만의 기준이 있어야 한다"고 말했다. 이 시간에는 숫자와는 거리를 둔다. 대신 오감과 느낌에 집중한다. 프로 선수는 반복적인 동작을 수행하는 직업이다. 하지만 매일 같은 동작을 할 수 없다. 미세한 변화가 생긴다. 변화를 캐치하면서 마음의 안정을 찾으려 노력한다.

그리고 야외훈련에 들어간다. 수비와 타격 훈련을 한다. NC 구단은 홈 구장 BP(Batting Practice) 때 전광판에 트래킹 데이터를 띄워놓는다. 타구 속도, 발사각도, 스핀량, 투구 코스 등을 확인할 수 있다. 체력과 타구 상태 점검에 도움이 된다. 타격 메커니즘을 점검할 수 있는 장비도 있다. 배트 손잡이에 부착하면 스윙의 스피드와 궤적을 확인할 수 있다. 평소와 차이가 있다는 느낌이 오면 수치를 살펴본다. 몸에 센서를 부착하고 측정하는 장비도 있지만 주로 비시즌 때 사용한다. 비시즌에 어떤 준비를 해야 할지 목표를 세우는 데 유용하다.

야외 훈련 뒤에는 식사를 하고 전력분석미팅을 가진다. 주로 상대 선발투수와 주력 구원투수들의 데이터를 영상과 수치로 확인한다. 김휘집은 "데이터가 방대하다. 그래서 개인의 선택과 집중이 중요하다"고 말했다. 김휘집은 투구 무브먼트값을 중시하는 편이다. 포심의 힘이 좋다는 투수라면 수직무브먼트 값을 본다. 이 값이 큰 패스트볼은 구속이 떨어져도 빗맞은 범타나 포수 뒤로 가는 파울이 많다. 잡아당기는 스윙보다는 밀어치는 게 낫다. 높은 공보다는 낮은 코스 공략이 효과적이다. 투심이 주무기인 투수라면 수평무브먼트 값을 체크한다. 값에 따라 타석 위치를 조정한다. 최근 KBO 리그에는 스위퍼가 유행이다. 김휘집은 제임스 네일(KIA), 윌리엄 쿠에바스(KT), 데니 레예스(삼성) 등을 스위퍼를 잘 던지는 투수로 꼽았다. 이런 투수들의 스위퍼 무브먼트 값을 보면 어느 정도 이미지가 그려진다. 더 준비된 상태로 실제 타석에 들어설 수 있다.

경기 중에도 데이터를 활용한다. 대부분 경기 전에 준비한다. 실시간으로 상황이 달라지기 때문에 데이터 세트를 미리 준비해야 한다. 내야수인 김휘집은 상대 타자의 타구 분포를 중시한다. 최근 50타석 결과에 따라 수비 위치를 조정한다. 김휘집은 "이주형(키움)이 타자고 내가 유격수라면 기본 위치는 2루에서 오른쪽으로 두 발짝 떨어진 곳의 뒤쪽이다. 만일 이주형이 컨디션이 나빠 최근 타구 분포가 3-유간에 집중됐다면 한 발짝 정도 더 3루 쪽으로 움직인다"고 설명한다. 수비 위치를 잡는 데는 동료 투수의 타구 성향도 중요하다. 여기에 볼카운트, 투수 유형, 구속대별 타구 분포표도 참고한다. 주루에서는 경기 전에 상대 투수 투구폼과 습관, 견제구를 던지는 빈도와 빈도가 높은 볼카운트 등을

확인한다. 김휘집은 타격에 대한 준비는 전날에 해놓는 스타일이다. 그런데 특별한 상황이 생길 수도 있다. 이른바 투수가 '긁히는 날'이다. 평소와 다른 위력적인 공을 맞닥뜨릴 때가 있다. 김휘집은 "어떤 투수는 투심 무브먼트가 포크볼 수준으로 나오기도 했다. 물론 이런 수치를 확인해도 경기 중에 스윙을 변화시키지는 않는다. 오히려 제풀에 무너질 수 있다. 하지만 어떤 변화가 있는지를 인지하면 타석에서 혼란을 줄일 수 있다"고 말했다.

현장에서 경험한

2

스포츠과학

임창민은 베테랑이다. 지난해 39세 나이에 프리에이전트(FA)로 삼성에 입단했다. 60경기에 구원 등판해 28홀드로 준수한 활약을 했다. WAR 1.97승은 프리미어12와 월드베이스볼클래식(WBC) 국가대표로 활약하던 전성기 2015-2017년 이후 가장 뛰어났다.

출발은 역경이었다. 연세대학교 4학년인 2007년 열린 드래프트에서 명문 현대 ***의 2라운드 지명을 받았다. 이듬해 입단했을 때 팀은 신생 우리 히어로즈로 이름이 달라졌다. 2012년까지 1군에서 5경기 5이닝을 던지는 데 그쳤다. 2012년 시즌 뒤 이적한 NC에서부터 꽃을 피웠다. 2015년엔 서른 살 나이에 처음으로 1군 마무리를 맡았다. 2017년까지 86세이브를 따내며 활약했지만 2018년 팔꿈치 부상으로 토미 존 수술을 받았다.

그해 12월 임창민은 미국 플로리다 재활 센터에서 훈련했다. 귀중한 경험이었다. 신체 능력을 측정하고 투구 폼을 분석했다. 그리고 좋은 투구폼을 만드는 과정을 진행했다. 훈련으로 쌓은 것들을 복잡하고 개인차가 큰 투수의 투구폼으로 어떻게 옮길 수 있는지를 배웠다. 임창민은 이를 '전이'라고 불렀다. 2019년 7월 복귀에 성공했고, 이듬해 12월 다시 플로리다를 찾았다. 이때의 경험은 임창민에게 스포츠과학에 대한 생각을 정립하는 토양이 됐다.

먼저 신체 능력과 투구자세를 분석하는 데서 시작했다. 임창민은 첫 해 골반 가동성이 떨어진 상태였다고 한다. 엘리트 투수들을 대조군으로 설정한 뒤 임창민의 수치와 비교했다. 임창민 개인의 특이점을 분석하고 이를 기반으로 트레이닝과 투구 훈련 방법을 짰다. 투구에 중요한 코어 근육을 강화하는 것 이외에 골반 가동성을 끌어올리기 위한 훈련이 메뉴에 들어가는 식이었다.

투구폼 수정에는 선수의 자유도를 손상시키지 않는 게 중시됐다. 말로 하는 지시나 조언으로는 어렵다. 이를 위해 장비가 동원됐다. 예를 들면 커다란 '커넥션볼'을 팔오금과 위팔 사이에 낀 뒤 손을 사용하지 않고 몸통 회전으로 던지는 드릴을 진행했다. 신체 일부에 제약을 둬 효과적으로 특정 요소를 강화하는 게 목적이다. 임창민은 "캐치볼 때 '중심을 조금 뒤에 두라'고 말하는 코치들이 있다. 그런데 그 '조금'이 어느 정도인지 선수는 모른다. 환경에 제약을 건 뒤 제약 속에서도 정확한 동작을 하면 그 '정도'를 몸이 받아들여 자기에게 맞는 위치를 찾는다"고 설명했다. 전문적으로는 '비인지적 훈련'이다. 인지적 훈련은 코치의 명령을 머리로 받아들이고 몸으로 실행하는 톱다운 과정이다. 반면 비인지적 훈련은 몸이 먼저 받아들이고 습득하는 데 중점을 둔다.

매 단계 결과를 수치로 보여주면서 평가가 진행됐다. 그리고 다음 단계로 넘어갔다. 임창민은 첫해에는 목표했던 마지막 단계까지는 가지 못했다고 한다. 하지만 한국 야구장에서 보여준 결과는 훌륭했다.

미국은 스포츠과학이 발달한 나라다. 새로운 이론과 장비가 쉴 새 없이 쏟아져 나온다. 임창민은 새로운 문물보다는, 선수가 훈련을 효과적으로 받아들이게 하는 과정에 주목했다. 관계 자체가 '사제지간'이 아니라 비용과 서비스의 교환이기도 했다. 이런 관계에서는 선수가 주도성을 가져야 한다. 센터에서는 단체 훈련 때 반드시 선수의 의사를 확인했다고 한다.

선수들이 먼저, 이미 달라졌다

세이버메트릭스는 넓은 의미에서는 '야구에 대한 객관적인 지식 탐구'를 뜻한다. 그래서 스포츠과학의 한 장르로 볼 수 있다. 1970년대 미국 야구 애호가들의 연구에서 시작해 1990년대 이후 메이저리그 구단 운영의 주류가 됐다. 한국에서는 1990년대 중후반부터 소개됐다.

야구는 세이버메트릭스 이전에도 '기록의 스포츠'였다. 한국 야구에서 '데이터 야구'의 선구자로 꼽을 수 있는 이는 재일 교포 출신 김성근 전 한화 감독이다. 그는 1960년대 실업야구 기업은행 감독 시절부터 상대 타자들의 타구 분포를 기록해 야수 수비위치를 조정했다. 1980년대 프로야구 강타자 장효조처럼 매일 야구 일기를 쓰며 상대와 자신을 분석한 선수도 적지 않았다.

1990년대 후반부터 프로 구단들은 경기 기록과 영상에 기반한 전력 분석시스템을 갖추기 시작했다. LG가 1997년 일본 자매구단 주니치에서 시스템을 수입했고, 삼성은 2년 뒤 그룹 계열사인 삼성 SDS에 의뢰해 자체 시스템을 제작했다. 해태 시절부터 워낙 좋은 선수가 많았던 KIA가 가장 늦었다. KIA는 2003년 플레이오프에서 SK에 3전 전패로 탈락한 뒤 시스템 도입을 결정했다. 데이터 분석 역량에서 뒤진 게 패인이라는 판단이었다. 1999년 설립된 스포츠통계 회사 스포츠투아이는 2001년부터 전산화된 기록 데이터를 각 구단에 제공했다.

2010년대에는 또 다른 변화가 생긴다. 세이버메트릭스에 영향을 받은 분석가들이 구단에 고용됐다. 이전까지 분석 업무는 야구선수 출신 프런트 직원이 담당해 왔다. 이 시기 구단들은 투구와 타구 궤적을 추적하는 트래킹시스템을 도입했다. 전력 분석시스템 도입이 가장 늦었던 KIA는 2022년 기술적으로 가장 앞선 트래킹시스템인 호크아이를 들여왔다. 데이터의 범위가 확장됐고, 양이 늘어났다. 통계 처리와 분석에 능한 인력에 대한 수요가 늘어났다.

변화된 인적 구성이 늘 조화를 이루는 건 아니다. 데이터 분석가를 전력 분석 미팅에 들어오지 못하게 하는 감독도 있다. 반대로 어떤 구단은 전력 분석 미팅에 감독이나 코치를 배제하기도 했다. '현장'과 '분석가' 사이 괴리는 메이저리그 구단에서도 흔하게 일어난다. 분석가의 언어와 야구 현장 언어를 '번역'하는 보직이 그래서 생겼다. 심리 전문가를 고용해 조직 내 갈등을 줄이려는 구단들도 있다.

변화가 이미 시작됐고, 과거로 되돌아가기가 어렵다는 점은 분명해 보인다. 김휘집은 프로 5년 차 시즌을 맞는 젊은 선수다. 하지만 그가 느끼기에도 지금 한국 야구 시스템은 빠른 속도로 발전하고 있다. 그는 "어렸을 때는 경험과 직관에 의존해 훈련하고 경기 전략을 세웠다. 지금은 지표와 숫자를 바탕으로 한다"고 말했다. 이어 "지금은 학생 선수들도 스포츠과학에 관심이 높다. 어려서부터 야구아카데미나 트레이닝센터 등에서 훈련한다. 긍정적인 방향이라고 생각한다"고 말했다.

야구 아카데미를 운영하고 있다는 한 참가자가 "미국과 비교하면 한국 내 아카데미나 센터의 수준은 어떤가"라는 질문을 던졌다. 임창민은 "미국은 스포츠를 선도하는 나라다. 하지만 과거 다른 분야에서보다는 격차가 훨씬 좁혀졌다. 한국에도 유능한 분석가가 많다"고 답했다. 하지만 "그들이 실제 현장에서 어떤 역할을 할 수 있느냐라는 지점에서 차이가 있다. 여기에서 시스템의 차이가 나온다"고 덧붙였다. 이어 "야구인 개개인의 경험보다는 더 많은 전문가의 조력이 필요하다. 트레이닝, 운동역학, 데이터 분석 전문가와 협력해 선수 개성과 창의성을 저해하지 않으면서도 발전할 수 있는 시스템이 갖춰져야 한다. 그런 환경이라면 더 많은 선수가 훌륭한 수준으로 올라갈 것"이라고 말했다.

한국 야구는 최근 세계 야구의 발전 속도를 따라잡지 못하는 지체 현상을 겪고 있다. 국제대회 성적을 기준으로 18세 이하(U-18) 레벨에서는 성과가 이어지고 있지만 프로 국가대표팀은 성공보다 실패가 더 많다. 한국 야구에서 스포츠 과학의 수용도가 낮다는 게 큰 이유로 꼽힌다. 학회에 참가한 김지훈 고려대 감독은 "지금 선수는 과거와 다르다. 납득할 수 있는 근거를 제시하지 않으면 지시를 적극적으로 수용하지 않는다. 그만큼 지도자가 공부를 해야 한다"고 말했다.

한국과는 반대로 일본 야구의 최근 국제대회 성취는 엄청나다. 선수 기량 자체가 10년 전보다 훨씬 향상됐다. 일본 야구 문화는 한국보다 훨씬 보수적으로 알려져 왔다. 그럼에도 지금은 프로와 아마추어 모두에서 스포츠과학과 혁신을 받아들이고 있다. 야구학회에는 넥스트베이스의 모리모토 료타 애널리스트가 발표자로 참가했다. 넥스트베이스는 선수 기량향상을 목표로 하는 회사로 일본프로야구 선수 다수와 메이저리그 시카고 컵스 선수단을 고객으로 두고 있다. 그는 "일본에도 여전히 보수적인 지도자가 많다. 데이터 분석에 적대적인 지도자도 다수다. 하지만 선수가 먼저 달라졌다. 아마추어 때부터 과학적인 트레이닝을 한다. 능동적으로 새로운 분석과 훈련 방법을 받아들인다. 그래서 프로 구단이 변하고 코치도 변한 것"이라고 말했다.

임창민과 김휘집은 한국 야구 선수들이 과거에 비해 지금 얼마나 달라졌는지를 말하고 보여줬다. 이제 지도자와 구단이 달라질 차례다.

현장으로 간 한국 세이버메트리션, 그 1세대와의 인터뷰

_신원철

마음만 먹으면 우리말로 된 세이버메트릭스 관련 콘텐트를 쉽게 찾아볼 수 있는 지금이지만 2010년 무렵만 해도 그렇지 않았다. 2003년 발간돼 2011년 영화로 만들어진 〈머니볼〉 덕분에 세이버메트릭스라는 단어가 알려지기는 했어도 그게 무엇인지, 어떻게 해야 제대로 알 수 있는 지는 알기 어려웠다. 한글로 쓰인 책은 물론이고 온라인상의 정보마저 드물었다. 세인트루이스 카디널스 팬 블로그인 'Red Birds Nest in KOREA(이하 '둥지')'에 올라온 세이버메트릭스 자료는 영어와 숫자에 지레 뒷걸음질치던 이들에게 흔치 않은 교재였다. 아이디 'FreeRedbird'를 쓰는 운영자가 얼굴 없는 선생님이었다.

FreeRedbird는 2009년 4월부터 2011년 10월까지 1년 반 동안 '둥지'에 세이버메트릭스 관련 포스팅을 연재했다. 마지막 연재로부터 14년이 지난 지금 그는 한 프로야구단에서 일하고 있다. 야구단 취업 뒤에는 블로그에서 손을 뗐고, 다른 이들이 블로그를 운영하고 있지만 그가 남긴 세이버메트릭스 연재물은 그대로 남아있다. FreeRedbird의 도움을 받았던 대학생 시절의 기억을 되살리면서 감사와 존중의 마음을 담아 인터뷰를 요청했고 조심스러운 승낙을 받았다.

"그 선수는 3승짜리야, 그러는데 그게 뭔지"

● 대학생 시절 세이버메트릭스에 대한 자료를 블로그에서 찾아보며(다 이해하지는 못했다) 많은 도움을 얻었다. 이제 기자가 돼 인터뷰를 요청하게 됐다. 세이버메트릭스에 대해 한글로 쓴 콘텐츠는 거의 없던 시절에 낯선 주제를 다룬 이유가 뭔지 궁금하다.

"세이버메트릭스에 관련한 글을 쓰려고 만든 블로그는 아니었다. 세인트루이스 카디널스 팬들이 한글로 의견을 나눌 곳이 없다고 생각해 팬 블로그 차원에서 만들게 됐다. 그런데 미국의 커뮤니티에서 보던 '그 선수는 3승짜리야' 같은 표현을 옮기기가 어려웠다. '3승짜리 선수'를 설명하기 위해 개념 설명이 필요하다고 생각해 쓰기 시작했다."
"미국 팬들의 대화를 잘 이해하지 못해 검색도 해보고, 자료도 찾아보게 됐다. 그러면서 '이게 말이 되네' 싶었다. 그런 시각으로 야구를 보는 것도 매력이 있다고 생각해서 공부하게 됐다. 처음 공부하게 된 시기는 2006-2007년 쯤? 아마존에서 관련 서적을 주문한 게 2008-2009년으로 기억한다."

● 나무위키 '한국의 세이버메트리션' 항목에 가장 먼저 FreeRedbird가 나온다. 혹시 알고 있었나.

"몰랐다. 국내에 더 오랫동안 활동하신 분들도 있고, 더 유명한 분들이 많은데 맨 앞에 나왔다니 영광이다."

● 세이버메트릭스 관련 블로그를 운영하면서 다른 분들과 교류하거나 한 적도 있는지.

"교류할 생각까지는 못 했다. 블로그에 댓글 달아주시는 분들, 메일 보내주신 분들과 의견을 나누기는 했다. 실제로 만나본 적은 없고 누군지 모르는 사람도 많았다."

● 그런 교류의 즐거움이 하나의 원동력이 됐을 수도 있겠다.

"시작은 카디널스 팬 블로그였지만 세이버메트릭스에 대한 콘텐츠를 원하는 분도 많다는 걸 알게 됐다. 글 내용을 반박하는 의견도 있었고 동의한다는 반응도 있었다. 생각보다 많은 분들이 보신다는 생각이 들어서 꾸준히 계속 쓰게 됐다."

● 세이버메트릭스에 대해 어떻게 공부하기 시작했나. 혹시 블로그를 쓰면서 책을 써봐야겠다는 생각을 하지는 않았는지.

"시기가 맞았을 수도 있는데, 미국에서도 세이버메트릭스를 논의하는 커뮤니티가 막 커지기 시작할 때였다. 베이스볼프로스펙터스는 유료 사이트라 파급력이 제한적이었지만, 팬그래프나 하드볼타임스가 2005년 무렵 생겨 한창 많은 글이 올라올 때였다. 웹에서 자료를 많이 얻었다. 아마존에서 책을 사서 보기도 했다. 가장 깊은 인상을 받은 책은 톰 탱고와 동료들(미첼 리트먼, 앤드루 돌핀)이 쓴 〈더 북(The Book)〉이다. 밤에 잠을 안 자고 공부할 정도였다. 미국 야구 데이터가 한국보다 더 잘 공개돼 직접 계산해보기도 좋았다."
"우리말 자료가 없다 보니 언젠가 책을 내고 싶다는 생각은 했다. 실제로 과거에 좋은 제안을 해주신 곳도 있었다. 그런데 혼자 하려다 보니 진도가 잘 나가지 않아 힘들더라. 그래서 도중에 접었다. 돌이켜 보면 마음 맞는 분들과 힘을 모았다면 할 수 있지 않았을까 생각도 든다."

"뭐든 다 알 것 같더니,

아무것도 모르네"

● 언젠가 세이버메트릭스의 시각이 자연스럽게 받아들여질 거라는 생각도 했나.

"처음에는 사람들이 세이버메트릭스를 열린 마음으로 대하기를 바라는 마음이었다. 처음 글을 쓴 게 16년 전인 것 같은데 분위기가 많이 달라졌다고 생각한다. 구단 내분위기도 다르고, 현장, 선수들의 마인드도 그때와 다르다고 생각한다."

● 그래도 아직 오해의 시선이 남아있지 않나.

"자주 듣는 얘기는 '데이터가 답을 줄 것 같은 착각'이다. '뭐든 다 알 것 같더니, 아무것도 모르네'라는 말도 있었다. 데이터가 답을 준다는 생각 자체가 틀렸다고 생각한다. 스포츠에는 정답이 없고, 선수들은 규칙에 따라 승부를 겨루면서 결과를 낸다. 그리고 이기기 위해 치열하게 노력한다. 데이터 활용도 그런 노력 가운데 하나다. 50:50의 싸움을 51:49로, 53:47로 조금이라도 유리하게 만들기위해 하는 노력이라고 생각한다. 세이버메트릭스가 정답을 알려준다고 생각하면 오해다. 그런 능력이 있다면 구단에서 일하지 말고 스포츠 베팅을 해야지."

● 〈머니볼〉은 세이버메트릭스에 대한 편견을 조장한다는 댓글을 쓴 적이 있다.

"지금도 세이버메트릭스에 관심이 있는 사람에게 〈머니볼〉은 '재미를 위해서라면 몰라도 진지하게 볼 내용은 아니'라고 생각한다. 영화 〈머니볼〉에서는 '뚱뚱한 너드 (Nerd)'가 현장도 모르면서 수식 몇 개로 야구를 설명하고, 숫자에 야구를 끼워 맞춰야 한다는 주장을 한다. 실

제로는 그런 식으로 대화하지 않는다. 그렇게 단순하게 설명할 수도 없다. 〈머니볼〉은 세이버메트릭스를 숫자와 계산에만 의존하는 걸로 보이게 한다. 세이버메트릭스는 전통적인 야구와 양립할 수 없다는 식으로 묘사한다. 그 점에서 잘못된 인식을 심어준다고 생각했다. 책 마무리에 오클랜드가 뽑은 선수들을 극찬했던데 사실은 다 망했다. 블랙 코미디가 아닌가 싶었다. 폴 디포데스타는 영화에 자기 실명을 쓰지 못하게 했다고 한다. 피터 브랜드(디포데스타를 모델로 한 영화 배역)의 외모 묘사 같은 것들이 세이버메트릭스에 대한 전형적인 이미지를 만드는 것같다."

● 블로그에 "어제까지 재미있게 보던 야구가 오늘 엑셀로 몇 번 계산했다고 재미없어지지 않는다"고 썼다. 지금도 여전히 세이버메트릭스가 야구를 재미없게 한다는 얘기가 나오고 있다. 세이버메트릭스에 대한 대표적 오해 가운데 하나 아닌가.

"그건 진짜 이해가 안 된다. ERA로 투수를 평가하다가 FIP로 본다고 해서 재미가 없을 이유가 없지 않을까. 어떤 투수가 다승왕이 됐다고 하자. 단순히 최고의 투수라고 생각할 수 있다. 그런데 어떤 다승왕은 질적으로도 최고였는데 누구는 '운이 따랐다'고 대화할 수 있다면 그게 더 재미있지 않을까. FIP를 쓴다고 해서 ERA가 사라지지 않는다. 새로운 지식이 더해지는 것뿐이다. 세이버메트릭스를 안다고 해서 잃을 건 없다고 본다."

● '우리 같은 분석가들이 야구를 재미없게 만들었다'는 테오 엡스타인의 발언은 어떻게 생각하나. 엡스타인은 그 말을 남기며 시카고 컵스 사장을 그만둔 뒤 메이저리그 규칙

개정에 참여했다.

"일리가 있는 면이 있다. 헨리 채드윅(*야구 기록의 아버지. 스포츠기자로 '박스스코어'를 고안했다)의 박스스코어에는 볼넷이 없다. 채드윅은 볼넷이 야구의 재미를 해친다고 봤다. 그분 생각에 볼넷은 재미없는 플레이였다. 인플레이가 사라진 야구는 재미있다고 할 수 없다. 메이저리그는 데이터분석이 대세가 되고 거기에 맞춰 선수를 육성하다 보니 '볼넷 삼진 홈런' 세 가지 위주의 야구가 됐다. 콘택트가 줄어들면서 역동적이지 않다, 재미가 없어졌다는 말에는 일리가 있다고 본다. 메이저리그의 규칙 개정은 야구의 재미를 알려주려는 노력이라고 생각한다. 그런데 그건 메이저리그 얘기고 KBO 리그는 다르다. KBO 리그는 메이저리그보다 인플레이타구가 훨씬 많다. 세이버메트릭스가 KBO 리그를 재미없게 만든다고 말하기는 어렵다. 메이저리그에 비교해서는."

한국의 세이버메트릭스는 어디까지 왔나

FreeRedbird는 굳이 따지자면 한국 인터넷에 등장한 초기 세이버메트리션이자 지금은 야구 현장최전선에 있는 인물이다. 20년 가까운 시간 동안 한국 야구계에서 세이버메트릭스가 어떻게 도입되고 발전했으며 또 어디에 있는지 누구보다 잘 안다. 그가 본 한국의 세이버메트릭스는 분명 많이 발전했다. 그러나 미국의 규모의 경제에는 따라갈 도리가 없다는 생각도 한다. 환경의 문제도 크다.

● KBO 리그와 메이저리그의 차이는 또 있다. 야구 데이터에 대한 접근성이다. KBO 리그 데이터는 메이저리그에 비해 훨씬 접근하기 어렵다.

"그 점에서 차이가 크다. 데이터 접근성이 개선돼야 많은 사람이 데이터를 쉽게 다뤄볼 수 있고 이론적으로도 발

전할 수 있다. 메이저리그와 KBO 리그의 시장규모가 다르다는 사정도 있다. 메이저리그 사무국은 호크아이로 측정한 데이터를 공개하고 있고, 한국에서도 그 자료를 보고 연구한다. 메이저리그 사무국이 구매해서 공개하는 셈이다. 한국야구위원회(KBO)는 10개 구단 연합체로 볼 수 있다. 이런 사업에 돈을 쓰기 쉽지 않다. 세이버메트릭스의 태동기에 빌 제임스, 데이비드 스미스 등이 많은 이들의 도움을 받아 과거 기록지를 모아 데이터베이스화했다. 여기에서 레트로시트가 만들어졌고, 베이스볼레퍼런스가 탄생했다. 위대한 사건이었다. 지금 널리 쓰이는 트래킹데이터는 고가의 측정장비가 수집한다. 여러 사람의 선한 의지로만은 데이터를 모으기 어렵게 됐다. 문자중계도 사기업의 비즈니스라 일반 야구팬이 로데이터를 구하기 쉽지 않다. 데이터가 공개되지 않는다는 것은 아쉽다. 개선할 필요가 있다고 보지만 현실적으로 난제가 있다고 생각한다. 누군가 비용을 부담해야 하고, 비용 문제가 해결되더라도 구단의 소유권을 이유로 반발하는 이들이 나올 수 있다."

● 2009년과 2025년을 비교한다면, 한국의 세이버메트릭스는 어떻게 달라졌나.

"많이 달라졌다. 팬들의 인식, 미디어의 수용에서 그렇다. 야구 기사에서 WAR이나 wRC+ 같은 수치가 자연스럽게 등장한다. KBO 리그 역사를 보면 1980-1990년대에도 세이버메트릭스를 소개한 이들이 있었다. 하지만 데이터를 다루는 일이 그분들의 주 업무는 아니었다. 지금은 세이버메트릭스에 영향을 받은 분들이 구단에 취업을 한다. 모든 구단 프런트에 분석 파트가 있고, 이기기 위해 데이터를 적극 활용한다."

"내가 처음 공부하던 때 세이버메트릭스는 데이터 분석을 바탕으로 미래를 예측하는 게 중요했다. 선수가 가진 능력을 여러 지표와 수치로 파악하고, 이 능력이 몇 년이 지나면 어떻게 달라질 것인지 예상하는 게 큰 과제였다. 지

금은 장비가 진단을 한다. 메이저리그는 마이너리그 시스템을 축소했다. 지금은 빅리그 한 팀당 많아야 5-6개 마이너 구단을 거느린다. 예전에는 많은 선수에게 많은 경기를 치르게 해 재능을 발견했다. 지금은 측정장비로 스윙 스피드가 어떤지, 투구 회전수가 어떤지를 파악한다. 경기를 많이 해봐야 다칠 확률만 높아진다고 본다. 그래서 전성기를 빨리 활용하기 위해 어린 선수를 일찍 콜업하는 현상이 생겼다. 이게 최근 미국 야구의 흐름이다. 그런데 이 장비들은 모두 고가다. 장비를 운영하고 데이터를 해석할 수 있는 고급인력도 필요하다. 장비도 인력도 없는 국내 구단의 분석은 진단보다는 그 앞 단계 위주다. 처음 언급한 '분석을 통한 예측'이다."

● 블로그에 다시 글을 쓸 계획은 없나.

"세이버메트릭스 관련 포스팅은 2011년이 마지막인 것 같다. 지금은 블로그뿐 아니라 온라인 활동은 하지 않고 있다. 블로그는 카디널스 팬 블로그로 살아있고 다른 필진이 운영하고 있다. 구단을 위해 연구를 하다 보니 외부에 글을 쓰기는 어려워졌다."

● 세이버메트릭스를 알아야 하는 이유를 어떻게 표현할 수 있을까.

"팬 측면에서 보면 재미있으니까! 그냥 봐도 재미있지만 알고 보면 더 재미있을 거다. 구단은 승리를 추구해야 하니 재미보다는 이기기 위해 필요한 지식이 될 수 있겠다."

● 세이버메트릭스를 주제로 한 책을 위해 '한국의 세이버메트리션'으로 인터뷰를 부탁드렸다. 첫 번째 책에 등장하는 인물로 한 마디 해주신다면.

"고(故) 박기철 스포츠투아이 부사장 같은 분이 먼저 언급돼야 할 것 같다. KBO 리그의 역사나 인기에 비하면

다소 늦은 감이 있지만, 많은 분이 노력해서 이런 책이 나오게 됐다고 하니 다행이다. 예전에 책을 써보려고 했을 때는 이런 주제를 다룬 책이 얼마나 팔릴지 알 수 없었다. 어떻게 써야 독자들이 만족감을 느낄지 고민도 했다. 그런 고민과 싸워가며 책을 쓰실 것 같다. 출판을 계기로 더 많은 팬이 세이버메트릭스에 친숙해지고 편견 없이 야구를 재미있게 보시기를 바란다."

KIA의 3루가 가장 강했다

: 2024년 KBO 리그 포지션별 타격 분석

거의 모든 스포츠에는 공격과 수비가 있다. 수비보다 공격에 규칙에 따른 제약이 많이 붙는다. 축구에는 공격수가 상대 최종 수비수 뒤에서 패스를 받을 수 없는 오프사이드 룰이 있다. 아이스하키의 오프사이드는 공격수가 퍽이 블루라인을 넘기 전 이 선을 넘는 것을 금지한다. 농구에선 3초룰, 5초룰, 8초룰, 24초룰 등으로 볼 소유권을 가진 선수에게 제한 시간을 둔다. 배구에서는 후위 선수가 어택라인을 침범하는 공격을 할 수 없다.

야구에서도 공격 팀이나 타자는 스리 스트라이크 아웃 등 다양한 제약을 받는다. 다른 종목에 비해 가장 두드러진 차이는 '타순'의 존재다. 타자는 라인업 순서대로 타석에 들어서야 한다. 농구나 배구처럼 득점 기회를 에이스에게 몰아주는 '몰방'은 원천적으로 불가능하다.

슈퍼스타의 팀 내 비중이 상대적으로 작은 야구의 특징은 이 제약에서 나왔다. 야구 역사상 최고 타자인 베이브 루스는 1923년 뉴욕 양키스에서 WAR 14.2승을 기록했다. 타자로는 역대 최고 기록이다. 팀 승리의 14.5% 비중이었다. 농구에선 마이클 조던이 NBA 1995-96시즌 시카고 불스에 윈셰어(WS) 기준 20.4승을 안겨다줬다. 불스가 거둔 72승의 28.3%로 루스의 두 배였다. NBA 역사상 최고 기록은 1971-72시즌 카림 압둘 자바(밀워키 벅스)의 25.4승(40.3%)이다.

그래서 여러 타순이 평균 이상의 성적을 내야 득점력이 높은 타선이 구성된다. '구멍'이 적어야 한다. 4번 타자가 아무리 뛰어나도 나머지 선수들이 약하면 점수를 내기 어렵다. '이대호와 여덟 난쟁이'로 불렸던 2005년 팀 득점 꼴찌 롯데 자이언츠가 대표적인 경우다. 2024년 시즌 KBO 리그 10개 구단의 포지션 별 타격을 살펴본다. 타격 능력을 측정하는 방법은 다양하지만 여기에서는 wRC(가중득점생산력)을 기준으로 했다. 선수의 공격공헌도를 득점으로 표시한다는 이점이 있다.

2024시즌 포수 wRC 구단 순위

순위	팀	타석	wRC	순위변동	wRC 변화	평균대비
1	KT	635	99.4	3	34.7	28.2
2	두산	612	86.7	3	23.4	18.1
3	삼성	578	86.4	-2	15.1	21.6
4	KIA	549	67.4	6	47.0	5.8
5	LG	586	67.3	-2	0.3	1.6
6	한화	547	57.9	1	2.1	-3.4
7	SSG	578	55.5	2	27.8	-9.4
8	NC	580	52.1	-2	-4.1	-12.9
9	키움	557	46.7	-1	7.1	-15.7
10	롯데	497	21.9	-8	-48.4	-33.8
	리그	5719	641.3		105.1	0.0

2024시즌 포수 wRC Top10

이름	팀	타석	wRC	평균대비	OPS
강민호	삼성	394	67.5	23.3	0.907
장성우	KT	443	65.9	16.2	0.815
박동원	LG	453	59.8	9.0	0.801
양의지	두산	316	54.8	19.4	0.888
최재훈	한화	346	41.8	3.0	0.700
이지영	SSG	419	41.8	-5.2	0.676
한준수	KIA	271	40.3	10.0	0.824
김형준	NC	405	33.5	-11.9	0.664
김기연	두산	260	31.0	1.9	0.732
김태군	KIA	265	24.7	-5.0	0.712

포수

2024년은 타고투저 시즌이었다. 공격력이 약한 포수들도 힘 있게 배트를 휘둘렀다. 리그 전체 포수 wRC는 전년 대비 105.1점이나 향상됐다. 가장 큰 향상을 이룬 팀은 KT(34.7)였다. KT는 포수 wRC 99.4점으로 리그 1위기도 했다. 주전 장성우가 개인 통산 최다 홈런을 때려내며 커리어하이 시즌을 보냈다. 여기에 강백호가 포수로 88타석에서 16.8점(이하 개인 기록은 해당 포지션 출장 시)을 더했

다. 포수 타석은 장성우의 20%였지만 wRC는 26%로 훨씬 생산성이 높았다. 현역 최고 포수 양의지가 버티는 두산이 86.7점으로 2위. 양의지가 포수로는 316타석에만 들어선 게 1위를 KT에 내준 이유다. 양의지는 이 316타석에서 OPS 0.888이었지만 김기연은 260타석에서 0.732로 차이가 컸다. 삼성은 두산과 큰 차이 없는 3위였다. 강민호는 39세 나이에 8년 만에 3할 타율에 복귀하며 19홈런을 쳤다. 힘든 포수로 뛸 때 더 잘 쳤다. 394타석 OPS 0.993으로 10개 구

단 주전 포수 가운데 1위였다.

KIA는 한준수와 김태군이 번갈아 마스크를 쓴 '더블 포수' 체제가 잘 운영됐다. 한준수는 첫 1군 풀시즌에 3할 타율을 기록하며 활약했다. 포수로 기록한 OPS 0.824는 100+타석 기준 포지션 3위다. KIA 포수 wRC 순위는 2023년 최하위였지만 지난 시즌엔 무려 여섯 계단이나 상승했다. 이 점도 우승의 중요한 이유다. LG 박동원은 FA 계약 2년차에 2년 연속 20홈런을 기록하며 주전으로 활약했다. 아직 계약 기간은 2년 남아있다. LG에 당분간 포수 걱정은 없어 보인다. 백업 허도환의 부진은 아쉬웠다. 타율 0.141로 100+ 타석 기준 10개 포수 가운데 가장 낮았다. 한화 주전 포수 최재훈은 FA 계약 세 번째 시즌을 보냈다. 포수로 OPS 0.700을 기록하며 리그 포지션 평균(0.722)에 못 미쳤다. 하지만 계약 기간 중엔 가장 높은 기록이기도 했다. 문제는 백업. 이재원이 147타석에서 OPS 0.575에 그쳤다. 2시즌 연속으로 한화의 1번 백업 포수의 OPS는 0.500대였다. SSG도 2025년 39세인 이지영의 후계자를 찾아야 한다. 2024년 FA 계약한 김민식도 2025년 35세다. 두 선수 모두 지난해 포수로 OPS가 0.600대였다.

NC는 주전 김형준과 백업 박세혁 체제로 포수진을 운영했다. 처음으로 주전 시즌을 보낸 김형준은 17홈런을 날리는 파워를 과시했다. 하지만 타율이 1할대(0.195)였다는 점은 아쉽다. 2025년 26세로 10개 구단 주전 포수 가운데 가장 젊다. 키움은 김동헌의 부상으로 지난해 김재현에게 처음으로 주전 포수 자리를 맡겼다. 공격에선 거의 도움이 되지 않았다. 김동헌의 입단 동기인 스무 살 김건희가 5월 1군에 올라오며 새 주전으로 떠올랐다. 포수 203타석에서 홈런 다섯 개를 때려냈다. 김동헌도 토미존 수술에서 복귀했다. 키움 포수진의 미래는 밝다. 롯데 포수진은 몰락했다. 2023년 wRC 순위는 2위였지만 지난해 꼴찌로 추락했다. 유강남이 FA 두 번째 시즌에 150타석 출장에 그쳤다. 전년 대비 221타석이나 줄었다. 22세 손성빈이 가장 많은 445⅔이닝을 소화

했다. 강한 어깨로 주목받았지만 타격은 더 발전해야 한다.

1루수

LG가 이 포지션에서 가장 뛰어났다. wRC 120.3점으로 10개 구단 가운데 1위였다. 오스틴 딘이 1루수로 460타석에 들어서며 OPS 0.965로 대단했다. 3루수가 본업인 문보경이 75타석 0.961, 거포 유망주 김범석이 61타석 0.765로 백

2024시즌 1루수 wRC 구단 순위

순위	팀	타석	wRC	순위변동	wRC 변화	평균대비
1	LG	641	120.3	0	21.4	25.7
2	NC	638	120.1	5	61.9	25.9
3	롯데	630	113.1	1	35.3	20.1
4	한화	631	98.9	1	32.4	5.8
5	삼성	618	94.7	1	31.1	3.6
6	두산	626	86.4	-4	1.6	-6.0
7	KT	645	77.2	-4	-2.8	-18.0
8	KIA	617	76.5	2	23.5	-14.6
9	키움	627	71.7	0	15.5	-20.8
10	SSG	572	62.6	-2	4.9	-21.8
	리그	6245	921.5		224.7	0.0

1루수 wRC

이름	팀	타석	wRC	평균대비	OPS
데이비슨	NC	470	106.3	36.9	1.083
오스틴	LG	460	92.9	25.0	0.965
나승엽	롯데	471	90.2	20.7	0.884
양석환	두산	553	74.5	-7.1	0.821
최주환	키움	511	61.9	-13.5	0.744
문상철	KT	324	51.3	3.5	0.844
채은성	한화	299	50.5	6.4	0.903
이우성	KIA	333	40.1	-9.0	0.765
맥키넌	삼성	214	37.8	6.2	0.869
고명준	SSG	325	35.5	-12.5	0.723

업 전력도 뛰어났다. NC는 LG와 큰 차이 없는 2위였다. 2023년 이 순위가 7위였다는 점에서 큰 발전이다. OPS로 따지면 0.960으로 LG(0.919)를 앞선다. 홈런왕 맷 데이비슨은 리그에서 wRC가 가장 높은 1루수였다. 106.3점으로 유일한 세 자릿수였다. 백업 도태훈이 데이비슨의 절반 수준 OPS(0.534)으로 부진한 게 LG와의 차이였다. 내국인 1루수를 기용한 롯데가 3위였다. 1루수로 자주 뛰었던 안치홍이 시즌 전 FA로 이적했다는 점에서 놀라운 성과였다. 나승엽이 주전 1루수로 OPS 0.884를 찍으며 활약했고 베테랑 정훈이 130타석에서 0.818로 백업을 잘 했다.

한화는 채은성 김태연 안치홍을 번갈아 가며 1루수로 기용했다. 주전 채은성이 부상과 부진으로 전반기에 결장이 잦았다. 채은성은 전반기 OPS 0.652였지만 후반기엔 1.004로 야누스처럼 달랐다. 삼성의 1루 포지션 성적은 기대에 미치지 못했다. 데이비드 매키넌과 르윈 디아즈가 뛴 포지션이라는 점에서 더욱 그렇다. 지난해 삼성에서 OPS 기준으로 가장 뛰어난 1루수는 이성규(93타석 1.054)였다. 두산의 wRC 순위는 2023년 2위에서 지난해 6위로 4계단 하락했다. 주전 양석환과 백업 강승호가 모두 지난해보다 성적이 향상됐다. 하지만 다른 구단들의 향상폭이 훨씬 컸다. KT도 이 순위가 두산과 같이 4계단 하락했다. 박병호의 시즌 도중 트레이드라는 큰 사건이 있었다는 점에서는 선전이었다. 문상철이 주전 1루수로 뛰며 커리어하이 시즌을 보냈다.

KIA는 지난 시즌 막강 타선을 자랑했다. 공격 중심인 1루가 상대적으로 취약한 포지션이었다. 이 포지션의 wRC는 리그 평균 대비 -14.6점이었다. 주전 이우성에 서건창과 변우혁을 백업으로 기용했다. 세 명 모두 OPS가 0.700대였다. 2023년에도 wRC 순위가 꼴찌였다. 메이저리그 출신 패트릭 위즈덤이 올시즌 새로운 1루수다. 파워가 엄청나다. 키움은 최주환을 주전, 송성문을 백업으로 기용했다. 최주환은 리그에서 두 번째로 많은 타석에 들어선 1루수다. 하지만 60+타석 기준으로 OPS 순위는 26명 중 20위였다. 리그 평

균보다 wRC 13.5점이 모자랐다. 이 부문 최하위였다. SSG가 1루수가 가장 약한 팀이었다. 평균 대비 wRC 21.8점이 모자랐다. 22세 고명준이 실질적인 데뷔 시즌을 치르며 주전 1루수로 기용됐다. SSG는 전신 SK 시절부터 제이미 로맥의 은퇴 이후 확실한 주전 1루수를 찾지 못하고 있다.

2루수

2024시즌 2루수 wRC 구단 순위

순위	팀	타석	wRC	순위변화	wRC 변화	평균대비
1	키움	653	110.2	0	4.1	23.4
2	KIA	629	99.4	3	27.3	15.8
3	NC	661	92.6	-1	2.0	4.7
4	한화	618	89.6	-1	8.5	7.5
5	롯데	646	85.4	-1	5.0	-0.4
6	KT	618	80.4	4	36.5	-1.7
7	두산	612	79.8	2	31.7	-1.5
8	LG	584	77.5	0	16.6	-0.1
9	SSG	553	59.4	-3	-2.1	-14.1
10	삼성	547	38.9	-3	-22.1	-33.7
	리그	6121	813.2	0	107.6	0.0

2024시즌 2루수 wRC Top10

이름	팀	타석	wRC	평균대비	OPS
김혜성	키움	532	96.2	25.5	0.871
박민우	NC	431	72.8	15.5	0.824
김선빈	KIA	462	70.1	8.7	0.821
신민재	LG	460	70.1	9.0	0.764
고승민	롯데	449	69.8	10.2	0.843
강승호	두산	490	65.7	0.6	0.801
황영묵	한화	252	38.6	5.1	0.792
오윤석	KT	184	27.3	2.8	0.851
천성호	KT	219	27.1	-2.0	0.741
류지혁	삼성	226	26.5	-3.5	0.700

키움 타선은 지난 시즌 10개 구단 최약체였다. 하지만 2루수만은 최고였다. 10개 구단에서 유일하게 wRC가 세 자릿수였다. 평균 대비 23.4점을 더 냈다. 물론 김혜성의 활약 덕이다. 김혜성은 올 시즌 고척돔이 아닌 다저스타디움에서 뛴다. KIA가 그 다음이었다. wRC 순위는 5위에서 2위로 상승했다. 김선빈은 2년 연속 3할 타율에 커리어하이인 9홈런을 때려냈다. 앞 시즌엔 홈런이 하나도 없었다. 백업 서건창은 2루수로 나선 82타석에서 타율이 0.381이었다. 박민우가 버틴 NC가 3위. 박민우의 2루수 wRC는 72.8로 김혜성 다음이었다. 백업 선수 세 명의 OPS가 모두 0.600대였다는 점은 팀 순위에서 KIA에 밀린 이유였다.

한화가 4위였다. 평균 대비 +7.5점은 NC(4.7)에 앞선 3위. FA 안치홍이 137타석에서 OPS 0.920으로 이름값을 했다. 독립리그 출신 신인 황영묵이 주전으로 기대 이상의 활약을 했다. 데뷔 시즌에 3할 타자가 되며 대전 팬들을 기쁘게 했다. 롯데가 5위. 안치홍의 공백을 고승민이 기대 이상으로 메웠다. 2루수로 449타석 OPS 0.843을 쳤다. 백업 손호영도 52타석 0.835였다. KT는 개막 시점에서 2루가 약점으로 꼽혔다. 하지만 무명 천성호가 4월까지 타율 0.352라는 엄청난 활약을 했다. 천성호는 5월부터 슬럼프에 빠졌지만 오윤석이 5월부터 주전을 꿰차며 커리어하이를 찍었다. 그 결과 이 포지션에서 팀 wRC 순위가 앞 시즌 최하위에서 네 단계 상승했다. 두산도 2023년 9위에서 지난해 7위로 순위가 올랐다. 강승호가 커리어하이를 찍으며 30대의 첫 해를 화려하게 장식했다.

LG는 순위는 8위지만 wRC 수치는 KT, 두산과 큰 차이가 없었다. 신민재가 주전 두 번째 시즌에 데뷔 이후 가장 좋은 타격을 했다. 2년 연속 30도루를 넘겼고, 성공률도 향상됐다. 하지만 9위 SSG는 8위 LG와 차이가 컸다. 앞 시즌보다 순위도 세 계단 하락했다. 시즌 내내 주전 2루수가 없었다. 1000이닝 이상 뛴 2루수만 네 명. 누구도 2루에서 410이닝, 200타석을 소화하지 못했다. 삼성의 2루가 가장 약했

다. SSG와 같은 순위 세 계단 하락을 겪었다. 김지찬의 외야 전향이 가장 큰 이유였다. 류지혁의 타격은 10개 구단 주전 2루수 중 가장 나빴다. 백업 안주형은 이 포지션에서 OPS가 0.497에 그쳤다. 100타석 이상 기준 가장 부진한 2루수였다.

3루수

2024시즌 3루수 wRC 구단 순위

순위	팀	타석	wRC	순위변동	wRC 변화	평균대비
1	KIA	667	155.5	3	66.6	55.8
2	키움	630	114.3	6	52.3	20.1
3	SSG	632	109.5	-1	10.9	15.0
4	두산	637	95.4	1	27.2	0.1
5	한화	641	94.7	-4	-16.2	-1.1
6	롯데	613	88.9	3	39.2	-2.8
7	LG	627	88.3	-4	-4.3	-5.5
8	NC	627	85.2	-2	19.1	-8.6
9	삼성	581	54.1	1	9.6	-32.8
10	KT	612	51.5	-3	-13.3	-40.1
	리그	6267	937.4	0	191.1	0.0

2024시즌 3루수 wRC Top10

이름	팀	타석	wRC	평균대비	OPS
김도영	KIA	591	137.1	48.7	1.066
최정	SSG	495	104.1	30.1	0.997
송성문	키움	393	87.5	28.8	0.987
노시환	한화	559	84.2	0.6	0.823
문보경	LG	507	78.8	3.0	0.863
허경민	두산	469	78.1	7.9	0.812
손호영	롯데	331	60.1	10.6	0.911
황재균	KT	531	49.3	-30.1	0.695
서호철	NC	412	47.8	-13.8	0.725
김영웅	삼성	318	36.2	-11.4	0.738

지난해 10개 구단 내야에서 가장 타격이 뛰어난 포지션은 1루가 아닌 3루였다. KIA가 가장 뛰어났다. wRC 155.5는 평균 대비 55.8점이나 많았다. 전 구단 모든 포지션을 통틀어 KIA의 3루가 가장 평균보다 앞섰다. 이 부문 2위보다 무려 20.1점이나 많았다. 물론, MVP 김도영의 활약 덕분이다. 김도영은 10개 구단에서 가장 많은 이닝(1111)을 소화한 3루수기도 했다. 키움이 그 다음이었다. 이 포지션에서 가장 향상된 팀이기도 했다. 2023년보다 순위가 6계단이나 뛰어올랐다. 송성문이 3루수로 393타석에 들어서 OPS 0.987을 기록했다. 전체 3루수 중 3위. SSG가 세 번째로 높은 wRC를 기록했다. 최정은 37세 나이에도 최정이었다. 통산 500홈런까지 5개만 남겨두고 있다.

리그 평균 대비 가장 뛰어났던 포지션

팀	포지션	wRC	평균대비
KIA	3B	155.5	55.8
LG	RF	132.1	35.6
삼성	LF	130.2	31.1
KT	C	99.4	28.2
KT	LF	129.7	26.9
NC	1B	120.1	25.9
LG	1B	120.3	25.7
키움	2B	110.2	23.4
삼성	C	86.4	21.6
롯데	RF	115.0	20.5

두산이 4위. 허경민이 3루수로 469타석에서 타율 0.308에 OPS 0.812로 활약했다. 올 시즌엔 FA로 이적한 그의 공백을 메워야 한다. 유틸리티 이유찬은 지난해 2루수로는 OPS 0.640으로 부진했지만 3루에선 0.759로 훨씬 좋았다. 2025년는 주전 유격수에 도전한다. 2루수 강승호가 스프링캠프에선 3루수 전향을 준비했다. 한화는 2023년 3루수 wRC 1위인 팀이었다. 지난해엔 5위로 떨어졌다. 2023년 리그 최고

타자였던 노시환이 지난해엔 3루수로 OPS 0.823에 그쳤다. 롯데는 2023년 9위에서 지난해 6위로 세 계단 올랐다. 개막 뒤인 3월 30일 트레이드로 입단한 손호영이 엄청난 활약을 했다. 김도영 최정 송성문과 함께 3루수로 OPS 0.900 이상을 기록한 선수가 됐다. LG는 한화와 함께 하락 폭이 가장 컸다. 주전 문보경은 OPS 0.861로 잘 때렸다. 하지만 백업 구본혁이 103타석에서 OPS 0.656에 그쳤다.

NC 주전 3루수 서호철은 지난해 OPS 0.725로 부진했다. 하지만 5월 30일 트레이드로 입단한 유틸리티 김휘집이 이 포지션 191타석에서 0.868로 활약했다. 유격수로는 0.658이었지만 3루에서 공격이 훨씬 좋았다. 올 시즌엔 주전 3루수로 뛴다. 삼성 3루의 wRC 순위는 2023년 최하위였다. 지난해는 9위로 한 단계 올랐다. 하지만 김영웅이 21세 나이에 삼성 역대 3루수 최다 홈런을 때려내며 스타덤에 올랐다. 김영웅은 팀 사정으로 지난해 3루수로는 318타석에만 섰다. 풀타임 3루수로 고정되면 삼성의 이 포지션은 약점에서 강점으로 바뀔 것이다. KT는 세 시즌 연속으로 3루가 약점이다. 지난해는 10개 구단 꼴찌로 떨어졌다. 주전 황재균의 에이징 커브 때문이다. 2023년 황재균의 시즌 OPS는 0.692로 2013년 이후 처음으로 0.700 선에 미달했다. FA 시장에서 답을 찾았다. 허경민을 4년 40억 원에 영입했다.

유격수

유격수는 포수와 함께 타격이 약한 포지션이다. 9개 포지션 가운데 리그 wRC에서 포수가 9위, 유격수가 8위다. 그래서 강타자 유격수가 있다면 타선 강화 효과를 더 높인다. 삼성 이재현이 그런 선수다. 지난해 21세 나이에 시즌 14홈런을 날렸다. 부상으로 109경기만 출장했다는 점이 아쉬웠다. 그가 부상 중일 때는 김영웅이 엄청난 활약을 하며 삼성의 유격수 wRC 순위를 1위로 끌어올렸다. SSG의 유격수 순위는 2023년에 이어 리그 2위였다. 국가대표 박성한이 네 시즌

2024시즌 유격수 wRC 구단 순위

순위	팀	타석	wRC	순위변동	wRC 변화	평균대비
1	삼성	625	93.0	4	25.0	20.3
2	SSG	620	90.7	0	10.0	18.5
3	KIA	643	82.3	1	14.2	7.5
4	NC	589	79.9	5	28.9	11.3
5	LG	605	76.1	-4	-12.8	5.7
6	롯데	590	70.2	0	8.3	1.5
7	KT	567	62.6	-4	-8.8	-3.4
8	한화	565	61.0	2	27.1	-4.8
9	두산	573	50.7	-1	-1.2	-16.0
10	키움	542	22.6	-3	-33.4	-40.5
	리그	5919	689.0	0	57.4	0.0

2024시즌 유격수 wRC Top10

이름	팀	타석	wRC	평균대비	OPS
박성한	SSG	557	82.5	17.7	0.795
박찬호	KIA	574	77.1	10.3	0.744
김주원	NC	471	67.6	12.8	0.751
이재현	삼성	439	64.4	13.3	0.788
오지환	LG	417	55.9	7.4	0.771
박승욱	롯데	387	48.3	3.2	0.727
이도윤	한화	334	30.3	-8.5	0.634
김상수	KT	275	27.1	-4.9	0.692
김영웅	삼성	145	25.6	8.7	0.886
김재호	두산	149	20.8	3.5	0.767

연속으로 정상급 타격을 했다. 개인 wRC는 전체 유격수 중 1위였다. 박찬호가 2년 연속 3할 타율을 때려낸 KIA도 유격수가 포지션이 안정된 팀이다.

이 포지션에서 가장 향상된 팀은 NC다. 순위가 2023년 9위에서 지난해 4위로 뛰어올랐다. 젊음이 돋보인다. 주전 김주원과 백업 김휘집이 지난해 나란히 22세였다. 김주원은 정교함이 약점이었지만 지난해 타율과 볼넷 비율이 개

인 통산 가장 좋았다. 특히 후반기의 반등이 인상적이었다. 반면 LG는 1위에서 5위로 떨어져 하락폭이 가장 컸다. 오지환은 2022년 142경기에 출장했다. 2023년 126경기, 2024년 108경기로 줄었다. 시즌 wRC는 88.0점에서 72.2점, 57.6점으로 역시 하향세가 뚜렷하다. 롯데는 2023년에 이어 6위를 지켰다. 노진혁이 FA 2번째 시즌에 극도로 부진했다. 하지만 생애 처음으로 주전 유격수가 된 박승욱이 기대 이상 활약을 했다. 2023년 0개던 시즌 홈런도 지난해엔 7개로 늘었다. KT는 2023년 3위에서 지난해 7위로 추락했다. 김상수와 심우준이 나란히 이 포지션에서 OPS 0.600대로 부진했다. 지난해 7월 상무에서 전역한 심우준은 올시즌 FA로 이적한 한화에서 풀타임 주전으로 뛸 전망이다.

한화는 2023년 유격수 wRC 최하위 팀이었다. 압도적인 꼴찌였다. 지난해엔 8위로 두 계단 올라섰다. FA 시즌을 앞둔 하주석이 유격수로 타율 0.330에 OPS 0.862로 잘 쳤다. 하지만 부상 문제로 106타석에 그쳤고, 시즌 뒤 1년 1억 1000만 원 저가에 FA 계약을 했다. 주전 이도윤은 타격이 약하다. 그래서 FA 시장에서 심우준을 4년 50억 원에 영입했다. 수비는 뛰어난 선수다. 하지만 한 번도 시즌 OPS 0.700을 돌파한 적이 없다. 두산의 유격수 wRC는 리그 평균보다 16점이나 모자랐다. 3000이닝 이상 출장 유격수가

리그 평균 대비 가장 부진했던 포지션

팀	포지션	wRC	평균대비
키움	SS	22.6	-40.5
KT	3B	51.5	-40.1
키움	DH	45.5	-39.7
키움	RF	55.0	-35.7
롯데	C	21.9	-33.8
삼성	2B	38.9	-33.7
삼성	3B	54.1	-32.8
한화	CF	49.4	-25.5
두산	LF	68.8	-21.8
SSG	RF	66.2	-21.8

세 명, 100이닝 이상은 네 명으로 뚜렷한 주전이 없었다. 유격수로 공격이 가장 좋았던 김재호(149타석, 0.767)은 시즌 뒤 은퇴했다. 두 번째로 많은 이닝을 소화한 전민재는 롯데로 트레이드됐다. 박준영과 이유찬이 주전을 다투는 상황이다. 키움은 유격수가 가장 약했다. 김휘집 트레이드는 상황을 더욱 악화시켰다. 김태진이 가장 자주 출장했지만 유격수로 OPS가 0.508에 그쳤다. 시즌 전체로는 0.535다. 키움은 이 포지션 wRC가 리그 평균 대비 40.5점이 적었다. 전 구단 모든 포지션을 통틀어 가장 나쁜 성적이었다.

좌익수

2024시즌 좌익수 wRC 구단 순위

순위	팀	타석	wRC	순위변동	wRC 변화	평균대비
1	삼성	642	130.2	3	46.2	31.1
2	KT	666	129.7	0	37.5	26.9
3	SSG	623	107.0	-2	-4.4	10.8
4	NC	641	102.2	1	20.4	3.3
5	롯데	649	99.6	2	30.3	-0.6
6	키움	620	91.1	3	39.1	-4.6
7	KIA	642	89.1	1	21.6	-10.0
8	LG	632	82.3	-5	-6.9	-15.3
9	한화	645	79.8	1	29.0	-19.8
10	두산	587	68.8	-4	-1.7	-21.8
	리그	6347	980.0	0	211.1	0.0

좌익수는 강타자가 많은 포지션이다. 지난 시즌에는 더욱 그랬다. 리그 전체 좌익수 wRC(980.0)과 OPS(0.822)는 야수 9개 포지션 중 1위였다. 세 자릿수 wRC를 기록한 팀도 4개로 역시 전 포지션 중 가장 많았다. 삼성이 가장 뛰어났다. 구자욱이 좌익수로 433타석에서 OPS 1.089라는 엄청난 활약을 했다. 지난 시즌 포지션 wRC가 세 자릿수인 야수는 5명뿐이다. 구자욱(0.81)은 MVP 김도영에 이어 2위였

2024시즌 좌익수 wRC Top10

이름	팀	타석	wRC	평균대비	OPS
구자욱	삼성	433	108.1	41.2	1.089
에레디아	SSG	497	88.7	12.0	0.896
권희동	NC	438	79.7	12.1	0.868
로하스	KT	291	66.7	21.7	1.037
소크라테스	KIA	387	61.5	1.8	0.838
도슨	키움	263	54.9	14.3	0.988
김민혁	KT	300	52.3	5.9	0.865
김현수	LG	328	43.0	-7.7	0.748
문성주	LG	230	40.2	4.7	0.810
레이예스	롯데	194	37.3	7.3	0.945

다. KT는 삼성과 큰 차이 없는 2위였다. 멜 로하스 주니어는 좌익수와 우익수를 반반 비율로 맡았다. 커리어 최고 시즌 타율(0.353)을 기록한 김민혁이 좌익수로 가장 많이 출장하며 활약한 게 컸다. 기예르모 에레디아가 버틴 SSG가 3위를 차지했다. 개인 wRC는 좌익수 중 2위에 올랐다.

NC가 네 번째 순위를 차지했다. 주전 권희동이 34세 나이에 개인 통산 첫 3할 타율을 기록하며 활약했다. 롯데 좌익수들은 2023년 wRC 7위에서 지난해 5위로 향상됐다. 뚜렷한 주전은 없었다. 누구도 좌익수로 210타석을 채우지 못했다. 하지만 빅터 레이예스가 OPS 0.945(194타석)를 쳤고 황성빈이 0.975(136), 전준우가 0.805(204)로 모두 좋았다. 키움은 9위에서 6위로 세 계단 올랐다. 더 좋아질 수도 있었다. 하지만 로니 도슨이 7월에 부상으로 시즌아웃됐다. 10개 구단 좌익수 중 OPS 3위였다. 베테랑 이용규는 분전했지만 상무에서 전역한 변상권의 타격은 다소 아쉬웠다. 지난 시즌 삼성에서 뛰었던 루벤 카데나스가 올 시즌 주전 좌익수다. 7위 KIA는 소크라테스 브리토는 지난 시즌 네 포지션을 소화했다. 좌익수로 뛸 때가 OPS 0.838로 가장 약했다.

LG는 우승 시즌에 좌익수 wRC가 10개 구단 중 3위였다. 지난 시즌엔 8위로 5계단이나 떨어졌다. 하락폭이 가장 큰 구단이었다. 김현수가 좌익수로 뛴 328타석 동안 OPS 0.748로 부진한 게 이유였다. 230타석에 선 문성주(0.81)가 더 나았다. 한화는 10위에서 9위로 탈꼴찌에는 성공했다. 요나단 페라자가 시즌 초반 대단한 활약을 했지만 5월 마지막 날 경기에서 부상을 당한 게 컸다. 페라자는 부상 전 210타석에서 타율 0.324에 15홈런을 쳤다. 부상 뒤엔 245타석에 들어서 0.233/9홈런에 그쳤다. 두산이 한화 대신 꼴찌로 떨어졌다. 전년 대비 4계단 하락으로 폭이 가장 컸다. 가장 많이 좌익수로 출장한 조수행이 205타석에서 OPS 0.618에 그쳤다. wRC는 리그 평균보다 12.1점이나 모자랐다. 10개 구단 좌익수 중 가장 나빴다. 하지만 시즌 64도루로 타이틀을 차지했다.

중견수

2024시즌 중견수 wRC Top10

순위	팀	타석	wRC	순위변동	wRC 변화	평균대비
1	삼성	649	96.9	7	40.1	14.2
2	두산	671	90.5	0	-0.9	5.0
3	SSG	658	88.1	4	22.3	4.2
4	롯데	661	86.8	5	32.8	2.6
5	키움	607	86.8	-4	-30.6	9.4
6	KIA	612	85.1	-1	16.2	7.1
7	KT	610	74.7	-1	6.8	-3.1
8	NC	607	72.8	-5	-2.3	-4.5
9	LG	619	69.4	-5	-4.2	-9.5
10	한화	588	49.4	0	4.0	-25.5
	리그	6282	800.6	0	84.2	0.0

삼성의 2023년 중견수 wRC는 10개 구단 중 8위에 그쳤다. 하지만 지난해엔 1위로 확 달라졌다. 7계단 상승은 전 구

2024시즌 중견수 wRC Top10

이름	팀	타석	wRC	평균대비	OPS
정수빈	두산	605	85.5	8.4	0.741
김지찬	삼성	461	77.8	19.1	0.798
최지훈	SSG	533	74.0	6.0	0.762
박해민	LG	548	65.5	-4.4	0.695
배정대	KT	472	61.1	0.9	0.743
윤동희	롯데	364	50.5	4.1	0.786
최원준	KIA	320	45.7	5.0	0.768
김성욱	NC	351	38.8	-6.0	0.709
소크라테스	KIA	192	35.4	10.9	0.926
황성빈	롯데	252	33.3	1.1	0.744

단 모든 포지션을 통틀어 가장 큰 폭이다. 김지찬이 2루수에서 중견수로 변신해 타격에서 커리어하이 시즌을 찍었다. 42도루도 개인 통산 가장 많았다. 두산은 전년도에 이어 2위를 지켰다. 정수빈은 앞 시즌보다 3루타는 8개 줄어들었다. 하지만 도루 13개를 더했다. 시즌 52도루로 조수행과 함께 KBO 리그 최초 50도루 듀오가 됐다. SSG는 7위에서 3위로 네 계단 상승했다. 앞 시즌 부진했던 최지훈이 부활했다. 홈런은 커리어하이인 11개를 때려냈다.

롯데는 9위에서 4위로 5계단이나 상승했다. 국가대표 외야수로 성장한 윤동희가 364타석 OPS 0.786, 황성빈이 252타석 0.744로 활약했다. 2023년 주전 중견수 김민석은 0.663이었다. 외국인선수 없이 이뤄낸 향상이라는 점이 긍정적이다. 반면 키움은 1위에서 5위로 네 계단 하락했다. 하지만 2023년 주전 중견수가 다름 아닌 이정후였다는 점에서 선방으로 봐야 한다. 다만 확실한 주전은 없었다. 이주형을 비롯해 100이닝 이상 출장한 선수만 여섯 명이다. 시즌 초반 페이스가 대단했던 이주형이 두 번 부상을 당한 뒤 페이스가 떨어진 게 아쉬웠다. KIA의 이 포지션 wRC는 전년 대비 16.2점 증가했다. 증가분은 10개 구단 중 네 번째로 높았다. 앞 시즌 커리어 최악의 부진을 겪었던 최원준이 부활

했다. 여기에 소크라테스가 192타석 OPS 0.926으로 활약했다. KT는 리그 평균보다 wRC가 3.1점 낮았다. 주전 배정대는 개막전 1번 타자를 맡았다. 하지만 4월초 왼발 골절상을 당했고, 복귀 뒤엔 주로 하위 타순에 배치됐다.

NC는 3위에서 8위로 5계단 하락했다. 예상된 결과였다. 2023년 주전 중견수는 제이슨 마틴, 지난해는 김성욱이었다. 김성욱은 17홈런으로 개인 시즌 신기록을 세웠지만 타율 0.204는 풀시즌 기준 가장 낮았다. LG도 4위에서 9위로 같은 5계단 하락이었다. 박해민은 수비와 주루가 뛰어난 중견수다. 하지만 지난해 시즌 OPS 0.695는 2022년 LG 입단 이후 가장 낮았다. 한화는 2023년과 같은 wRC 최하위였다. 평균 대비 25.5점이나 모자랐다. 100이닝 이상 뛴 중견수만 다섯 명이었다. 장진혁이 주전으로 257타석 OPS 0.709로 가장 좋았다. 커리어하이 시즌. 그런데 시즌 뒤 FA 엄상백의 보상선수로 KT로 이적했다. 2025년 새 외국인선수 에스테반 플로리얼이 한화의 오래 묵은 중견수 문제를 해결해야 한다.

우익수

LG가 2년 연속 이 포지션 wRC 1위를 달렸다. '출루왕' 홍창기는 이제 LG의 슈퍼스타다. 리그 우익수 중 유일하게 wRC 100점을 넘겼다. 2위 빅터 레이예스(63.8)보다 40점 이상 많다. 우익수는 붙박이 주전이 상대적으로 적다는 이유도 있다. 2위 롯데가 그랬다. 레이예스가 664⅔이닝, 윤동희가 455이닝 출장했다. 두 선수 모두 우익수로 뛰며 OPS 0.900을 넘겼다. 롯데의 우익수 wRC 순위는 8위에서 2위로 수직 상승했다. 무려 53.3점이나 올랐다. KIA는 2023년 2위, 지난해 3위로 경쟁력을 유지했다. 스타 나성범의 포지션이다. 나성범은 지난해에도 부상으로 67경기만 우익수로 나섰다. 하지만 최원준이 399이닝을 소화하며 OPS 0.839로 공백을 잘 메웠다. 앞 시즌에도 마찬가지였다.

2024시즌 우익수 wRC 구단 순위

순위	팀	타석	wRC	순위변동	wRC 변화	평균대비
1	LG	667	132.1	0	11.0	35.6
2	롯데	653	115.0	6	53.3	20.5
3	KIA	633	106.0	-1	-4.5	14.5
4	두산	622	97.8	6	40.6	7.9
5	한화	646	92.5	2	29.9	-0.9
6	KT	604	86.3	0	21.2	-1.1
7	NC	621	78.9	-4	-20.2	-10.9
8	삼성	594	77.8	-4	-19.8	-8.1
9	SSG	609	66.2	-4	-11.2	-21.8
10	키움	627	55.0	-1	-5.9	-35.7
	리그	6276	907.6	0	94.3	0.0

2024시즌 우익수 wRC Top10

이름	팀	타석	wRC	평균대비	OPS
홍창기	LG	565	106.9	25.2	0.851
레이예스	롯데	355	63.8	12.4	0.910
로하스	KT	325	62.2	15.2	0.929
라모스	두산	344	55.3	5.5	0.847
나성범	KIA	281	50.4	9.7	0.931
한유섬	SSG	411	48.3	-11.2	0.727
윤동희	롯데	245	47.6	12.1	0.901
박건우	NC	272	45.6	6.2	0.862
김태연	한화	276	37.3	-2.7	0.783
이주형	키움	240	34.8	0.1	0.772

두산은 롯데와 같은 6계단 상승을 이뤄냈다. 2023년엔 뚜렷한 주전 우익수가 없었다. 헨리 라모스와 제러드 영이 지킨 포지션이었던 만큼 상승은 당연했다. 특히 제러드는 우익수로 뛴 80타석에서 무려 OPS 1.328을 기록했다. 두산은 2025년 새로 영입한 제이크 케이브에게 못지않은 활약을 기대한다. 한화도 좌익수가 강화됐다. wRC 상승분이 29.9점으로 롯데, 두산 다음이었다. 1루수를 겸하는 김태연이

우익수로 276타석에서 OPS 0.783으로 활약했다. 그리고 페라자가 172타석에서 0.962였다. KT는 순위 변동은 없었지만 wRC 상승분이 21.2점으로 뛰어났다. 로하스가 우익수로 325타석에 선 덕이다. 다만 조용호 정준영이 소화한 190타석 결과는 아쉬웠다. 반면 NC는 3위에서 7위로 하락했다. wRC 감소분은 20.2점으로 10개 구단 최다였다. 2023년 박건우가 686이닝, 손아섭이 343⅓이닝을 책임졌다. 지난해엔 각각 522이닝, 10⅔이닝으로 줄었다. 7월에 손아섭과 박건우가 모두 중상을 당해 시즌아웃됐다. '늦깎이' 천재환이 기대 이상의 타격을 한 게 위안이었다.

삼성도 NC와 마찬가지로 4계단 하락했다. 구자욱이 우익수에서 좌익수로 주포지션을 옮긴 탓이다. 후임자를 찾지 못했다. 뚜렷한 주전이 없었다. 김헌곤의 300⅓이닝 143타석이 팀내 최다였다. 7월 영입한 카데나스에게 기대를 걸었지만 7경기만 뛰고 부상을 당했다. SSG는 4계단 하락을 겪은 세 번째 팀이다. 한유섬은 주전 우익수로 411타석을 소화하며 wRC가 평균 대비 -11.2점이었다. 하재훈은 135타석 -8.4점. 키움은 9위에서 10위로 떨어졌다. 주전 우익수 이형종이 4월 21일 부상을 당해 두 달 넘게 결장했다. 7월초 복귀했지만 8월말 다시 내복사근을 다쳤다. 올 시즌엔 달라질 것이다. 야시엘 푸이그가 돌아왔다.

지명타자

지명타자는 공격력만이 중요한 포지션이다. 하지만 지난해 리그 전체 지명타자 wRC는 9개 야수 포지션 중 5위에 그쳤다. KBO 리그는 뚜렷한 주전 지명타자가 없는 게 트렌드다. 지난해 300타석 이상 지명타자로 출장한 선수는 세 명뿐이다. KIA가 우승 팀답게 가장 뛰어났다. 앞 시즌 2위에서 정상에 올랐다. 최형우와 나성범이 554타석에 들어섰다는 점에서 당연한 결과였다. 다만 나성범은 139타석 OPS 0.708로 수비수로 나섰을 때보다 훨씬 부진했다. NC가 2위

였다. 하지만 wRC는 2023년보다 12.7점 적었다. 감소분은 10개 구단 중 두 번째로 많았다. 가장 많은 239타석에 들어선 손아섭이 OPS 0.688로 부진했다. 반면 KT는 4계단 상승에 wRC 증가분이 16.3승으로 가장 컸다. 강백호는 앞 두 시즌 부상으로 평균 66.5경기만 뛰었다. 지난해엔 커리어 처음으로 전 경기 출장 시즌을 보냈다.

두산은 김재환과 양의지가 번갈아 지명타자로 나섰다. wRC

2024시즌 지명타자 wRC 구단 순위

순위	팀	타석	wRC	순위변동	wRC 변화	평균대비
1	KIA	638	106.1	1	-7.6	18.1
2	NC	651	101.3	-1	-12.7	11.4
3	KT	651	97.4	4	16.3	7.6
4	두산	619	94.9	1	9.8	9.5
5	LG	635	94.1	-1	7.8	6.5
6	SSG	625	94.0	-3	5.2	7.8
7	롯데	628	92.6	-1	11.1	5.9
8	한화	633	74.9	2	16.1	-12.4
9	삼성	618	70.7	0	9.1	-14.6
10	키움	618	45.5	-2	-22.9	-39.7
	리그	6316	871.5	0	32.1	0.0

2024시즌 지명타자 wRC Top10

이름	팀	타석	wRC	평균대비	OPS
강백호	KT	497	76.5	7.9	0.820
최형우	KIA	415	70.3	13.0	0.870
김재환	두산	368	66.1	15.3	0.929
전준우	롯데	279	50.3	11.8	0.891
추신수	SSG	271	39.4	2.0	0.772
김현수	LG	245	39.1	5.3	0.823
안치홍	한화	245	30.2	-3.6	0.728
오스틴	LG	141	26.3	6.9	0.953
에레디아	SSG	87	25.0	13.0	1.176
손아섭	NC	239	24.8	-8.1	0.688

순위는 4위. 김재환은 지명타자로 뛸 때 타격이 더 좋았고, 양의지는 반대였다. 김현수 오스틴 김범석이 번갈아 지명타자로 나선 LG가 두산에 이어 5위에 올랐다. SSG는 2023년 3위에서 6위로 떨어졌다. 순위 하락 폭이 가장 컸지만 wRC는 5.2점 증가했다. 추신수의 지명타자 OPS가 0.709에서 0.772로 향상된 게 영향을 미쳤다. 추신수는 지난 시즌을 끝으로 현역에서 은퇴했다. 7위 롯데도 이 포지션 wRC가 전년 대비 11.1점 늘어났다. 10개 구단 중 세 번째로 많았다. 베테랑 전준우가 지명타자로 OPS 0.891로 잘 쳤다.

한화의 지명타자 wRC는 2023년 대비 12.4점 감소했다. 안치홍 페라자 채은성이 100타석 이상을 소화했지만 모두 OPS가 0.700대 초반이었다. 삼성도 14.6점 감소를 겪었다. 구자욱이 114타석에서 평균 대비 6.3점 많은 wRC를 기록햇다. 하지만 박병호, 김지찬, 데이비드 맥키넌이 모두 평균 대비 마이너스였다. 키움은 지명타자 포지션에서도 최하위였다. 앞 시즌보다 무려 22.9점이 감소했고, 평균 대비 39.7점이나 적었다. 키움은 지명타자 자리에 무려 19명을 기용했다. 27타석 이상이 10명이다. 이주형이 111타석으로 유일하게 세 자릿수였다.

옴 마니 반메 훔,
팔치올 반메 훔

_황규인

"시간 이야기는 하지 않는 편이 나을 거란 생각이 든다. 시간에 대한 이야기라는 것은 아주 미묘해서, 때로는 있는 그대로의 사물의 모습을 손상시켜 버리기 때문이다."

_무라카미 하루키 〈5월의 해안선〉 중

프로야구 팬들은 롯데를 흔히 '봄데'라고 부른다. 다들 잘 아시는 것처럼 시즌이 개막하는 봄에만 반짝 잘한다는 의미다. 2005년 현대 지휘봉을 잡고 있던 김재박 전 감독은 '내려갈 팀은 내려간다'는 말로 이런 팀 색깔을 정리하기도 했다.

다만 2021년 이후로는 분위기가 다르다. 롯데는 2021–2024년 4년 동안 3, 4월에 46승 3무 51패로 승률 0.474를 기록하는 데 그쳤다. 프로야구 10개 팀 중 7위에 해당하는 성적이다. 5월까지 범위를 넓히면 승률이 0.455(86승 3무 103패)로 내려간다.

롯데는 대신 이 기간 '팔데'가 됐다. 롯데는 2021–2024년 8월에 치른 84경기에서 55승 3무 46패로 승률 0.568을 기록했다. 이 4년간 정규리그 2위 팀 누적 승률이 0.564다. 롯데가 매해 8월만 같았더라면 한국시리즈 우승은 몰라도 진출 기록 정도는 남길 수 있었다.

2021년을 기준으로 잡은 건 '팔치올'이라는 말이 세상에 등장한 그다음 해이기 때문이다. 2020시즌을 앞두고 롯데 지휘봉을 잡은 허문회 전 감독은 그해 7월 초부터 "8월이 승부처다. 그때 우리가 치고 올라갈 것이라고 생각하고 있다"고 말했고 실제로 롯데는 그해 8월에 14승 1무 8패(승률 0.636)를 기록하며 치고 올라왔다.

그러나 역사가 증명한 것처럼 '8월에만' 치고 올라온 것만으로 포스트시즌행 티켓을 따내기에는 역부족이었다. 그래서 팔치올은 사실 선언(宣言)보다 주문(呪文)에 가깝다. '7월까지 망쳤으니 8월에는 제발 치고 올라가게 해주세요'라는 기도문이 팔치올인 셈이다. 어차피 치고 올라갈 팀이라면 8월까지 기다려야 하는 이유는 어디에도 없다.

'프로야구 순위가 여름에 결정된다'는 믿음 역시 사실과 다를 확률이 높다. 여름 순위싸움이 그렇게 중요했다면 한국야구위원회(KBO)가 '서머리그'를 2007년 한 해만 진행했을 리가 없다. 이제는 이런 리그가 존재했다는 사실을 기억하는 팬도 그리 많지 않다.

KBO는 2007년 7월 15일(초복)부터 8월 14일(말복) 사이에 우승 상금 2억 원을 걸고 서머리그를 진행했다. 이 돈을 받아 간 팀은 삼성(14승 6패·승률 0.700)이었다. 삼성이 이 '여름성'(여름+삼성) 기세를 몰아 분위기 반등에 성공했을까. 7월 14일까지 5위였던 삼성은 결국 4위로 정규리그를 마쳤고 준플레이오프에서 한화에 패하며 시즌을 마감했다.

그해 정규리그 1위를 차지한 건 4월부터 치고 나온 SK(현 SSG)였다. 여기서 중요한 건 SK가 5월 말에도 1위였다는 점이다. 그리고 프로야구 순위 경쟁은 5월 말 또는 6월 초가 되면 사실상 막을 내린다. 그 뒤로는 '희망 고문'의 시간이 이어지기 일쑤다.

"성과란 장기적으로 보아야 한다. 그렇기 때문에 결코 실수나 실패를 모르는 사람을 믿어서는 안 된다. 그런 사람들은 무난한 일, 별 볼 일 없는 일만 해온 사람들이다. 성과란 야구의 타율 같은 것이다. 약점이 없을 수 없다."

_이와사키 나쓰미
〈만약 고교야구 여자 매니저가 피터 드러커를 읽는다면〉 중

야구에서는 보통 타율이 높은 팀이 점수도 많이 올린다. 다

'팔치올' 선언 이후 롯데 8월 성적					
연도	승	무	패	승률	순위 변동
2020	14	1	8	0.636	7 → 6위
2021	8	2	6	0.571	8 → 8위
2022	13	0	11	0.542	7 → 6위
2023	10	0	13	0.435	7 → 7위
2024	14	0	8	0.636	9 → 8위

만 꼭 그렇지는 않다. 타율은 타자가 안타를 치지 않고도 출루할 수 있으며 타자마다 장타력에도 차이가 있다는 사실을 보여주지 못한다. 그렇다고 타율을 무조건 깎아내릴 필요는 없다. 프로야구가 10개 구단 체제를 갖춘 2015년 이후 10년 동안 팀 타율과 득점 사이 '상관계수'는 0.877에 달한다.

상관계수는 한 변수(타율)와 다른 변수(득점)의 통계적 관계를 숫자로 나타낸 값이다. 상관계수는 −1~+1 사이로 나오며 값이 양수(+)면 한 변수가 늘어날 때 다른 변수도 늘어나고 마이너스(−)면 반대다. 그리고 절댓값이 1에 가까울수록 연관성이 크다. 통계학에서는 보통 절댓값이 0.1~0.3일 때를 '약한 관계', 0.3~0.7일 때를 '뚜렷한 관계', 0.7을 넘어서면 '강한 관계'로 해석한다.

그러니까 팀 타율과 팀 득점 사이는 강한 관계라고 할 수 있다. 물론 출루율(0.914)이나 장타율(0.911) 그리고 이 둘을 합친 OPS(0.954)가 득점과 더 강한 관계를 맺고 있기는 하지만 말이다. 그래서 타율보다 OPS가 득점 생산력을 더 잘 보여준다고 하는 것이다.

매월 종료 시점 기준 승률과 시즌 최종 승률 사이에도 물론 상관관계가 존재한다. 역시 2015년 이후, 신종 코로나 바이러스 감염증(코로나19) 확산 사태로 시즌 개막이 늦었던 2020년을 제외하고, 9년 동안 4월 말 종료 시점 기준 승률과 최종 승률 사이 상관계수를 계산하면 0.5970이 나온다. 시간이 흐르면서 이 숫자는 △5월 0.788 △6월 0.846 △7월 0.928 △8월 0.977 △9월 0.991로 점점 오른다. 시즌 종료 시점이 가까워질수록 해당 시점 승률과 최종 승률이 점점 가까워진다는 점을 생각하면 당연한 결과다.

여기서 또 한 가지 눈여겨봐야 하는 건 상관계수가 가장 많이 늘어나는 시점이 4월과 5월 사이(0.191)라는 점이다. 어차피 내려갈 팀도 5월을 버티기가 쉽지 않고 언젠가 치고 올

최종 성적-월말 성적 상관 관계

달	승률		순위	
	상관계수	차이	상관계수	차이
4월	0.597	-	0.552	-
5월	0.788	0.191	0.761	0.209
6월	0.846	0.058	0.767	0.006
7월	0.928	0.082	0.896	0.129
8월	0.977	0.049	0.962	0.066
9월	0.991	0.014	0.988	0.026

라올 팀이라면 여름까지 기다리지 않는다는 방증이다. 프로야구는 10개 팀이 대결을 벌이니까 9년 동안에는 총 90개 팀이 순위 경쟁을 벌였다고 할 수 있다. 이 중 49개(54.4%) 팀이 5월 말 순위에서 −1~+1 이내 순위로 시즌을 마쳤다. 평균 순위 변화도 1.5밖에 되지 않았다. 팔치올은 그렇게 더더욱 선언이 아니라 주문이 된다.

5월 말 6위 이하 → 최종 5위 이내

연도	팀	5월 말		최종	
		승률	순위	승률	순위
2015	SK	0.521	6	0.486	5
2016	KIA	0.457	8	0.490	5
2017	롯데	0.500	6	0.563	3
2018	키움	0.491	6	0.521	4
2022	KT	0.440	8	0.563	4
2023	KT	0.560	10	0.560	2
2024	KT	0.455	7	0.507	5

물론 세상에 예외 없는 규칙은 없다. 2023년 5월 31일 기준 프로야구 순위표 맨 아래에 자리 잡고 있던 팀은 KT(16승 2무 29패·승률 0.356)였다. KT는 그러나 그해 6월 이후 치른 97경기에서 63승 1무 33패(승률 0.656)를 기록했다. KT는 특히 그해 8월에 19승 4패(승률 0.826)로 치고 올라오면서

7월 말 5위였던 순위를 2위까지 끌어올렸다. 최종 순위도 2위였다.

이해뿐만이 아니다. KT는 2022년(8위)에도 2024년(7위)에도 5월 31일에는 '가을 야구'와 멀리 떨어져 있었지만 포스트시즌 초대권을 손에 쥔 채 페넌트레이스를 마감했다. 2020년 이후 5년 동안 이런 기록을 남긴 팀이 KT밖에 없다는 건 중요하지 않다. '막내 구단 KT가 할 수 있는 일이라면 우리 팀도 할 수 있다'. 그래서 팬들은 팔치올 주문을 외우고 또 외운다.

> "자신이 응원하는 팀의 성적이 좋지 않다고 해서 떠나는 팬은 생각보다 많지 않다. 팬들은 져도 계속 응원한다. 아니 질수록 더 열렬한 응원을 보낸다. 진심으로 응원하면 좋은 결과가 있을 거란 기대가 야구장에선 아직 작동되고 있었다."
>
> _김유원 〈불펜의 시간〉 중

한 경기 결과도 크게 다르지 않다. 팔치올이 그런 것처럼 '약속의 8회' 역시 그저 주문이다. '야구는 9회말 2아웃부터'라는 이야기는 TV 채널을 쉽게 돌리지 못하게 만들려는 방송사의 달콤한 사기극이다. 야구 경기 승부는 그만큼 빨리 판가름 난다. 야구팬들 예상보다 더 빠를 수도 있다.

프로야구가 10개 구단 체제를 갖춘 이후 10년 동안 1회를 앞선 채 마친 팀은 2668승 69무 1384패(승률 0.658)를 기록했다. 두산이 2016년 정규리그를 1위로 마칠 때 승률이 0.650(93승 1무 50패)이다. 이해 두산을 제외하면 승률 0.650 이상을 기록한 팀은 한 팀도 없다.

딱 1점만 앞선 채 1회를 마쳐도 승률 0.575(1146승 39무 848패)이다. KT는 2021년 승률 0.563(76승 9무 59패)으로 페넌트레이스 우승을 차지했다. 매 경기 1회를 1점만 앞선 채 마칠 수 있으면 해에 따라 우승 도전도 가능한 것이다.

이닝 종료 시점 점수차별 리드 시 승률

이닝	1점	2점	3점	4점	5점 이상
1	0.575	0.682	0.768	0.805	0.911
2	0.584	0.695	0.779	0.835	0.930
3	0.604	0.703	0.781	0.860	0.931
4	0.605	0.734	0.799	0.876	0.952
5	0.614	0.761	0.818	0.884	0.970
6	0.641	0.779	0.854	0.922	0.976
7	0.687	0.841	0.887	0.935	0.988
8	0.767	0.887	0.944	0.977	0.996

야구에서 자기 팀 마지막 투수로 등판해 3이닝 이상을 던지면 점수 차와 관계없이 세이브를 기록할 수 있다. 6회 종료 시점에 앞서고 있던 팀은 승률 0.833(5550승 110무 1110패)로 경기를 마쳤는데도 그렇다. 6회 종료 시점에 정확하게 3점 앞서고 있다면 이 승률은 0.854(904승 13무 154패)로 오른다.

그러나 3점 뒤진 상황에서 우리 팀이 7회 공격을 시작하는데 '이미 텄다'고 생각하는 팬은 드물다. 7-9회 3이닝 동안 한 점씩만 따라가도 동점이니 말이다. 이 상황에서 7.3%는 경기를 뒤집는 데 성공했다. 지금 눈앞에 펼쳐지는 이 경기가 그 7.3%에 속하지 말라는 법은 없다.

SK는 두산과 맞붙은 2013년 5월 8일 문학 안방 경기에서 1회초 시작과 동시에 9점을 내줬다. SK 선발 투수 여건욱은 13타자를 상대하는 동안 아웃 카운트를 하나도 잡지 못했다. SK도 1회말 1점을 만회했지만 두산이 3회초에 다시 2점을 뽑으면서 1-11로 점수 차가 벌어졌다. 5회말이 끝났을 때도 2-11이었다.

분위기가 바뀐 건 6회말부터였다. SK는 6회말 4점을 뽑으며 6–11, 5점 차를 만들었다. 두산이 7회초에 바로 1점을 뽑으면서 점수 차를 벌렸지만 SK는 8회말 5점을 올리면서 11–12로 쫓아갔다. 두산이 득점 없이 9회초 공격을 마친 가운데 9회말에 선두타자로 나온 SK 한동민(개명 후 한유섬)이 홈런을 치면서 12–12 동점이 됐다. 이후 1사 만루 상황에서 김성현이 끝내기 안타를 치면서 이 경기는 SK의 13–12 승리로 끝났다.

프로야구 43년 역사상 단 한 번밖에 없는 일이지만 10점 차도 뒤집을 수 있는 게 야구다. 'SK가 할 수 있는 일이라면 우리 팀도 할 수 있다.' 뉴욕 양키스에서 10차례 월드시리즈 우승을 차지한 명포수 요기 베라가 말한 것처럼 '가보지 못한 곳이라고 주저한다면 결코 그곳에 갈 수 없다.'

> "그런데 도사님은 키가 클 수 있다고 말했단 말이야. 절망 속에서 희망을 주었다고. 그러면 겉모습이 도사든, 노숙자든, 사기꾼이든 하느님이 보내 주신 전령이라고 믿어도 되는 거 아니야?"
>
> _박지리 〈합★체〉 중

뉴욕 메츠는 44승 57패(승률 0.436)로 1973년 8월을 맞았다. 당시 선두 세인트루이스에 10.5경기 뒤진 내셔널리그(NL) 동부지구 최하위에 해당하는 성적이었다. 한 기자가 요기 베라 메츠 감독에게 "이번 시즌은 끝난 것이냐"고 묻자 "끝날 때까지는 끝난 게 아니다"는 그 유명한 대답을 내놓았다. (이런 명언이 흔히 그런 것처럼 베라 감독은 실제로 이렇게 말한 적이 없다.)

메츠는 그해 8월에 18승 14패(승률 0.563)를 기록했지만 지구 6개 팀 가운데 6위에서 5위로 한 계단 순위가 올랐을 뿐이다. 그런데 이로부터 3주가 지난 9월 21일 메츠는 지구 선두가 되어 있었다. 재미있는 건 메츠가 77승 77패 그러니까 승률 딱 0.500으로 지구 선두 자리를 꿰찼다는 점이다. 반면 서부지구 6개 팀 가운데는 4개 팀 승률이 0.500을 넘었다. 메츠는 결국 82승 79패(승률 0.509)로 동부지구 1위를 차지했다.

당시 NL은 동·서부 지구를 합쳐 12개 팀이 전부였다. 포스트시즌도 각 지구 1위 팀이 맞붙는 리그챔피언결정전(LCS)밖에 없었다. 메츠는 5전 3승제로 열린 그해 NLCS에서 99승(63패) 팀 신시내티를 3승 2패로 꺾고 월드시리즈까지 올랐다. 역대 월드시리즈 진출팀 가운데 정규리그 성적이 가장 나쁜 팀이 바로 1973년 메츠다.

그러나 (그 유명한 〈슬램덩크〉 대사처럼) 이 사진이 표지로 사용되는 일은 없었다. 메츠는 그해 월드시리즈에서 아메리칸리그(AL) 챔피언 오클랜드에 3승 4패로 무릎을 꿇었다. 5차전까지는 3승 2패로 앞섰지만 6, 7차전에서 연거푸 고배를 마시며 결국 역전 우승을 허용했다. 메츠는 이해 월드시리즈 일곱 경기에서 총 24점을 올려 오클랜드(21점)보다 득점이 더 많았지만 결과를 바꿀 수는 없었다.

야구는 확률의 경기다. 그리고 살다 보면 그 확률의 상당수가 운의 영역이라는 사실을 알게 된다. 산다는 건 행운과 불운이 동전의 양면이라는 사실을 깨닫게 되는 과정인지 모른다. 우리가 나뭇잎이 다 떨어지도록 희망을 붙들고 야구를 보는 이유이다. 야구팬에게 더욱 의미가 있는 건 시간이 흘러 알게 되는 일이 아니라 시간이 하는 일 바로 그 자체이기 때문이다. 그래서 오늘도 외친다. 우리 팀은 분명 8월에 치고 올라갈 거다!

ABS가 정말 잠수함 투수를 망쳤을까?

_황규인

'인간은 평등해질수록 조그만 불평등도 못 견디게 된다.'

독일 출신 정치철학자 한스헤르만 호페는 자기 책 〈민주주의는 실패한 신인가〉에 이렇게 썼다. 한국야구위원회(KBO)가 볼·스트라이크 자동판정시스템(ABS을) 도입한 2024년 시즌 첫 달 풍경이 딱 이랬다.

매일매일 구심마다 다른 스트라이크 존과 싸워야 하던 선수들이 'ABS 판정이 구장마다 다르다'고 목소리를 높였다. 누군가는 분명 '프로야구 선수를 대표해' 목소리를 냈다고 생각했을 거다.

그런데 시간이 흐르고 보니 ABS가 정말 그렇게 문제였나 싶다. '완벽했냐'고 묻는다면 '아니요'가 정답에 가까울 터. 그렇다고 '경기를 치르지 못할 정도였냐'고 묻는다면 그 역시 '아니요'라고 답할 수밖에 없다.

인간 구심이 마지막으로 스트라이크 판정을 내렸던 2023년과 비교할 때 2024년 야구가 어떻게 변했는지 Q&A 형식으로 정리했다.

© LG 트윈스

Q 스트라이크 존은 어떻게 변했나?

A 네모반듯하게 변했다. ABS는 미리 입력한 스트라이크 존을 통과했을 때는 스트라이크, 아닐 때는 볼이라고 판정하니 당연한 결과다. 인간 심판은 스트라이크 존 네 꼭짓점에 공이 들어왔을 때는 쉽사리 손을 올리지 않았다. 인간 심판은 또 ABS보다 스트라이크 존이 전체적으로 낮았다. KBO는 2025년부터 ABS 스트라이크 존도 아래로 0.6%포인트 내리기로 했다. 키 180cm 타자 기준으로 약 1cm가 낮아진다. (그림에서 점선은 ABS가 이렇게 판정했다고 보여주려는 목적일 뿐 절대적인 건 아니다.)

Q 그림을 보니 스트라이크 존이 넓어진 것처럼 보인다.

A 맞다. ABS 기준 스트라이크 존은 그림에 나온 네모 칸 378개 크기였다. 2023년에 325개였으니까 스트라이크 존이 16.3% 정도 커진 셈이다. 2023년까지는 볼이라 기다렸는데 지난해에는 ABS가 스트라이크를 잡아준 일이 늘었다고 볼 수 있다.

Q 스트라이크 존이 넓어지면 삼진은 당연히 늘어났겠지?

A 그렇다. 2024년 전체 5만7265타석 중 18.9%인 1만826타석이 삼진으로 끝났다. 1982년 프로야구 출범 이후 최고 비율이다. 개수 자체도 최다다. 2023년(17.7%)과 비교하면 삼진율이 6.8% 정도 늘었다. 루킹 삼진 비율도 2023년 22.2%에서 24.2%로 올랐다. 1년 사이에 타자가 서서 당한 삼진이 9% 늘어난 거다.

Q 그렇다면 ABS가 투수에게 더 도움이 된 것 아닌가?

A 재미있는 건 개별 투구 결과 자체는 크게 달라진 게 없다는 점이다. 타자들은 2023년 전체 투구 21만9839개 가운데 54.6%에 해당하는 12만57개를 지켜봤다. 그리고

2024년 스트라이크 존
스트라이크 판정 확률 50% 이상 지점

2023년 스트라이크 존
스트라이크 판정 확률 50% 이상 지점

2023년 0B-2S 스트라이크 존
스트라이크 판정 확률 50% 이상 지점

그중 67.7%인 8만1297개가 볼이었다. 2024년에는 전체 투구(22만3233개) 가운데 54.2%(12만911개)를 지켜봤고 그 가운데 역시 67.6%(8만1845개)가 볼이었다.

Q 타자가 방망이를 휘둘렀을 때는 어떤가?

A 암산이 빠른 독자는 이미 눈치채셨겠지만 방망이를 휘두른 비율도 2023년 45.4%, 2024년 45.8%로 도긴개긴이다. 방망이를 휘둘렀을 때도 플레이, 파울, 헛스윙 비율 모두 대동소이하다.

2023, 2024년 투구 결과(단위: %)					
연도	헛스윙	파울	타격	루킹 스트라이크	볼
2023	9.3	17.7	18.4	17.6	37.0
2024	9.8	17.9	18.1	17.5	36.7

Q 그렇다면 삼진이 늘어난 이유는 도대체 뭔가?

A 볼카운트 0볼 2스트라이크 상황이 늘었기 때문이다. 2023년에는 총 4310타석(7.7%)에서 타자가 스트라이크 두 개를 먼저 먹고 시작한 케이스가 나왔다. 2024년에는 4853타석(8.5%)이 그랬다. 개수로는 12.6%, 비율로는 10.6%가 늘었다.

Q 그게 무슨 상관인가?

A 인간 심판에게는 '부작위 편향(Inaction Bias)'이라는 게 작용한다. 부작위 편향을 가장 잘 설명하는 속담은 '괜히 긁어 부스럼 만들지 말라'는 거다. 인간은 어떤 일을 해서 손해를 입기보다 어떤 일을 하지 않아서 손해를 보는 쪽을 선호한다.

Q 더 헷갈리게 만들고 있다는 것 정도는 알 거라고 믿는다.

A 예를 들어 보자. 0볼 2스크라이크 상황에서 볼인지 아닌지 애매모호한 공이 들어왔다. 이럴 때 심판이 스트라이크 판정을 내리면 이 타석은 그대로 끝난다. 어떤 의미에서는 심판이 투수 손을 들어준 모양새가 되는 거다. 인간 심판은 이런 부담을 피하려고 하기 때문에 스트라이크 존을 자꾸 줄이게 된다(그래픽 참조).

Q 아, 하지만 ABS는….

A 맞았다. ABS는 볼카운트를 따지지 않는다. '볼카운트 0볼 2스트라이크에서 타자가 흘려보낸 공 가운데 스트라이크 판정을 받은 공'은 2023년 6.8%에서 8.3%가 됐다. 이를 겨우 1.5%포인트가 늘었다고 생각하면 안 된다. 22.5%가 늘어난 거다.

Q 그렇다면 당연히 3구 삼진도 늘었겠다.

A 빙고다. 2023년 1889개였던 삼진은 2215개로 17.3%가 늘었다. 전체 삼진 개수가 8.6% 늘었으니까 3구 삼진이 두 배도 더 빠른 속도로 늘어난 거다. 전체적인 투구 결과 분포는 큰 차이가 없어도 '언제' 어떤 결과가 나오는지가 달라진 셈이다.

Q 인간 심판은 3볼 0스트라이크 때는 대충 비슷하면 스트라이크를 선언하지 않나?

A 그렇다. 3볼 0스트라이크 상황에서는 스트라이크 존이 커진다. 2023년 기준으로 평균 네모 325개였던 스트라이크 존 크기가 367개로 늘어난다. 다만 ABS는 스트라이크 존(378개) 자체가 더 크기 때문에 이 차이가 상쇄된다.

Q 아까 보니 인간 심판보다 ABS가 스트라이크 존이 위쪽에 자리 잡고 있었다. 혹시 타자 키에 따른 영향은 없나?

A 2023, 2024년 프로야구 1군 경기에서 한 타석이라도 들어선 선수는 393명이다. 이 선수를 한 줄로 세우면 가운데에 있는 선수 그러니까 197번째 선수 키는 181cm다. 이를 기준으로 크고 작은 선수별 기록을 합쳐봤지만 통계학적으로 유의미한 차이가 나타나지는 않았다. 어차피 타자 키에 따라 스트라이크 존 높낮이가 변하기 때문이라고 추정할 수 있다.

Q 투수 유형에 따른 차이는?

A 자, 이제 2라운드 시작이다. 기지개라도 한번 켜고 들어가 보자.

Q 현기증 난다. 빨리 해라.

A 아마도 소위 '잠수함 투수'가 정말 ABS 때문에 성적이 나쁜지가 제일 궁금할 거다.

Q 제목에 그렇게 쓰지 않나?

A 아 참 그랬지. 이를 알아보려면 일단 2024년이 타고투저 시즌이었다는 걸 염두에 둘 필요가 있다. 2024년 경기당 평균 득점은 5.45점으로 프로야구 역사 43년 가운데 네 번째로 높았다. 점수가 많이 나오니까 평균자책점도 당연히 올랐다. 2023년 리그 평균자책점은 4.14였는데 2024년에는 4.91로 늘었다.

Q 삼진이 늘었는데도?

A 미국프로야구 메이저리그 LA 다저스의 전설 샌디 쿠팩스가 한 말도 모르나. '투수는 삼진이 아니라 아웃을 잡아야 승리할 수 있다(You win with outs, not strikeouts)'. 삼진은 늘었지만 소위 '맞혀 잡는' 스타일로

는 타자를 잡아내기가 힘들어지면서 득점이 올라간 거다. 이에 대해 공인구 반발계수가 너무 높아서 그렇다고 지적하는 이들도 있다.(이 책 〈2024년 타고투저는 '탱탱볼' 때문이었을까?〉 참조)

Q 잠수함 투수 가운데 맞혀 잡는 스타일이 많다 보니 성적이 나빠졌다는 얘기인가?

A 일단 잠수함 투수라고 맞혀 잡는 데 재주가 있다고 생각하는 것부터 착각이다. 맞혀 잡은 성과를 알아볼 때 가장 기본이 되는 메트릭은 BABIP(인플레이타구타율)다. 프로야구가 10개 구단 체제를 갖춘 이후 2024년까지 10년 동안 상대 투수 유형별 BABIP은 △오른손(정통파) 0.318 △잠수함 0.319 △왼손 0.319로 사실상 똑같았다. 'BABIP는 투수별로 차이가 별로 없다'는 게 세이버메트릭스 세계를 뒤흔든 발견 가운데 하나니 이상한 일도 아니다.

Q 그래도 잠수함 투수 성적이 나빠진 건 사실 아닌가.

A 맞기는 맞다. 그런데 잠수함 투수만 성적이 나빠진 게 아니다. 잠수함 투수 평균자책점이 4.61에서 5.52로 오르는 동안 오른손 투수도 4.05에서 4.95, 왼손 투수는 4.20에서 4.77이 됐다. 이 정도면 일부 선수 사례만 보고 'ABS가 잠수함 투수를 다 죽인다'고 말하는 건 오버 같다.

Q 잠수함 투수 성적이 나빠진 데 ABS 영향이 별로 없다는 건가?

A 잠수함 투수 성적이 나빠진 게 ABS 때문이라면 삼진을 잡는 데 애를 먹었어야 한다. 실제로는 2023년 15.7%였던 탈삼진율이 2024년에는 18.1%로 올랐다. 비율을 계산하면 15.3%가 오른 건데 앞에 나왔던 전체 평균(6.8%)보다 두 배 이상 높다. 또 리그 전체 볼넷 비율이 2023년 9.1%에서 9.2%로 사실상 제자리걸음을 걷는 동안 잠수함 투수는 7.9%에서 7.4%로 줄었다. ABS 도입 이후 삼진은

늘고 볼넷은 줄었는데 이 때문에 잠수함 투수가 죽었다는 말인가.

Q 묻는 건 Q가 하는 일이다.

A 인간 심판이 하던 일을 ABS가 차지했는데 그 정도도 못 할 건 뭔가. 잠수함 투수 상대 BABIP가 다른 유형보다 많이 오른 건 맞다. 잠수함 투수는 2023년까지 상대 타자를 BABIP 0.315로 막았는데 2024년에는 0.342로 올랐다. 같은 기간 오른손 투수는 0.312에서 0.325, 왼손 투수는 0.319에서 0.329가 됐다. 이미 필드로 날아간 공까지 ABS 책임을 물을 수는 없다.

유형	연도	평균자책점	FIP	BABIP	삼진%	볼넷%	홈런%
잠수함	2023	4.61	4.88	0.315	15.7	7.9	1.9
	2024	5.52	5.66	0.342	18.1	7.4	3.0
오른손	2023	4.05	4.54	0.312	18.0	9.1	1.6
	2024	4.95	5.42	0.328	18.5	9.4	2.4
왼손	2023	4.20	4.62	0.319	17.9	9.6	1.7
	2024	4.77	5.35	0.329	20.0	9.2	2.6

2023, 2024년 투수 유형별 성적 비교

Q 잠수함 투수가 좋아하는 코스에서 자꾸 볼 판정이 나오다 보니 공이 몰려서 그런 건 아닌가?

A 그럴 확률이 없지는 않다. 2023년만 해도 잠수함 투수가 오른손 타자 무릎 아래로 던진 공에는 스트라이크 판정이 비교적 쉽게 나왔다. 잠수함 투수 관점에서는 이 코스를 잡아주지 않는 게 억울하다고 생각할 수도 있지만 뒤집어 생각하면 그동안 '부당 이득'을 취했다고도 볼 수 있다. 2025년에는 KBO에서 ABS 스트라이크 존을 하향 조정하기로 한 만큼 시간이 지나면 답을 알게 될 거다.

Q 마지막으로 묻겠다. ABS는 정말 믿을 만했나.

A 이건 사실 좀 철학적인 문제다. ABS가 얼마나 정확한지 알고 싶다면 사실 '스트라이크란 무엇인가'에 대해 정확한 정의를 내리는 것부터 시작해야 한다. 그리고 스트라이크 존의 역사는 결국 투수와 타자가 계속 팽팽한 긴장감을 유지할 수 있도록 균형을 찾아온 과정이라고 할 수 있다. 이에 대해서는 투수와 타자가 서로 생각이 다를 수밖에 없기에 논란이 끊이지 않을 거다. 그리고 사실 그게 우리가 야구를 좋아하는 이유 아니겠나.

2023년 '잠수함 투수' 스트라이크 존
스트라이크 판정 확률 50% 이상 지점

ABS,
설레는 키 차이

_신동윤

이 글은 일종의 '시론'이다.

한국야구위원회(KBO)는 지난해 볼·스트라이크자동판정시스템(ABS) 시스템을 도입

했다. 목적은 정확하고 일관된 판정이다. 하지만 여러가지 사이드이펙트가 생긴다. '타

자의 키'가 그렇다.

© KIA 타이거즈

야구규칙에서 스트라이크 존 높이는 "유니폼의 어깨 윗부분과 바지 윗부분 중간의 수평선을 상한선으로 하고, 무릎 아랫부분을 하한선으로" 한다고 정의돼 있다. 선수 키에 따라 높낮이가 달라지는 게 당연하다. 하지만 ABS 도입 이전 스트라이크존 위아래 폭은 선수와 상관없이 거의 일정한 편이었다. 키가 큰 선수나 작은 선수가 거의 엇비슷한 높이 공에 볼 스트라이크 판정을 받았다.

하지만 ABS에는 공식에 따라 정해진 높이가 있다. '타자 키×0.5635'가 윗쪽 경계선, '키×0.2764'가 아랫쪽 경계선이다. 이 기준은 당연히 기계적으로 적용된다. 야구공 지름을 7.3㎝라 할 때 키 25㎝ 차이가 나면 공 한 개가 더 커진다. 공 반 개가 존 안에 들어왔는지, 나갔는지를 따지는 타석에서 공 한 개는 작지 않은 차이다. 최근엔 키 190㎝ 이상 선수도 적지 않기 때문에 25㎝가 불가능한 차이도 아니다. 공 반 개 차이로 보면 175㎝과 183㎝ 타자 차이라 정말 흔하다.

실제로 ABS 도입 이후 타자의 키 차이 때문에 투수가 제구 어려움을 토로하는 경우가 있다. 투수가 의식적으로 공 반 개 차이를 겨냥하는 것은 아니다. 가능하지도 않다. 하지만 많은 반복 훈련을 통해 정밀하게 다듬어진 감각으로 존을 노려가는 것도 사실이다. 이 감각에 교란이 일어난다면 공 반 개나 한 개 차이를 무시하기 어렵다.

2024시즌 KBO 리그에 실제로 이런 영향이 나타났을까. ABS 도입 전후 타석에서 키 차이가 투수 제구를 교란시켰다면 뭔가 기록의 차이에 나타났을 것이다. 이를 파악해 봤다.

한 이닝에 이어지는 앞 뒤 타석에서 각 타자의 키 차이를 기준으로 했다. 이를 5㎝ 간격으로 나눠서 그 구간 타석 결과가 마운드 위 투수의 시즌 전체 평균과 얼마나 차이를 보였는지를 확인했다. 비교 대상은 ABS가 없던 2019-2023년, 그리고 ABS가 적용된 2024년 KBO 리그 경기 데이터다.

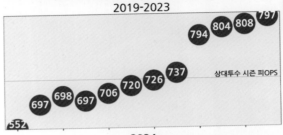

전 타석과 키 차이에 따른 피OPS 비교

2019-2023

552 697 698 697 706 720 726 737 794 804 808 797

상대투수 시즌 피OPS

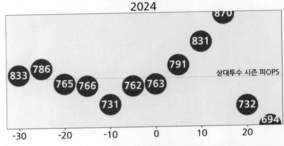

2024

833 786 765 766 731 762 763 791 831 870 732 694

상대투수 시즌 피OPS

-30   -20   -10   0   10   20

* 버블의 위치는 상대한 투수의 시즌평균과 차이를 나타내기 때문에
버블 안에 표시된 값과 정확히 비례하지 않음

앞 뒤 타석 키 차이가 −5㎝에서 +5㎝인 구간은 '중립', 즉 투수 감각을 크게 교란하지 않는 수준으로 설정했다. 이 구간에서 투수의 피OPS는 ABS 이전 0.726, 이후 0.763으로 리그 평균과 비슷한 정도다.

ABS 이전 시기를 보면 앞 타석 타자보다 키가 클수록 타자가 더 좋은 성적을 낸다. 마운드 위 투수의 시즌 평균 피OPS보다 훨씬 높은 수준이다. 반대로 앞 타자보다 키가 작다면 약간이지만 투수의 평균 성적보다 타자의 OPS가 더 낮았다.

2024년의 경우는? 이전과 달리 전 타석보다 키가 10cm 이상 작아진 타자들 성적이 갑자기 좋아진 것처럼 보인다.

ABS의 영향이 정말 있는 것일까. 하지만 이 수준에서는 아직 판단을 내리기는 이르다. 게다가 −10cm—+10cm 구간과 달리

−15㎝ 바깥이나 +15㎝ 바깥은 타석 수가 매우 작다. 키 차이가 15㎝ 이상 나는 타자 두 명이 연속으로 타석에 서는 장면이 몇 번이나 될까. 그저 통계적 우연일 가능성이 크다.

섣부른 판단에 앞서 알아둬야 할 것이 더 있다. KBO 리그로 보면 타자의 키와 OPS는 비례해왔다. '전 타석과 키 차이에 따른 피OPS 비교'에서 본 결과는 실은 '달라진 키' 때문이 아니라 지금 타석 타자의 '큰 키' 때문일 수 있다.

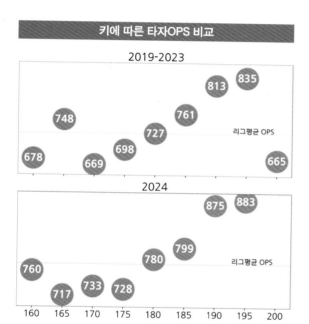

키에 따른 타자OPS 비교

2019-2023

748
678 669 698 727 761 813 835
665

리그평균 OPS

2024

760 717 733 728 780 799 875 883

리그평균 OPS

160 165 170 175 180 185 190 195 200

* 버블의 위치는 상대한 투수의 시즌평균과 차이를 나타내기 때문에 버블 안에 표시된 값과 정확히 비례하지 않음

키 작은 타자보다 키 큰 타자의 OPS가 일관되게 높다. 2019–2023시즌 165㎝ 구간은 OPS 0.748로 튄다. 하지만 이는 대부분 KIA 김선빈 혼자 몫이다. 2024년 160㎝ 구간 OPS 0.760 는 역시 대부분 삼성 김지찬이 끌어올린 성적이다. 비슷한 타자가 많지 않고, 타석 수도 적기 때문에 예외적인 키 작은 선수 한 두 명의 비중이 압도적이다. 그래서 숫자 몇 개로 ABS의 영향을 성급하게 판단하면 안된다.

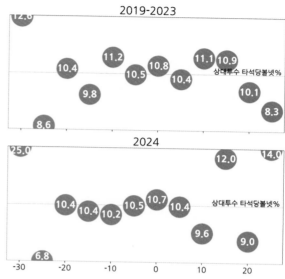

전 타석과 키 차이에 따른 타석당 볼넷% 비교

2019-2023

12.6
10.4 11.2 10.5 10.8 11.1 10.9
9.8 10.4
10.1
8.6 8.3

상대투수 타석당볼넷%

2024

25.0
12.0 14.0
10.4 10.4 10.2 10.5 10.7 10.4
9.6 9.0
6.8

상대투수 타석당볼넷%

-30 -20 -10 0 10 20

* 버블의 위치는 상대한 투수의 시즌평균과 차이를 나타내기 때문에 버블 안에 표시된 값과 정확히 비례하지 않음

그럼에도, 연속해서 타석에 들어서는 타자 키 차이로 투수가 제구에 어려움을 겪을 것이라는 추측은 개연성 있게 들린다. 확언하진 않지만 키 차이 −20㎝에서 −5㎝ 구간에 투수 피OPS 상승이 나타나기도 했다.

제구에 어려움을 겪었다면 볼넷 허용이 늘었을까? 2023년 이전과 2024년 동안 전·후타자 키 차이에 따라 투수의 시즌평균 타석당 볼넷허용을 비교한 결과다. 역시 애매하다. 차이가 있다 해도 값 크기가 아주 작다.

ABS 도입 이후 판정을 납득하지 못한 타자 쪽 불만이 자주 노출되긴 했지만 투수 쪽 불만도 작진 않았다. 스트라이크존 높낮이가 달라져 제구가 어려워졌다고 말하는 투수가 많았다. 그런데 2024년 한 시즌의 결과로 보면, 결론은 뭔가 있을 것 같지만 '유의미한 차이를 발견할 수 없다'에 가깝다.

메이저리그는 아직 ABS 정식 도입 전이다. 지금까지 가이드라인을 기준으로 하면, 타자 키에 따른 존 높이 차이가 KBO 리그보다 작다.

두 타자 키가 25cm 차이가 난다고 하자. KBO 리그 ABS 규정에서는 키 작은 타자 아래 경계선이 6.9cm 낮아지고 큰 타자는 높은 경계선이 14.1cm 높아진다. 위와 아래 폭 차이는 7.3cm로 딱 야구공 한 개 지름이다. 메이저리그 가이드라인에서는 키 작은 타자가 6.8cm 낮아지고 큰 타자는 13.4cm 높아진다.

저기에 뭔가 있을까. 방금 상대한 타자보다 키가 15cm 작은 타자를 만났을 때 아주 약간 높아진 투수 OPS 중 신호와 소음을 어떻게 가려내야 할까. 그리고 이것이 ABS 시대 새로운 야구 전략을 짜는 데 기반이 될 수도 있을까?

2024년 앞 타순 타자 대비 키 15cm 이상 작은 타자 타석 순위

타자	구단	타석
김선빈	KIA	286
김지찬	삼성	219
신민재	LG	123
정준재	SSG	108
황성빈	롯데	51

지난해 앞 타석 타자보다 15cm 이상 작은 키로 타석에 가장 자주 들어선 타자는 김선빈이다. 다음으로 김지찬, 신민재, 정준재, 황성빈 순이다. 신민재는 한국야구위원회(KBO)등록정보 기준 신장이 171cm다. LG 2번 타자로 나올 때 앞 타자 홍창기가 189cm라서 차이가 크다. 공교롭게도 신민재는 2024시즌 홍창기 뒤에서 꽤 괜찮은 2번 타자 역할을 했다. 2023년 대비 성적 상승도 컸다. 김선빈 앞에는 나성범(183cm)이나 소크라테스 브리토(188cm)가 있었고, 김지찬 앞에는 김현준(178cm), 류지혁(181cm)이 있었다.

팀 타순을 짜는 데 키 차이가 고려될 수도 있을까? 좌·우 타자를 번갈아 라인업에 배치하는 전략은 흔하다. 상대 투수 교체 타이밍을 어렵게 하려는 의도도 있고, '지그재그 타선'에선 투수가 불편해진다고 말하는 이도 있다. ABS시대에선 키 차이도 비슷한 역할을 할 수 있을까?

2024년 구단별 앞뒤 타자 키 차이 15cm 이상 타석 비율

구단	15cm 차 타석	전체 타석*	비율
삼성	731	4216	17.3%
KIA	555	4332	12.8%
롯데	409	4263	9.6%
LG	280	4205	6.7%
SSG	250	4143	6.0%
키움	98	4191	2.3%
NC	97	4255	2.3%
KT	80	4289	1.9%
한화	28	4231	0.7%
두산	0	4192	0.0%

*전체 타석에서 이닝 첫 타석 제외

앞 뒤 타자 키 차이가 15cm 이상 타석이 가장 많았던 팀은 삼성이다. 단신 김지찬 외에 장신 구자욱 역할도 컸다. 앞 타석 대비 키 15cm 이상 작아진 타석이 가장 많았던 선수는 김선빈. 그리고 15cm 이상 커진 타석이 가장 많았던 선수는 구자욱이다. 이런 타석이 전체 17.3%나 된다. 반면 두산은 한 타석도 없었다. 하위 5개팀 역시 높낮이 차이가 매우 작았다.

이런 차이가 성적으로 이어질까. ABS 시대 한 시즌을 막 지난 지금 시점에서는 아직 말하기 어렵다. 하지만 ABS 도입으로 비롯된 새롭고 흥미로운 주제다.

타자 키 차이에 따른 스트라이크존 변화(25cm 크거나 작을 때)

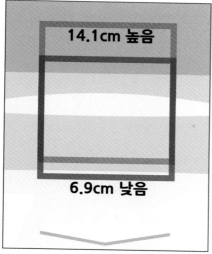

14.1cm 높음

6.9cm 낮음

KBO 리그

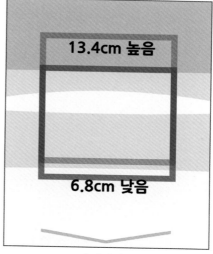

13.4cm 높음

6.8cm 낮음

메이저리그

야구의 시간

_신동윤

2024 ABS

2025 피치클락

2024시즌 KBO 리그에서 가장 중요한 변화는 볼·스트라이크자동판정시스템(ABS) 시스템 도입이었다. 2025시즌에는 피치클락 도입이 될 것이다.

메이저리그가 2년 전부터 최초로 시행했다. 확연한 경기 시간 단축 효과가 나타났다. 동아시아 지역에선 대만프로야구(CPBL)가 지난해부터 도입했다. 주자 없을 때 투구 간격 20초, 있을 때 25초에서 2년째인 2025년에는 2초씩 단축됐다.

메이저리그보다 먼저 ABS를 도입한 KBO 리그는 피치클락에서는 뒤를 쫓는 입장이다. 현장의 반발도 있다. ABS와 다르게 경기 시간은 선수의 플레이와 좀더 유기적으로 연결된다. 경기 전체 시간을 줄이는 것도 필요하지만, 경기 중 팬이 더 몰입가능한 흐름이 만들어지는 게 고려돼야 한다.

KBO 리그 2020-2024년 9이닝 기준 경기 시간					
연도	2020	2021	2022	2023	2024
시간	3시간 10분	3시간 14분	3시간 11분	3시간 12분	3시간 10분

출처=한국야구위원회(KBO)

피치클락 이전에도 경기 시간 단축을 위한 시도가 많았다. 마운드 방문, 타자의 타석 준비 등 인플레이가 아닌 상황에 대한 규제였다. 하지만 효과는 별로 없었다. 당연하다. 실제 경기 시간에서 이런 이벤트가 차지하는 비중은 매우 낮다. 거기에서 시간을 몇 초씩 줄인다고 해도 전체 경기에 미치는 영향은 미미할 수밖에 없다.

2018년부터 시행된 자동고의4구도 마찬가지다. 2024년 KBO 리그 전체 고의4구는 150회다. 경기 당 0.2개 꼴 고의볼 4개를 던지는 시간이 보통 30초 안팎. 그래서 자동고의4구 규칙으로 줄어드는 시간은 기껏 경기당 10초~15초 수준이다. 타자가 1루로 나가고 주자로서 준비를 마치는 시간은 어차피 같다.

의미 있는 경기 시간 단축은 결국 거기서 좀더 나아가야 달성된다. 메이저리그가 논란에도 불구하고 전통적 관점에서 급진적인 피치클락이라는 선택을 한 것도 그런 이유다.

3시간 좀 넘는 야구 경기 시간은 크게 세 종류의 인터벌로 구성된다.

투구와 투구 사이 간격(투구 템포), 한 타석이 종료되고 다음 타석이 시작될 때까지 간격(타석 템포) 그리고 이닝이 종료되고 다음 이닝이 시작될 때까지 간격(이닝 템포)이다.

한 경기에서 두 팀 투수는 공 300개 정도를 던진다. 각 투구 시간을 기준으로 3종류 간격을 분석해보자. 이를 통해 야구 경기의 시간이 어떻게 구성돼 있는지를 해명할 수 있다.

투구와 투구,

투구템포

투수가 공 하나를 던지고 그 다음 공을 던질 때까지의 시간이다. 타석 마지막 투구는 그 다음 투구로 이어지지 않기 때문에 제외한다. 모든 투구 시간 중 예외적으로 긴 시간(평균 + 표준편차*2.5 보다 큰 경우)은 분석에서 제외한다. 빈볼이나 판정 시비, 벤치클리어링, 아주 드물게 관중 난입 같은 사건이 일어났을 경우로 본다. 타석 중 선수 교체가 이뤄졌을 때 투구도 제외한다.

KBO 리그 2022-2024시즌에 투구템포는 평균 24초 내외다. 경기 시간(9이닝 기준)이 3시간 20분에 육박하던 2010년대 중반에는 25초 정도였다. 약간 줄어들었다. 2024년엔 23초대에 진입했다. 지난해 23.6초는 메이저리그의 2016년(23.5초)와 거의 비슷한 수준이다. 이해부터 메이저리그는 본격적으로 스피드업을 추진했다. 당시 KBO 리그는 25.6초로 메이저리그보다 2.1초 길었다.

2025년 예고된 KBO 리그 피치클락 기준은 주자 없을 때 20초, 주자 있을 때 25초다. 피치클락은 투수가 투수에게 공을 넘겨준 때부터 시작된다. 그래서 이 분석의 투구템포와 기준이 약간 다르다. 포수가 투수에게 공을 넘겨주는 데 평균 2초가 걸린다고 가정하면 투구템포에 2초를 더해야 한다. 그렇다면 2025년 KBO 리그 피치클락 제한시간은 투구템포는 주자 없을 때 22초, 주자있을 때 27초와 비슷해질 것이다.

투구템포는 주자 있을 때와 없을 때 차이가 크다.

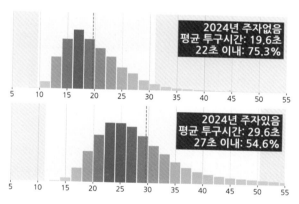

주자 없을 때 투구템포는 평균 19.6초다. 주자 있을 때는 29.6초로 딱 10초 길어진다.

피치클락 적용을 가정했을 때 주자없을 때 투구제한시간 20초는 투구템포 22초에 해당된다. 2024년 리그 전체 투구 중 75.3%는 22초 안에 던져졌다. 이미 전체 투구의 3/4는 25년 KBO 리그 피치클락 규정 안에 있다.

주자가 있는 상황에서는 다르다. 마찬가지로 피치클락 제한시간 25초를 투구템포 27초로 보자. 27초 안 투구는 전체의 54.6%만이었다. 다만 평균은 29.6초지만 24, 25초 근처에서 가장 많은 투구가 나왔다. 40초나 45초 이상 아주 간격이 길었던 투구가 많았다는 의미다.

주자와 긴 신경전을 벌이던 투구 상황이었을까. 그렇다면 주자가 어느 베이스에 있는지에 따라 투구 시간이 영향을 받을 가능성이 있다. 가령 주자 1루는 도루가 자주 나오는 상황이다.

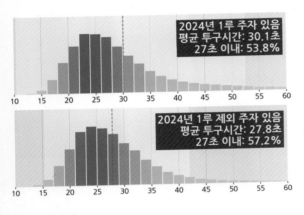

2024년 1루 주자 있음
평균 투구시간: 30.1초
27초 이내: 53.8%

2024년 1루 제외 주자 있음
평균 투구시간: 27.8초
27초 이내: 57.2%

실제로도 주자 1루 때 투구템포는 30.1초로 다른 베이스에 주자가 있을 때 투구템포 27.8초보다 훨씬 길었다. 투구템포가 45초 이상으로 길어지는 경우도 1루에 주자가 있을 때 더 많다. 피치클락 제한에 해당하는 27초 이내 투구 비율도 53.8% 대 57.2% 로 주자 1루 쪽이 더 낮다.

전체적으로 보면 지난 3시즌 동안 투구템포는 빨라졌다. 지난해가 가장 빨랐다. 메이저리그는 적극적인 스피드업 규제를 하기 전에도 투구템포가 KBO 리그보다 빨랐다. 그런데 2016년 두 리그 차이는 2초였다. 그렇다면 최근 3년 동안 단축된 1초는 작은 수준이 아니다. 한 경기에 300개 이상 투구가 나오기 때문에 전체 경기 시간에 미치는 영향은 충분히 커진다.

2024시즌은 극심한 타고투저였다. 안타나 볼넷이 더 많이 나왔고, 이러면 경기 시간은 길어지게 된다. 그럼에도 전년보다 경기 시간이 짧아진 데는 투구템포 단축이 영향을 미쳤다. 그런데 리그 10개 구단이 모두 같지는 않았다. 어떤 팀은 빨라졌지만, 어떤 팀은 아니었다.

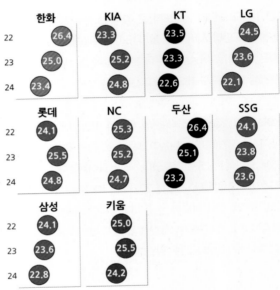

2022-2023년에 비해 투구템포가 크게 줄어든 팀은 한화, LG, 두산이다. 2초에서 3초 빨라졌다. KT는 원래 빨랐고, 더 빨라졌다. 반면 KIA와 롯데는 비슷하거나, 오히려 약간 늘어난 편. 가장 빠른 팀 LG가 22.1초, 가장 느린 롯데가 24.8초이니 2.7초 차이가 났다.

2.7초 차이가 났지만 같은 리그, 같은 시즌에 같은 야구를 했다. 딱히 성적과 상관관계도 없어 보인다. 피치클락 정식 도입에 대비해 더 빨리 투구를 했던 팀 중 LG, KT, 삼성은 지난해 투수진의 활약이 뛰어났다. 롯데는 마운드 전력 하위권이었다.

타석과 타석

타석 템포

경기 시간을 구성하는 두 번째 요소가 타석과 타석 간격, 타석 템포다. 안타든 볼넷이든 아웃이든 공격이 종료되면 다음 타자가 타석에 선다. 앞 타석 마지막 투구와 다음 타석 첫 번째 투구 사이 간격을 타석 템포로 본다. 인플레이 타구가 있었다면 그 플레이 시간도 포함된다.

2024년 평균은 48.9초다. 23년 52.0초보다 3.1초 줄었다. 투구 템포가 빨라진 것처럼 것처럼 타석 템포도 빨라졌다. 2016년에는 52.3초였다. 그리고 당시 메이저리그는 43.5초였다.

듯, 타석 템포 역시 메이저리그와 약간 차이가 나는데 여기에는 KBO 리그 고유의 응원 문화도 연결돼 있다. 중요한 상황이나, 스타가 타석에 들어서면 응원가가 울려퍼지고 관객들이 환호한다. 이래서 늘어나는 시간이 있다.

스피드업은 중요하다. 하지만 동시에 경기장 안 즐거움을 손상시켜서는 안 된다. 스피드업은 결국 팬을 더 즐겁게 하기 위한 목적이기 때문이다. 그래서 이 부분은 피치클락 도입 이후 구체적인 운영 방향에서 지켜볼 만한 지점이다.

투구 템포가 주자의 유무, 그 중에서도 1루 주자에 영향을 받는다면 타석 템포는 타석 결과에 따라 차이가 크다.

타석 템포는 경기 시간을 구성하는 주 요인이지만 투구 템포와는 성질이 좀 다르다. 투구–투구 사이의 시간이 적극적인 인플레이 구간인 것과 달리 타석–타석 사이의 시간은 이어질 플레이를 준비하는 시간에 가깝다. 투구 템포가 그렇

앞 타석 플레이 결과로 주자가 달리고 수비가 이어진다면. 아무래도 그 다음 타석까지의 시간은 길어진다. 하지만 야구에서 가장 박진감 있고 몰입할 만한 시간이다. 치고 달리는 긴박감이 있는 시간은 물리적으로 길어진다고 해서 지루

할 리는 없다.

특히 최근 야구에서는 홈런, 볼넷, 삼진의 동반 증가 현상
이 뚜렷하다. 홈런은 경우가 좀 다르지만 볼넷과 삼진은 인
플레이타구가 있는 타석에 비해 아무래도 재미가 덜하다.
시간 단축의 본질이 팬 몰입감 향상에 있다면 전체 경기 시
간 뿐 아니라 경기를 구성하는 각 요소를 선별적으로 다루
는 접근도 필요하다.

홈런의 시간은 생각보다 짧다. 좀더 길어도 상관없지 않을
까? 볼넷의 시간은 생각보다 길다. 더 짧아지는 게 좋지 않
을까. 안타의 시간이 역시 가장 길다. 하지만 길어도 짜릿한
시간이다.

2024년 타석 템포는 타격 결과와 상관없이 공통적으로 줄
어들었다.

© 한화 이글스

이닝과 이닝

이닝 템포

마지막으로 이닝 종료 뒤 새로운 이닝이 시작될 때까지 시간, 이닝템포다 앞 이닝 마지막 투구 시간과 다음 이닝 첫 번째 투구 사이 간격이다. 여기에도 이닝 마지막 타석의 플레이 시간은 포함된다. 따라서 심판의 3번째 아웃 콜 이후 새 이닝이 들어가기까지 걸리는 시간보다는 약간 길게 측정된다.

이 구간은 상대적으로 간단하다. 이닝에 관계 없이 2분 20초에서 2분 30초 사이로 일정하다. 규정에 따라 제한된 시간이기 때문에도 그렇다. 5회와 6회 사이가 긴 이유는 그라운드 정비를 위한 클리닝 타임 때문이다.

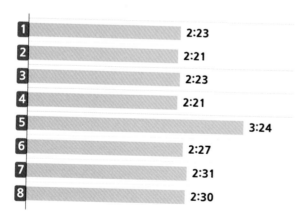

1	2:23
2	2:21
3	2:23
4	2:21
5	3:24
6	2:27
7	2:31
8	2:30

KBO 리그의 이닝템포는 메이저리그보다 짧다. 2024년 메이저리그는 2분 40초 내외, KBO 리그는 2분 31초다. 또 이닝 브레이크는 방송사 광고수입과 연결되어 있다.

야구의

시간 모델

야구의 시간 모델을 투구–투구(투구 시간), 타석–타석(타석 시간), 이닝–이닝(이닝 시간)으로 구분하고 각각의 평균 간격을 이용하면 경기 시간을 재구성 할 수 있다.

2024시즌 프로야구 720경기에서 이닝당 타석은 4.38회, 타석당 투구는 3.9개다. 투구 템포는 평균 23.6초, 타석 템포는 48.9초,이닝템포는 151.1초다.

타석 마지막 투구, 이닝 마지막 타석, 경기 마지막 이닝 간격을 제외하면 야구의 시간 모델은 다음과 같이 만들어진다. 홈 승률이 50%라면 9회말 공격이 이뤄진 경기와 그렇지 않은 경기는 반반일 것이니 경기당 17.50이닝으로 보면 된다.

투구 시간 = 17.5×이닝당 타석수×(타석당 투구수–1)×투구 템포

타석 시간 = 17.5×(이닝당 타석수–1)×타석 템포

이닝 시간 = (17.5–1)×이닝템포

순 경기시간 = 투구시간 + 타석시간 + 이닝시간

전체 경기시간 = 순 경기시간 + 선수교체 등 기타 이벤트 및 오차

이 모델로 계산하면 2023년과 2024년 프로야구 경기 간은

아래 표(야구의 시간 모델로 재구성한 2023–2024 KBO 리그 경기 시간)와 같다.

계산된 순 경기시간은 2023년 3시간 5분, 2024년 3시간 1분이다. 실제 경기 시간인 3시간 12분(2023년), 3시간10분(2024년)보다 7분, 9분 짧다. 대타, 이닝 중 투수 교체와 연습투구 같은 선수교체 이벤트 및 계산 오차로 발생하는 차이다.

메이저리그는 피치클락 도입 첫 해인 2023년 2시간 40분으로 전 해인 3시간 4분보다 24분 줄었다. 지난해에는 2시간36분으로 4분 더 줄어서 2시즌 만에 28분이 줄었다. KBO 리그에 피치클락이 도입돼 투구 템포가 더 빨라진다면 실제 경기시간은 얼마나 줄어들까.

KBO 리그에서 2024년 기준 주자가 있는 타석과 없는 타석 비율은 49:51로 거의 비슷하다. 전체 투구 중 절반은 20초 제한, 나머지 절반은 25초 제한에서 던지게 된다(투구 템포 기준으로는 22초/27초).

경시시간 단축의 비교대상은 24시즌과 투구 템포, 타석 템포가 같고 대신 타고성향은 23시즌 수준을 가정한 평균경기시간이다. 계산해 보면 3시간 6분이다.

	타석당 투구수	이닝당 타석수	기준이닝	투구–투구 시간(분)	타석–타석 시간(분)	이닝–이닝 시간(분)	순 경기시간	선수교체 등 기타 이벤트 및 오차
							'야구의 시간 모델'로 재구성한 2023-2024 KBO 리그 경기시간	
2023	3.91	4.38	17.5	91.8	51.2	41.6	184.5(3시간5분)	7분
2024	3.90	4.48	17.5	89.4	49.5	41.6	180.5(3시간1분)	9분

24시즌 23.6초였던 투구 템포가 1초 줄어 22.6초가 된다면 모델의 예상 경기 시간은 3시간 2분이다. 2초가 줄어서 21.6초가 되면 2시간 58분. 가정한 비교대상이 3시간6분이 었으니 각각 4분 또는 8분 단축이다. 유의미한 변화다.

하지만 이 정도가 되지 않을 가능성이 있다. KBO 리그에서는 현장의 반발로 주자 견제 제한 규정이 빠졌다. 메이저리그에는 피치클락이 견제 뒤 리셋되는 점을 악용하는 사례를 방지하기 위해 견제 3회 제한이 있다. 주자 있는 상황에서 투수가 여러 번 견제구를 던진다면 앞에서 가정했던 4분조차 단축이 어려울 수 있다.

15초/18초를 제한하는 메이저리그의 피치클락과 20초/25초인 KBO 리그 피치클락은 이름만 같을 뿐 차이가 너무 크다.

물론 주자가 움직이는 데 견제를 못하게 하는 건 이상하게 보인다. 그런데 야구의 본질이 무엇일까. 견제를 못하게 하면 이상한 야구일까. 그럴 수도 있다. 하지만 미국에서는 그런 야구를 작년부터 하고 있다. 자동고의4구나 승부치기는? 사람이 아니라 기계가 볼—스트라이크를 판정하는 것은? 9이닝이 아니라 7이닝 경기를 한다면? 누군가에게는 야구를 모독하고 훼손하는 일이고, 또 다른 누군가에는 한 번 해 볼 만한 시도일 것이다.

투구 템포를 2024년 23.6초에서 1.5초 줄이면 전체 경기 시간은 5분 45초 짧아진다. 야구를 모르는 탁상공론이고 비현실적인 숫자놀음일까. KBO 리그 구단 LG는 2024시즌에 이미 그렇게 던졌다. 10개 구단에서 투구 템포가 가장 빨랐고, 그게 22.1초였다.

2년에 걸쳐 경기시간 28분을 단축한 메이저리그의 24시즌 평균 투구 템포는 주자 없을때 15.5초, 주자 있을때 17.5초였다. 피치클락 시행 전보다 6초 정도 단축된 결과다.

시분초로 계산된 전체 경기 시간을 줄이기만 하면 그것이 더 재미있는 야구가 된다는 발상은 틀렸다. 하지만 긴 경기 시간이 더 많은 사람이 야구를 즐기는 데 장벽이 되는 건 사실이다.

모든 일이 다 그렇듯 '스피드업'도 공짜는 아니다. 그래서 우리는 야구의 시간을 더 깊이 들여다봐야 한다. 3시간짜리 각본 없는 드라마는 여러 장면으로 구성돼 있다. 어떤 시간은 길어도 즐겁고, 어떤 시간은 짧아도 지루하다.

사진 게티이미지

메이저리그에서 피치클락이 도입되자 벌어진 일

_신원철

2023년 2월 26일 미국 플로리다주 쿨투데이파크에서 애틀랜타 브레이브스와 보스턴 레드삭스의 시범경기가 열렸다. 경기는 전례 없는 방식으로 끝났다.

'피치클락 끝내기 삼진'. 6-6 동점에서 홈팀 애틀랜타가 9회말 2사 만루 기회를 잡았다. 볼카운트 0-2에서 애틀랜타 타자 칼 콘리에게 피치클락 위반으로 자동 스트라이크가 선언됐다. 그래서 삼진아웃. 연장전이 없는 시범경기라 경기는 그걸로 종료됐다.

피치클락은 이해 메이저리그에 처음 도입됐다. 투수는 주자 없을 때 15초 안에 공을 던져야 한다. 주자가 있을 때는 20초 이내다. 제한 시간을 넘기면 볼 판정을 받는다. 구장 안에는 투수가 시간을 확인할 수 있게 타이머 전광판을 설치했다. 그래서 '클락(시계)'라는 단어가 붙었다. 타자도 8초 안에 타석에 들어서야 한다. 이를 어기면 스트라이크 하나가 주어진다.

> 모든 투수가 부정적으로 생각할 것이다. ABS가 설정한 스트라이크존이 일정하겠지만 그동안 익숙했던 스트라이크존보다는 당연히 작을 것이다. 피치클락에도 부담을 느낄 것으로 생각한다. (중략) 스피드업을 위한 제도인데 경기 시간을 줄일 수 있을까 의문도 든다. 내가 감히 투수 대표로 말할 수는 없지만 부정적인 생각이 많다.
>
> KIA 양현종

'피치클락 끝내기 삼진'은 시범경기 이틀째에 나온 사건이다. 낯선 제도 도입으로 야구가 엉망이 됐다는 미국 언론의 비난이 뒤따랐다.

따지고 보면 '낯선'이라는 표현은 어울리지 않는다. 메이저리그 시범경기였지만 문제의 타석에서 타자 콜린뿐 아니라 보스턴 투수와 포수도 모두 빅리그 경험이 전혀 없는 마이너리거였다. 이들은 전년도인 2022년 마이너리그에서 먼저 시행된 피치클락을 충분히 경험하고 시범경기에 출전했다. 투수와 타자는 새 규칙이 낯설어서가 아니라 포수가 서 있었기 때문에 피치클락 타이머가 줄어든 것을 알아채지 못했다고 한다.

이 사건을 다룬 언론의 시각은 피치클락이라는 낯선 제도에 대한 공포심을 반영한다. 현장 선수들 역시 새로운 규정이

낯설기는 마찬가지다. 한국야구위원회(KBO)는 2025년부터 피치클락을 정규시즌에 도입한다. 당초 2024년 전반기 시범 운영에 이어 후반기 정식 도입 예정이었지만 '현장의 우려'로 늦춰졌다.

2024년 새 시즌을 앞두고 몇몇 베테랑 투수들이 우려를 드러냈다. 이들은 피치클락이라는 새로운 규칙이 ABS라는 낯선 스트라이크존과 동시에 적용되면 혼란이 가중될 것이라 우려했다.

"모든 투수가 부정적으로 생각할 것이다. ABS가 설정한 스트라이크존이 일정하겠지만 그동안 익숙했던 스트라이크존보다는 당연히 작을 것이다. 피치클락에도 부담을 느낄 것으로 생각한다. (중략) 스피드업을 위한 제도인데 경기 시간을 줄일 수 있을까 의문도 든다. 내가 감히 투수 대표로

피치클락이 도입되자 벌어진 일								
피치클락 전 이랬는데	경기당 득점	타율	출루율	장타율	OPS	홈런	볼넷	삼진	도루
2021	4.5	0.244	0.317	0.411	0.728	1.22	3.25	8.68	0.46
2022	4.3	0.243	0.312	0.395	0.706	1.07	3.06	8.40	0.51
이렇게 달라졌다								
2023	4.6	0.248	0.32	0.414	0.734	1.21	3.25	8.61	0.72
2024	4.4	0.243	0.312	0.399	0.711	1.12	3.07	8.48	0.75

"생각을 많이 해봤는데 투수들이 많이 힘들어질 것 같다. 피치클락도 피치클락이지만 스트라이크존 기계판정이 처음 겪는 것이라… 솔직히 모든 기록이 다 나빠질 것 같다. 타자와 주자에게는 유리할 것 같다. 견제 제한도 투수들에게 불리할 것이다. 점점 야구가 투수들에게 불리해지는 쪽으로 변한다는 생각이 든다.

NC 이용찬

말할 수는 없지만 부정적인 생각이 많다." _KIA 양현종

"생각을 많이 해봤는데 투수들이 많이 힘들어질 것 같다. 피치클락도 피치클락이지만 스트라이크존 기계판정이 처음 겪는 것이라… 솔직히 모든 기록이 다 나빠질 것 같다. 타자와 주자에게는 유리할 것 같다. 견제 제한도 투수들에게 불리할 것이다. 점점 야구가 투수들에게 불리해지는 쪽으로 변한다는 생각이 든다" _NC 이용찬

2023년 피치클락을 도입한 메이저리그에서는 실제로 타자들이 우위를 점했다. 2022년 리그 평균 OPS는 0.7060이었는데 2023년에는 0.734로 올랐다. 경기당 홈런은 2.14개에서 2.42개로, 볼넷은 6.12개에서 6.50개로 증가했다. 투수들이 곤란에 빠질 것이라는 예상이 맞았다고 봐야 할까? 하지만 1년 뒤인 2024년에는 상황이 역전됐다. 리그 OPS는 0.711로 떨어졌다. 경기당 홈런은 2.24개, 볼넷은 6.14개로 줄어들었다. 피치클락이 반드시 투수에게 불리하게만 작용한다고 볼 수는 없다.

무엇보다 경기 시간이 비약적으로 줄었다. '투수가 불리해지면 타자 출루가 늘어나 경기 시간이 줄어들지 않는다'는 가정은 현실에 들어맞지 않았다. 타고투저 경향이던 2023년 메이저리그 평균 경기 시간은 2시간 39분으로 2022년 3시간 3분보다 24분 단축됐다. 성공에 고무된 메이저리그는 피치클락 도입 1년 만에 주자 있을 때 제한 시간을 20초에서 18초로 2초 더 줄였다. 2024년 평균 경기 시간은 2시간 36분으로 더 짧아졌다.

낯설지만 어렵지 않았다. 메이저리거들은 새로운 규칙에 동요하면서도 빠르게 적응했다. 도입 첫해 경기당 위반이 첫 100경기에서는 0.87회였다. 정규시즌 막판인 9월 29일 이전 100경기에서는 0.34회로 절반 이상 줄어들었다. 100경기씩 구간으로 끊어봤을 때 최소 0.24회, 4경기에 1번까지 감소해 선수들이 빠른 기간에 새 제도에 적응했다는 것을 알 수 있다. 전체 경기의 3분의 2에서 피치클락 위반 사례가 없었다. 100구 이상 던진 투수의 49%, 100구 이상 상대한 타자의 68%가 피치클락 위반 없이 시즌을 보냈다. KBO 리그 피치클락 규정은 메이저리그보다 훨씬 후하다.

피치클락 전후 MLB 경기 시간			
2021년	3:10	2023년 4월	2:36
2022년	3:03	2023년 5월	2:37
2023년	2:39 <	2023년 6월	2:35
2024년	2:36	2023년 7월	2:39
		2023년 8월	2:41
		2023년 9월	2:36

베이스볼레퍼런스에 따르면 피치클락 도입 후 평균 경기 시간이 가장 짧았던 달은 2023년 10월이다. 정규시즌 순위가 대부분 결정된 뒤라 경기 페이스가 빨라졌을 수 있다. 그 다음은 주자 있을 때 투구 제한이 18초로 단축된 2024년 5월(2시간 33분), 4월(2시간 35분), 6월(2시간 35분), 9월(2시간 36분), 그리고 2023년 4월(2시간 36분) 순이다.

주자 있을 때 투구 제한이 20초였던 2023년에는 재미있는 현상을 볼 수 있었다. 5월 이후에 평균 경기 시간이 길어지기 시작했다. 4월 2시간 36분에서 5월 2시간 37분, 6월 2시간 38분, 7월 2시간 40분, 8월 2시간 41분, 9월 2시간 44분으로 점점 길어졌다. 투수들이 피치클락 적응을 마쳤을 뿐만 아니라, 이를 활용하기 시작했다는 의미다.

그래서 메이저리그는 피치클락 도입 1년 만에 주자 있을 때 제한 시간을 2초나 줄이는 파격적인 결정을 내렸다. 제한 시간을 줄인 이유는 또 있다. 피치클락 첫 해에 투수들은 카운트가 시작된 뒤 평균적으로 주자 없을 때 약 8.5초, 주자 있을 때 12.7초 안에 투구 동작에 들어갔다. 시간에 쫓기는 경우가 많지 않았던 것이다. 피치클락이 투수 부상 빈도를 높이리라는 우려도 있었다. 하지만 2024년 12월 메이저리그가 발표한 62페이지 분량 투수 부상 리포트는 "피치클락과 부상과 관련이 있다는 증거가 없다"고 기술했다.

2023년 피치클락 위반은 주로...	
상황	위반비율
이닝 사이/투수교체	21.3%
타자 위반	30.5%
투수 주자 있을 때	14%
투수 주자 없을 때	34.1%

느슨해진 'K-피치클락'			
	주자 없을 때	주자 있을 때	투수판 이탈
MLB	15초	18초	2회까지
CPBL	20초	25초	3회까지
KBO	20초	25초	제한 없음

KBO 리그는 오랫동안 '스피드업'을 주요 과제로 삼았다. 경기 시간을 줄여야 한다는 오랜 목표가 현장의 우려를 이겼다. 지난 3년간 정규이닝 평균 경기 시간은 3시간 11분, 3시간 12분, 3시간 10분이었다. 메이저리그와 비교하면 30분 이상 늦게 끝났다. 지난해 피치클락을 시범도입하고 볼카운트 제재 없이 경고만 줬더니 경기당 평균 12회 정도의 위반 사례가 나왔다. 크게 의식하지 않고 하던 대로 경기했다는 얘기다. 이제부터는 얘기가 달라진다.

KBO는 2024년 실행위원회(단장회의)를 거쳐 시범도입 때보다도 느슨한 제약을 두기로 했다. 주자 없을 때 18초, 주자 있을 때 23초의 시간 제한을 두기로 했다가 주자 없을 때 20초, 주자 있을 때 25초로 규정을 손봤다. 주자 있을 때 투구 제한은 메이저리그보다 7초가 길다.

그럼에도 '너무 짧다'는 비난은 투수가 직업이 아닌 이들로부터도 나올 수 있다. KBO 리그는 흥겨운 응원 문화가 특징이다. 야구장을 직접 찾는 '직관' 팬들에게는 중요한 메리트다. 이런 환경은 피치클락에 대한 반발을 불러올 지도 모른다.

리그 최고
'좌우 놀이'
애호가는?

_황규인

2018년 4월 21일 서울 잠실구장에서 KIA와 두산이 맞붙은 프로야구 경기가 열렸다. 당시 두산 지휘봉을 잡고 있던 김태형 감독은 유격수 류지혁 – 우익수 국해성 – 3루수 최주환 – 지명타자 김재환 – 1루수 오재일 – 2루수 오재원 – 포수 박세혁 – 중견수 조수행 – 좌익수 정진호로 선발 라인업을 꾸렸다. 스위치 히터 국해성을 포함해 아홉 명 모두가 왼쪽 타석에서 공을 치는 타자였다. 선발 타순 전원을 좌타 가능 선수로 채운 건 이날 두산이 프로야구 역사상 처음이자 2024년까지 마지막이다.

사실 이날 라인업을 짠 사람은 김 감독이 아니라 고토 고지 당시 타격 코치였다. 김 감독은 고토 코치에게 "주전 선수들이 최대한 휴식을 취할 수 있는 라인업을 고심해 달라"고 부탁했을 뿐이었다. 이에 고토 코치는 팀 주전이던 포수 양의지, 유격수 김재호, 중견수 박건우 등을 빼고 라인업을 짰다. 고토 코치 역시 김 감독에게 처음 선발 라인업을 보고할 때만 해도 전원이 왼쪽 타석에 들어서게 됐다는 사실을 눈치채지 못했다.

김 감독은 "고토 코치가 이를 뒤늦게 확인하고 '괜찮겠냐'고 물었는데 '그냥 갑시다'라고 답했다"고 전했다. 그러면서 "상대 선발 임기영이 사이드암 투수이기는 하지만 왼손 타자에게 약하지 않다. 오른손 타자 몸쪽으로 휘어들어가는 체인지업을 잘 던지는데 왼손 타자 관점에서는 바깥쪽 스트라이크 존을 파고드는 공이기 때문에 공략이 까다롭다"면서 "전혀 의도하지 않았는데 첫 기록이 됐다"고 말했다.

실제 결과는 '잠수함 투수는 왼손 타자에게 약하다'는 야구 속설 그대로 나왔다. 두산은 시즌 첫 등판에 나선 임기영을 상대로 5회까지 5점을 뽑은 끝에 결국 10-4 승리를 거뒀다. 김 감독은 6-5로 쫓긴 8회초에 선발 출전 명단에서 빠졌던 박건우, 김재호, 양의지를 연이어 대타로 기용하면서 승부에 쐐기를 박았다. 김 감독은 이날 경기가 끝난 뒤에도 "(선발 타자 전원이 왼손 타자인지) 정말 몰랐다니까"라고 재차 강조했다.

미국프로야구 메이저리그MLB)에서는 탬파베이가 2020년 9월 11일 안방 보스턴전에서 스위치 타자도 한 명 없이 선발 라인업 전원을 왼손 타자로 채운 적이 있다. 선발 타자 전원이 '순수' 왼손 타자인 건 MLB 역사상 첫 기록이었다. 심지어 선발 마운드를 책임진 블레이크 스넬도 왼손 투수였다.

케빈 캐시 당시 탬파베이 감독은 이 경기를 앞두고 "상대 오른손 선발 투수(앤드루 트릭스)가 어떤 선수인지 잘 모르기 때문에 일단 전원 왼손 타자 카드를 꺼내 들었다"면서 "대신 더그아웃에 오른손 타자가 줄줄이 대기하고 있기 때문에 상대가 왼손 투수를 마운드에 올리면 그에 맞게 대응할 것"이라고 말했다.

다만 보스턴이 트릭스를 1이닝 만에 내리고 왼손 투수 맷 홀을 마운드에 올린 뒤에도 탬파베이 더그아웃에서는 어떤 선수 교체 카드도 꺼내지 않았다. 그리고 이 경기에서 11-1 승리를 따낼 때까지 대타, 대주자, 대수비를 한 명도 쓰지 않았다. 탬파베이는 그러면서 MLB 역사상 처음으로 왼손 타자만으로 한 경기를 치르는 기록까지 남겼다. 다만 오른손 투수 두 명을 마운드에 올렸기 때문에 이날 출전 선수 전원이 왼손잡이인 건 아니었다.

그 감독은 오늘도

'좌우 놀이'를 꿈꾼다

야구장에는 왼손잡이가 넘쳐난다. 2022-2024년 프로야구 1군 경기에 한 번이라도 출전한 선수는 859명(외국인 선수 포함)이고 이 중 18.4%(158명)가 왼손으로 공을 던진다. 일상생활에서는 왼손잡이인데도 오른손으로 공을 던지는 손아섭 같은 예외가 있기는 하다. 그래도 사람은 보통 자주 쓰는 손으로 공을 던진다. 투수만 따지면 이 비율은 27.0%(441명 중 119명)로 더욱 올라간다.

마리에타 파파다투 파스투 그리스 아테네대 교수 연구 결과에 따르면 전 세계 인구 가운데 약 10.6%가 왼손잡이다. 한국은 이보다 더 적다. 여론 조사 업체 한국갤럽에 따르면 '본인은 스스로 왼손잡이라고 생각하는가?'라는 질문에 5%만 그렇다고 답했다. 야구장 안이 바깥보다 왼손잡이 비율이 네 배 가까이 높은 것이다.

그래도 선수 숫자로 따지면 오른손잡이가 4.4배 많다. 그러면 당연히 오른손 투수와 오른손 타자가 대결하는 일이 가장 많을 것 같다. 일단 실제로도 그렇다. 그럼 그 비율은 어느 정도나 될까. 이 3년간 타자가 타석에 들어선 건 총 16만9459번이었다. 그리고 이 중 30.8%인 5만2138번이 오른손 투수와 오른손 타자가 맞붙은 매치업이었다. 이론적으로는 3분의 2 정도가 오른손 투수-오른손 타자 매치업이어야 한다.

실제 결과가 예상치 절반도 되지 않는 건 일단 '만들어진 왼손잡이 타자'가 정말 많기 때문이다. 던지는 손을 기준으로 하면 전체 타자 421명 가운데 41명(9.7%)만 왼손잡이지만 치는 손 기준으로는 4.1배 많은 169명(40.1%)이 왼손잡이다. 게다가 감독들은 어떻게든 플래툰 그러니까 '좌우 놀이'를 하지 못해서 안달이다. 타자를 치는 손 기준으로 바꿔도 이론적으로는 54% 정도는 같은 손을 쓰는 투수와 타자가

맞붙어야 맞다. 실제 비율은 48.7%(8만2456번)였다. 다른 손을 쓰는 투수와 타자가 맞붙는 케이스가 51.3%(8만7003번)로 더 많았던 거다. 횟수로는 4547번 차이다.

2022-2024년 투타 맞대결 결과					
구분	타석 비율	타율	출루율	장타율	OPS
같은 손	48.7%	0.261	0.333	0.379	0.712
반대 손	51.3%	0.272	0.349	0.403	0.752

OPS(출루율+장타율)를 기준으로 하면 실제로도 오른손 타자는 오른손 투수(0.717)보다 왼손 투수(0.744)에게 강했다. 마찬가지로 왼손 타자 역시 왼손 투수(0.698)보다 오른손 투수(0.750)에게 강점을 보였다. 특히 오른손 '잠수함' 투수를 상대로는 이 기록이 0.792까지 올랐다. 전체적으로 같은 손을 상대할 때는 0.712, 반대 손을 상대할 때는 0.752였다. 감독들이 좌우 놀이를 하고 싶다는 욕망에 시달리는 게 아주 이상한 일만은 아닌 셈이다.

그러나 "묘수 세 번 두면 진다"는 바둑 속담처럼 자기 꾀에 자기가 넘어가는 건 아닌지 항상 살펴볼 필요가 있다. 사이드암 투수는 왼손 타자에게 약한 게 사실이지만 임기영은 사실 2017년만 해도 오른손 타자(OPS 0.750)보다 왼손 타자(0.718)에게 강했다. 두산이 그 경기에서 이겼으니 선발 전원 좌타 카드가 '집요한 용병술'이 됐지만 패했다면 '좌우 놀이는 아무나 하나'는 비판에 시달리기 딱 좋았다.

'좌우 놀이'는 ——————
나의 힘

타자 기준으로 2024년 좌우 놀이 비율이 가장 높았던 팀은, 세월이 흘러 김 감독이 지휘봉을 잡게 된, 롯데였다. 롯데 타자는 지난해 총 5766번 타석에 들어섰다. 이 가운데 57.4%(3307번)가 반대 손 승부였다. 다만 스위치 타자인 빅터 레이예스가 전체 타석 가운데 11.0%에 해당하는 632타석을 기록했다는 점은 염두에 둘 필요가 있다. KT는 역시 스위치 타자인 멜 로하스 주니어가 팀 전체 5808타석 가운데 11.5%인 670타석에 들어서고도 이 비율이 52.0%(5위) 그치긴 했지만 말이다.

2024년 팀 타자 '반대 손' 승부

구단	비율(%)
롯데	57.4
키움	57.1
LG	55.1
KIA	53.8
삼성	53.0
KT	52.0
한화	51.1
SSG	48.8
두산	47.2
NC	46.9

롯데 타선에서 확인할 수 있는 특징 가운데 하나는 '지그재그 타순'이다. 앞 타자가 오른손 타자면 그다음 타순에는 왼손 타자를 배치하는 식으로 선발 타순을 짜는 것. 롯데는 평균적으로 선발 라인업 9명 중 6.3명이 앞 타자와 서로 치는 손이 달랐다. 프로야구가 10개 구단 체제를 갖춘 2015년 이후 1위 기록이다.

2024년 '지그재그' 선발 라인업

구단	인원
롯데	6.3
삼성	4.9
두산	4.6
한화	4.3
KT	4.2
LG	3.9
SSG	3.9
KIA	3.7
NC	3.7
키움	2.7

김 감독은 "타순을 이렇게 짜면 상대 팀에서 박빙 상황에 '왼손 타자 킬러'를 올리기가 부담스러울 수밖에 없다"고 설명한다. 앞 문장을 읽고 이상하다는 생각이 들지 않았다면, 김 감독이 그런 것처럼, 적어도 무의식적으로는, 좌우 놀이가 통한다고 믿는 것이다.

김 감독의 이 좌우 놀이는 성공적이었다고 평가할 수 있다. 롯데는 팀 OPS 0.782로 시즌을 마쳤다. 한국시리즈 챔피언 KIA(0.828) 한 팀만 롯데보다 팀 OPS가 높았다. 롯데는 팀 득점(802점)에서도 KIA(858점), LG(808점) 다음이었다. 안방 사직구장에 '성담장'이 우뚝 서 있었던 것까지 생각하면 나쁘지 않은 결과다.

투수 관점에서 좌우 놀이 비율이 가장 높았던 팀 역시 김 감독이 이끄는 롯데였다. 롯데 투수가 다른 팀 타자와 총 5764번 맞붙는 동안 50.2%(2868번)가 같은 손 승부였다. 이 비율이 50%가 넘어가는 팀은 롯데가 유일했다. 구원진만 놓고 보면 같은 손 승부 비율은 58.0%까지 올라간다. 물론 이 역시 리그 1위 기록이다.

2024년 팀 투수 '같은 손' 승부	
구단	비율(%)
롯데	50.2
삼성	49.4
KIA	48.9
두산	48.1
NC	47.3
KT	47.1
키움	46.7
LG	46.7
SSG	46.7
한화	46.3

롯데가 이 비율이 높았던 건 '왼손 타자 킬러' 활용 비율이 높았기 때문이다. 롯데 왼손 구원진은 다른 팀 타자를 총 281번 상대했는데 이 중 232번(82.6%)이 왼손 타자였다. 왼손 투수가 왼손 타자만 이렇게 집중적으로 상대한 팀은 롯데뿐이다. 다른 팀 왼손 타자는 롯데 왼손 구원 투수를 상대로 OPS 0.792를 기록했다. 리그 전체 구원진 기록(0.762)과 엇비슷한 수준이다. 롯데 오른손 구원 투수도 상대 오른손 타자를 OPS 0.775로 막았다.

이렇게만 보면 투수 쪽도 좌우 놀이 결과가 나쁘지 않아야 할 것 같지만 실제로는 그렇지 못했다. 롯데는 선발진 평균 자책점(4.91)은 6위였지만 구원진(5.36)은 9위에 그쳤다. 그리고 시즌 최다 블론 세이브(27개)와 최다 역전패(39패) 기록을 남겼다.

© 롯데 자이언츠

그가 좌우 놀이를

포기했을 때

우투좌타로 유격수가 주 포지션인 두산 안재석은 2022년 총 69경기 선발 라인업에 이름을 올렸다. 상대 팀에서 오른손 선발 투수를 내세운 107경기 중에서 68경기(63.6%)에 선발로 나왔지만 왼손 선발 투수가 나온 나머지 37경기에서는 딱 한 번(2.7%) 선발 출장하는 데 그쳤다. 2015-2024년 10년 사이에 이 차이가 이렇게 큰 선수는 없다. 당시 두산 지휘봉을 잡고 있던 지도자가 바로 김 감독이었다.

같은 해 롯데에서는 고승민이 플래툰 대상이었다. 역시 우투좌타인 고승민은 그해 오른손 투수를 상대로 59경기(55.1%) 선발 라인업에 이름을 올리는 동안 왼손 투수를 상대로는 3경기(8.1%)에 선발 출장했을 뿐이다. 2023년에도 상대가 오른손 선발 투수를 냈을 때는 60경기(57.1%), 왼손 투수를 냈을 때는 11경기(28.2%)로 선발 출장 비율이 두 배 가까이 차이가 났다.

고승민은 그러나 김 감독이 부임한 2024년에는 상대가 오른손 투수(79.3%)를 내세우든 왼손 투수(84.6%)를 내세우든 가리지 않고 붙박이 2루수로 뛰었다. 사실 타격 기록만 보면 고승민은 여전히 플래툰으로 쓰는 게 옳은 것처럼 보이기도 한다. 고승민은 오른손 투수를 상대로 OPS 0.854를 기록한 2024년에도 왼손 투수 상대로는 0.657에 그쳤다. 팀 선배 전준우(OPS 0.854)가 NC 포수 김형준(0.658)으로 변하는 것이다.

그래도 기록을 합쳐 놓으면 0.834가 된다. 2024년 리그 30위 기록이니까 어느 팀에 가든 '넘버 3' 안에는 들 수 있는 성적이라고 할 수 있다. 고승민은 그해 9월 17일 사직 LG전에서는 왼손 투수를 상대로 단타와 3루타, 오른손 투수를 상대로 홈런과 2루타를 빼앗으면서 (상대 중견수 도움을 받

아) 사이클링 히트를 기록하기도 했다. 고승민은 이해 주자 87명을 불러들이면서 팀 2루수 한 시즌 최다 타점 기록도 새로 썼다.

타자는 남이 이미 하던 좌우 놀이도 포기할 수 있는데 투수 쪽은 왜 안 되는 걸까. 김 감독이 왼손 투수에게 어쩌다 오른손 타자 승부를 맡기면 OPS 1.098로 무너졌기 때문이다. KIA 김도영이 이 시즌 최우수선수(MVP)로 뽑히면서 남긴 OPS가 1.067이다. 상대 타자를 MVP급으로 만들어주는 투수라면 그나마 평균은 하는 일이라도 시켜주는 게 옳은 일인지 모른다.

요컨대 좌우 놀이로 잘하는 선수를 더 잘하게 만들어 줄 수는 있어도 못하는 선수를 잘하게 만들기는 쉽지 않은 일이다. 이리저리 짝을 맞춰봐야 처음부터 맞지 않는 건 끝까지 맞지 않는다. 한국시리즈 우승을 세 번 차지한 감독도 이 정도인데 다른 감독은 말해 무엇하랴.

헛스윙을 통해 우리가 배울 수 있는 것

_황규인

어떤 전투는 전장 밖에서 승부가 갈린다.

야구에서 가장 치열하게 교전이 벌어지는 공간은 스트라이크 존이다. 투수는 스트라이크를 던져야 이긴다. 그렇다고 스트라이크를 정직하게 던졌다가는 얻어터지기 십상이다. 그런 이유로 적지 않은 투수가 스트라이크 존 바깥으로 타자를 유인한다.

연도별 스트라이크 존 바깥 투구 타자 반응			
연도	투구%	스윙%	콘택트%
2022	56.9	30.9	20.2
2023	57.0	29.8	19.9
2024	55.8	29.5	18.9

스탯티즈에 따르면 2022년에는 전체 투구 가운데 56.9%, 2023년에는 57.0%, 2024년에는 55.8%가 스트라이크 존 바깥으로 날아왔다. 어쩌면 투타 맞대결이란 '쳐볼 테면 쳐 보라'가 아니라 '참을 수 있으면 참아봐'를 다투는 승부에 더 가까운지 모른다.

스트라이크 존 바깥으로 날아온 공은 타자가 참으면 그냥 볼이다. 실제로 이런 상황에서 타자는 일곱 번은 참지만 세 번은 못 참는다. 스트라이크 존 바깥 스윙 확률은 △2022년 30.9% △2023년 29.8% △2024년 29.5%였다.

그리고 이렇게 방망이를 휘둘렀을 때는 세 번 중 한 정도가 헛스윙으로 끝났다. 나머지 두 번은 방망이에 공을 맞친 경우다. 요약하면 타자는 '볼' 가운데 70%는 지켜보고 20%는 때리고 10%에는 헛스윙을 한다.

볼을 지켜봤다면 그 판은 일단 타자가 이긴 거다. 스윙을 이미 시작했을 때는 어떨까. 이때도 어떻게든 공을 맞히고 보는 게 헛스윙을 하는 것보다 꼭 더 나은 선택일까.

스트라이크 vs 볼

KT 황재균은 2024년 4월 26일 문학 방문 경기 4회초 공격 때 헬멧을 바닥에 내동댕이치면서 퇴장 명령을 받았다. 2사 주자 1루 볼카운트 1볼 2스트라이크 상황에서 안방 팀 SSG 선발 투수 오원석이 던진 속구를 포수 이지영이 놓친 다음

이었다. 볼·스트라이크 자동 판정 시스템(ABS)이 이 공을 스트라이크라고 판정하자 화를 이기지 못했던 것.

사실 황재균이 팀을 생각했다면 온몸으로 불평불만을 표시하는 대신 1루로 뛰어가야 했다. 세 번째 스트라이크 선언이 나왔지만 포수가 공을 잡지 못해 스트라이크 낫아웃 상태였기 때문이다. 1루를 먼저 밟고 나서도 "타자가 칠 수 없는 공이 어떻게 스트라이크인가"라고 문제 제기는 할 수 있었다.

영어 낱말 스트라이크(strike)는 '때리다'는 뜻이다. 그런데 야구에서는 타자가 공을 때리지 않았을 때도 스트라이크라는 말을 쓴다. 낫아웃의 기원은 18세기까지로 거슬러올라갈 수 있다. 야구는 미국에서 탄생했지만 영국의 여러 놀이를 모태로 한다. 당시에는 타석마다 스윙 기회(try)를 세 번 줬다. 헛스윙을 세 번 하면 아웃이었다. 세 번째 스윙 시도마저 헛스윙이었을 때는 공을 친 것으로 간주했다.

당시는 아직 포수라는 포지션이 세상에 등장하기 전이었다. 대신 투수가 '말발굽 모양으로' 포물선을 그리도록 공을 띄웠다. 타자가 헛스윙했을 때도 공이 타석에서 얼마 멀리 굴러가지 못했던 것. 세 번째 헛스윙이 나오면 타자가 공을 친 것처럼 1루로 뛰고 있으니 수비팀은 공을 잡아 던져야 아웃을 빼앗을 수 있었다. 투수가 포수를 향해 시속 160㎞가 넘는 공을 던지는 시대에도 스트라이크 낫아웃이 존재하는 이유다.

문제는 타자가 아예 방망이를 휘두르지 않으면 스트라이크 낫아웃 상황조차 나오지 않는다는 데 있었다. 그래서 19세기도 절반이 지난 1858년 '루킹 스트라이크'라는 개념이 등장하게 된다. 문서로 (일부) 내용을 확인할 수 있는 최고(最古) 야구 기록 '니커보커스 규칙'을 1845년에 작성했으니 스트라이크는 이보다도 13년 늦게 세상에 나온 셈이다.

이렇게 상대가 던진 공을 방망이로 때리는 '놀이'가 200년 넘게 진화하는 동안 변하지 않은 공식이 있다. '스트라이크 = 치기 좋은 공'이다.

실제로도 그렇다. 2022–2024년 3년간 스트라이크 존을 통과한 공을 때린 타자들 기록을 모아 보면 타율 0.298에 장타율 0.447이 나온다. 볼을 쳤을 때는 타율 0.196에 장타율 0.215가 전부였다. 또 전체 홈런 3447개 가운데 89.1%(3073개)가 스트라이크 존 안에서 나왔다.

2022-2024년 스트라이크 존 안팎 타격 결과

구분	타율	장타율	홈런 점유율
안	0.196	0.215	89.1%
밖	0.298	0.447	10.9%

인플레이 vs 헛스윙

여기까지 오면 이 글 처음에 던진 질문을 이렇게 고쳐 쓸 수 있다. 볼을 건드려 타율 0.196, 장타율 0.215를 기록하는 게 헛스윙을 해서 볼카운트에 스트라이크를 하나 더 늘리는 것보다 꼭 더 나은 선택일까.

일단 2스트라이크 상황에서는 무조건 아니다. 2022–2024년 3년간 2스트라이크 상황에서 헛스윙하고도, 낫아웃으로, 어떤 주자도 죽이지 않고, 1루에 살아 나간 타자는 세 명밖에 되지 않는다. 2스트라이크 상황에서는 볼이든 스트라이크든 헛스윙하면 무조건 타자가 손해다.

1스트라이크 이전은 상황이 다르다. 이때는 헛스윙 이후에도 타격 기회를 다시 얻을 수 있다. 특히 볼카운트에서 볼이 스트라이크보다 많을 때는 헛스윙 한 번에 비판받을 일도 별로 없다. 볼과 스트라이크 개수 차이에 따라 스트라이

크 존 바깥으로 들어온 공을 쳤을 때 결과와 헛스윙 이후 결국 해당 타석이 끝났을 때 결과를 비교해 보자.

이번에는 가중출루율(wOBA·Weighted On–Base Average)이 기준이다. 출루율은 원래 단타는 물론 2루타, 3루타, 홈런도 똑같이 출루 한 번으로 계산한다. 반면 wOBA는 이벤트별로 가중치를 다르게 주기 때문에 타석당 득점 기여도를 측정하기에 더 좋다. wRC+ 나아가 WAR 계산 때 공격 기여도 측정용으로 쓰는 기본 메트릭이 wOBA다.

2022-2024년 볼카운트별 '나쁜 공' 대응 결과

카운트	타격	헛스윙
0B 0S	0.307	0.284
0B 1S	0.301	0.201
1B 1S	0.311	0.228
2B 1S	0.315	0.282
2B 0S	0.347	0.425
3B 0S	0.234	0.342
3B 1S	0.365	0.403

계산 결과를 보면 역시나 스트라이크가 많을 때는 공을 치는 편이 낫다는 사실을 확인할 수 있다. 스트라이크가 늘어날수록 타자에게 불리한 환경이 된다는 걸 생각하면 이상한 결과도 아니다. 참고로 스트라이크 존을 통과하던 공을 헛쳤을 때는 모든 경우에 wOBA가 내려간다.

그러다 볼이 많은 상황에서는, 헛스윙 때문에 스트라이크 하나가 더 올라갔는데도, 결과가 좋아진다. 예를 들어 2볼 0스트라이크 상황에서 '볼'을 쳤을 때 결과는 wOBA 0.3470이다. 두산 강승호가 2024년 남긴 wOBA가 0.348였다. 이 상황에서 헛스윙하고 나면 타석이 끝났을 때 wOBA는 0.425로 같은 해 홈런왕 NC 맷 데이비슨(0.422) 수준이 된다.

데이비슨 vs 공

데이비슨은 헛스윙을 논할 때 빠질 수 없는 타자다. 2024년 상대 투수가 데이비슨에게 던진 공은, 스트라이크 존 통과 여부에 관계없이, 총 2150개다. 한국 무대 데뷔 첫해였던 데이비슨은 이 중 370개(17.2%)를 헛쳤다. 2022-2024년 3년 동안 이보다 한 시즌에 헛스윙을 많이 한 타자는 없다.

또 이 3년 동안 같은 해 데이비슨(46개)보다 시즌 홈런이 많은 타자도 없다. 데이비슨은 이 홈런 가운데 절반에 하나 모자란 22개(47.8%)를 헛스윙 이후에 쳤다. 헛스윙을 통해 장타로 가는 '포털'을 열었던 셈이다.

데이비슨은 2024년 딱 한 해만 한국에서 뛰었을 뿐이다. 그 래도 2022-2024년 3년간 헛스윙 이후에 데이비슨보다 홈 런을 많이 친 타자는 프로야구 통산 홈런 1위 SSG 최정(30 개) 한 명밖에 없다. 2024년까지 통산 495홈런을 기록한 최 정은 이 3년 동안 총 91홈런을 날렸다.

데이비슨은 2023년 일본프로야구 히로시마에서 뛰면서 타 율 0.210(348타수 73안타), 19홈런, 44타점, OPS(출루율+ 장타율) 0.698을 기록했던 타자다. 삼진을 120개 당하는 동 안 볼넷은 24개 얻어내는 데 그쳤다. '전형적인 공갈포'라고 평가받아도 이상하지 않은 성적이었다.

NC도 이를 모를 리 없었다. 임선남 NC 단장은 데이비슨 영 입 소식을 전하면서 "콘택트가 됐을 때는 굉장히 좋은 파워 를 보여줬다"고 평했다. 맞다. 모든 공갈포에게는 공이 와서 맞지 않는 게 문제일 뿐이다. 데이비슨은 한국프로야구 데뷔 첫해 타율 0.306을 기록하면서 공갈포 꼬리표까지 뗐다.

요컨대 데이비슨은 일본에서는 헛스윙이 많은 타격 스타일 때문에 실패한 '스켓토(助っ人·돕는 사람)'가 됐지만 한국에 서는 오히려 이를 살려 홈런왕이 됐다. 21세기에는 이럴 때 '회복탄력성(resilience)'이라는 말을 쓰기도 한다. 데이비슨 에게 헛스윙은 상처인 동시에 치유제다.

데이비슨 vs 김선빈

데이비슨과 정반대 지점에 있는 타자는 KIA 김선빈이다. 이 3년간 헛스윙 비율이 가장 낮은 타자는 2023년 김선빈 (2.4%)이고 그다음으로 낮은 타자는 2024년 김선빈(2.5%)이 다. 김선빈이 3년 동안 상대 공을 헛친 건 154번이 전부다. 1 년에 51번꼴이니까 데이비슨과 비교하면 7분의 1 수준이다.

다만 헛스윙이 많고 적은 것과 선구안이 좋고 나쁜 건 또 다른 문제다. 데이비슨은 2024년 전체 투구(2150개) 가운 데 960개(44.7%)를 포수가 잡기 전까지 건드리지 않았다. ABS는 이 가운데 743개(77.4%)에 볼 판정을 내렸다. 김선 빈(65.8%)보다 높은 기록이다. 데이비슨(190cm)이 김선빈 (165cm)보다 키가 더 커서 스트라이크 존이 더 넓은 데도 그 랬다. 인간 구심이 판정한 2022, 2023년 김선빈의 이 기록 은 65.5%로 ABS 시대와 사실상 차이가 없었다.

또 '전체 헛스윙 가운데 볼에 헛스윙한 비율'도 데이비슨 (57.0%)이 김선빈(63.3%)보다 낮았다. 사실 데이비슨은 이 기간 리그 평균(58.9%)보다도 볼에 헛스윙한 비율이 낮다. 스트라이크 존 바깥으로 들어온 공을 때렸을 때 성적도 데 비이슨(wOBA 0.424)이 김선빈(0.296)보다 좋았다. 김선빈 이 이 3년 동안 남긴 통산 타율이 0.310이니까 데이비슨 (0.306)보다 특별히 뛰어나다고 할 수도 없다.

물론 전체 타석 대비 삼진 비율은 데이비슨(25.0%)이 김선 빈(5.5%)보다 4.5배 높다. 이를 제외하면 데이비슨이 마음 먹은 대로 방망이를 휘두른다고 해서 크게 손해 본 건 없 다. 적어도 2024년에는 확실히 그랬다. 이는 데이비슨이 파 워를 갖췄기에 가능했던 결과다.

사실 크게 치지 않으면 누구도 세게 칠 수도 없다. 데이비슨을 포함해 이 3년간 헛스윙 비율이 높은 타자 10명은 타율 0.281/출루율 0.353/장타율 0.505를 합작했다. 장타율에서 타율은 뺀 순장타율 0.223에 해당하는 기록이다. 거꾸로 헛스윙 비율이 가장 낮은 타자 10명은 0.307/0.384/0.408로 순장타율 0.102를 기록하는 데 그쳤다.

2022-2024 최고 헛스윙 10인 vs 최저 헛스윙 10인

구분	타율	출루율	장타율	OPS	IsoP
최고	0.281	0.353	0.505	0.858	0.224
최저	0.307	0.384	0.408	0.792	0.101

홈런왕의 대명사 조지 허먼 '베이브' 루스는 "나는 모든 공에 크게 방망이를 휘두른다. 어차피 결과는 큰 걸 치거나 크게 헛치거나 둘 중 하나다. 나는 가능한 한 크게 살고 싶다"고 말했다. 루스는 방망이를 크게 크게 방망이를 휘두른 덕에 미국프로야구 메이저리그에서 통산 홈런 714개를 쏘아 올릴 수 있었다. 당연히 크게 헛치기도 했다. 루스는 MLB에서 뛴 22년 동안 통산 홈런보다 삼진(1330개)이 1.9배 많은 타자였다.

그래도 루스는 그저 "삼진 하나하나가 다음 홈런과 더 가까운 곳으로 나를 데려갈 뿐"이라며 있는 힘껏 방망이를 휘둘렀다. 요컨대 헛스윙보다 '야구는 실패를 통해 성공을 배우는 스포츠'라는 말을 확실하게 증명하는 플레이는 없다.

© NC 다이노스

야구를 잘하려면 정말 덩치를 키워야 할까?

_황규인

'이 영상을 황준서 선수 부모님이 좋아합니다.'

류현진은 2024년 1월 2일부터 황준서 등 한화 팀 후배 7명과 일본 오키나와에 '미니 캠프'를 차리고 새 시즌 준비에 돌입했다. 류현진의 매니지먼트 업무를 담당하는 '99코퍼레이션'은 훈련 시작 이튿날 류현진이 한 철판구이 가게에서 황준서 앞에 쇠고기에 새우까지 가져다 놓고 먹이고 또 먹이는 영상을 공개했다. 이 영상에는 '황준서 살찌우기 프로젝트'라는 제목이 붙어 있었다.

류현진처럼 왼손으로 공을 던지는 황준서는 서울 장충고를 졸업하고 2024년 신인 드래프트 전체 1순위로 한화 유니폼을 입었다. 그리고 프로 데뷔전이던 그해 3월 31일 대전 안방 경기에서 KT를 상대로 5이닝 동안 1점만 내주며 승리 투수가 됐다. 한화 투수가 데뷔전에서 선발승을 거둔 건 2006년 류현진 이후 18년 만이었다.

© 한화 이글스

그런데 첫 승을 거둔 바로 그날부터 '제2의 류현진'이 아니라 '제2의 김광현'이라는 별명이 붙었다. 한국야구위원회(KBO) 공식 프로필 기준으로 황준서의 체격(187㎝·78kg)이 류현진(190㎝·113kg)보다 김광현(188㎝·88kg)과 더 비슷했기 때문이다. 그런데 '제2의 김광현'이라는 별명도 오래 가지 못했다.

황준서는 데뷔전 이후 10경기를 치르는 동안 승리 없이 5패만 당했다. 5월까지 4.06이던 평균자책점은 여름(6-8월)이 되자 8.41까지 치솟았다. 황준서는 결국 2승 8패 1홀드 평균자책점 5.38로 시즌을 마쳤다. '체력을 키워야 한다'는 평가가 뒤따른 게 당연한 일. 프로야구 선수가 체력을 키운다는 건 곧 몸집을 키우겠다는 말이라고 할 수 있다.

황준서도 물론 같은 고민을 했다. 2024년 스프링캠프 때 류현진을 찾아가 조언을 구할 정도였다. 류현진의 대답은 "많이 먹어라"는 것. 말만 가지고는 효과가 나타나지 않자 류현진은 시즌이 끝난 뒤에 황준서를 아예 오키나와까지 데리고 가 직접 양육(?)에 나섰다. 류현진도 프로 입단 당시 98kg이었던 몸무게를 선수 생활을 하면서 늘린 케이스다.

류현진이 토론토에서 마지막 해를 보낸 2023년 기준 미국 프로야구 메이저리그(MLB) 투수 평균 키는 188.0㎝, 몸무게는 95.0kg이었다. 류현진은 프로 데뷔 때부터 이미 17년 후 메이저리그 투수 평균보다도 덩치가 좋았던 셈이다. 좋은 투수가 되려면 역시 덩치가 커야 하는 걸까.

그 뚱뚱한 투수가 공이 느린 이유

프로야구 투수는 기본적으로 덩치가 크다. 2022-2024년 3년 동안 1군 경기에 한 번이라도 등판한 투수는 총 380명(외국인선수 제외)이다. 각 선수가 연도별로 서로 다른 선수라고 치면 781명이 나온다. 이 781명 평균 키는 184.0㎝, 몸무게는 89.3kg이다. 국가기술표준원에서 2020-2023년 진행한 제8차 인체치수조사 결과 한국 20, 30대 남성 평균은 174.6㎝, 76.0kg이니까 프로야구 투수는 확실히 '사이즈가 남다르다'고 할 수 있다.

그래도 선수마다 차이는 있다. 어떤 투수는 키도 크고 몸무게도 많이 나가는 반면, 다른 선수는 키도 작고 몸무게도 적게 나간다. 물론 키는 큰데 몸무게는 적게 나가거나 키는 작아도 몸무게가 많이 나가는 사람도 있다. 다만 사람은 키가 크면 몸무게도 많이 나가는 게 일반적이라 몸무게를 x축, 키를 y축에 놓고 사분면을 그리면 제1, 3 사분면에 인원이 몰리게 된다.

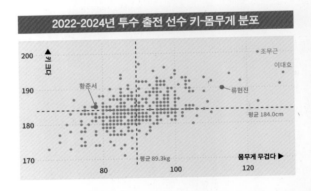

2022-2024년 투수 출전 선수 키-몸무게 분포

이럴 때는 체질량 지수(BMI·Body Mass Index)를 활용하면 도움이 될 수 있다. 19세기 미국 보험업계에서 고안한 BMI는 '몸무게 ÷ 키²'으로 계산하며 비만도를 나타낸다. 예컨대 프로야구 투수 평균인 184.0㎝, 89.3kg는 BMI 26.4로 대한비만학회 기준 1단계 비만 범위(25-29.9)에 속한다.

운동선수는 몸에 지방보다 근육이 더 많은 게 일반적이라 이를 가지고 비만도를 논하는 건 무리다. 다만 선수가 키보다 덩치가 있는지 아닌지 판단하는 데는 도움이 될 수 있다. 참고로 프로야구 투수 가운데 마른 편이라고 할 수 있는 황준서는 BMI 22.30이고, 프로야구 투수 가운데도 덩치가 큰 류현진은 31.30이다. BMI를 기준으로 하면 프로야구 투수는 아래 그래픽처럼 나눌 수 있다.

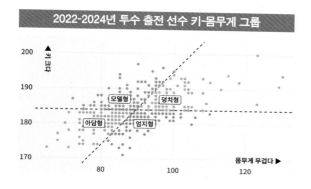

2022-2024년 투수 출전 선수 키-몸무게 그룹

편의상 △키도 크고 BMI가 큰 그룹을 '덩치형' △키는 큰데 BMI가 작은 그룹을 '모델형' △키와 BMI가 모두 작은 그룹을 '아담형' △키는 작지만 BMI가 큰 그룹을 '엄지형'이라고 하자. 아담형이라고 이름 붙인 그룹도 평균 180.4cm에 80.9%로 한 덩치 하기는 하지만 말이다.

지금까지 요란스럽게 그룹을 나눴지만 결과 자체는 싱겁다. 체형이 투수 성적에 결정적인 영향을 끼쳤다고 결론 내릴 만한 기록이 크게 눈에 띄지 않는다. 굳이 결론을 내자면 아담형 그룹이 나머지 세 그룹보다는 2% 정도 부족하다는 사실 정도다. 키가 작은 투수는 몸집을 키우면 도움이 될 수도 있는 것. 반면 키가 큰 선수가 몸집을 키워 얻을 수 있는 이점이라고는 속구 평균 구속이 시속 0.6km 정도 빨라진다는 정도뿐이다.

2022-2024년 투수 유형별 성적

유형	평균 키(cm)	평균 몸무게(kg)	평균 자책점	BABIP	삼진 %	볼넷 %	홈런 %	FIP	속구 평균 구속(km/h)
덩치형	187.1	99.8	4.58	0.316	17.7	9.7	2.1	4.63	143.7
모델형	187.3	87.1	4.55	0.316	18.0	9.5	2.0	4.54	143.1
아담형	180.4	80.9	4.96	0.322	17.0	10.0	2.1	4.77	142.3
엄지형	180.6	91.7	4.48	0.313	18.3	9.7	2.2	4.63	143.3

다만 예상하시는 것처럼 이것도 '투바투'(투수마다 다르다)다. 조사 대상 가운데 1년 사이에 몸무게가 늘었다고, 즉 BMI가 올라갔다고 KBO에 등록한 선수는 총 48명이었다. 이 중 32명이 두 해 모두 속구를 30개 이상 던졌다. 이 32명 중에 속구 평균 구속이 늘어난 선수는 10명(31.3%)이 전부였다.

이미 은퇴한 한화 류희운과 팔꿈치 인대 접합 수술(토미 존 수술) 이후 재활 중인 같은 팀 김민우를 제외하면 이 3년 동안 몸무게가 가장 많이 늘어난 투수는 LG 정우영이다. 원래 85kg이었던 정우영은 2024년이 되면서 공식 몸무게를 99kg으로 늘렸다. 정우영은 "평균 구속을 늘리기 위해 벌크업을 했다"고 했지만 2022년 이후 투심 패스트볼은 평균 시속 151km에서 시속 149km, 시속 145km로 해마다 줄고 있다.

2022-2024년 몸무게 증가 투수 톱 10

순위	이름	몸무게 변화	증가량
①	류희운(한화)	103kg(2022) → 129kg(2023)	26kg
②	김민우(한화)	105kg(2022) → 123kg(2023)	18kg
③	정우영(LG)	85kg(2023) → 99kg(2024)	14kg
④	백승현(LG)	78kg(2023) → 90kg(2024)	12kg
⑤	윤호솔(LG)	99kg(2023) → 110kg(2024)	11kg
⑥	김범수(한화)	81kg(2022) → 92kg(2023)	11kg
⑦	김택형(SSG)	90kg(2023) → 100kg(2024)	10kg
⑧	주현상(한화)	82kg(2022) → 92kg(2023)	10kg
⑨	박상원(한화)	88kg(2022) → 98kg(2023)	10kg
⑩	이우찬(LG)	88kg(2023) → 97kg(2024)	9kg
	김기훈(KIA)	84kg(2022) → 93kg(2023)	9kg

이 기간 속구 평균 구속이 가장 크게 올라간 선수는 SSG 정성곤이다. 정성곤은 2022년 시속 135.2km였던 속구 평균 구속을 2023년 시속 146.2km로 11.0km 끌어올렸다. 정성곤은 같은 기간 몸무게가 74kg에서 80kg으로 늘었다고 KBO에 신고했다. 재미있는 건 1996년생인 그가 26세에서 27세

사이에 키도 176cm에서 181cm로 컸다고 신고했다는 점이다. 오류나 착오가 있을 확률이 높은 결과다.

두 번째로 빠른공 구속이 크게 늘어난 선수는 KIA 김도현이다. 2022년 빠른공 평균 시속 141.7㎞였던 김도현은 지난해 평균 시속 148.0㎞을 기록했다. 그동안, 적어도, 공식 프로필은 183㎝에 87㎏을 유지했다. 김도현은 대신 2022년 8월부터 육군 제39 보병사단에서 군 생활을 했다. 그러니까 공을 잘 던질 수 있는 몸을 만드는 방법이 한 가지뿐인 건 아닌 것이다.

순위	이름	구속 변화	증가량
①	정성곤	135.2㎞(2022) → 146.2㎞(2023)	11.0㎞
②	김도현	141.7㎞(2023) → 148㎞(2024)	6.3㎞
③	이인복	129.0㎞(2023) → 135.0㎞(2024)	6.0㎞
④	이충호	138.8㎞(2022) → 144.0㎞(2023)	5.2㎞
⑤	장재혁	139.9㎞(2023) → 144.5㎞(2024)	4.6㎞
⑥	최지민	141.1㎞(2022) → 145.6㎞(2023)	4.5㎞
⑦	임준형	139.7㎞(2023) → 143.9㎞(2024)	4.2㎞
⑧	최지강	144.4㎞(2023) → 148.5㎞(2024)	4.1㎞
⑨	주승우	143.2㎞(2023) → 147.2㎞(2024)	4.0㎞
⑩	유승철	145.4㎞(2022) → 149.1㎞(2023)	3.7㎞
	김동혁	133.0㎞(2023) → 136.7㎞(2024)	3.7㎞

2022-2024년 속구 평균 구속 증가 투수 톱 10

2002-2004년 MLB에서 사이영상을 탄 투수 6명 평균 BMI는 25.9였다. 한국 투수 평균(26.4)보다도 오히려 BMI가 낮았다. 요컨대 투수가 덩치가 커야 좋은 투수가 될 수 있다는 생각은 '미신'에 가깝다. 신체적 특징에 따라 가장 적합한 투구 메커니즘이 있다는 말을 뒤집어 생각하면 특정한 투구 메커니즘에 잘 맞는 체형이 따로 있다는 뜻이기도 하니까 말이다.

같은 기간 MLB 양대 리그 최우수선수(MVP)로 뽑힌 타자

평균 BMI는 28.2로 투수 쪽보다 컸다. 이번에는 타격 기록과 타자 체형 사이에 어떤 관계가 있는지 살펴볼 시간이다.

그 뚱뚱한 타자가 야구를 못하는 이유

2002-2004년 프로야구 1군 경기에 한 번이라도 출전한 타자는 외국인선수를 제외하면 391명이다. 그리고 이번에도 연도에 따라 각기 다른 선수로 구분하면 843명이 나온다. 이 843명은 평균 키 180.1㎝, 몸무게 84.7㎏이다. 평균 184.0㎝에 89.3㎏인 투수만큼은 아니라도 프로야구 선수는 역시 사이즈가 다르다.

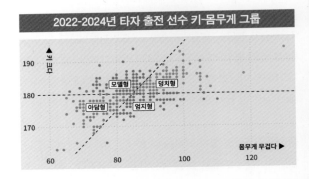

2022-2024년 타자 출전 선수 키-몸무게 그룹

결론부터 이야기하자면 투수와 달리 타자는 덩치가 성적에 끼치는 영향이 적지 않다. OPS(출루율+장타율)를 살펴보면 △덩치형 0.749 △엄지형 0.719 △모델형 0.718 △아담형 0.687 순서다. 이를 통해 키보다 몸무게가 OPS를 끌어올리는 요인이라는 점을 알 수 있다.

유형	평균 키(cm)	평균 몸무게(kg)	삼진 %	볼넷 %	홈런 %	타율	출루율	장타율	OPS
덩치형	187.1	99.8	4.58	0.316	17.7	9.7	2.1	4.63	143.7
모델형	187.3	87.1	4.55	0.316	18.0	9.5	2.0	4.54	143.1
아담형	180.4	80.9	4.96	0.322	17.0	10.0	2.1	4.77	142.3
엄지형	180.6	91.7	4.48	0.313	18.3	9.7	2.2	4.63	143.3

2022-2024년 타자 유형별 성적

표를 자세히 보면 타율은 물론 출루율도 그룹별로 차이가 나지 않는데 장타율 차이가 OPS 차이를 만든다는 사실을 알 수 있다. 또 키가 큰 그룹(덩치형, 모델형)이 삼진을 많이 당하는 것도 특징이다. 키가 작으면 볼넷을 많이 얻지만 그건 장타력이 가장 뛰어난 덩치형도 마찬가지다. 요컨대 성인이 된 이후로 키는 어쩔 수 없으니 타자가 '벌크업'을 선택하는 건 자연스러운 일이라고 할 수 있다.

이 기간 이 변화를 가장 잘 보여준 선수가 키움 송성문이다. 키 183㎝인 송성문은 2022년까지는 몸무게를 86㎏으로 등록했다. 이러면 모델형이다. 2023년부터 몸무게를 2㎏ 늘리면서 덩치형이 됐다. 그리고 2024년 시즌을 앞두고 웨이트 트레이닝과 식단을 통해 체지방률을 60% 이상 줄였다.

전체 몸무게 88㎏ 중 45㎏ 정도가 골격근량이라는 송성문은 "솔직히 예전에는 튀김부터 기름진 것까지 먹고 싶은 것을 다 먹었다. 이제는 군것질을 하지 않으려 한다. 또 쉬는 시간 같은 생활 패턴도 잘 지키려 노력한다"고 말했다.

송성문은 OPS 0.927로 2024년을 마감했다. 전년도(2023년) 기록은 0.683이었다. 송성문은 스탯티즈 기준 WAR 6.13승을 기록했는데 이보다 좋은 기록을 남긴 국내 선수는 시즌 최우수선수(MVP) 김도영뿐이다. 모델형(183㎝·85㎏)으로 MVP 시즌을 보낸 김도영 역시 오프시즌 동안 몸무게를 5㎏ 늘리는 걸 목표로 잡았다. 이 증량 프로젝트에 성공하면 김도영도 덩치형이 된다.

덩치형은 전체 선수 중에서 27.7%(240명)를 차지하는데 타석 점유율은 29.5%(4만8579타석)다. 반면 전체 선수 중 26.0%(225명)인 아담형은 전체 타석 가운데 23.3%(3만8338타석)에 들어서는 데 그쳤다. 아담형이 들어서야 할 타석을 덩치형이 차지한 구조다.

아담형은 대신 덩치형이 하지 못하는 걸 한다. 이 기간 한번이라도 유격수로 출전한 선수는 평균 179.1㎝에 78.9㎏으로 아담형이다. 중견수(179.1㎝·79.8㎏), 2루수(178.6㎝·79.5㎏)도 마찬가지. 아담형이 소위 '센터라인' 수비를 책임지고 있는 것이다. 단, 포수는 180.7㎝에 89.7㎏으로 덩치형 선수가 들어선다. BMI가 가장 작은 선수가 들어서는 포지션이 유격수고 반대가 포수다.

공식 포지션이 포수인 LG 김범석을 비롯해 BMI가 높은 선수는 팬들로부터 '다이어트 좀 하라'는 압력에 시달리기 일쑤다. 김범석은 2024년 기준 공식 프로필이 178㎝에 110㎏으로 이 3년간 가장 높은 BMI(34.7)를 남겼다. 김범석은 2023년만 해도 공식 몸무게가 95㎏이었던 선수다.

그런데 그 '뚱뚱한 선수'가 야구를 못하는 이유가 꼭 살집은 아닐지 모른다. 대한비만학회 기준으로 2단계 비만(BMI 30) 이상인 20대 선수 12명은 이 기간 덩치형 그룹 평균과 맞먹는 OPS 0.741을 합작했다. 이 기간 BMI 2위가 2022년 이대호(34.5)라는 점을 생각하면 놀랄 일이 아닐지 모른다.

그러니까 이 글은 뚱보 한 사람이 '김범석 선수 부모님이 이 글을 좋아합니다'라는 반응이 나왔으면 좋겠다는 마음으로 썼다.

다이내믹 코리아를 닮은 K-야구

_이성훈

이 책에서는 여러 차례 (KBO 리그를 제외하고) 세계 야구계를 휩쓸고 있는 '구속 혁명'을 다루고 있다. 하지만 해외의 투수들은 공 스피드만 빨라진 게 아니다. 각종 투구 측정 장비와 초고속 카메라 등 최신 테크놀로지를 활용해 더 효과적인 무브 먼트와 궤적을 만들어내고 있다. 또 다양한 구종을 어떻게 조합할 때 좋은 효과를 내는지 비밀도 알아내고 있다. 이른바 '피치 디자인'의 진화다.

투수들은 간접적으로도 기술의 도움을 받고 있다. 바로 팀 수비의 진화다.

2020년 메이저리그 트래킹시스템의 표준이 된 '호크아이'는 그라운드 위 모든 사람과 사물의 움직임을 추적한다. 그래서 어떤 수비수가 가장 타구를 잘 따라가는지, 얼마나 강하고 정확하게 송구하는지를 이전보다 훨씬 정확하게 측정할 수 있게 됐다. 수비수의 능력을 더 정확하게 파악할 수 있게 된 것이다. 쌓여진 정보는 팀 수비의 발전으로 이어졌다. 더 좋은 수비수를 발굴하거나 영입하고, 타구가 날아올 확률이 가장 높은 곳에 배치할 수 있게 된 것이다. 이른바 '시프트 수비'의 진화다.

팀 수비의 가장 중요한 목표는 '인플레이 타구가 안타가 되는 비율 감소'다. 그래서 팀 수비가 진화하면 BABIP(인플레이타구타율)이 감소한다. 2016년 0.300이었던 메이저리그의 BABIP은 2022년 32년 만에 최저치인 0.290으로 떨어졌다. 이 기간 동안 급증한 시프트 수비가 안타가 될 타구를 아웃으로 바꾼 것이다.

2006년 이후 MLB 연도별 BABIP

안타가 줄어들면 득점이 감소한다. 일반적으로 스포츠 경기를 보는 사람들은 점수가 많이 나는 경기를 좋아한다. 물론 '스코어 1-0 투수전'을 좋아한다는 '하드팬'들도 있지만, 보

편적이지 않다. 야구장에 처음 가서 3시간 동안 고작 1점만 나는 걸 본 '뉴비팬'이 다시 야구장을 찾을 확률은 높지 않을 것이다. 우당탕탕 액션으로 가득 찬 난타전이 재미있다고 느낄 가능성이 크다.

메이저리그 수뇌부들도 그렇게 생각했다. 인플레이 안타의 감소는 메이저리그 구단과 사무국 입장에서 자신들이 파는 콘텐츠가 재미가 없어진다는 의미였다. 그래서 2022년에 도입된 조치가 '시프트 제한'이다. 2023년에 리그 BABIP이 전년도보다 6리 올라간 0.297이 되면서 효과를 내는 듯했다. 하지만 지난해 도로 0.291으로 하락했다. 규칙 개정으로 수비 발전이 억제되는 효과보다, 선수와 구단의 '수비 역량 발전' 속도가 더 컸을 가능성이 높다.

기술 발전이 직접적으로 '디펜스'의 진화를 이끌고 있는 반면, 타자들은 기술의 혜택을 상대적으로 누리지 못했다. 배트와 타구의 속도와 궤적을 측정하는 기술들이 등장했지만, 타자에게 직접적인 도움을 줄 수는 없었다. 최근 투수 투구폼과 투구 궤적을 비슷하게 재연하는 첨단 피칭머신이 등장해 지난해부터 메이저리그 여러 구단들이 사용하고 있다. 하지만 아직 가시적인 성과를 냈다는 연구 결과는 없다. 여전히 타격은 '공 보고 공 치기'라는 원초적 본질에서 크게 나아가지 못하고 있는 것이다.

갈수록 벼랑 끝에 몰리고 있는 타자들은 극단적 선택에 내몰렸다. 투수의 공은 빠르고 예리해진다. 즉 치기 어려워진다. 배트에 맞춘다한들 수비수에게 걸릴 확률도 갈수록 높아진다. 그렇다면 수비가 없는 저 먼 곳으로 타구를 보내 홈런을 노리는 게 합리적이다. 이런 접근법에는 삼진이라는 세금이 붙는다. 즉 삼진을 감수하고 홈런을 노리는 타자들이 급증한 것이다. 연속 안타로 점수를 만들기 어려워지자 구단들도 '모 아니면 도' 식의 접근법을 가진 타자들을 선호했다. 그래서 지금 메이저리그는 '삼진과 홈런의 시대'라 불러도 과언이 아니다.

MLB 전체 타석에서 '삼진+홈런'의 비율

부분이 있다. KBO 리그에서는 '뻥야구'가 아닌, 상대적으로 역동적이고 실수가 많으며 예측 불가능한 롤러코스터 같은 경기가 펼쳐지고 있기 때문이다.

전체 타석에서 '삼진+홈런'의 비율

'라이브볼 시대'가 시작된 1920년, 메이저리그 전체 타석에서 삼진과 홈런이 차지하는 비율은 8.3%였다. 이후 베이스 루스가 '홈런 혁명'을 일으키면서, 조금씩 홈런(과 삼진)이 늘어났다. 1930년 처음으로 삼진+홈런이 전체 타석의 10%를 넘었고, 1958년에 15%, 2001년에 20%를 차례로 넘어섰다. 그리고 2014년부터는 고삐가 풀렸다. 8년 연속 증가세를 보이며 2020년 사상 최고치인 26.9%를 찍었다. 그 뒤로 지금까지 그 수준이 유지되고 있다.

메이저리그의 전설적인 왼손 투수 스티브 칼튼은 1983년 9이닝당 삼진 부문 전체 1위(규정이닝 기준)에 올랐다. 기록은 8.73개였다. 2023년엔 메이저리그 전체 평균이 8.74개로 칼튼의 기록을 넘어섰다. 1위 스펜서 스트라이더는 무려 13.55개. 구원투수로 범위를 넓히면 펠릭스 바우티스타가 16.23개를 잡아냈다. 칼튼의 두 배쯤이다.

모든 타자가 '장타 일변도' 스윙을 하고, 그 중 대다수가 삼진으로 돌아서는 야구. 수비수들과 주자들의 역동적 플레이, 감독들의 머리싸움을 보기 어려워진 야구. 한국 야구계는 이런 야구를 '뻥야구'라고 불러 왔다. 즉 메이저리그는 지금 '뻥야구의 시대'다. '저득점 뻥야구'는 지루하다. 사무국이 흐름을 돌리려 애를 쓰고 있지만 아직은 큰 성과가 없다.

이런 관점에서 보면, 메이저리그가 KBO 리그를 부러워할

20세기 막바지에는 메이저리그와 KBO 리그의 '삼진+홈런'이 거의 비슷한 빈도를 보였다. 하지만, 2012년께부터 다시 두 리그 격차가 벌어지는 양상이다. 지난해에는 메이저리그의 '삼진+홈런'이 KBO 리그보다 4%p 가까이 많았다. 메이저리그도 26%를 넘지 않았으므로 4%p는 상당히 큰 차이다. 메이저리그는 이 차이만큼 더 '뻥야구적이었다'고 표현할 수 있을 것이다. 거꾸로 보면, 한국 프로야구는 뻥야구적이지 않은 플레이, 즉 인플레이 타구가 많다.

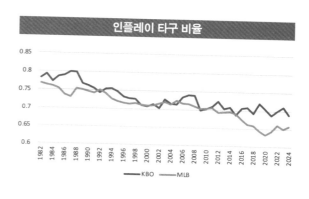

인플레이 타구 비율

한국 프로야구 초창기를 제외하면, 전체 타석에서 인플레이 타구가 차지하는 비중은 두 리그가 비슷했다. 그러던 것이 2016년부터 차이가 벌어지기 시작했다. 메이저리그에서 '홈런과 삼진의 시대'가 펼쳐지며, KBO 리그보다 인플레이 타구가 확연히 적어졌다. 2024년에는 두 리그의 인플레이 타구 비율이 4%p 이상 벌어졌다. 한 경기에서 두 팀 타자는 평균 80타석 정도를 소화한다. 80타석의 4%면 3타석 정도다. 즉 KBO 리그 팬은, 메이저리그 경기를 보러 간 팬보다 경기당 인플레이 타구를 3개 정도 더 보게 된다. 반대로 메이저리그 팬들은 '뻥야구 3타석'을 더 본다.

KBO 리그에선 MLB보다 인플레이 타구 숫자도 많고, 이 타구들이 안타가 될 확률도 높다.

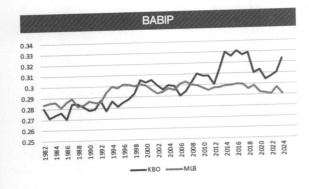

BABIP

2008년까지 엇비슷했던 두 리그 BABIP은 이후 큰 차이를 보이기 시작했다. 특히 2014-2018년 '2차 타고투저' 시대에는 무려 3푼 가까이 차이가 벌어졌다. 메이저리그에서는 이후 디펜스의 진화로 BABIP이 계속 하락했지만, KBO 리그에서는 지난해 다시 찾아온 타고투저 현상과 함께 BABIP이 치솟았다. 원인은 이 책의 뒷쪽에서 더 자세하게 다룰 3가지 이유 때문인 듯하다.

    1. 최근 20년 동안 리그 전체에 '콘택트형 우투좌타'가 급

증했다. 이런 타자들은 다른 유형에 비해 BABIP이 높다.

    2. 데이터 및 테크놀로지 활용을 통한 팀 수비력 진화에서 한국 야구가 뒤처지고 있다. 즉 KBO 리그 전체 수비 능력이 상대적으로 하락했다. 나쁜 수비는 인플레이 타구를 아웃으로 바꾸는 능력이 떨어지고, BABIP을 높인다.

    3. 미국과 달리 투수 기량 발전이 더디다. 그래서 상대적으로 젊은 타자들의 진화 속도가 더 빠르다. 예전보다 앞선 피지컬과 타격 기술로 강한 타구를 만들어낸다. 강한 타구는 안타가 될 확률이 높다.

그래서 KBO 리그에는 '뻥야구 요소'가 적고, 인플레이 타구와 안타는 많다. 메이저리그 사무국이 그토록 원하고 있는 야구는 지금 KBO 리그에서 벌어지고 있는 것이다.

메이저리그 사무국이 KBO 리그 야구장에서 부러워 할, 메이저리그보다 한국 야구에 많은 장면은 이것만이 아니다.

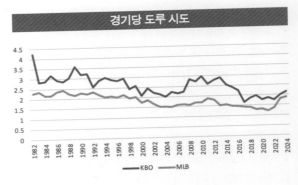

경기당 도루 시도

도루는 팬들이 성공 여부를 숨죽이며 지켜보는 장면 중 하나다. 성공과 실패 여부에 따라 양쪽 관객석의 환호와 탄식이 엇갈린다. 즉 팬들이 '재미있다'고 느끼는 플레이다. 하지

만 도루는 성공률이 꽤 높지 않으면 도리어 팀에 손해라는 게 밝혀진 지 오래다. 그래서 전 세계 야구에서 도루 시도가 줄고 있다. 이건 야구가 재미없어지는 흐름이다. 메이저 리그가 베이스 크기를 키우고, 피치클락을 도입하고, 견제 횟수를 줄여서까지 도루를 늘리고 싶어하는 건 당연하다. 메이저리그가 그토록 살리고 싶어 하는 도루가, KBO 리그에는 더 많다.

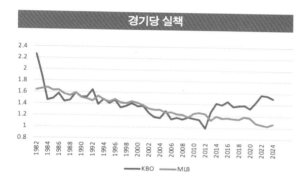

경기당 실책

팬들의 심장을 뛰게 하는 건 안타. 도루 같은 역동적인 플레이만이 아니다. 어이없는 실수도 심장 박동수와 혈압을 높인다. 대표적인 게 수비 실책이다. 팬들이 뒷목을 잡게 만들고, 승부를 요동치게 하는 실책도 KBO 리그가 많다. 특히 위 그래프에 보듯, 프로야구 출범 이후 줄곧 감소세였다가, 2013년부터 폭증 양상인 것이 뼈아프다. 늘어난 실책은 한국 야구를 '예능'이라고 공격하는 단골 소재가 된다.

이런 것들이 어우러져 독특한 장르의 야구가 탄생한다. 아기자기하고, 팬들이 눈을 뗄 수 없는 장면이 많고, 말도 안 되는 실수도 많아서 끝까지 안심할 수 없는 기쁨과 분노의 짬뽕탕. 미국과 일본 야구보다 기량 수준은 낮지만, 도저히 끊을 수 없는 '마약 야구'. '다이내믹 코리아'를 닮은 '우당탕탕 K-야구'가 그렇게 만들어진다.

© 한화 이글스

투수 구종으로 본 한미일 3개 리그의 특징

_최민규

야구는 투수가 공을 던져야 플레이가 일어나는 경기다. 처음에 '공'은 오직 한 종류, 곧 패스트볼이었다. 이후 커브를 시작으로 다양한 구종이 생겨났다. 투수는 타자를 잡기 위해 투구 레퍼토리를 짜고 피치 디자인을 한다. 타자는 공략 방법을 찾는다. 파훼법이 나오면 투수는 다시 전략을 수정해야 한다. 그래서 투수들이 어떤 구종을 선택하고 성공과 실패를 겪는지에서 야구의 다이너미즘이 작동한다. 한국 프로야구 투수들은 어떤 투구를 해왔고, 하고 있는지를 살펴봤다. 그리고 미국과 일본의 프로야구와는 어떻게 다른지를 살폈다. 한국의 스탯티즈를 비롯해 미국과 일본 야구 통계회사들의 데이터를 기반으로 했다.

포심패스트볼

포심패스트볼은 투구의 기본이다. 야구경기에서 가장 흔하게 볼 수 있는 공으로 전체 투구에서 차지하는 비중이 가장 높다. KBO 리그에선 지난해 42.3%가 포심이었다. 모든 구종을 통틀어 1위였다. 2023년보다 0.8%p 높았다.

KBO 리그 2024년 구종별 구사율(%)

연도	포심	투심	커터	커브	슬라	첸접	포크
2024	42.3	5.9	3.7	8.8	22.1	9.7	7.4

KBO 리그에서 포심을 가장 사랑하는 투수는 김택연이다. 구사율 75.1%로 최고(규정이닝 30% 이상 기준)였다. KT 구원투수 박영현과 손동현. SSG 구원투수 조병현이 그 다음이었다. 모두 힘 있는 포심을 자랑하는 타입이다. 5위인 이종민은 이들과는 달리 공이 느린 왼손이다. 김윤하 최지민 이로운까지 포심 구사율이 60%를 넘은 선수는 모두 8명. 가장 포심을 잘 던진 투수는 누구였을까. '잘 던진'은 구속이나 무브먼트 등 투구의 물리적인 특징보다는 투구의 결과를 기준으로 한다. 구종가치(Pitch Value)는 투구 뒤 일어

난 기대득점 변화를 합산한 값이다. 구종가치가 높은 공이 최고의 공이라고 할 수는 없다. 투구는 복잡하고 상호의존적이다. 위력적인 슬라이더를 던지는 투수라면 타자는 이에 대비하느라 다른 구종에 대응력이 떨어질 것이다. 하지만 구종가치는 해당 공을 던졌을 때 '결과가 좋았다'는 평가를 할 수 있는 도구는 된다.

삼성 코너 시볼드가 포심 구종가치 23.4로 지난해 KBO 리그 1위였다. 평균구속은 시속 145.7km로 최고 수준은 아니었다. 하지만 '결과'가 좋았다. 강속구 투수 드류 앤더슨이 2위, 강속구와 거리가 먼 류현진이 3위였다. 4위 애런 윌커슨도 파워피처 타입은 아니다. 엄상백의 지난 시즌 포심 평균 구속은 시속 142.9km로 2017년 이후 가장 낮았다. 그럼에도 구종가치는 36.3으로 다섯 번째로 좋았다.

KBO 리그 2024년 포심 구사율(%) Top10

투수	구사율
김택연	75.1
박영현	68.7
손동현	64.0
조병현	62.9
이종민	62.2
김윤하	61.7
최지민	61.2
이로운	61.0
한재승	57.9
정해영	57.7

KBO 리그 2024년 포심 구종가치 Top10

투수	구종가치
코너	23.4
앤더슨	22.8
류현진	22.5
윌커슨	21.3
엄상백	20.7
하트	19.4
원태인	18.8
김택연	18.5
조병현	15.1
헤이수스	12.9

투수마다 레퍼토리가 다르다. 포심을 40% 비중으로 던지는 투수와 5% 비중으로 던지는 투수의 구종가치를 평면적으로 비교할 수는 없다. 이런 경우는 구종가치를 100구당으로 계산하는 게 낫다. 포심 100구당 구종가치가 가장 높았던 투수도 김택연이었다. 가장 많이 포심을 던지면서도 구종가치가 가장 높았다. 이어 조병현, 앤더슨, 한재승, 조던

발라조빅 순이었다. 한재승은 지난해 NC 3년차로 좋은 활약을 했다. 좋은 포심을 던지는 투수다. 2023년 시즌 뒤 호주프로야구(ABL)에서 뛰며 슬라이더와 포크볼을 가다듬었다. '빠른 공만으론 어렵다'는 자각을 했다고 한다.

강속구는 야구 팬을 즐겁게 한다. 전광판에 찍히는 '150', '160'이라는 숫자의 이미지는 강렬하다. 지난해 가장 빠른 공을 던진 투수는 삼성 김윤수였다. 지난해 7월 상무에서 제대해 삼성에 복귀했다. 포심 평균 구속은 시속 151.1km로 전체 투수 중 1위였다. 하지만 제구력은 여전히 숙제였다. 그래서 1군에서 딱 5⅓이닝만 던졌다. 2025년 '김무신'으로 개명해 반전을 꾀했지만 불의의 팔꿈치 부상으로 토미존 수술을 받게 됐다. 앤더슨(151.0), 김서현(150.2), 문동주(150.2)가 평균 시속 150km를 넘긴 4인조다. 1군에서 1구라도 던진 투수 중 시속 147km 이상은 28명, 시속 145km 이상은 78명이었다.

포심은 투구의 기본이지만 비중은 계속 떨어지고 있다. KBO 리그에선 2013년 51.3%에서 지난해 42.3%까지 줄었다. KBO 리그보다 훨씬 공이 빠른 메이저리그는 어땠을까. 스탯캐스트 시스템이 도입된 2008년 포심 비중은 35.2%였다. 2024년엔 31.8%로 감소했다. 일본프로야구(NPB)도 마찬가지다. 2014년 46.9%에서 지난해 43.8%로 떨어졌다. 이 기간 NPB가 급격한 구속 상승이 일어났음에도 비중은 감소했다. 타자들도 더 빨라진 공에 적응했다는 게 첫 번째 이유다. MLB에서는 2015년부터 9년 연속 포심 100구당 구종가치가 마이너스였다. 던지는 투수 자체가 극히 드문 포크볼이나 이퓨스, 너클볼을 제외한 일반적인 구종 가운데 가장 결과가 나빴다.

그렇다면 더 빠른 공을 던지려는 투수들의 시도는 헛수고였을까. 그렇지는 않다. 패스트볼이 빨라지면 변화구나 체인지업 효과가 더 늘어날 수 있다. 그리고 타자들이 빠른공에 익숙해질수록 구속이 느린 패스트볼은 경쟁력이 떨어진

KBO MLB NPB 연도별 포심 구사율			
연도	KBO	MLB	NPB
2014	49.3%	34.5%	46.9%
2015	51.2%	35.7%	46.9%
2016	49.9%	36.2%	45.2%
2017	46.9%	34.7%	46.5%
2018	44.7%	35.3%	45.2%
2019	41.1%	36.2%	45.1%
2020	42.9%	34.8%	43.7%
2021	43.3%	35.6%	44.0%
2022	42.0%	33.4%	44.7%
2023	41.5%	32.3%	44.2%
2024	42.3%	31.8%	43.8%

다. 패스트볼의 퍼포먼스를 결정짓는 가장 중요한 요소는 여전히 '구속'이다. 그래서 투수들은 더 빠른 공을 던지기 위해 노력할 수밖에 없다.

NPB는 양상이 다소 다르다. 2014년부터 2020년까지 7시즌 동안 6번 포심 구종가치가 마이너스였다. 하지만 2021년부터 4연 연속 플러스를 찍고 있다. 이 기간 전체 구종 중 두 번째로 효과가 좋은 공이었다. 점점 빨라지는 투구에 타자들이 어느 정도 따라가다가 드디어 손을 놔버린 듯한 모양새다. 2018년 양대리그 평균자책점은 4.00이었다. 이듬해부터 6년 연속 하락했다. 2022년에는 3.27로 떨어졌고 이듬해엔 3.170이다. 지난해엔 2.96으로 드디어 2점대에 진입했다.

투심패스트볼

KBO MLB NPB 연도별 투심(싱커 포함) 구사율(%)

연도	KBO	MLB	NPB
2014	6.3	22.5	7.0
2015	3.2	21.4	7.9
2016	4.6	20.4	7.9
2017	6.1	21.0	8.3
2018	7.1	19.5	7.0
2019	11.8	16.1	7.6
2020	10.2	15.6	8.9
2021	9.3	15.3	7.9
2022	8.9	15.4	7.2
2023	6.7	15.4	7.1
2024	5.9	16.0	7.4
2014-2024	7.3	18.1	7.7

2019/2024년 투심 구사율(%) Top10 비교

순위	2019		2024	
	투수	구사율	투수	구사율
1	고영창	76.8	곽도규	61.6
2	이형범	72.7	김성민	59.0
3	최원태	51.8	최지강	47.8
4	톰슨	49.6	김민	45.7
5	안영명	48.9	네일	41.5
6	송은범	43.0	임정호	31.5
7	윌슨	42.8	주권	28.0
8	브리검	40.7	주승우	25.0
9	류제국	39.6	카스타노	23.3
10	전유수	38.9	알드레드	22.3

같은 패스트볼이지만 포심은 구속, 투심은 변화가 강조된다. 한국 프로야구에서 투심은 1990년 삼성의 미국인 코치 마틴 고든 디메리트가 본격적으로 소개한 것으로 알려져 있다. 싱커라고도 한다. 투심은 공을 잡는 그립, 싱커는 떨

어지는 움직임을 강조한 표현이다. 통계업체들은 투심은 좌우 변화, 싱커는 상하 변화를 특징으로 구분하기도 한다.

KBO 리그는 투심 구사율이 낮은 게 특징이다. 투심 도입기에는 이 공을 '변화구'로 인식한 투수도 많았다. 투심과 싱커 합산 구사율은 2013년 5.4%에 불과했다. 2015년에는 3.2%로 낮아졌다. 스탯티즈는 트래킹시스템이 아닌 기록원의 목측으로 구종을 판별한다. 하지만 기계도 비슷했다. 트래킹시스템인 트랙맨은 2015년 리그 '투심+싱커' 구사율을 7.2%로 판정했다. 여전히 포심에 비해서는 낮은 수치다. 이 해 트랙맨은 전체 투구의 20% 정도만 측정해 전수조사와는 거리가 있다.

일본도 마찬가지다. 2014-2024년 투심 평균 구사율은 7.7%로 이 기간 KBO 리그(7.3%)와 비슷하다. KBO 리그는 2019-2020년 투심 구사율이 10%를 넘었다. 싱커를 자주 던지는 사이드암 투수가 NPB보다 많은 게 이유 중 하나다. 제이크 톰슨, 타일러 윌슨, 제이크 브리검 등 투심이 주무기인 외국인투수가 있었고, 고영창과 이형범은 이 시기 투심 구사율 70% 이상 시즌을 보냈다. 하지만 붐은 오래 가지 않았다. 지난해에는 NPB가 이 부문에서 다소 앞섰다.

투심은 '미국 야구'와 '동아시아 야구'를 구분짓는 지표기도 하다. 2014-2024년 메이저리그의 평균 투심 구사율은 18.1%로 한국과 일본 프로야구리그의 두 배가 훌쩍 넘었다. 미국 야구는 탄생과 함께 프로화의 길을 걸었다. 반면 동아시아 야구는 '학생 야구'가 뿌리다. 엄격한 교사들은 '똑바로 나아가지 않는' 직구를 금기시했다. 장년의 야구인들은 어린 시절 "직구에 '슈트 회전(역회전)이 들어가선 안 된다"고 배웠다. 지금이라면 '수평무브먼트가 좋은 공'이라는 찬사를 받았을 것이다. 미국에서도 1950년대에 투심을 오버핸드 투수에게 가르치지 않은 팀들이 있었다. 사이드암 투수를 위한 공으로 여겼다. 하지만 1970년대에는 싱커를 주무기로 하는 오버핸드 투수가 늘어났다. 1970년대 투구를 '

하드 싱커와 슬라이더의 시대'로 표현한 이도 있다. 1969년 스트라이크존 상하가 단축되는 변화가 있었다. 하지만 좌우에는 큰 변화가 없었다. 규칙보다 더 넓었다. 따라서 투수들은 바깥쪽 코스를 노려야 했다. 이 코스를 공략하는 데는 슬라이더가 제격이었다. 싱커는 슬라이더와 변화 방향이 반대인 공이라 궁합이 좋았다.

메이저리그에서 싱커의 전성기는 1990년대 후반에 다시 찾아왔다. 스테로이드 주사를 맞은 타자들이 타구를 연신 담장 밖으로 보냈다. 투수들은 홈런 가능성을 줄여야 했다. 땅볼은 홈런이 될 수 없다. 그래서 땅볼 비율을 높이는 싱커에 주목했다. LA 다저스 시절 박찬호의 동료였던 케빈 브라운은 시속 95마일이 넘는 싱커가 트레이드마크였다.

싱커는 세기가 달라져도 사랑받았다. 스탯캐스트 집계에 따르면 2008년 싱커 비준은 24.6%로 포심(35.2%)을 위협하는 수준이었다. 하지만 2017년 이후 점진적으로 감소해 2018년에는 20% 선이 무너졌다. 여러 이유가 있지만 싱커에 당해왔던 타자들이 낮은 공을 노리는 쪽으로 변한 게 가장 큰 이유다. 발사각도가 높은 타구가 장타에 유리하다는 이론에 따라 어퍼스윙을 택한 타자가 늘어났다. 떨어지는 싱커는 어퍼스윙에 걸리면 위험한 공이다. 대신 투수들은 헛스윙을 노리기 위해 높은 포심과 떨어지는 변화구를 던지는 방향으로 전략을 수정했다. 최근 다섯 시즌 동안 메이저리그 싱커 구사율은 15.6%로 떨어졌다. 포심 구사율 하락과 궤를 같이 하고 있다.

물론 KBO 리그보다는 싱커를 던지는 투수가 훨씬 많다. 지난해 KBO 리그에서 규정이닝 30% 이상을 던지고 싱커 구사율이 30%를 넘긴 투수는 겨우 여섯 명이었다. 5년 전에는 18명이었던 점과 비교된다. KIA 곽도규가 61.6%, 키움 왼손 김성민이 59.0%로 가장 높았다. 외국인 가운데는 스위퍼가 주무기인 제임스 네일이 41.5%로 유일하게 30%를 넘겼다. 5년 전에 각 구단들이 경쟁적으로 싱커 투수를 외국인선수 슬롯에 넣었던 점과 비교된다. 지난해 프리미어12

대회를 앞두고 일본 대표팀은 "KBO 리그에선 투심을 잘 던지는 투수가 드물어졌다"는 결론을 내렸다. 그래서 이 구종에 강점이 있는 투수들을 한국전에 준비시켰다.

©KIA 타이거즈

컷패스트볼

2013-2024년 커터 구사율(%) Top 10

순위	투수	연도	구사율
1	금민철	2014	78.1
2	금민철	2017	77.3
3	금민철	2019	74.2
4	금민철	2018	66.7
5	손승락	2017	57.0
6	타투스코	2014	52.4
7	손승락	2018	47.4
8	이상화	2017	46.1
9	파노니	2023	45.3
10	후랭코프	2019	37.9

KBO MLB NPB 연도별 커터 구사율

연도	KBO	MLB	NPB
2014	2.7%	6.2%	2.4%
2015	1.9%	5.7%	3.7%
2016	1.5%	5.3%	4.9%
2017	2.9%	5.5%	4.4%
2018	3.0%	5.8%	5.6%
2019	2.3%	6.6%	6.5%
2020	1.3%	6.9%	8.0%
2021	0.6%	7.0%	7.8%
2022	0.3%	7.3%	8.4%
2023	1.7%	7.8%	8.1%
2024	3.7%	8.0%	9.0%
2014-2024	2.0%	6.6%	6.3%

커터는 2000년대 메이저리그에서 본격적으로 유명해진 공이다. 그립은 다양하다. 공을 끝까지 밀고 나오면서 손목, 또는 중지를 쓰는 게 포인트다. 직진과는 다른 방향으로 압력이 걸리기 때문에 홈 플레이트 앞에서 슬라이더처럼 변한다. 꺾이는 각도는 슬라이더보다 작지만 속도는 더 빠르다.

1920년대 뉴욕 자이언츠 투수 로이 파밀리가 커터 같은 구종을 던졌다는 언론 기사가 있다. 하지만 커터의 대명사는 유일하게 만장일치로 명예의 전당에 헌액된 뉴욕 양키스 전설적인 클로저 마리아노 리베라다.

변형 패스트볼로 볼 수 있는 커터는 싱커와 마찬가지로 한국 야구에선 인기가 없는 공이다. 커터를 주무기로 삼은 투수도 많지 않았다. 2014년 이후 시즌 커터 구사율 30%를 넘긴 투수는 네 명뿐이다. 구사율로는 금민철이 단연 앞선다. 2014년엔 커터를 78.1% 비율로 던졌다. 이 부문 1~4위 기록을 모두 금민철이 갖고 있다. 금민철은 패스트볼이라고 생각하고 던지는 공이 커터처럼 변하는 특이한 케이스였다. 커터를 가장 잘 던졌던 국내 투수는 통산 271세이브를 쌓은 손승락이었다. 싱커와 마찬가지로 커터는 주로 외국인투수들의 몫이었다. 세스 후랭코프, 조시 린드블럼, 크리스 옥스프링이 뛰어난 커터를 던졌다. 현역 투수 가운데는 신민혁이 커터 의존도가 가장 높은 투수다. 신민혁은 2023년 포스트시즌에 정규시즌 잘 던지지 않던 커터를 앞세워 16⅓이닝 2실점으로 호투했다. 지난해는 커터 비중을 30.3%로 끌어올렸다. 그외 엄상백과 윤영철이 커터 구사율 20% 이상이었다. 커터 구사율 상위 10명 가운데 5명은 브랜든 와델 등 외국인 투수였다.

메이저리그는 커터 구사율이 점점 높아지는 추세다. NPB의 변화도 주목할 만하다. 2014년 커터 구사율은 2.4%로 메이저리그(6.2%)는 물론, KBO 리그(2.7%)에도 밀렸다. 하지만 지난해엔 9.0%로 메이저리그(8.0%)를 앞섰다. 구속향상뿐 아니라 구종 다양화도 이뤄지고 있다는 것이다. 히로시마 막강 선발트리오 오세라 다이치. 모리시타 마사토, 도코다 히로키가 모두 커터 구사율 20%를 넘겼다. 2023년 혜성처럼 등장한 한신 에이스 무라카미 쇼키와 2025년 메이저리그에 진출한 요미우리 에이스 스가노 도모유키도 커터를 자주 던진다.

슬라이더

지난해 한국을 찾은 타이거 피더슨 시애틀 타격 코디네이터는 "패스트볼이 점점 빨라지고 있지만 가장 중요한 공은 따로 있다"고 말했다. 그가 말한 공은 슬라이더다. 패스트볼이 빨라질수록 슬라이더 공략이 더 어려워진다는 의미였다.

2013-2024년 KBO 리그 구종별 구종가치/100

연도	포심	투심	커터	커브	슬라	첸접	싱커	포크
2013	0.5	0.3	0.6	0.1	0.6	0.2	0.0	0.2
2014	0.7	0.1	0.6	0.1	0.4	0.3	0.0	0.2
2015	0.8	0.2	0.1	0.1	0.5	0.1	0.1	0.2
2016	0.7	0.1	0.3	0.0	0.5	0.1	0.1	0.2
2017	0.3	0.1	0.4	0.1	0.4	0.2	0.0	0.2
2018	0.5	0.1	0.7	0.1	0.4	0.4	-0.1	0.1
2019	0.6	0.3	0.5	0.1	0.4	0.1	0.1	0.2
2020	0.5	0.4	0.8	0.1	0.5	0.3	0.2	0.1
2021	0.8	0.4	0.3	0.1	0.4	0.2	0.0	0.2
2022	0.7	0.0	0.4	0.1	0.4	0.2	0.1	0.1
2023	0.7	0.2	0.6	0.2	0.6	0.2	0.1	0.2
2024	0.6	-0.1	0.6	0.6	1.3	0.7	0.0	0.8
2014-2024	7.4	2.1	5.9	1.7	6.4	3.0	0.6	2.7

휘어지는 스위퍼다. 지난해 한국시리즈에서 우타자 몸쪽으로 던진 백도어 스위퍼는 경탄을 자아냈다. 볼·스트라이크 자동판정시스템(ABS) 첫 해인 지난해엔 존 가운데로 몰리는 패스트볼이 많았다. 이런 공을 노리는 타자에게 스위퍼는 더 큰 효과를 낼 수 있다. 슬라이더 구종가치 3위 데니 레예스와 4위 윌리엄 쿠에바스, 6위 카일 하트도 스위퍼를 잘 던졌다. 하트는 한국 입국 뒤 이용훈 코치에게 스위퍼를 배웠다.

2024년 KBO 리그 슬라이더 구종가치 Top10

순위	투수	구종가치
1	네일	38.6
2	반즈	31.6
3	레예스	26.1
4	쿠에바스	24.1
5	벤자민	22.4
6	하트	21.7
7	김민수	17.9
8	김민	16.9
9	코너	16.4
10	김광현	14.9

그의 말은 KBO 리그에서도 어느 정도 사실이다. 2013년 이후 100구당 구종가치가 높은 공은 포심, 그 다음이 슬라이더였다. KBO 리그도 더디지만 패스트볼 구속이 향상 추세다. 공이 빨라지면서 포심 위력도 좋아졌다. 그런데 지난해엔 슬라이더가 100구당 구종가치 1.3으로 포심(0.6)의 두 배 이상이었다.

미국산 수입품인 스위퍼가 국내에서 주로 슬라이더로 분류된 게 중요한 이유인 듯하다. 지난해 모든 구종을 통틀어 최고의 공은 제임스 네일의 슬라이더였다. 구종가치가 38.6으로 전체 1위였다. 네일의 슬라이더 상당수는 옆으로 크게

메이저리그는 슬라이더의 시대가 된 지 오래됐다. 최초의 트래킹시스템인 피치f/x가 2000년대 중반 도입된 이후 각 구종에 대한 정확한 평가가 가능해졌다. 2002년 이후 슬라이더는 구종가치와 100구당 구종가치 1위를 단 한 시즌도 놓친 적이 없다. 효과가 좋으니 자연히 던지는 빈도도 높아졌다. 2002년 12.1%였던 슬라이더 구사율은 2006년 15%선을 돌파했다. 16%선을 넘는 데는 11년이 걸렸다. 하지만 18%선 추월에는 2년이 걸렸고, 그 2년 뒤엔 20%선을 넘었다. 2019년부터는 투심을 제치고 포심 다음으로 자주 볼 수 있는 공이 됐다.

NPB도 2014-2024년 기간에 가장 구종가치가 높은 공이 슬라이더였다. 이 점은 메이저리그와 동일하다. 하지만 구사율은 2014년 22.0%에서 지난해 15.1%로 크게 줄었다. 그 자리를 커터가 대신했다. 메이저리그 투수들이 느리고 각이 큰 스위퍼를 경쟁적으로 레퍼토리에 추가한다면, NPB에선 슬라이더보다 더 빠른 커터가 애정을 받는다.

커브

커브는 야구에서 가장 오래된 변화구다. 1954년 브루클린 다저스는 한국에 《다저스 전법》으로 알려진 야구 교본을 펴냈다. 이 책에는 "기량이 좋은 투수라면 공 네 개만 던지면 된다"는 문장이 있다. 패스트볼, 구속에 변화를 준 패스트볼, 빠른 커브, 구속에 변화를 준 커브다. 사실상 패스트볼과 커브 두 개 구종이다.

1960년대 메이저리그는 지독한 투고타저 시기였다. 1963년 스트라이크존 확대가 주범이었다. 이 시기를 대표하는 우완 투수인 밥 깁슨의 주무기는 슬라이더였다. 하지만 많은 대투수들은 고전적인 강속구와 커브를 주무기로 삼았다. 존 확대가 상하 방향으로 이뤄져 강속구와 떨어지는 커브가 유리했다. 커브는 여전히 투수가 갖춰야 할 '포 피치' 중에 꼽힌다. 하지만 비중은 점점 줄어들었다. 슬라이더, 스플리터, 서클체인지업 등 경쟁자가 잇따라 세력을 확대했다. 21세기 메이저리그에서 커브는 포심 슬라이더 싱커 체인지업에 이은 다섯 번째 구종 지위다.

1960년대까지 한국 야구에서 투수들은 대개 빠른공과 커

© KIA 타이거즈

2024년 KBO 리그 커브 구종가치 Top10		
순위	투수	구종가치
1	곽빈	23.2
2	김광현	21.0
3	와이스	14.0
4	박세웅	12.3
5	앤더슨	11.4
6	엘리아스	11.1
7	오원석	9.4
8	최원태	8.6
9	벤자민	7.8
10	켈리	7.7

브 두 개 구종만 던졌다. 커브의 위상이 점점 떨어지고 있다는 점은 메이저리그와 같다. 2013년 KBO 리그에서 커브 구사율은 포심과 슬라이더 다음인 9.4%였다. 지난해엔 8.8%로 포심 슬라이더 체인지업에 이어 4위였다. 스플리터(7.4%)에 제 4구종 자리도 위협받고 있다. 이유는 단순하다. 효과가 떨어지기 때문이다. 2013-2024년 100구당 구종가치는 너클볼을 제외하곤 가장 낮았다. 지난해 커브를 가장 자주 던진 투수는 KT 우규민이었다. 구사율 29.6%로 30%에 미치지 못했다.

하지만 국가대표 우완 곽빈의 커브는 매우 효과적이다. 2018년 1군 데뷔 이후 곽빈의 통산 커브 피안타율은 0.139에 불과하다. 강속구와 커브 조합은 두산 선배 박명환을 연상시킨다. 지난해 곽빈의 커브 구종가치는 23.2로 리그 1위였다. 2위는 SSG 베테랑 김광현. 안산공고 시절부터 커브를 잘 던졌다. 프로 입단 이후로는 리그 최고 수준의 슬라이더를 주무기로 메이저리그까지 진출했지만, 나이가 들며 커브가 더 좋은 효과를 내고 있다.
NPB에서도 커브의 인기는 떨어진 상태다. 지난해 구사율 6.2%로 포심 슬라이더 스플리터 커터 투심+싱커 체인지업에 이어 7위에 그쳤다. 70이닝 이상 던진 투수 가운데 커브 구사율이 20%를 넘은 선수는 단 한 명. 2014-2024년 100구당 구종가치 평균치는 전체 구종 중 가장 낮았다.

스플리터

스플리터는 슬라이더의 동생 뻘이다. 1970년대 슬라이더에 이어 1980년대 스플리터, 1990년대 서클체인지업, 2000년대 컷패스트볼이 차례로 유행한 게 대략적인 메이저리그의 투구 레퍼토리 변화다.

포크볼은 스플리터의 아버지뻘이다. 1912년 메이저리그에 데뷔해 통산 196승을 따낸 조 부시가 1920년대 포크볼을 완성했다고 알려져 있다. 야구의 기원에 대한 주제가 대개 그렇듯 이견도 있다. 부시는 손가락이 긴 투수였다. 검지와 중지로 공을 벌려잡는 포크볼을 잘 던지기에 적합했다. 1980년대 유행한 스플리터는 포크볼보다는 '벌리는(split)' 각도가 작다. 하지만 포크볼을 따로 구분하지 않고 스플리터로 통칭하는 경우가 많다.

미국에선 1980년대 디트로이트 투수 코치 로저 크레이그가 스플리터를 유행시켰다. 그에게서 스플리터를 배운 마이크 스캇은 1986년 사이영상을 탔다. 소속팀 휴스턴은 그해 내셔널리그챔피언결정전(NLCS)에서 정규시즌 108승 팀 뉴욕 메츠를 만났다. 휴스턴보다 12승을 더 따낸 최강 팀이었다. 이 시리즈를 앞두고 명장 데이비 존슨이 메츠 선수들에게 말한 전략은 "스캇이 나오지 않는 경기만 잡는다"였다.

KBO 리그에서 스플리터의 원조는 1986년 해태에서 데뷔한 차동철이었다. 당시 언론은 그의 스플리터에 'V직구'라는 이름을 붙여줬다. 1991년 한일슈퍼게임 때 한국 대표팀은 일본 투수 구와타 마스미의 스플리터에 충격을 받았다. 하지만 21세기 들어 스플리터는 KBO 리그에서 대중적인 구종이 됐다. 2013년엔 리그 체인지업과 스플리터 구사율이 거의 비슷했다. 서클체인지업의 확산이 스플리터보다 다소 늦긴 했다. 스플리터의 용도는 크게 두 개다. 떨어지는 공이라는 특성을 살려 헛스윙 삼진을 노리는 무기다. 다른 하나는 오른손 투수가 오른손 타자의 바깥쪽을 노릴 때다. 미국

야구에선 이 경우 체인지업이 주종이지만 한국에는 스플리터를 대용으로 삼은 투수가 많다.

2013-2024년 KBO 리그 연도별 스플리터와 체인지업 구사율(%)

연도	체인지업	스플리터
2013	6.3	6.0
2014	7.6	5.6
2015	6.6	4.2
2016	7.3	6.5
2017	8.6	8.2
2018	9.7	6.9
2019	9.1	6.3
2020	10.6	5.7
2021	10.9	5.7
2022	10.0	6.3
2023	10.9	7.0
2024	9.7	7.4

2013-2024년 KBO 리그 스플리터 구사율(%) Top10 구단

순위	구단	연도	구사율
1	한화	2017	15.2
2	롯데	2023	13.4
3	롯데	2017	12.4
4	롯데	2018	11.8
5	롯데	2022	11.6
6	롯데	2024	11.5
7	롯데	2016	10.7
8	롯데	2020	10.7
9	롯데	2019	10.4
10	롯데	2013	10.2

2017년 한화 투수들은 스플리터를 15.2% 비율로 던졌다. 2014-2024년 기간 전체 1위였다. 하지만 스플리터를 가장 사랑하는 팀은 롯데다. 이 기간 스플리터 구사율 2-10위를 모두 롯데가 기록했다. 구원투수 구승민은 지난해 전체 투구의 50.6%를 스플리터로 던졌다. 구승민보다 더 높은 비율로 스플리터를 던진 투수도 있다. LG 김진성이 53.3%를 기록했다. 2013년 이후 역대 1위가 김진성, 2위가 구승민이기도 하다. 구종가치 기준으로 가장 스플리터를 잘 던졌던 투수는 키움 하영민(19.6)이었다. 그 다음이 김원중(16.7), 노경은(16.7), 김진성(15.2) 순이다. 스플리터는 국내 선수들의 주무기이기도 하다. 지난해 외국인선수 가운데는 라울 알칸타라의 19위가 구사율에서 가장 높은 순위였다. 알칸타라는 미국 시절 스플리터를 던지지 않았다. 2020년 두산으로 이적해 스플리터를 장착했다.

스플리터는 원조인 미국에서 인기가 없는 공이다. 1980년대 선풍을 일으켰지만 투수 팔꿈치를 망가뜨린다는 말이 오랫동안 정설로 통했다. 최근엔 다소 달라지고 있다. 2018년 스플리터 구사율은 1.5%에 불과했지만 지난해엔 3.0%로 증가했다. 〈뉴욕타임스〉는 지난해 3월 '스플리터의 해?'라는 제목의 기사를 실었다. 오프시즌에 전완근을 충분히 단련하고, 그립을 체인지업처럼 바꾸는 등 부상을 막기 위한 방법이 시도되고 있다. 물론 여전히 스플리터를 위험한 공이라고 생각하는 이들이 많다. 그럼에도 스플리터가 부활하고 있는 이유는 단순하다. 너무 효과적이기 때문이다. 스탯캐스트 시대 이후 최고의 공은 슬라이더다. 하지만 2018년 이후로 한정하면 스플리터가 슬라이더보다 더 뛰어난 공이었다. 이 기간 슬라이더 100구당 구종가치가 0.38로 2위, 스플리터는 0.49로 1위였다.

스플리터는 일본 야구의 상징이기도 하다. 스기시타 시게루가 NPB에 포크볼을 소개한 뒤 많은 일본 투수가 이 공을 주무기로 삼았다. 인기는 꺾이지 않는다. 2014년 NPB 스플리터 구사율은 8.0%였지만 지난해엔 11.9%까지 올라갔다. 패스트볼이 빨라지면 포크볼과의 콤비네이션도 더 좋아지기 마련이다. 야마모토 요시노부는 다저스에서 메이저리그에 데뷔한 지난해 스플리터를 24.2% 비율로 던졌다. NPB 시절엔 30%를 넘은 적도 있다. 2025년 다저스에 입단한 사사키 로키는 스플리터가 주무기다. 탈삼진 능력이 중요한 구원투수들은 포크볼 비중이 더 높다. 2023년엔 30+이닝 기준으로 여섯 명이 40% 이상 비율로 포크볼을 구사했다.

체인지업

체인지업으로 통칭할 수 있는 구종은 많다. 하지만 서클체인지업이 주종을 이룬다. 지난해 KBO 리그의 체인지업 구사율은 9.7%였다. 메이저리그(10.2%)와 큰 차이가 없었다. 하지만 오른손 투수와 왼손 투수를 구분하면 차이가 보인다.

KBO 리그와 MLB 2024년 좌/우 투수 투구 레퍼토리 차이

투수	포심	투심	커터	슬라이더	커브	스플리터	체인지업
KBO							
우투	42.8	5.6	3.1	21.2	8.9	9.3	9.0
좌투	41.0	6.7	4.9	24.3	8.7	2.8	11.4
차이(%p)	1.8	-1.1	-1.8	-3.1	0.2	6.5	-2.4
MLB							
우투	31.3	15.6	8.6	23.1	6.7	3.7	8.9
좌투	33.3	17.1	6.4	19.1	7.6	1.1	13.7
차이(%p)	-2.0	-1.5	2.2	4.0	-0.9	2.6	-4.8

지난해 메이저리그에서 좌/우 투수 간 구사율 차이가 가장 컸던 공은 체인지업이었다. 왼손이 오른손보다 구사율이 4.8%p 높았다. 모든 구종을 통틀어 가장 큰 차이였다. 당연한 결과기도 하다. 야구에는 왼손잡이가 일반 사회보다 많다. 그럼에도 여전히 우타자가 더 많다. 왼손 투수의 체인지업은 오른손 타자를 상대할 때 효과적인 무기다. 우완투수도 좌타자를 상대할 때 체인지업이 필요하다. 하지만 왼손

타자가 우타자보다 적기 때문에 체인지업 구사율은 자연히 떨어진다.

KBO 리그도 왼손 투수가 오른손보다 더 높은 비율로 체인지업을 던진다. 하지만 차이는 2.4%p로 메이저리그의 절반 수준이다. 이유가 있다. KBO 리그에 왼손 타자가 더 많기 때문이다. 지난해 메이저리그의 좌타자 비율(스위치타자 제외)은 39.2%로 KBO 리그(44.3%)보다 훨씬 작았다. 우투수가 스플리터를 9.3% 비율로 던지는 것도 KBO 리그의 높은 좌타자 비율 때문이다. 왼손 투수는 스플리터를 거의 던지지 않는다. 체인지업이 효과가 좋기 때문이다. 스플리터 구종가치는 체인지업의 1/30이 되지 않았다. 반대로 오른손 투수에게는 스플리터가 체인지업보다 더 효과적인 공이었다. 하지만 지난해 체인지업을 가장 잘 던진 투수는 우완 아리엘 후라도였다. 다음이 왼손 양현종과 카일 하트, 그 다음 순위는 오른손 임찬규와 애런 윌커슨이었다.

오른손 투수에게는 스플리터가 체인지업의 대용이다. 그런데 스플리터와 체인지업을 합산한 구사율은 18.3%로 왼손(14.2%)보다 4.1%p 높다. 메이저리그에선 차이가 2.2%p에 그친다. 이 차이에도 한국 프로야구의 특징이 개입한다. KBO 리그는 한·미·일 프로야구를 통틀어 사이드암 투수가 가장 많다. 일본에 비해서도 그렇다. 2021년의 경우 사이드암이 리그 전체 이닝의 11.1%를 차지했다. 같은 동아시아 리그인 NPB는 4.2%에 불과했다. 메이저리그에는 최근 사이드암이 늘어나는 추세지만 NPB보다도 수적으로 적다. 2010년대 중반부터 체인지업을 던지는 사이드암이 늘어났다. 지난해 체인지업 구사율 상위 5명 가운데 1위 이재학(48.6%), 4위 임기영(36.8%), 5위 고영표(35.5%), 6위 엄상백(35.2%)이 모두 사이드암이다.

'베이징 주역'
vs
'베이징 키드'
누가누가 잘 하나

_이성훈

한국 야구사에서 2006년-2009년은 가장 찬란했던 '영광의 시기'로 기억된다. 두 차례 월드베이스볼클래식(WBC)과 베이징 올림픽에서 예상을 뛰어넘는 선전을 펼쳐 온 국민을 열광시켰다. 2천년대 초반 4천 명대로 떨어졌던 프로야구 평균 관중은 뜨거운 야구 열기 속에 2008년 다시 1만 명을 넘어섰다.

이 시기 한국 야구의 주역은 1980년대 생이었다. 추신수, 이대호, 오승환, 김태균, 정근우 등을 배출해 한국 야구 사상 최고의 황금세대로 불리는 1982년생이 대표적이다. 류현진과 강정호, 최정, 차우찬, 황재균, 한기주를 낳은 1987년생, 김현수와 양현종, 김광현과 손아섭이 배출된 1988년생의 면면도 화려하다. 1982년생부터 1988년생 사이에는 무려 10명의 메이저리거가 배출됐다. 이들이 모두 힘을 합쳐 만든 '영광의 시기'가 2006년-2009년이다.

이들은 국제무대뿐만 아니라 KBO 리그에도 뚜렷한 발자취를 남겼다. KBO 리그는 초창기에 20대 초중반 선수들에 대한 의존도가 매우 높았다. 돌이켜보면 당연하다. 부상 치료와 트레이닝이 '원시적'이었던 시절. 서른 살이 넘으면 야구를 하기 어려웠다. 프로야구 원년인 1982년 리그 전체에 30대 투수는 단 2명이었다. 나이 든 선수가 없기 때문에 젊은 선수들이 더 많이 뛰었던 것이다. 1982년 리그 전체 WAR에서 25세 이하 선수가 차지한 비중은 30.9%. 1994년에는 51.3%로 정점을 찍는다. LG의 '신인 3총사' 류지현과 김재현, 서용빈, 역대 최고의 좌타자 중 한 명 김기태, 그리고 역

사상 가장 위대한 타자들인 이종범과 양준혁이 모두 25세 이하였던 시절이다. 정민철, 이상훈 등 투수 레전드도 아직 20대 초반을 보낼 때다.

위 그래프에서 보듯, 1994년 이후로 25세 이하 선수 비중은 점차 줄어든다. 선수 트레이닝과 건강관리가 진화하면서 나이가 들어도 기량을 유지하는 베테랑이 많아졌다. 또 리그의 수준이 올라가면서 어린 선수들이 적응에 필요한 시간도 늘었다. 데뷔하자마자 잘 하는 선수들이 줄어들기 시작한 것이다.

그런데 10년 가까이 하락하던 25세 이하 선수 WAR 비중은 2005년을 기점으로 다시 올라간다. 그리고 2009년까지 작은 봉우리를 이룬다. 갑자기 웨이트트레이닝을 하는 선수가 줄어들거나, 선수 관리 방법이 퇴보해 베테랑들이 사라졌을 리는 없다. 그렇다면 이유는 따로 있다. 젊은 스타들이 대거 등장한 것이다. 바로 위에 소개한 '82-88년생' 선수의 동시 활약이 원인일 것이 확실하다.

한국 야구는 그 뒤 10년 가까이 '젊은 재능 부족'에 시달렸다. 위 그래프에 나오는 것처럼, 25세 이하 선수들의 활약이 급격하게 감소했다. 이유는 명확히 밝혀지지 않았다. 한 가지 가설은 '월드컵 세대론'이다. 2002년 한·일 월드컵을 어린 시절에 즐긴 스포츠 영재들이 야구 대신 축구를 선택하는 경우가 많았다는 것. 이 세대에서 기성용, 이청용, 구자철, 손흥민 등 축구 국가대표팀 주축 세대가 탄생한 반면, 야구 쪽에는 특급스타가 상대적으로 줄어들었다.

위 그래프에서 젊은 선수들의 활약이 추락하다 반등하기 시작하는 시기는 2017년이다.

김하성과 박민우, 구자욱, 그리고 고졸 신인 이정후가 좋은 활약을 펼치며 리그에 '젊은 피'를 수혈하기 시작했다. 이후 강백호와 안우진, 원태인과 김혜성 등 젊은 스타가 차례로

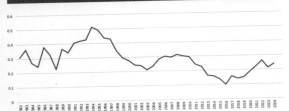

리그 전체 WAR에서 25세 이하 선수가 차지하는 비중

연도별 프로야구 관중과 고교야구 팀수				
연도	프로야구 관중	증감률	고교야구 팀수	증감
2006	3,040,254	-	56	-
2007	4,104,429	35.0%	56	0
2008	5,256,332	28.1%	55	-1
2009	5,925,285	12.7%	54	-1
2010	5,928,626	0.1%	53	-1
2011	6,810,028	14.9%	53	0
2012	7,156,757	5.1%	53	0
2013	6,441,945	-10.0%	59	6
2014	6,509,915	1.1%	62	3
2015	7,360,530	13.1%	68	6
2016	8,339,577	13.3%	72	4
2017	8,400,688	0.7%	74	2
2018	8,073,742	-3.9%	79	5
2019	7,286,008	-9.8%	83	4
2020	328,317	-95.5%	82	-1
2021	1,228,489	274.2%	85	3
2022	6,076,074	394.6%	90	5
2023	8,100,326	33.3%	98	8
2024	10,887,705	34.4%	106	8

점과 무관치 않다. 프로 출범은 야구선수로 부를 누릴 수 있는 길을 열어줬다. 하지만 정작 고교야구 팀은 그렇게 늘지 않았다. 2000년대를 앞둔 1999년에는 48개로 프로 출범보다 오히려 줄었다. 고교야구 인기 감소 등 이유로 야구부 운영에 매력을 느끼지 못한 학교가 많았다. 베이징 올림픽이 열린 2006년에도 고교야구팀 수는 56개에 불과했다. 그러니까, 프로야구 출범 이후 제자리 걸음을 한 셈이다. 하지만 베이징 금메달 이후 고교야구는 수적으로는 전례 없는 확장기를 맞았다. 이 추세는 아직 이어지고 있다. 2024년 대한야구소프트볼협회(KBSA)에 등록된 18세 이하부 팀은 모두 106개에 이른다. 2006년에 비해 거의 두 배가 됐다. 팀과 선수 풀이 커지면 뛰어난 선수가 배출될 가능성도 높아진다.

1997년생 이정후부터 김택연 포함 지난해 신인인 2005년생까지를 '베이징 키드'라고 분류해보자. 그리고 그들이 동경했던 선배들, 1982년-1988년생을 편의상 '베이징 주역'이라고 불러보자. '베이징 주역'과 '베이징 키드' 중에서, 어느 쪽이 더 잘할까?

기준은 사람마다 다르게 세울 수 있다. 이 글에서는 두 가지 기준을 세워본다. 두 기준 모두, 아직까지는 선배 세대가 근소하게 앞선다.

등장했다. 이제 국가대표팀 세대교체까지 주도하고 있는 이들의 등장도 '세대론'으로 설명하기도 한다. 바로 위에 설명한 2006년-2009년 한국야구 황금기에 어린 시절을 보낸 스포츠 영재들이 다시 야구를 선택했다는 가설. 이름붙이자면, '베이징 키드' 가설이다.

'베이징 키드'는 수적으로도 많다. 학생 야구 팀수의 증가 때문이다. 그리고 이들 중에 야구선수의 길을 택한 이가 많았다. 2006년 고교야구 팀 수는 56개에 불과했다.

1971년 전국고교야구연맹이 결성된 해 전국 38개 고교에 야구부가 있었다. 프로야구 출범 전해인 1981년에는 50개까지 늘었다. 1970년대 고교야구가 국민적 인기를 누렸던

1. KBO 리그에서 차지하는 '활약 비중'

위 그래프가 봉우리를 이루는 2005-2010년에 리그 전체 WAR에서 25세 이하 선수 점유율은 30%를 넘나들었다. '베이징 키드'들도 2022년 리그 전체 WAR의 26.3%를 차지하며 선배들의 아성에 도전하는 듯했다. 2022년은 이정후와 안우진이 함께 역사적인 시즌을 보낸 해다. 하지만 이후 2년 동안은 상승세가 다소 꺾였다. 이정후의 부상에 이은 미국 진출, 지난해 안우진의 군복무가 영향을 끼쳤을 것

이다. 지난해 김도영이 어마어마한 활약을 펼쳤지만, 아직 '베이징 키드'가 리그에서 차지하는 '활약 지분'은 '베이징 주역' 세대를 넘어서지 못한 것이다.

이제는 유망주라고 부르기 어려운, FA를 바라보는 베이징 키드도 늘고 있다. 2025년 26세가 되는 강백호, 안우진이 대표적이다. 함께 베테랑이 된 이정후와 김혜성은 미국으로 떠났다. 지금부터 데뷔하는 선수, 즉 베이징 올림픽이 기억도 안날 세대를 '베이징 키드'라 부르기는 민망하다. 즉 '젊은 베이징 키드'의 숫자는 이제 줄어든다. 선배 세대의 젊은 시절 리그 장악력을 따라잡을 기회도 줄어들고 있는 것이다.

2. 세대 전체가 아닌, 뛰어난 개인의 활약도를 기준으로 삼으면?

공정한 비교를 위해 시기를 똑같이 8시즌으로 맞춰보자. '베이징 주역' 세대가 모두 함께 뛴 2002년-2009년, 그리고 이정후의 데뷔로 시작하는 '베이징 키드'들의 2017년-2024년의 활약을 비교했다.

'베이징 주역'과 '베이징 키드' 세대 주역 8시즌 WAR 비교

2002-2009		2017-2024	
베이징 주역	WAR 합계	베이징 키드	WAR 합계
김태균	33.8	이정후	36.1
이대호	24.4	김혜성	26.1
류현진	22.1	원태인	25.1
정근우	20.0	강백호	21.5
채병용	19.2	안우진	19.6
이용규	16.1	박성한	16.3
오승환	15.7	곽빈	14.8
김현수	15.4	노시환	13.8
김진우	15.1	문보경	13.7
윤석민	14.8	김도영	13.7

WAR 합계는 후배 세대 선두 주자들이 약간 앞선 것으로 보인다. '키드 세대'의 선두 이정후가 2024년을 미국에서 보내고도 8년치 WAR 합계가 '주역 세대' 선두 김태균보다 조금 앞선다. 그 아래도 6위 박성한까지 후배들의 WAR이 약간 더 높다.

그런데 한 가지 중요한 변수가 있다.
선배 세대가 뛰었던 시기에는 한 시즌이 팀당 126경기였다. 지금의 144경기보다 18경기 적다. 잘 하는 선수들은 경기 수가 많을수록 WAR이 높아진다. 시즌 경기 수가 적었던 선배 세대가 손해를 보는 것이다. 즉 두 세대를 객관적으로 비교하기 위해서는 '경기수 보정'이 필요하다. 예를 들어 후배들의 WAR을 조금 줄여야 한다.

'베이징 주역'과 '베이징 키드' 세대 주역 8시즌 보정 WAR 비교

2002-2009		2017-2024	
베이징 주역	WAR 합계	베이징 키드	WAR 합계 보정
김태균	33.8	이정후	31.6
이대호	24.4	김혜성	22.8
류현진	22.1	원태인	21.9
정근우	20.0	강백호	18.8
채병용	19.2	안우진	17.1
이용규	16.1	박성한	14.2
오승환	15.7	곽빈	13.0
김현수	15.4	노시환	12.1
김진우	15.1	문보경	12.0
윤석민	14.8	김도영	11.9

후배 세대들이 시즌 144경기 대신 126경기를 치렀다고 가정하고 보정하면 WAR 합계는 이렇게 된다.

이번에는 대부분 순위에서 미세하게 선배 세대들이 앞선다. 즉 각 세대를 대표하는 선수들의 비교에서도 선배들이 약

간씩 나아 보이는 것이다. '베이징 주역'의 위엄을 다시 한
번 느낄 수 있는 대목이다.

두 세대의 활약을 비교할 수 있는 방법은 이 외에도 많을
것이다. 모두가 공감할 수 있는 것은, 이제 전성기에 접어드
는 '베이징 키드'들이 선배 세대만큼 야구 역사에 남을 활약
을 펼치기를 바라는 우리의 희망일 것이다.

© 삼성 라이온즈

사진 게티이미지

한·일야구 격차
확대의 10년

_최민규

2024년 11월 15일 대만 타이베이돔.
대한민국 야구 국가대표팀은 제3회 프리미어12 B조 1라운드 두 번째 경기를 치렀다. '최대 라이벌' 일본이 상대였다. 결과는 3-6 패배. 5회초까지 3-2로 앞섰지만 5회말 2사 만루에서 마키 슈고에게 역전 2타점 적시타를 맞았다. 7회 말엔 모리시타 쇼타에게 쐐기 투런 홈런을 맞았다.

한국 대표팀은 2022년 항저우 아시안게임부터 젊은 선수 위주로 세대 교체를 진행해 왔다. 프리미어12를 앞두고는 부상과 기초군사훈련 등으로 주력 선수 다수가 이탈했다. 지난해 내국인 야수 WAR 상위 10명 가운데 구자욱 김혜성 박민우 최정 김지찬이 대표팀에서 제외됐다. 선발투수 상위 10명 가운데는 곽빈과 임찬규 두 명만 대표팀 유니폼을 입었고, 구원투수 중에선 김택연 박영현 정해영 세 명이었다.

일본 대표팀은 한국을 어떻게 평가했을까. 대표팀 브랜드인 '사무라이 재팬' 스태프로 일했던 이는 "당초 한국전을 1점 차 승부로 예상하고 준비했다"고 말했다. 만일 한국이 베스트 전력으로 나왔다면 어땠을까. 그는 "그랬다면 3점 차"라는 답을 했다. '1점'은 대표팀에 새로운 얼굴이 많아 의외성을 고려한 차이였다는 의미다.

'오만함'이 아니다. 그만큼 한국 팀을 잘 알았다. 한국은 대회 한 달 전쯤에야 상대 팀에 대한 분석을 시작했다. 반면 일본은 연중 상시적으로 분석 작업을 했다. '3점 차'는 치밀한 분석을 통해 나온 결과였다. 11월 15일 한·일전에서 한국 투수진은 볼넷 3개를 내주고 삼진 7개를 잡았다. 일본은 볼넷 없이 삼진 17개였다. 한국보다 일본 투수들이 상대 타자 약점을 더 잘 파악했다는 방증이다. 경기 초반 뒤지고 있을 때도 일본 벤치 분위기에 당혹감은 없었다.

이 패배로 대표팀은 월드베이스볼클래식(WBC), 올림픽(지역예선 포함), 프리미어12 등 주요 국제대회에서 한·일전 5연패에 빠졌다. 24세 이하 프로선수가 주로 출전하는 아시아 프로야구챔피언십(APBC)을 포함하면 9연패다.

2017-2024년 주요 국제대회 한·일전 전적

연도	대회	구분	결과	스코어
2017	아시아프로야구챔피언십	예선	패	7-8
2017	아시아프로야구챔피언십	결승	패	0-7
2019	프리미어12	슈퍼라운드	패	8-10
2019	프리미어12	결승	패	3-5
2021	도쿄 올림픽	준결승	패	2-5
2023	월드베이스볼클래식	1라운드	패	4-13
2023	아시아프로야구챔피언십	예선	패	1-2
2023	아시아프로야구챔피언십	결승	패	3-4
2024	프리미어12	1라운드	패	3-6

한국 야구가 일본을 이기다

일본 야구는 오랫동안 한국 야구가 넘기 어려운 벽이었다. 1950년대 '왼손잡이 유격수'로 명성을 날렸던 장태영은 일제 시대 학창 시절 멋진 야구 유니폼 차림의 일본인 학생에게 주눅이 들었다는 회고를 한 적이 있다. 식민지 시대 축구는 일본 팀을 자주 이겼지만 야구는 그러지 못했다.

해방 이후 신생 대한민국 야구의 첫 국제대회는 1954년 필리핀에서 열린 아시아야구선수권대회였다. 이 대회에서 한국은 일본에 0−6으로 완패하며 4개국 중 3위에 머무른다. 초대 대회 우승팀은 필리핀이었다. 지금으로선 상상하기 어렵지만 당시 필리핀엔 미국 식민지 시절 유산으로 야구가 성행했다. 메이저리그 최초의 아시아계 선수는 필리핀계 미국인 바비 발세나다. 최초의 일본인 메이저리거 무라카미 마사노리보다 8년 빠른 1956년 데뷔했다.

이 대회는 1975년까지 11번 열렸다. 일본이 7회, 한국이 3회 우승했다. 한국이 우승한 대회에는 공통점이 있다. 모두 서울에서 열린 대회였다. 이 대회를 기억하는 야구인, 언론인들은 "홈 어드밴티지가 대단했다"고 회상한다. 그만큼 일본은 어려운 상대였다. 한국은 당대 최고 선수들로 대표팀을 꾸렸지만 일본은 그렇지 않았다. 당시 아마추어 협회가 주관하는 국제대회에는 프로 선수가 참가할 수 없었다.

1982년 한국에 프로야구가 생겨난다. 출범 10년째인 1991년 한일슈퍼게임이 개최된다. 양국 야구 교류사에서 처음으로 프로 최고 선수들이 자웅을 가리는 대회였다. 1차전 뒤 〈조선일보〉는 "일본 프로야구 전체 전력은 한국의 5배"라는 기사를 썼다.

1차전 결과는 한국 야구계에 '쇼크'로 받아들여졌다. 스코어 3−8 참패였다. 스코어 이전에 기량 차이가 확연했다. 타격과 피칭, 수비에서 모두 그랬다. 2차전은 2−8 패배로 스코어가 한 점 더 벌어졌다. 나머지 4경기에서 2승 2패를 했지만 1, 2차전 충격이 너무 컸다. 이 네 경기는 도쿄돔이 아닌 지방구장에서 치러져 일본은 연고지 프로 팀 위주 팀을 구성했다.

1995년 한일슈퍼게임 1차전에서 한국 선발투수 이상훈(아래)과 일본 선발 요시이 마사토(위)가 1회 선두타자에게 초구를 던지고 있다. 출처=영상캡처

한일 슈퍼게임 2회 대회 이상훈, 요시이 마사토의 첫 타석 승부 사진)(출처=영상 캡처)

하지만 4년 뒤 열린 2회 대회에서는 달랐다. 2승 2무 2패로 호각이었다. 1차전은 0−0 무승부였다. 선발 이상훈에 이어 김용수, 구대성, 선동열이 차례로 등판했다. 경기 뒤 일본 팀의 명포수 후루타 아쓰야는 "오늘 투수들은 일본에서도 톱클래스 수준"이라고 말했다. 실제로 김용수를 제외한

세 명은 뒷날 일본프로야구(NPB)에 진출해 A급 투수로 활약했다. 1999년 3회 대회에선 3차전까지 1승 2패였다. 최종 4차전에서 7회까지 8-7로 앞섰지만 8회초 '고질라' 마쓰이 히데키에게 솔로 홈런을 맞아 아쉽게 무승부에 그쳤다. 대회 뒤 일본 야구를 상징하는 인물인 나가시마 시게오 요미우리 자이언츠 감독은 "한국 야구는 앞으로 일본을 능가할 힘이 충분하다"라고 말했다.

나가시마의 말은 어느 정도는 립서비스였을 것이다. 슈퍼게임은 결국 타이틀이 걸려있지 않은 정규시즌 뒤 번외 경기였다. 하지만 그의 말은 현실이 됐다. 1998년 방콕 아시안게임부터 프로 선수 출전이 허락됐다. 일본은 지금도 그렇듯 아시안게임에는 아마추어 대표팀을 내보냈다. 1999년 서울 아시아야구선수권대회에서 일본은 처음으로 프로 선수를

출전시킨다. 투수 마쓰자카 다이스케, 포수 후루타, 내야수 노무라 겐지로, 외야수 마쓰나카 노부히코 등 8명이 아마추어 선수들과 혼성 팀을 이뤘다. 결과는 한국의 5-3 역전승이었다.

이후 2009년까지 양국 프로야구 선수가 출전한 WBC, 올림픽, 올림픽 예선에서 한국은 일본을 9승 6패로 앞섰다. 2015년 프리미어12 두 경기를 더하면 10승 7패. 통계적으로 행운으로 보기 어려운 결과다. 홈 어드밴티지를 고려하면 한국이 더 불리한 조건이었다. 17경기 중 한국은 자국에서 한 번, 일본은 여섯 번 경기를 치렀다.
이런 일은 어떻게 일어날 수 있었을까.

거시경제학에서 성장은 자본과 노동 등 요소 투입량과 기술 진보 등으로 설명되는 총요소생산성(TFP) 증가로 설명된다. 한국 야구의 성장도 이에 빗대 설명할 수 있다.

1982년 프로야구 출범이 결정적 전기였다. 그 전 실업야구 시절과는 비교할 수 없는 수준의 자본이 대기업과 정부로부터 투입됐다. 선수 기량은 훈련과 경기를 통해 향상된다. 프로 유니폼을 입은 선수는 더 많은 훈련과 경기를 치를 수 있었다. 현역 선수로 뛰는 기간이 길어져 리그 전체적으로 기량 향상에 투입되는 시간이 크게 늘어났다. 혁신을 통한 생산성 향상도 이뤄졌다. 미국·일본의 선진 야구와 교류하며 새로운 노하우를 받아들였다. 프로 출범 10년이 지난 1990년대에는 선수들이 본격적으로 웨이트트레이닝의 중요성에 눈을 떴다. 상대적으로 이 분야에 관심이 적었던 일본 야구에 '힘'에서 우위를 누릴 수 있었다.

1995년 슈퍼게임 1차전 한국 선발투수는 이상훈이었다. 첫 타자 스즈키 이치로에게 던진 초구 패스트볼은 중계 화면에 시속 142km로 표시됐다. 반면 일본 선발 요시이 마사토는 1회초 한국 1번 타자 이종범에게 시속 138km 초구 패스트볼을 던졌다. 이상훈은 고려대 시절부터 웨이트트레이닝

1999-2015년 주요 국제대회 한·일전 전적

연도	대회	구분	결과	스코어	홈 팀
1999	아시아야구선수권대회	올림픽 지역예선	승	5-3	한국
2000	시드니 올림픽	예선	승	7-6(연장 10회)	중립
2000	시드니 올림픽	3·4위전	승	3-1	중립
2003	아시아야구선수권대회	올림픽 지역예선	패	0-2	일본
2006	월드베이스볼클래식	1라운드	승	3-2	일본
2006	월드베이스볼클래식	2라운드	승	2-1	중립
2006	월드베이스볼클래식	준결승	패	0-6	중립
2007	아시아야구선수권대회	올림픽 지역예선	패	3-4	중립
2008	베이징 올림픽	예선	승	5-3	중립
2008	베이징 올림픽	준결승	승	6-2	중립
2009	월드베이스볼클래식	1라운드	패	2-14(7회 콜드)	일본
2009	월드베이스볼클래식	1라운드 결승	승	1-0	일본
2009	월드베이스볼클래식	2라운드	승	4-1	중립
2009	월드베이스볼클래식	2라운드 결승	패	2-6	중립
2009	월드베이스볼클래식	결승	패	3-5(연장 10회)	중립
2015	프리미어12	예선	패	0-5	일본
2015	프리미어12	준결승	승	4-3	일본

을 했다. 1988년 서울 올림픽을 계기로 한국 스포츠과학은 도약기를 맞는다. 대학 스포츠에서도 웨이트트레이닝이 강조됐다. 올림픽 정식 종목이 아닌 야구는 이 흐름에서 다소 비껴나 있었지만 이상훈처럼 관심을 가진 선수가 많았다.

이상훈은 1998-1999년 NPB 주니치에서 뛰었다. 당시 일본 투수들의 훈련에 대해 "한국보다 웨이트트레이닝을 많이 하지 않았다. 아령 등 중량 운동을 하기는 했지만 밸런스를 중시했고 중량을 '튕겨낸다'는 느낌이었다. 강도는 한국보다 약했다"고 회상했다. 이용훈 NC 투수코치도 비슷한 말을 했다. 그는 삼성 투수로 뛰던 2000년대 초반에 자매결연 구단인 요미우리의 마무리 훈련에 파견된 적이 있다. 이 코치는 "웨이트트레이닝보다는 러닝이 강조됐다. 러닝은 정말 많이 했다"고 했다.

사진 게티이미지

사진 게티이미지

스즈키 이치로

마쓰자카 다이스케

한국 야구,

정점에서 내려오다

"1970년대 경제성장 중 총투입증가 기여율은 95%였다. 1980~1990년대에는 70%였고, 2000년대에는 58%로 줄어든다. 대신 생산성 증가 기여율이 점점 높아져서 42%를 차지했다.

한국 야구 의 국제 무대 전성기와 겹치는 시기다. 하지만 생산성 증가 효과는 2010년대 20.5%로 반토막이 난다. 2020~2022년엔 7.5%까지 감소했다. 과거 생산성 증가를 가능케 했던 요인이 잘 작동하지 않고, 새로운 혁신이 필요한 상황을 맞았다."

한국 야구도 이 시기 국제 대회 경쟁력이 급락했다. 세계 야구 챔피언을 가리는 WBC에서 2006년 4강, 2009년 준우승이었지만, 2013년 대회부터 3연속 1라운드에서 탈락했다. 2025년은 2015년 프리미어12 우승 이후 10년째가 되는해다. 이 기간 한일 야구 격차는 계속 커져 왔다. 양국 프로야구 패스트볼 구속 차이가 단적으로 보여준다.

패스트볼 구속은 야구 국제경쟁력에서 중요한 요소다. 2009년 WBC에서 한국은 왜 선전할 수 있었을까. 가장 간단한 답은 야구를 잘 했기 때문이다. 구속 측면에서도 그랬다. 한국 마운드의 포심 평균 구속은 시속 146.3㎞였다. 8강 진출국 가운데 두 번째로 빨랐다. 1위 일본(147.5km)와 차이도 크지 않았다. 8강 팀 구속 순위는 대회 팀 순위와 놀랄 만큼 일치한다. 일본, 한국, 네덜란드, 멕시코는 구속 순위와 실제 순위가 같았다. 베네수엘라와 푸에르토리코는 구속 순위보다 실제 순위가 한 단계 높았고, 미국과 쿠바는 한 단계 낮았다.

동아시아 국가가 1, 2위를 차지한 데는 이유가 있다. WBC 출전 선수 절대 다수는 미국의 메이저리그나 마이너리그 구단 소속이다. 시범경기 시즌인 3월에 열리는 대회라 몸이 완전히 만들어지지 않았다. 반면 대회 성적에 큰 의미를 두는 동아시아국가 대표팀은 자국 리그 선수 중심으로 충실한 대비를 했다. 2006년 대회 2라운드에서 한국은 야구 종주국 미국을 7-3으로 꺾는 대이변을 일으켰다. 4회말 최희섭은 미국 구원투수 댄 휠러의 3구 패스트볼을 받아쳐 승부에 쐐기를 박는 스리런 홈런을 날렸다. 이 공 구속은 시속 87마일(140km)에 불과했다. 휠러의 평소 구속보다 시속 5km 느렸다.

2009년 WBC 8강 진출 팀 패스트볼 평균 구속과 대회 순위

순위	팀	구속(km/h)	대회 순위
1	일본	147.5	1
2	한국	146.3	2
3	미국	146.2	4
4	베네수엘라	146.1	3
5	쿠바	145.7	6
6	푸에르토리코	145.1	5
7	네덜란드	144.5	7
8	멕시코	142.8	8

하지만 한국 대표팀은 2023년 5회 대회에선 시속 145.7km로 참가 20개국 중 16위로 추락했다. 가장 공이 빨랐던 도미니카공화국(153.9)보다는 시속 8km 떨어졌다. 시속 150km 이상을 찍은 팀만 6개였다. 5회 대회에서도 구속은 대회 결과와 밀접한 관계였다. 패스트볼 평균 구속 11-20위 10개 팀 가운데 호주 단 한 팀만이 2라운드에 진출했다. 상위 10개 팀 가운데는 7개 팀이 진출에 성공했다.

2023년 WBC 참가국 패스트볼 평균 구속과 1라운드 결과

순위	팀	구속(km/h)	1R 결과
1	도미니카공화국	153.9	1R 탈락
2	일본	153.7	2R 진출
3	베네수엘라	153.2	2R 진출
4	멕시코	150.7	2R 진출
5	푸에르토리코	150.4	2R 진출
6	콜롬비아	150.0	1R 탈락
7	쿠바	148.9	2R 진출
8	이탈리아	148.8	2R 진출
9	파나마	148.6	1R 탈락
10	미국	148.6	2R 진출
11	캐나다	148.0	1R 탈락
12	이스라엘	147.7	1R 탈락
13	영국	147.3	1R 탈락
14	니카라과	146.9	1R 탈락
15	네덜란드	146.3	1R 탈락
16	한국	145.7	1R 탈락
17	호주	144.6	2R 진출
18	대만	143.8	1R 탈락
19	체코	139.5	1R 탈락
20	중국	138.3	1R 탈락

다. 경쟁에서 뒤처지지 않기 위해서는 캠프 초반부터 구속을 끌어올려야 한다. 첫 번째나 두 번째 시범경기에서 시속 99마일, 100마일을 찍는 투수가 늘어났다. 과거에는 없던 현상이다.

역시 '구속 혁명'을 받아들인 일본은 같은 동아시아의 한국과 달리 구속 향상이 뚜렷했다. 2009년 대회에서 한국보다 시속 1.2km 빨랐다. 2023년엔 무려 시속 7.8km나 앞섰다. 2009년 일본 대표팀 투수 12명 가운데 대회 패스트볼 평균 구속이 시속 150km를 넘은 투수는 다섯 명이었다. 2023년엔 등판한 14명 중 10명이었다. 사사키 로키는 시속 161.4km로 대회 전체 투수 가운데 두 번째로 빨랐다. NPB에서도 최근엔 시범경기 초반부터 개인 최고치에 가까운 구속을 찍는 투수가 많다. 한국 야구가 2000년대 일본 야구와 호각을 이룰 수 있었던 이유는 양국 선수가 같은 속도 영역에서 경쟁할 수 있었기 때문이다. 지금은 그렇지 않다.

2021년 도쿄 올림픽, 2023년 WBC, 지난해 프리미어12까지 일본전 패배는 한국 야구에 경각심을 일으켰다. 여러 진단이 나왔다. 하지만 수긍하기 어려운 비판도 있다. 한 원로 야구인은 "선수들 배에 기름이 찼다"고 말했다. '직업 윤리'에 문제가 있는 선수는 있고, 어떤 리그, 아니 어떤 집단에서도 일정 비율로 일탈은 일어난다.

하지만 선수들의 노력 부족을 탓하는 건 구시대적이다. 프로야구 선수는 기량 향상에 대한 유인이 큰 직업이다. 야구를 잘 하면 일반 직장인보다 훨씬 많은 연봉을 받는다. 하지만 노력에 비해 기량이 향상될 폭이 작고, 부상 등 위험도 따른다면 개별 선수는 향상보다는 안주를 택할 가능성이 높아진다. 결국 다른 리그에서 기량 향상을 가능케 했던 방법 수용이 더디는 게 문제다. 경제학에 빗대자면, 82년 프로야구 출범을 계기로 총 투입증가 효과로 성장이 시작되었고 2000년 전후로 해외야구 노하우를 습득하며 생산성 증가효과를 일으켜 일본과 대등한 승부를 할 수 있는

한국 대표팀 구속은 2006년 대회 대비 시속 0.6km 감소했다. 5회 대회에 사용됐던 트래킹시스템이 2006년 대회보다 시속 0.8km 가량 빠른 구속값이 나온다는 점에서는 더 하락했다고 봐야 한다. 2009년 대회 8강 팀 가운데 유일하게 구속이 하락했다. 멕시코가 2009년 대비 시속 7.9km 향상을 보였고, 베네수엘라가 +시속 7.1km였다.

메이저리그의 '구속 혁명'을 그대로 보여주는 결과다. '구속 혁명'은 스프링트레이닝 분위기도 바꿔 놨다. 투수들은 캠프에서 서서히 몸 상태를 끌어올린다. 구속도 정규시즌 개막에 맞춰 점진적으로 끌어올리는 게 당연했다. 하지만 리그 전체적으로 구속 향상 경향이 뚜렷해지자 경쟁이 붙었

수준까지 올라갔다. 하지만 이후 혁신이 정체되며 더이상의 생산성 증가효과가 나타나지 못하고 있는 상황이다.

선수 훈련 시간을 늘리고, 프로야구단 예산을 늘리는 것으로는 해결하기 어렵다. 경제학자 폴 크루그먼은 1994년 '동아시아 경제 기적의 신화'라는 논문을 썼다. 몇 년 뒤 동아시아 경제 위기를 예측했다는 점에서 유명한 논문이다. 이 논문에서 크루그먼은 "투입 단위당 산출량 증가가 아닌 투입량 확대에 기반한 성장은 필연적으로 쇠퇴할 수밖에 없다"라고 썼다. 지금 한국 야구에도 적용할 수 있는 견해다.

한국 야구는 과거 이미 '혁신을 통한 성장'을 경험했다. 지금은 세계 야구의 혁신에서 뒤처져 있다. 혁신의 양상이 달라진 점을 이유로 꼽을 수 있다. 프로 출범 이후 한국 야구는 해외 전지훈련 등을 통해 선진 야구와의 대면 접촉으로 노하우를 전수받을 수 있었다.

THE MYTH OF ASIA'S MIRACLE

By Paul Krugman

A CAUTIONARY FABLE

Once upon a time, Western opinion leaders found themselves both impressed and frightened by the extraordinary growth rates achieved by a set of Eastern economies. Although those economies were still substantially poorer and smaller than those of the West, the speed with which they had transformed themselves from peasant societies into industrial powerhouses, their continuing ability to achieve growth rates several times higher than the advanced nations, and their increasing ability to challenge or even surpass American and European technology in certain areas seemed to call into question the dominance not only of Western power but of Western ideology. The leaders of those nations did not share our faith in free markets or unlimited civil liberties. They asserted with increasing self-confidence that their system was superior: societies that accepted strong, even authoritarian governments and were willing to limit individual liberties in the interest of the common good, take charge of their economies, and sacrifice short-run consumer interests for the sake of long-run growth would eventually outperform the increasingly chaotic societies of the West. And a growing minority of Western intellectuals agreed.

The gap between Western and Eastern economic performance eventually became a political issue. The Democrats recaptured the White House under the leadership of a young, energetic new president who pledged to "get the country moving again"--a pledge that, to him and his closest advisers, meant accelerating America's economic growth to meet the Eastern challenge.

The time, of course, was the early 1960s. The dynamic young president was John F Kennedy. The technological feats that so alarmed the West were the launch of Sputnik and the early Soviet lead in space. And the rapidly growing Eastern economies were those of the Soviet Union and its satellite nations.

While the growth of communist economies was the subject of innumerable alarmist books and polemical articles in the 1950s, some economists who looked seriously at the roots of that growth were putting together a picture that differed substantially from most popular assumptions. Communist growth rates were certainly impressive, but not magical. The rapid growth in output could be fully explained by rapid growth in inputs: expansion of employment, increases in education levels, and, above all, massive investment in physical capital. Once those inputs were taken into account, the growth in output was unsurprising--or, to put it differently, the big surprise about Soviet growth was that when closely examined it posed no mystery.

This economic analysis had two crucial implications. First, most of the speculation about the superiority of the communist system--including the popular view that Western economies could painlessly accelerate their own growth by borrowing some aspects of

폴 크루그먼 논문 '동아시아 경제 기적의 신화' 첫 페이지.

체코 야구국가대표팀 사진(출처=체코야구협회)

반면 지금 세계 야구 혁신은 스포츠과학이 주도한다. 전문가의 경험 못지않게 객관적 정보와 지식이 중요하다. 미국의 베테랑 야구 기자 톰 버두치는 메이저리그의 '구속 혁명'에 대해 이런 말을 했다. "한 세대 전에 강속구는 '신의 축복'이라고 여겨졌다. 오늘날 야구 산업은 '구속은 가르칠 수 있는 것'이라는 사실을 발견했다." 한국 투수들만 배우지 못할 이유가 없다. 일본 야구의 경우 구속 향상은 프로 구단

전체, 나아가 대학과 사회인 야구에서도 이뤄지고 있다. 구속 향상이 뭔가 특별한 비밀이 아니라, 누구나 접근 가능한 보편 지식을 기반으로 함을 시사한다.

정보통신의 발달로 정보와 지식 습득에 드는 비용은 과거보다 훨씬 줄어들었다. 2023년 WBC에서 체코 국가대표팀이 선전할 수 있었던 이유다. 산업적으로 체코 야구리그의 규모는 KBO 리그에 훨씬 못 미친다. 하지만 국가대표팀 운영은 KBO보다 훨씬 체계적이고 선진적이었다. 혁신에 대한 수용성이 낮다면 경쟁에서 과거 한참 아래 수준으로 여겼던 팀에게도 뒤질 위험이 있다.

지금 한국 야구는 1980년대나 1990년대에 비해서도 이 수

용성이 높다고 할 수 없다. 한국야구위원회(KBO)는 2022년에 이전까지 구단별로 계약했던 트래킹시스템을 통합 운영하기로 했다. 결과적으론 선정된 사업자와의 이견으로 운영이 무산됐다. 류대환 당시 KBO 사무총장은 "사업추진 과정에서 각 구단으로부터 트래킹시스템 사용 현황에 대한 의견을 수집했다. 생각보다 활용도가 높지 않았던 게 고민이었다"고 말했다. 익명을 요구한 프로야구단 단장 A씨는 "기존 코치들이 데이터를 잘 이해하지 못하는 게 현실이다. 어떤 투수는 미국 기준에서도 최고 수준의 변화구를 던진다. 하지만 실전에서 이 공을 던진 적이 없다. 얼마나 대단한지를 알아챈 코치들이 없었기 때문"이라고 말했다. B 단장은 "구단들도 데이터를 활용한 기량 향상에 관심이 크다. 하지만 국내 지도자들이 따라가지 못하는 게 현실"이라고 말했다. C 단장은 "코치들은 자기 분야 전문가다. 하지만 10년 전이나 지금이나 이론과 코칭 방법에 차이가 없다"고 했다. D 사장은 "국내 코치들은 절대적으로 '인풋'이 적다. 공부를 하지 않는다"고 단언했다. 프로야구 투수 출신 E씨는 더 신랄하게 말했다. "초등학교 3학년 이후 책을 들여다보지도 않은 지도자가 많다."

하지만 위기는 곧 기회다. 한국 야구가 지금 세계 야구의 혁신에 뒤처져 있다면 이미 이뤄진 혁신을 캐치업 전략으로 따라잡을 여지가 크다는 뜻도 된다. 한국 야구의 미래가 낙관적일 수 있는 이유다. 낙관이 현실이 되기 위해서는 야구계 전체에서 객관적 정보·지식에 대한 수용성을 높여야 한다. 한국보다 훨씬 보수적이었던 일본 야구계가 어떻게 구속 혁명을 이룰 수 있었는지를 연구하는 건 좋은 출발점이 될 수 있다.

사진 게티이미지

사사키 로키

일본은 어떻게 ━━━━
━━━ 구속 혁명에 성공했나

일본 야구는 어떻게 구속 혁명을 이룰 수 있었을까.

우선 위기를 인식했다. 2000년대에 여러 구단이 경영난에 빠졌다. 야구계 밖으로 눈을 돌리면 1993년 출범한 프로축구 J리그에 인기와 유망주를 빼앗긴다는 위기감도 있었다. 2004년에는 12개 구단 양대리그 체제 대신 8~10개 구단이 참가하는 단일리그 구상이 나오기도 했다. 센트럴리그에 비해 인기와 흥행에서 크게 열세였던 퍼시픽리그에서 위기가 심화됐다. 센트럴리그에서는 세 구단이 모기업 지원 없이 흑자였지만 퍼시픽리그에서는 전 구단이 적자였다. 이 위기는 2005년 오릭스와 긴테쓰가 합병하고 IT 기업 라쿠텐이 새 구단을 창단하는 것으로 일단 봉합됐다. 센트럴리그에선 2011년 모바일 게임회사 DeNA가 방송사업자 TBS홀딩스로부터 요코하마 구단 지분을 인수했다.

위기는 혁신의 조건이기도 하다. 퍼시픽리그는 2007년 6개 구단이 출자한 마케팅회사를 설립한 데 이어 2010년에는 인터넷 경기중계 서비스를 론칭했다. 여러 구단이 마케팅뿐 아니라 구단 운영에서 선진적인 방법을 시도했다. 그 결과 센트럴리그 대비 평균관중은 1985년 41.3%에서 2011년에는 82.9%까지 상승했다. 마케팅 차원을 넘어 선수 육성과 기량 향상 등 선수 출신 전문가의 영역으로 여겨졌던 분야도 변하기 시작했다. 트래킹시스템을 설치하고 이에 기반해 선수를 평가하기 시작했다. 세이부 같은 팀은 이 시기 코칭스태프에게 BABIP(인플레이타구타율) 같은 비전통적 기록을 중시하도록 지시했다. 오릭스는 코치들에게 육성할 선수에 대한 보고서를 정기적으로 작성하도록 했다. 이를 바탕으로 코치가 교체되더라도 일관성 있는 육성이 가능할 수 있었다.

이런 과정을 거치며 혁신에 대한 수용성이 높아졌다. 과거와는 달리 스포츠과학을 적극적으로 받아들였다. 야구 저널리스트 신구 아키라는 일본 야구의 최근 발전의 이유를 "과학과 논리의 진화와 보급"에서 찾는다. 신구는 한 인터뷰에서 "과거 일본 스포츠는 경험칙과 정신론이 지배했다. 이전에도 야구를 현대적으로 바꾸자는 시도가 있었지만 진화보다는 전통과 보수성이 더 크게 작용했다"고 설명한다.

아래에서부터 변화가 있었다. 〈한국야구의 원류〉를 집필한 오시마 히로시 작가는 "과거 일본 지도자들은 투수에게 러닝을 가장 강조하는 등 자기 경험에 기반한 주먹구구식 지도를 했다. 지금은 웨이트트레이닝과 과학적인 훈련법을 강조하는 추세다. 제구력 중시 관점에서 탈피해 어린 투수에게 마음껏 던져보라고 말하는 지도자가 늘어났다"라고 설명했다. 오타니 쇼헤이의 은사인 사사키 히로시 하나마키히가시고 감독, 2023년 고시엔대회 우승팀 게이오기주쿠고의 모리바야시 다카히코 감독 등이 이런 변화를 이끄는 지도자다. 그는 2023년 한국 아마추어 야구 학부모와 지도자를 상대로 한 강연에서 "일본 야구의 낡은 가치관과 싸우고 있다. 집단에 자기를 맞추는 동조 압력, 변화에 소극적인 구태의연함, 지도자와 선수, 선배와 후배 사이 상명하복과 절대복종, 스스로 생각하지 않고 익숙한 것을 따르는 고정관념에서 벗어나야 한다"고 말했다.

이런 과정을 거치며 일본은 낡은 야구관과 결별하고 있다. 메이지유신 이후 야구를 받아들인 일본 사람들은 오랫동안 정신력과 기(技)를 강조해왔다. 여기에는 힘으로는 서양인을 이길 수 없다는 열등감이 깔려 있었다.

하지만 2023년 WBC에서 구리야마 히데키 대표팀 감독은 강속구 투수 위주로 마운드 전력을 짰다. 그는 대회 뒤 교도통신과 인터뷰에서 "높은 레벨의 타자를 막으려면 강한 공을 던질 수 없으면 안 된다. 도망가는 야구로는 어렵다고 생각했다"고 밝혔다. 대표팀 불펜 포수를 맡았던 쓰루오카 신야는 "미국의 파워 피처를 상대로 파워로 맞섰고, 미국 강타자를 상대로 파워 피칭으로 승부했다"며 감격해했다. 이어 이번 WBC가 "일본 야구 새로운 진화의 시작점"이 될 것이라고 했다.

희생번트는 오랫동안 일본 야구의 상징이었다. 2007년 타이중에서 열린 아시아야구선수권대회에서 일본은 필리핀을 상대로 첫 경기를 치렀다. 호시노 센이치 감독은 약체 필리핀을 상대로 1회부터 희생번트 사인을 냈다. 당시 현장에서 만났던 일본 방송 해설가는 "야구에는 정답이 없다. 하지만 스몰볼은 일본의 전통이자 상징"이라고 말했다. 하지만 2023년 항저우 아시안게임에서 이시이 아키오 일본 대표팀 감독은 희생번트를 단 한 번도 지시하지 않았다.

이시이 아키오 항저우 아시안게임 일본 국가대표팀 감독. 출처=사무라이재팬

그리고 더 개방적이 됐다. 홍성찬 서울여대 스포츠운동과학과 교수는 일본 쓰쿠바대에서 조교수를 지냈다. 그는 "최근 야구 뿐 아니라 일본 스포츠 전체가 강해졌다. 워낙 넓은 저변이라는 조건에서 스포츠과학을 더 적극적으로 수용하고, 국제 교류에 더 개방적이 됐다"고 평가했다. 이시이 감독이 항저우에서 희생번트를 지시하지 않았던 데는 이유가

있었다. '선수 한 명 한 명이 스스로 생각하는 야구를 해야 강해진다'고 믿었기 때문이다. 4년 전 미국 연수에서 '생각은 코칭스태프가 하고 선수는 이를 실행한다'는 자신의 예전 야구관을 무너뜨렸다고 한다.

지난해 3월 메이저리그 서울시리즈에서 LA 다저스 투수 야마모토 요시노부의 말을 전해들을 수 있었다. 그는 "오릭스 1군 투수라면 거의 모두 롤모델로 삼는 메이저리그 투수가 있다"고 말했다. 주로 유튜브 영상을 통해 해당 선수의 투구를 확인한다고 한다. 오릭스 투수 야마시타 슌페이타는 지난해 시속 161㎞를 던졌다. 그도 비슷한 이야기를 일본 언론 인터뷰에서 한 적이 있다. 야마시타의 롤모델은 애틀랜타의 강속구 투수 스펜서 스트라이더다.

단순히 잘 하는 선수가 아니라, 자신의 체격 조건과 투구폼, 스타일에 맞는 선수를 롤모델로 삼는다. 그리고 지금 자신의 투구를 보다 향상시켜 줄 트레이너나 외부 코디네이터를 찾아서 맞춤 훈련을 한다. 일본은 트레이닝 분야에서 한국에 상당히 앞서 있는 나라다. 미국 스포츠계와 교류도 활발하다. 미국의 드라이브라인 같은 코칭 아카데미도 최근 활발하게 운영되고 있다. 오릭스 구단 관계자도 "선수들이 외부 코칭을 받는 데 제약을 두지 않는다"고 말했다. 세계 야구에 대해 과거보다 더 많은 정보를 습득하면서, 더 과학적인 훈련을 하고 있기 때문이라는 것이다. '국제 교류'와 '스포츠 과학'이라는 키워드가 읽힌다.

그리고 '선한 영향력'을 들 수 있다. 2023년 WBC 이후 한국 야구에는 "고교야구 배트를 금속제로 바꿔야 한다"는 의견이 나왔다. '타구 반발력이 떨어지는 나무 배트 사용으로 고교 야구에서 슬러거가 줄어들었고, 프로 구단과 국가대표팀 타격 수준도 떨어졌다'는 주장이었다. 한국보다 앞선 일본 야구에서 고교생들은 금속제 배트를 쓴다는 게 논거 중 하나였다. 대한야구소프트볼협회(KBSA)는 이 문제를 두고 2024년초 공청회를 열기도 했다.

하지만 지난해 일본 고교야구는 정반대 방향으로 움직였다. 금속제 배트를 기존대로 유지하되 반발력을 나무 배트 수준으로 낮췄다. 고교 타자들의 힘이 좋아져 타구가 빨라졌고, 그 결과 부상 위험이 높아졌다는 이유에서였다. 힘이 좋아진 이유는 선배들과는 달리 어려서부터 웨이트트레이닝을 하기 때문이다. 이런 흐름을 만든 선수가 있다. 메이저리그 샌디에이고에서 뛰고 있는 다르빗슈 유다.

다르빗슈는 일본 야구계에서 '반골'로 통한다. 일본 야구의 낡은 사고방식과 훈련 스타일을 공개적으로 비판하는 데 주저하지 않았다. 그가 메이저리그로 진출한 이유 중 하나가 지도자에게 맹종하고 격렬한 훈련을 숭상하는 일본 야구 문화에 반발했기 때문이라는 견해도 있다. 2020년 3월 요미우리 2군이 와세다대학 팀과의 경기에서 패한 뒤 벌칙으로 달리기를 한 일이 있었다. 다르빗슈는 이에 대해 "저런 훈련 때문에 재능 있는 선수들이 죽어간다"고 자신의 트위터에 썼다.

웨이트트레이닝 경시도 다르빗슈가 비판해 왔던 주제 중 하나다. 메이저리그 입단 뒤 자신의 SNS를 통해 트레이닝 장면을 촬영해 게시하곤 했다. 그리고 결과로 보여줬다. 스탯캐스트에 따르면 메이저리그 첫 시즌인 2012년 다르빗슈의 포심패스트볼 평균구속은 시속 92.7마일이었다. 팔꿈치인대접합수술(토미존 수술)을 받은 뒤 두 번째 시즌인 2017년엔 시속 94.3마일로 올라갔다. 2022년엔 시속 95.0마일로 개인 최고치를 찍었다. 38세 나이던 지난해엔 시속 94.0마일로 역시 데뷔 시즌보다 빨랐다.

2015~2016년께 일본 야구에는 '웨이트트레이닝 논쟁'이 있었다. 당시 재활 중이던 다르빗슈가 열렬한 웨이트트레이닝 지지파였다. 사실상 다르빗슈가 촉발시킨 논쟁이었다. 물론 반대 견해도 있었다. 대표적인 인물이 일본 야구의 전설인 이치로다. 이치로도 2001년 메이저리그 입단 뒤 한동안 웨이트트레이닝을 했다. 하지만 커진 몸이 자신의 야구를 하는 데 거추장스럽다는 느낌을 받았다. 이후 근력 운동을 계속했지만 관절과 근육 유연성 강화에 주력했다.

결과적으로 다르빗슈를 지지하는 선수가 늘어났다. 피칭과 트레이닝 이론 전문가인 우치다 세이토 씨는 2024년 3월 〈디 앤서〉와의 인터뷰에서 "당시 논쟁을 계기로 웨이트트레이닝에 대한 인식 변화가 일어났다"는 의견을 밝혔다. 그 결과 투수 구속이 상승했고, WBC 우승으로 이어졌다는 견해다. 우치다 뿐만이 아니다. 지난해 6월 만난 하세가와 구니토시 도카이대 감독은 요미우리 등에서 프로야구단 프런트를 오래 지냈다. 그는 "야구계 웨이트트레이닝 붐에 다르빗슈의 영향이 크다. NPB 시절부터 미국 트레이닝 전문가와 훈련을 해왔다. 기요하라 가즈히로처럼 몸을 크게 만드는 데는 부정적이었다. 근력과 함께 회전력을 키우는 방향을 잡았다"고 말했다. 이어 "최근 NPB에서 달라진 점 하나를 더 꼽으라면 휴식이다. 훈련 뒤 휴식과 회복을 중시하게 됐다"고 말했다.

프로야구 선수는 전문가다. 그래서 자기 기량이나 기술과 관련된 부분에서 '야구를 해보지 않은 사람'의 견해를 잘 받아들이지 않는다. 이런 태도는 일본 뿐 아니라 한국 야구, 미국 야구에서도 마찬가지다. 여기에 보수적인 일본 야구 문화에서 새로운 생각은 자유롭게 유통되지 못했다. 일종의 '사회적 억압'이 뒤따랐다. 하지만 피칭에서 최고 전문가랄 수 있는 다르빗슈가 용감하게 새로운 지식과 방법을 소개하고 실천해 리그 전체의 변화를 이끌어냈다. 이 점에서 다르빗슈가 일본 야구의 발전에 미친 영향은 오타니 쇼헤이 이상이다. 오타니도 트레이닝에서는 다르빗슈를 지지하는 선수다. ズ

다르빗슈 유

2024년 전력 비중은 11년 만에 최고였다

_최민규

"외국인선수는 팀 전력 절반을 차지한다'는 말이 있다. 대부분은 과장이다. KBO 리그 구단은 외국인선수 세 명씩을 보유할 수 있고, 이 가운데 두 명이 동시 출장할 수 있다. 선수 세 명의 팀 공헌도가 50%를 넘는 건 매우 어렵다. 하지만 그렇지 않은 경우도 있다.

© 삼성 라이온즈
삼성 라이온즈 데니 레예스

2024년 10개 구단

외국인선수 활약은

지난해 키움이 그랬다. 선발투수 아리엘 후라도가 WAR 6.61 승으로 팀내 1위였다. 또다른 선발투수 엔마누엘 데헤수스 (헤이수스)가 5.09승, 십자인대 부상으로 7월까지 95경기만 뛴 로니 도슨이 3.17승을 더했다. 합산 14.9승으로 팀 전체 (28.4)의 52%에 달했다. 그만큼 내국인선수 전력이 약했다.

외국인 WAR 합산은 롯데가 16.6승으로 가장 높았다. '외국 인 농사'에 가장 성공한 구단이었다. 선발투수 애런 윌커슨 과 찰리 반스가 나란히 WAR 6승 이상씩을 기록했다. 리그 전체 순위에서 각각 2위와 4위에 오르며 최강 원투펀치를 이뤘다. 2위 키움과 함께 외국인선수가 팀 전력에서 차지한 비중이 가장 높았던 두 구단이 나란히 포스트시즌 진출에 실패했다.

외국인 WAR 4위 NC(13.4)도 정규시즌 9위로 가을야구에 초대받지 못했다. 하지만 카일 하트는 리그 투수 WAR 1위 (6.93)에 오르며 골든글러브 임자가 됐다. 맷 데이비슨은 46홈런을 때려내며 타이틀을 따냈다. 리그 유일한 40+홈런 기록이었다. NC는 외국인선수를 잘 뽑기로 소문난 팀이다. 2014년부터 11시즌 동안 이 팀 외국인 WAR 평균은 14.0승 이었다. 전 구단을 통틀어 1위다. 최하위에 그친 2018년 같 은 실패도 있었다. 하지만 이 기간 이 순위에서 1위 세 번, 2 위 세 번을 기록했다. 프로야구 역사상 NC보다 외국인선수 분야에서 성공을 거둔 팀은 없다.

역시 가을야구에 초대받지 못한 한화는 외국인 WAR이 8.5 승에 불과했다. 10개 구단 최하위. 그것도 2년 연속 최하위 였다. 외국인선수와의 악연은 오래 됐다. 한화는 이 순위에 서 2022년 9위, 2021년 7위, 2020년 최하위였다. 5시즌 연 속으로 외국인 WAR이 8.6승을 넘지 못했다. 2014년 이후

2024년 10개 구단 외국인/내국인 WAR

구단	연도	전체	팀투수	외국인투수	팀야수	외국인야수	외국인선수	내국인선수	외국인%	내국인%
KIA	2024	53.3	25.2	8.7	28.1	3.4	12.2	41.1	23%	77%
KT	2024	40.8	21.4	8.3	19.4	6.5	14.8	26.0	36%	64%
LG	2024	51.9	22.8	8.1	29.1	5.1	13.2	38.8	25%	75%
NC	2024	40.9	18.8	9.4	22.2	4.0	13.4	27.6	33%	67%
SSG	2024	34.9	20.7	7.6	14.2	4.4	12.0	22.9	34%	66%
두산	2024	47.4	22.6	5.5	24.8	3.3	8.8	38.6	19%	81%
롯데	2024	42.6	25.3	13.2	17.3	3.4	16.6	26.0	39%	61%
삼성	2024	48.8	29.8	11.0	19.0	1.0	12.0	36.8	25%	75%
키움	2024	28.4	16.6	11.7	11.9	3.2	14.9	13.6	52%	48%
한화	2024	33.6	21.2	6.4	12.4	2.1	8.5	25.2	25%	75%
합계	2024	422.7	224.4	89.9	198.4	36.3	126.3	296.5	30%	70%
평균	2024	42.3	22.4	9.0	19.8	3.6	12.6	29.6	30%	70%

자료=스탯티즈

평균치는 8.2승. NC와는 정반대로 외국인선수를 가장 제대로 뽑지 못한 팀이다.

2014-2024년 10개 구단 외국인선수 평균 WAR과 비중

구단	평균	비중
NC	14.0	19%
KT*	12.5	31%
롯데	12.1	31%
키움	11.9	26%
LG	11.7	26%
두산	11.2	23%
삼성	10.7	26%
SSG	9.9	24%
KIA	9.7	25%
한화	8.2	29%

*KT는 2015-2024년 10시즌.
자료=스탯티즈

SSG는 전신인 SK 시절부터 외국인선수 구성에서 자주 실패했다. 2014년 이후 외국인 평균 WAR은 10개 구단 중 8위에 그친다. 2020년은 악몽이었다. 제이미 로맥이 건재했지만 닉 킹엄은 2경기 등판 뒤 부상을 당했다. 대체선수로 온 타자 타일러 화이트도 손가락 골절상으로 9경기만 뛰었다. 투수 셰인 핀토는 WAR 0.79승에 그쳤다. 하지만 랜더스로 재출발한 2021년부터 꾸준히 외국인 WAR 10승 이상씩을 거뒀다. 지난 시즌에는 로버트 더거가 부진 뒤 방출됐고 로에니스 엘리아스는 부상으로 21경기만 던졌다. 하지만 외국인 WAR 12.0승은 창단 이후 가장 좋았다.

정규시즌 5위 KT는 지난해 내국인 WAR이 26.0승으로 6위였다. 7위 롯데와 차이는 거의 없었다. 하지만 외국인선수들이 WAR 14.8승(2위)를 해줬다. 투수 윌리엄 쿠에바스와 웨스 벤자민이 8.2승을 합작했고, 타석에선 멜 로하스 주니어가 6.5승을 해줬다. 로하스는 지난해 MVP 김도영에 이어

야수 WAR 2위에 올랐다. 2014년 이후 외국인 WAR 평균에서 KT는 12.5승으로 NC에 이어 2위에 올라 있다.

두산은 와일드카드 결정전 맞상대였던 KT와 정반대였다. 내국인 WAR은 38.6승으로 이 부문 1위 KIA, 2위 LG와 큰 차이 없는 3위였다. 하지만 외국인 WAR은 8.8승으로 한화에만 앞선 9위에 그쳤다. 팀 WAR에서 외국인이 차지하는 비중은 19%로 10개 구단 꼴찌. 선수들은 좋았다. 하지만 선발 원투펀치 라울 알칸타라와 브랜든 와델의 부상이 컸다. 그래서 외국인투수 WAR은 5.5승으로 역시 최하위였다. 야수 전력은 상대적으로 양호했다. 헨리 라모스가 시즌 도중 짐을 쌌지만 성적은 나쁘지 않았다. 후임 제러드 영이 38경기에서 OPS 1.080을 때려내는 엄청난 활약을 했다. 더 빨리 왔어야 했다.

2023시즌 비원의 우승을 차지했던 LG는 지난해 정규시즌과 포스트시즌에서 모두 3위로 밀렸다. 하지만 전체적으로 성공적인 시즌이었다. 외국인선수, 특히 투수 전력에 대한 의문은 시즌 초반부터 나왔다. 하지만 디트릭 엔스는 WAR 4.3승으로 투수 부문 15위에 올랐다. 2선발로는 준수했다. 개막전 선발 케이시 켈리는 완연한 구속 하락 속에 5월까지 극심한 부진을 겪었다. 그럼에도 6월 이후 8경기에서 비교적 호투했고 후임 엘리에이저 에르난데스에게 배턴을 잘 넘겼다. 다만 켈리의 부진이 앞 시즌부터 이어졌다는 점에서 교체 타이밍은 다소 아쉽다. 오스틴 딘은 단 두 시즌 만에 LG 역대 외국인 타자 통산 WAR 기록을 새로 썼다.

삼성은 지난해 신데렐라 팀이었다. 앞 시즌보다 무려 17승을 더했다. WAR로 계산해도 16.6승 상승으로 비슷했다. 하지만 외국인 WAR 순위는 8위에 그쳤다. 대신 내국인선수들이 엄청난 향상을 이뤄냈다. 2022년 외국인선수 세 명이 팀 WAR의 49%를 차지했다. 지난해에는 25%로 하락했다. 투타 불균형이 심각했다. 투수 데니 레예스와 코너 시볼드는 준수한 활약을 했다. 하지만 타자 쪽 WAR이 고작 1.0승

에 그쳤다. 데이비드 매키넌은 부진, 루벤 카데나스는 부상으로 차례로 팀을 떠났다. 르윈 디아즈는 29경기만 뛰었다. 우승팀 KIA는 새 외국인투수 제임스 네일이 에이스로 활약했다. 8월말 부상으로 정규시즌을 일찍 접은 건 아쉬웠다. 윌 크로우, 캠 알드레드에 이어 영입한 에릭 라우어는 메이저리그 36승 투수답지 않은 부진을 겪었다. 외야수 소크라테스 브리토는 준수했지만 빼어나지는 않았다. 외국인 WAR은 12.2승으로 리그 평균(12.6)에 살짝 못 미쳤다. 하지만 앞 시즌 외국인 농사를 망쳤다는 점에서 선전이었다. KIA는 외국인선수 스카우팅 실적이 좋지 않은 팀이다. 지난 11시즌 외국인 WAR 평균은 9.7승으로 한화에만 앞선 9위였다. 2024시즌을 앞두고 프런트에 해외 스카우팅 역량을 보강한 보람이 있었다.

© LG 트윈스

LG 트윈스 오스틴 딘

KBO 리그의 특징, 높은 외국인선수 의존도

외국인선수 의존도가 높다는 건 KBO 리그의 특징이다. 2014년부터 2024년까지 11년 동안 팀 전체 WAR에서 외국인이 차지하는 비율은 평균 27%였다. 매년 큰 변화 없이 외

국인선수들은 구단과 리그의 성적에 상당한 기여를 해왔다는 점이 보인다. 최저치는 2016년의 23%. 지난해 30%가 이 기간 최고였다. 두산(19%)을 제외한 전 구단이 23% 이

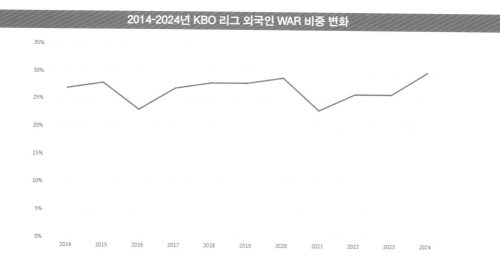

2014-2024년 KBO 리그 외국인 WAR 비중 변화

2014-2024년 KBO 리그 외국인/내국인 WAR

연도	팀전체	리그투수	외국인투수	리그야수	외국인야수	외국인선수	내국인선수	외국인%	내국인%	내국인%
2014	337.4	177.3	70.3	160.0	20.5	90.8	246.5	27%	73%	77%
2015	418.8	221.2	81.5	197.7	37.4	118.9	300.0	28%	72%	64%
2016	417.9	217.4	71.5	200.5	25.4	96.9	321.0	23%	77%	75%
2017	416.0	218.6	82.5	197.4	29.5	112.0	304.1	27%	73%	67%
2018	416.7	217.7	87.2	199.0	29.4	116.6	300.1	28%	72%	66%
2019	421.0	223.5	82.4	197.5	34.1	116.6	304.4	28%	72%	81%
2020	425.4	225.7	88.7	199.7	34.3	122.9	302.5	29%	71%	61%
2021	425.7	225.8	82.4	199.8	16.5	98.9	326.7	23%	77%	75%
2022	422.8	225.3	79.5	197.6	28.6	108.1	314.8	26%	74%	48%
2023	418.1	221.3	84.0	196.7	24.7	108.7	309.4	26%	74%	75%
2024	422.7	224.4	89.9	198.4	36.3	126.3	296.5	30%	70%	70%
평균	2024	42.3	22.4	9.0	19.8	3.6	12.6	29.6	30%	70%

자료=스탯티즈

상을 기록했다.

구단 단위에서는 '팀 전력의 50%' 시즌도 여러 번 나왔다. 지난해 키움은 2014년 이후 외국인 WAR 비중이 50%를 넘은 다섯 번째 구단이 됐다. 2016년 KT가 58%로 가장 높다. 전해가 창단 시즌이던 KT는 이해까지 기존 구단보다 외국인선수 한 명을 더 보유하고 출전시킬 수 있었다. 2015년 외국인 WAR 비중이 48%(7위)였던 이유도 같다. NC가 창단 2년째인 2014년 40%를 기록한 이유도 역시 신생구단 특례가 적용됐기 때문이다. 신생구단을 제외하면 2019년 한화가 57%로 가장 높았다. 이해 한화 내국인선수는 투수 2명, 야수 4명을 제외하곤 모두 WAR 1승 미만이었다. 주전감 선수가 투타 합쳐 여섯 명밖에 없었다고 풀이된다.

야수 WAR 톱10 가운데 외국인은 로하스, 오스틴, 기예르모 에레디아 등 세 명이었다. 비율로는 30%. 통상 구단은 투수 2명과 야수 1명으로 외국인 전력을 구성한다. 야수 2명이라면 60%가 됐을 것이다.

2014-2024년 외국인 WAR 비중 Top 10 구단

구단	연도	외국인%
KT	2016	58%
한화	2019	57%
KT	2017	54%
키움	2024	52%
롯데	2019	51%
삼성	2022	49%
KT	2015	48%
KIA	2020	46%
KT	2018	46%
롯데	2015	42%

자료=스탯티즈

2024년 투수 WAR Top 10

선수	구단	WAR
하트	NC	6.9
윌커슨	롯데	6.8
후라도	키움	6.6
반즈	롯데	6.4
코너	삼성	6.0
원태인	삼성	5.9
헤이수스	키움	5.1
쿠에바스	KT	5.1
레예스	삼성	5.1
양현종	KIA	5.0

자료=스탯티즈

2024년 야수 WAR Top 10

선수	구단	WAR
김도영	KIA	6.9
로하스	KT	6.8
송성문	키움	6.6
구자욱	삼성	6.4
김혜성	키움	6.0
오스틴	LG	5.9
홍창기	LG	5.1
박민우	NC	5.1
최정	SSG	5.1
에레디아	SSG	5.0

자료=스탯티즈

세 명으로 제한된 외국인선수가 전력에서 차지하는 비중이 높다는 건 개개 선수들이 대단한 활약을 했다는 뜻이 된다. 지난해 개인 투수 WAR 상위 10명 가운데 외국인은 무려 8명이었다. 한국 국적 투수는 오른손 원태인과 왼손 양현종 딱 두 명이었다. 1–5위는 모두 외국인 투수들이 휩쓸었다.

한국야구위원회(KBO) 이사회는 2020년 1월 '육성형 외국인선수' 제도를 도입하기로 결정했다. 기존 3명 보유 한도 외에 투수와 타자를 1명씩 더했다. 외국인 출장 한도 3명은 유지됐다. 첫 시행연도는 2023년으로 정했다. 하지만 시행 1년 전에 '보류' 결정이 내려졌다. 거의 모든 구단이 "비현실적"이라는 의견을 냈다. 시작도 하지 못하고 좌초됐다.

예견된 실패였다. 이 제도는 외국인과 육성선수계약을 할 수 있는 일본프로야구(NPB)에서 따왔다. 하지만 이름은 비슷하지만 내용에서는 완전히 달랐다. 연봉을 보면 알 수 있다. 이 사회가 책정한 연봉 상한선은 30만 달러였다. 30만 달러는 적은 돈이 아니다. 2025년 2월 환율로는 4억3700만 원이다. 반면 NPB 구단은 문자 그대로 육성선수다운 연봉만 지급한다. 지난해 요코하마는 외국인선수 두 명과 육성선수계약을 했다. 연봉은 같은 340만 엔(3277만 원)이었다. 육성선수가 성공할 확률은 기존 외국인선수보다 떨어진다. 그래서 저연봉으로 많은 선수를 계약하는 게 합리적이다.

미국 마이너리그 트리플A의 지난해 최저 연봉은 3만5800 달러, 평균 연봉은 5만7500달러다. 30만 달러는 최저 연봉의 8.4배, 평균 연봉의 5.2배다. 금액으로만 따지면 이 몸값의 외국인선수 수준은 트리플A 평균을 넘어서야 한다. 이런 선수를 KBO 리그 구단이 '육성'한다는 건 넌센스다. 실제로 기대했던 건 기존 외국인선수 전력에 문제가 생겼을 때를 대비한 '예비군'이었다. 당장 실전에 투입할 기량이 있어야 했고, 그래서 적지 않은 몸값을 책정했다. 결국 KBO 리그의 높은 외국인선수 의존도가 만들어 낸 필요였다.

그런데 30만 달러는 KBO 리그 구단이 원하는 수준의 선수를 영입하는 데는 턱없이 모자라는 액수기도 했다. 지난해 신규 외국인선수 평균 몸값의 3분의 1 정도다. 단기간이라 하더라도 귀중한 외국인선수 슬롯을 이런 선수에게 맡기는 팀 전력에 마이너스다. 기존 외국인선수가 부상이나 부진으로 더 이상 뛰기 어렵다고 판단했다면 비슷한 기량의 새로운 선수를 영입하는 게 더 합리적이다. 어차피 단기 고용이기 때문에 비용은 적다. 기존 선수 계약해지에 따른 잔여 연봉 지급은 어차피 매몰 비용이다. 부상이나 부진이 단

기적인 경우를 대비한 게 '육성형 선수'였다. 그런데 기대 기량 수준이 낮은 선수를 1년 계약으로 2군에 상비군처럼 놔두는 건 전력 측면을 제외하더라도 경제적이지 않다. 선수에게도 비합리적인 건 마찬가지다. 한국 야구에서 통할만한 선수는 트리플A 상위권의 기량을 갖춰야 한다. 당신이 이런 수준의 선수라면 30만 달러를 벌기 위해 낯선 타국의 시골에서 2군 생활을 하는 걸 감수하고 태평양을 건너겠는가, 아니면 요행으로 며칠만이라도 메이저리그 유니폼을 입어 볼 기회를 노리겠는가?

그래서 KBO는 2024년부터 '대체 외국인선수' 제도를 새로 도입했다. 외국인 교체 한도(2회) 적용을 받지 않고 기존 선수에 버금가는 선수를 영입할 수 있게 했다. 몸값 상한선은 기존 교체 외국인선수와 같은 월 10만 달러다. 구단들은 이 문제에선 비용 절감보다는 더 높은 기량 수준을 원했다. 높은 외국인선수 의존도가 특징인 KBO 리그에서는 이게 더 합리적이다.

한·일 프로야구, 비슷한 출발과 달라진 지금

_최민규

KBO 리그 외국인선수 제도는 일본프로야구(NPB)에서 따왔다. 외국인선수 고용에 제한을 둔다는 의미에서 그렇다. 미국 메이저리그는 자국 흑인을 차별한 역사는 길었어도 외국 국적 선수에 대한 제한은 사실상 없었다. 최근에야 국제 유망주 계약에 구단당 계약금 한도를 둔 정도다.

NPB는 1936년 출범 때부터 외국인선수가 뛰었다. 야구협약(한국의 야구규약에 해당)에 제도가 명문화된 건 1952년부터다. 최초에는 지금 KBO 리그와 같은 3명 보유·3명 출장이었다. 이후 보유와 출장 한도가 여섯 번 변했다. 1996년부터 보유 한도가 사라졌고, 2002년부터 투수, 또는 야수는 최대 세 명까지 출장할 수 있도록 했다.

© 두산 베어스

2024년 SSG, 두산에서 뛴 시라카와 케이쇼

제도 출발은 비슷했지만 지금 양상은 사뭇 다르다. 한국 프로야구 외국인선수들은 팀 전력에 큰 부분을 차지하고 있다. 일본에선 다르다. 2023년은 NPB 구단 외국인 스카우트 담당자들에게 악몽의 시즌이었다. 이해 12개 구단 평균 WAR은 35.7승이었다. 하지만 외국인선수 평균은 2.8승에 그쳤다. 전체적인 외국인 WAR 비중은 8%. 같은 해 KBO 리그가 26%였다는 점과 대조된다. 외국인투수들은 2.7승으로 그나마 나았다. 하지만 외국인야수 전체가 도합 0.1승을 추가하는 데 그쳤다. 비싼 돈을 들여 영입한 강타자들이 딱 '대체선수' 레벨이었던 셈이다.

이해 센트럴리그 우승 팀은 한신, 퍼시픽리그에선 오릭스였다. 오릭스의 외국인 WAR 비중은 1.4%에 불과했다. 한신은 아예 -0.2%로 팀 공헌도가 마이너스였다. 문자 그대로 '외국인 없이 이뤄낸 우승'이었다. 퍼시픽리그 4위 팀 라쿠텐도 -0.9%로 한신과 함께 마이너스였다. 대만 출신 구원투수 쑹자하오를 제외하면 외국인투수 등판 경기가 딱 한 번이었다. 투수 WAR 상위 20명 가운데 외국인은 요미우리의 그리핀 포스터(14위)가 유일했다. 메이저리그 사이영상 출신 트레버 바우어는 5월에 시즌 데뷔한 탓에 21위에 그쳤다. 야수진에선 야쿠르트의 도밍고 산타나가 37위로 가장 순위가 높았다. 10년 전만 해도 이렇지는 않았다. 2014년 NPB 외국인 WAR 비중은 15%였다. 그 1년 뒤인 2016년엔 16%로 소폭 상승했다. 그 뒤로 몇 년 사이에 외국인선수의 기여가 대폭 줄어든 것이다.

NPB 외국인선수 제도 변화

연도	보유한도	출장한도	출장규정
1952-1965	3명	3명	
1966-1980	2명	2명	
1981-1993	3명	2명	
1994-1995	3명	3명	투수2+야수1, 또는 투수1+야수2
1996-1997	무제한	3명	투수2+야수1, 또는 투수1+야수2
1998-2001	무제한	4명	투수2+야수2
2002-	무제한	4명	투수 또는 야수로만 4명 출장 불가

출처=야구협약(NPB)

2023년 NPB 12개 구단 외국인/내국인 WAR

구단	연도	팀전체	팀투수	외국인투수	팀야수	외국인야수	외국인선수	내국인선수	외국인%	내국인%
지바 롯데	2023	36.6	25.7	4.4	10.9	0.4	4.8	31.8	13%	87%
주니치	2023	31.3	22.5	2.5	8.8	-0.6	1.9	29.4	6%	94%
소프트뱅크	2023	39.3	19.0	3.3	20.3	-2.3	1.0	38.3	3%	97%
한신	2023	47.1	22.9	1.6	24.2	-1.7	-0.1	47.2	0%	100%
히로시마	2023	32.5	17.8	2.0	14.7	0.2	2.2	30.3	7%	93%
니혼햄	2023	29.9	19.0	1.6	10.9	1.1	2.7	27.2	9%	91%
오릭스	2023	42.8	27.2	0.8	15.6	-0.2	0.6	42.2	1%	99%
세이부	2023	27.5	17.4	0.1	10.1	0.8	0.9	26.6	3%	97%
라쿠텐	2023	31.7	14.0	-0.1	17.7	-0.2	-0.3	32.0	-1%	101%
야쿠르트	2023	32.8	16.8	5.5	16.0	2.1	7.6	25.2	23%	77%
요코하마	2023	35.8	22.4	4.7	13.4	0.9	5.6	30.2	16%	84%
요미우리	2023	41.2	20.3	5.7	20.9	1.2	6.9	34.3	17%	83%
합계	2023	428.5	245.0	32.1	183.5	1.7	33.8	394.7	8%	92%
평균	2023	35.7	20.4	2.7	15.3	0.1	2.8	32.9	8%	92%

가장 중요한 이유는 리그 전체의 기량 향상이다. NPB는 2014년부터 본격적인 '구속 혁명' 시대를 맞는다. 이후 10년 넘도록 일본인 투수들의 기량 향상 추세가 뚜렷하다. 투수들의 기량 향상과 함께, 외국인타자의 약세가 시작됐다. 2014년 외국인타자 전체 WAR은 25.6승으로 투수(45.0승)의 절반 수준이었다. 2015년엔 11.5승으로 반토막나면서 하락세가 급격해졌다. 이해 가장 뛰어난 외국인타자는 한국에서 온 이대호(3.6)였다. 투수 쪽은 선전했다. 2015년 NPB 투수 WAR 10위 안에 크리스 존슨, 랜디 메신저, 브랜든 딕슨, 마일스 마이콜라스, 릭 판덴휘르크 등 다섯 명이 포함됐다. 존슨은 다음 시즌에 외국인으로는 역대 두 번째로 최고투수에게 주어지는 사와무라상을 탄다. 메신저는 오랫동안 한신 에이스로 활약했다. 네덜란드 국적 판덴휘르크는 '헐크'라는 등록명으로 2013-2014년 KBO 리그 삼성에서 뛴 선수다. 하지만 투수들도 끝내 버티지 못했다. 2023년 외국인 가운데 투수 WAR 가장 순위가 높았던 포스터는 12위에 불과했다. 지난해엔 쿠바 국가대표 출신 리반 모이넬로가 16위로 외국인 중 최고였다.

외국인선수 약세는 지난해 다소 완화됐다. WAR 비중은 12%로 회복됐다. 하지만 10년 전 수준과는 여전히 거리가 있다. 타자들은 계속 실패하고 있다. 2024년 외국인 WAR 상승분 14.5승 가운데 투수 기여도가 75%였다. 소프트뱅크

는 지난해 양대리그를 통틀어 최강 타선을 자랑했다. 전통적으로 좋은 외국인타자가 많았던 팀이다. 하지만 지난해 외국인타자 다섯 명과 계약했지만 합산 100타석을 채우지 못했다. 히로시마는 도합 44타석에 그쳤다.

2014-2015시즌과 최근 두 시즌을 비교하면 이렇다. 앞 시기 양대리그 외국인선수들은 연평균 WAR 기준 70.4승만큼 소속 팀 승리에 기여했다. 최근 2년 평균 WAR은 41.1승으로 29.3승이나 감소했다. 이 기간 일본인선수 감소폭은 4승에 그쳤다. 외국인이 WAR에서 차지하는 비중도 5.7%p나 감소했다. 외국인선수 경쟁력 약화가 그대로 드러난다.

두 리그에서 외국인선수 공헌도 차이는 스카우팅과 계약에 대한 접근 차이로 이어진다.

KBO 리그 구단은 외국인선수에게서 1, 2번 선발을 맡을 수 있는 에이스와 30홈런·100타점을 쌓는 중심 타자를 기대한다. 실패한 사례도 적지 않았지만 리그 역사에는 이런 역할을 해낸 선수가 많다. 역대 단일 시즌 WAR 10위 안에 에릭 테임즈(2015년), 로하스(2020년), 클리프 브룸바(2004년)의 이름이 있다. 그 다음은 17위인 2001년 펠릭스 호세다. 그렇다면 불확실성을 최대한 줄이는 쪽으로 움직이는 게 합리적이다. 즉, 더 좋은 선수를 영입해야 한다. 프로에서 '좋은

NPB 외국인/내국인 WAR 시기별 비교										
연도	팀전체	팀투수	외국인투수	팀야수	외국인야수	외국인선수	내국인선수	외국인%	내국인%	내국인%
2024	418.7	241.0	42.9	177.7	5.4	48.3	370.4	12%	89%	87%
2023	428.5	245.0	32.1	183.5	1.7	33.8	394.7	8%	92%	94%
평균1	423.6	243.0	37.5	180.6	3.6	41.1	382.6	10%	90%	97%
2015	448.5	257.7	58.6	190.8	11.5	70.1	378.4	16%	84%	100%
2014	465.2	267.7	45.0	197.5	25.6	70.6	394.6	15%	85%	93%
평균2	456.9	262.7	51.8	194.2	18.6	70.4	386.5	15%	85%	91%
평균1-평균2	-33.3	-19.7	-14.3	-13.6	-15.0	-29.3	-4.0	5.7%p 감소	5.7%p 증가	99%

선수'는 대개 비싼 선수다. 그래서 한국프로야구에서 외국인선수 수준과 영입 비용은 지속적으로 높아져왔다.

외국인선수가 처음 등장한 1998년에 12명이 한국 땅을 밟았다. 메이저리그 경력이 있는 선수는 9명. 하지만 투수 4명 중 메이저리그 5경기 이상 등판한 투수는 호세 파라 단 한 명이었다. 야수 8명 중 통산 70경기를 넘긴 선수는 후니오르 펠릭스와 스캇 쿨바 두 명에 불과했다. 펠릭스가 시즌 중반 LG에 입단했을 때 공식 나이는 서른 살. 하지만 메이저리그 시절부터 '나이를 속였다'는 소문이 자자했다. 해태가 영입한 숀 헤어는 입단 전 두 시즌 AAA 49경기에서 1할대 타율에 그쳤다. 이해 홈런왕을 차지했던 타이론 우즈는 메이저리그 경험이 없었다. 지금은 그때와는 비교할 수 없을 정도로 커리어가 뛰어난 선수들이 KBO 리그 구단의 러브콜을 받는다. 그리고 더 젊은 전성기 나이에 한국에 온다.

: 그림1 : 2013년 스캇 리치몬드 계약서

면 4억8680만 원. 하지만 국세청 소득신고자료를 입수해 분석해 본 결과는 사뭇 달랐다. 이해 외국인선수 최고 소득은 신고액의 2.5배인 12억1600만 원이었다. 2013년 롯데는 새 외국인투수 스캇 리치몬드와 계약하며 몸값 총액을 30만 달러라고 발표했다. 리치몬드는 뒷날 구단과 소송을 벌였다. 법정에서 밝혀진 실제 계약 내용은 계약금 15만 달러, 연봉 55만 달러에 별도 성적 옵션이 붙어있었다. 결국 한국야구위원회(KBO)는 2014년 유명무실한 상한선을 폐지한다.

2010년대 중반 한국·일본 프로야구 외국인선수 연봉 비교

순위	2015 NPB		2016 KBO	
	선수	금액*	선수	금액
1	매트 머튼	377만	에스밀 로저스	190만
2	이대호	331만	엑토르 노에시	170만
3	율리에스키 구리엘	289만	에릭 테임즈	150만
4	오승환	248만	조쉬 린드블럼	120만
5	블라디미르 발렌틴	248만	더스틴 니퍼트	120만
중앙값	50만		75만	
평균	78만		87만	

*2015년 엔 달러 환율 적용

1998년 외국인선수 연봉 상한선은 12만 달러(첫 시즌 기준)였다. 2000년 20만 달러, 2005년 30만 달러로 인상됐다. 하지만 실제 연봉은 그보다 훨씬 높았다. 아무도 상한선이 지켜진다고 믿지 않았다. 2009년 '공식적'인 외국인선수 연봉 최고액은 37만5000달러였다. 2009년 평균 환율을 적용하

이러자 한·일 간 외국인선수 '연봉 역전 현상'이 빚어졌다. 2015년 NPB 외국인선수 연봉 1위는 매트 머튼(377만 달러), 2위는 이대호(331만 달러)였다. 2016년 KBO 리그에선 에스밀 로저스(190만 달러)와 엑토르 노에시(170만 달러)가 가장 많았다. 양국 소득 수준과 프로야구 산업 규모 차이로 볼 때 NPB가 스타 외국인에게 더 많은 돈을 지불하는 건 자연스럽다. 하지만 평균은 KBO가 87만 달러로 NPB(78만 달러)를 앞섰다. 중앙값도 역시 KBO 리그(75만 달러)가 NPB(50만 달러)보다 많았다.

NPB 구단들도 과거 외국인선수에게 가용 재원 상당액을 지출했다. 일본 경제가 전성기던 1987년 야쿠르트가 메이저리

그에서 한창 전성기를 누리던 신인왕 출신 밥 호너를 영입한 건 유명한 일화다. 야쿠르트는 호너에게 200만 달러를 지급했는데, 이 해 메이저리그에서 연봉 200만 달러를 넘은 선수는 다섯 명에 불과했고, 누구도 250만 달러를 넘지 못했다. 호너는 이해 부상으로 93경기만 뛰면서도 홈런 31개를 때려냈다. OPS 1.106은 300타석 이상 출장 타자 중 1위였다.

2006년 NPB 양대리그 홈런 Top10

센트럴리그		퍼시픽리그	
선수	홈런	선수	홈런
타이론 우즈	47	오가사와라 미치히로	32
이승엽	41	알렉스 카브레라	31
애덤 릭스	39	훌리오 술레타	29
무라타 슈이치	34	호세 페르난데스	28
이와무라 아키노리	32	이나바 아쓰노리	26
후쿠도메 고스케	31	페르난도 세기뇰	26
가네모토 도모아키	26	마쓰나카 노부히코	19
요시무라 유키	26	와다 가즈히로	19
알렉스 라미레스	26	야마사키 다케시	19
아라이 다카히로	25	베니 아그바야니	17

호너 이후에도 외국에서 온 선수들의 활약은 대단했다. 지금 KBO 리그와 마찬가지로 '홈런을 칠 수 있는 슬러거는 외국인'이라는 게 NPB의 오랜 상식이었다. 이승엽은 2006년 요미우리 소속으로 41홈런을 때려내며 센트럴리그 2위에 올랐다. 1위는 역시 KBO 리그에서 뛰었던 우즈였다. 퍼시픽리그에선 오가사와라 신노스케가 32홈런으로 타이틀을 따냈다. 2-5위는 모두 외국인이었다. 4위 호세 페르난데스는 2002년 SK 소속으로 한국에서 뛴 선수다. 이해 양대리그 야수 WAR 상위 20명 가운데 여섯 명이 이승엽과 우즈를 포함한 외국인이었다. 2010년대 이후 외국인타자 약세와 매우 대조된다.

외국인선수 실패가 이어지자 '더 비싼 선수'로 눈을 돌린 구단도 있었다. 오릭스는 2020년 메이저리그 통산 282홈런을

친 애덤 존스를 영입했다. 2년 800만 달러에 옵션이 붙어 있는 대형계약이었다. 존스는 두 시즌 OPS 0.724로 부진한 뒤 일본을 떠났다. 이듬해엔 요미우리가 저스틴 스모크를 2년 600만 달러에 영입했다. 메이저 통산 홈런은 196개. 스모크는 34경기만 뛰고 퇴단했다. 성적은 썩 나쁘지 않았지만 가족 문제가 있었다. 하지만 2024년 로우그네드 오도르는 재앙이었다. 요미우리는 메이저에서 통산 178홈런을 친 오도르를 개막전을 앞두고 2군으로 보냈다. 시범경기에서 워낙 부진했기 때문이다. 격분한 오도르는 계약파기를 요구하며 미국으로 돌아갔다.

KBO 리그는 NPB의 외국인선수 공급처 중에 꼽힌다. 한국에서 검증된 선수는 일본에서 통한다는 믿음이 있었다. 과거 우즈와 페르난데스가 그랬다. 한신이 2021년에 전해 KBO 리그 MVP 로하스를 2년 550만 달러에 계약한 이유다. 로하스가 계약 기간 동안 기록한 OPS는 0.697에 불과했다. 한국 시절 강점이던 패스트볼 공략이 일본에서는 거꾸로 약점이 됐다.

그래서 NPB 구단들은 외국인선수 전력 보강에 더 신중해졌다. 과거처럼 메이저리그 시절 이름값을 믿고 거액을 투자하는 사례가 크게 줄었다. 일본에서 검증된 선수라면 거액을 투자한다. NPB의 큰손인 소프트뱅크는 2023년 메이저리그 세이브왕 출신 로베르토 오수나를 6억5000만 엔이라는 거액에 영입한다. 지난해 연봉은 NPB 사상 최고액인 12억7000만 엔으로 뛰어올랐다. 오수나는 2022년 시즌 도중 지바 롯데가 영입했다. 그런데 영입 당시 그의 연봉은 9000만 엔에 불과했다. 최근 NPB의 트렌드를 잘 보여준다. 메이저리그와 트리플A 중간 수준인 이른바 AAAA급 선수는 한국과 일본 프로구단들의 1순위 영입 대상이다. 한국에선 이 레벨 선수에 대한 기대치가 여전히 높지만 일본에선 확 떨어졌다. 2023년 시즌 뒤 미국 출장에서 돌아온 오릭스 스카우트 관계자의 말을 들을 기회가 있었다. 그는 "트리플A 레벨에선 NPB에서 활약할 선수가 거의 보이지 않았

다"고 전했다.

2024년 시즌 개막 시점에서 새로 NPB의 문을 두드린 외국인선수는 모두 25명. 육성선수 6명을 제외하면 19명이다. 메이저리그 출신 헤수스 아길라의 몸값이 2억1000만 엔으로 가장 높았다. 2025년 2월 환율을 적용해 원화로 환산하면 20억900만 원이다. 같은 해 KBO 리그 신규 외국인선수 최고 금액은 6명이 기록한 100만 달러(14억5800만 원)로 NPB가 역시 높았다. 하지만 평균은 KBO 리그가 13억3463만 원으로 NPB(10억9422만 원)를 앞섰다. 중앙값도 역시 KBO 리그가 더 컸다. 삼성은 데이비드 매키넌을 총액 100만 달러에 계약했다. 매키넌이 전해 NPB 세이부에서 받은 돈은 9000만 엔이었다. 원화로 환산하면 삼성이 세이부의 1.7배를 지출했다. NC 맷 데이비슨은 2023년 히로시마에서 타율 0.210에 19홈런을 친 뒤 재계약에 실패했다. 그해 계약 총액은 90만 달러였다. NC는 지난해 100만 달러를 지급했다.

한·일 프로야구 2024년 신규 외국인선수 연봉 비교(단위 천 원)

	한국	일본
인원	13	19
최고	1,458,000	2,022,300
평균	1,334,631	1,094,221
중앙값	1,385,100	1,059,300

*시즌 중 입단선수 제외. 금액은 2025년 1월 현재 환율 적용.

메이저리그 스타 출신도, AAAA급 선수도 위험하다. 지난해 시즌을 앞두고 NPB 12개 구단 중 셋은 신규 외국인선수를 아예 영입하지 않았다. 1명에 그친 구단도 넷이라는 점은 '외국인 리스크'를 잘 보여준다. NPB 구단들은 '제3의 길'을 모색하고 있다. 오릭스 관계자는 "몇 년 전에는 모든 구단이 외국인선수에게 성적을 내는 역할을 기대했다. 지금은 '젊은 선수를 데려와 육성하자'는 방향으로 선회하고 있다"고 말했다.

NPB는 외국인 육성선수 계약이 활성화되는 추세다. KBO 리그의 '육성형 외국인선수' 제도가 시행도 하기 전에 좌초된 점과 비교된다. 2021년에 12개 구단 도합 13명이었지만 2025년 시즌 개막 시점엔 35명으로 늘어났다. 소프트뱅크는 무려 9명을 보유하고 있다. 중남미 출신이 주류지만 대만 선수도 8명이나 된다. 모두 2023년 이후 입단했다.

지난 시즌 퍼시픽리그 평균자책점 타이틀을 따낸 모이넬로처럼 육성선수에서 스타로 발돋움한 사례도 있다. 물론, 극소수다. 하지만 어차피 투자 금액이 크지 않기 때문에 낮은 성공 확률을 벌충할 수 있다. 요코하마는 외국 리그에서 뛰는 젊은 선수 데이터베이스를 확충했다. 이름값 있는 선수 몇 명을 찍어 스카우팅을 하는 게 과거 방식이었다. 육성 계약 대상이 될 젊고 커리어가 짧은 선수는 훨씬 많다. 1인당 스카우팅 비용을 줄이기 위해 데이터를 적극적으로 활용한다는 방침을 세웠다.

NPB의 이런 외국인선수 상황은 KBO 리그에도 영향을 미친다. 양국 야구 격차가 좁혀졌던 시기에는 KBO 리그와 NPB가 외국인 시장에서 비슷한 수준의 선수들을 두고 경쟁을 펼쳤다. 지금 NPB 구단의 기대 수준은 더 높아졌고, 선수 입장에선 리그 수준이라는 허들이 더 높아졌다. 그래서 한국 구단 입장에선 일본과의 경쟁 압력이 완화된다.

2026년부터 KBO 리그에는 '아시아쿼터'가 도입된다. 연봉 20만 달러 이하 금액으로 아시아와 호주 국적 및 리그 출신 선수를 구단당 1명씩 계약할 수 있게 된다. 기존 외국인 보유한도 적용을 받지 않는다.
구단 입장에서 전력에서 차지하는 비중이 높은 외국인선수는 많을수록 좋다. 하지만 다른 구단도 같은 숫자를 뽑는다면 결국 제로섬이다. 반면 비용은 증가한다. 지금도 외국인선수 영입은 고비용 사업이다. KBO가 2018년 신규 외국인선수의 연봉을 100만 달러로, 2023년부터 외국인 연봉 총액을 400만 달러로 제한한 것도 결국 높은 비용 때문이다.

외국인선수를 무한정 늘릴 수 없는 이유다. 국내 프로선수 및 아마추어의 반발, 리그 흥행과 국내 유망주 기량 향상에 미칠 영향도 고려해야 한다. 과거 대만프로야구(CPBL)가 침체를 겪은 이유 중 하나로 지나치게 많은 외국인선수 숫자가 꼽히기도 했다. 그래서 절충이 필요하다.

아시아쿼터는 절충형 제도다. '적당한 몸값'에 '적당한 기량'을 가진 외국인선수 수급을 목표로 한다. 쿼터 적용 지역에서 프로야구가 운영되는 곳은 일본, 대만, 호주 세 곳이다. 하지만 일본 선수가 대부분을 차지할 가능성이 높다.

대만은 애매하다. 20만 달러는 CPBL 주전급 선수에게 해외 진출 리스크를 감수할 만한 금액이 아니다. 비주전급 선수는 KBO 리그에서 경쟁력이 크지 않다. 유망주급은 미국과 일본 프로야구 진출이 1순위다. 호주프로야구(ABL) 수준은 KBO 리그에 크게 뒤처지지 않는다. 반면 연봉 수준은 훨씬 낮다. 팀당 연봉 총액이 1억 원 남짓으로 제한된다. 하지만 KBO 리그에서 받을 연봉은 큰 유인이 되지 못한다. ABL은 윈터리그라 북반부 국가 프로리그에 소속된 선수들이 주력이다. 유망주급은 같은 영어권인 미국 대학에 입학하거나, 마이너리그 구단에 입단한다. 호주 토박이 선수들은 대개 다른 직업을 갖고 있다. 한국 무대에 도전하기 위해서는 본업을 포기해야 한다.

일본은 야구선수 숫자 자체가 많다. 한국과는 달리 대학과 사회인야구도 활성화돼 있다. 독립리그도 체계적으로 운영된다. NPB에서 최근 외국인선수 활약이 크게 줄어든 건 위에 설명한 것처럼 최근 10년 사이 급격하게 진행된 기량 향상이 이유다. 그런데 기량 향상은 NPB뿐 아니라 일본 야구 전방위적인 현상이다. 대학야구에는 포심 최고 구속이 시속 150km를 넘는 투수가 77명 있다. 사회인야구에는 100명이 넘는다. 시라카와 케이쇼는 지난해 SSG와 두산에서 대체 외국인선수로 뛰었다. 시라카와의 활약은 구단들이 아시아쿼터에 찬성하게 한 이유 중 하나였다. SSG 입단 전 시라카와는 독립리그인 BC리그에서 시속 150km를 찍었다. 이해 BC리그에는 시라카와가 같거나, 더 빠른 공을 던진 투수 18명이 있었다.

: 그림2 : 2024년 BC리그 최고 구속 순위

順位	投手名	投球腕	チーム	最高球速	平均球速	計測数
1	羽野 紀也	右	愛媛MP	157	151.1	41
3	工藤 泰成	右	徳島IS	153	147.8	49
4	石川 槙喜	右	徳島IS	152	145.7	74
4	森山 喬介	右	香川OG	152	143.9	21
4	杉本 幸基	右	徳島IS	152	142.3	64
4	小田切 翔梧	右	高知FD	152	140.1	23
9	増子 航海	右	神奈川FD	151	147.6	12
9	辻 空	右	埼玉武蔵HB	151	145.9	27
9	廣澤 優	右	愛媛MP	151	145.6	59
9	石本 光記	右	信濃GS	151	141.0	27
14	川口 冬弥	右	徳島IS	150	145.8	59
14	関野 稔人	右	神奈川FD	150	145.6	24
14	根岸 涼	右	茨城AP	150	145.3	20
14	伊籐 綾真	右	茨城AP	150	144.6	129
14	白川 恵翔	右	徳島IS	150	143.6	32
14	高橋 晃毅	右	茨城AP	150	140.9	36
21	佐藤 友紀	右	茨城AP	149	146.6	7
21	ドミ	右	高知FD	149	145.1	14
21	土居 龍人	右	愛媛MP	149	144.1	38
21	堀越 歩夢	右	栃木GB	149	143.4	19
21	今野 瑠斗	右	神奈川FD	149	143.1	34
21	薗 遥斗	右	群馬DP	149	139.7	80
21	池田 尚祈	右	信濃GS	149	139.4	43
21	塚田 将正	右	茨城AP	149	133.7	26
30	玉置 隼翔	右	愛媛MP	148	143.9	21
30	中込 雅翔	右	徳島IS	148	143.1	70
30	落合 秀市	右	高知FD	148	142.8	40
30	重吉 翼	右	神奈川FD	148	141.9	68
30	加藤 大	右	神奈川FD	148	141.6	168
30	石川 颯	右	福島RH	148	141.4	61
30	荒木 隆之介	右	徳島IS	148	141.3	37
30	山崎 正義	右	徳島IS	148	140.8	98

지난해 NPB 평균 연봉은 4713만 엔으로 역대 최고였다. KBO 리그 평균의 2.8배, 아시아쿼터 연봉 상한액의 1.5배 수준이다. 그래서 NPB 평균 수준 선수가 아시아쿼터를 선택하는 건 비합리적이다. 하지만 그 이하 레벨 선수라면 얘기가 달라진다. 일본에서 가장 부유한 구단은 소프트뱅크다. 2025년 연봉 계약을 갱신한 선수 가운데 74%가 아시아쿼터 상한액인 20만 달러보다 낮은 금액을 받는다. 물론 젊은 기대주라면 지금 연봉보다는 미래 기대수입이 더 중요하다. 하지만 NPB 생존 경쟁에서 경계에 있는 선수라면 한국행은 충분히 매력적이다. 10년 전이라면 이런 선수가 KBO 리그에서 성공할 확률은 높지 않았을 것이다. 하지만 지금은 다르다. NPB가 2023년 10월 미야자키 교육리그에서 실시한 설문조사에서 선수 299명 중 36%가 '해외 구단에서 선수 생활을 하고 싶은가'라는 질문에 긍정적으로 답변했다.

더 벌어진
세계와의
구속 격차

_이성훈

2년 연속 패스트볼 평균 시속 153㎞를 넘겼던 안우진이 병역의무를 이행하러 리그를 떠난 동안, 한국 최고 파이어볼러는 문동주다. 지난해 어깨 통증에 시달리면서도 직구 평균 시속 150.2㎞를 기록했다. 50이닝 이상 던진 국내 투수로는 유일하게 시속 150km를 넘겼고, 외국인 투수까지 포함하면 드루 앤더슨(SSG)에 이어 2위에 해당한다.

2024년 직구 평균 구속	
투수	구속(㎞/h)
앤더슨	151.0
문동주	150.2
발라조빅	149.3
알칸타라	148.7
엘리아스	148.6
곽빈	148.4
김민	148.4
헤이수스	148.4
이영하	148.4
장현식	148.1

기준=50이닝 이상

'한국 최고 광속구 투수'는 현재 메이저리그의 기준으로 '가장 평범한 투수'에 가깝다.

지난해 메이저리그 투수들의 포심 패스트볼은 평균 시속 151.6㎞. 문동주보다 시속 1.4㎞가 빠르다. 지난해 빅리그에서 50이닝을 넘긴 투수는 351명. 이 중 문동주와 속도가 비슷한(시속 93.3마일) 투수는 패스트볼 평균 속도 224위에 해당한다. KBO 리그의 중계방송에 투구 정보를 제공하는 PTS 시스템의 속도 측정값이 빅리그에서 사용하는 호크아이, 트랙맨 등에 비해 시속 1.0-1.5㎞ 가량 느리게 찍힌다는 걸 감안해도 대세는 변하지 않는다. 문동주의 평균 구속에 시속 1마일(1.6㎞)을 더해도 빅리그 평균보다 아주 약간 높아질 뿐이다. 50이닝을 넘긴 351명 중 160위(상위 45.6%)에 그

친다. 즉 빅리그에서는 '대단히 평범한 속도'라는 것이다.

몇 년 전까지만 해도 사정은 지금과는 많이 달랐다. 2016년 메이저리그에 진출한 오승환의 패스트볼 평균 시속은 149.5㎞(92.9마일). 시속 150㎞에 미치지 못했고, 지난해의 문동주보다도 꽤 느리다. 당시 오승환의 속도가 트랙맨 측정값이라는 걸 감안하면, 지금의 문동주와 속도 격차는 더 벌어진다. 그런데 당시의 오승환은 지금의 문동주에 비해 '상대적으로 더 빠른 투수' 취급을 받았다. 2016년 50이닝을 넘긴 투수 328명 중 오승환의 포심 평균 구속 순위는 131위(상위 39.9%)였다.

이런 현상이 벌어지는 이유는, 최근 10년간 세계 야구계의 가장 중요한 흐름 중 하나이면서, 유독 한국 야구계만 소외된 '구속 혁명'이다.

2014년, KBO 리그의 직구 평균 시속은 141.0㎞였다. 메이저리그보다는 시속 6.7㎞ 느렸지만 일본프로야구(NPB)의 시속 141.5㎞와는 별 차이가 없었다. 이후 모든 리그의 속도가 빨라졌다. 그런데 증가폭이 달랐다. KBO 리그가 한 걸음을 내딛는 동안, MLB는 두 발, NPB는 세 발을 걸어갔다.

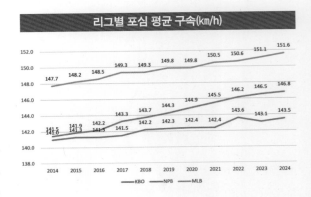

리그별 포심 평균 구속(km/h)

지난해 메이저리그 패스트볼 평균 구속은 2014년 대비 시

속 3.9㎞ 빨라졌다. NPB는 시속 5.3㎞. 메이저리그가 상승 폭이 작지만 '구속 혁명'이 메이저리그에서 훨씬 일찍 시작 됐다는 점을 고려해야 한다. 미국이 먼저, 일본이 그 다음이 다. KBO 리그는 이 기간 시속 2.5㎞ 빨라지는데 그쳤다. 그 결과 2014년 시속 6.7㎞였던 빅리그와의 포심 평균 속도 차 이는 지난해 시속 8.1㎞까지 벌어졌다. 10년 전에 KBO 리그 와 별 차이가 없던 NPB의 직구 평균 구속도 지금은 KBO 리그보다 시속 3.3㎞가 빠르다. 10년 전 NPB에서 50이닝 이상 던진 일본인 투수들 가운데 직구 평균 시속 150㎞을 넘긴 선수는 오타니 쇼헤이 딱 한 명이었다. 2024년에는 11 명이 150km의 벽을 넘었다. 메이저리그는 10년 전 94명에 서 지난해에는 230명으로 급증했다. KBO 리그 내국인 투 수로는 안우진을 포함해도 2명이다.

왜 이런 일이 벌어진 걸까?
해외에서 '구속 혁명'의 이유와 과정은 이제는 잘 알려져 있 다. 스포츠과학과 의학, 영양학의 최신 성과가 트레이닝 방 법과 접목되기 시작했다. 더 크고 힘이 세진 투수들이 더 강한 공을 던질 수 있는 메커니즘을 찾아냈다. 이런 투수들 은 당연히 더 좋은 기량을 펼쳤고, 더 많은 투수가 성공 사 례를 모방하기 시작했다. 더 많은 고객들이 몰려들며 투수 트레이닝이 '산업화'되기 시작했고, 혁신의 속도가 더 빨라 졌다. 스포츠과학의 깊이와 폭이 미국에 뒤처지지 않는 일 본도 곧 미국의 경향을 받아들였다.

이 과정에서 리스크도 생겼다. 스포츠의학계에서 찾아낸 투수 부상의 가장 중요한 원인은 속도다. 더 빠른 공을 던 질수록, 부상의 위험도 높아진다. 속도가 높아지면서 팔꿈 치나 어깨를 다쳐 수술대에 눕는 투수들의 숫자가 급증했 다. 하지만 투수들의 '속도 추구'는 멈추지 않았다. 부상을 두려워해 속도를 높이지 않는다면, 부상 위험을 감수하고 속도를 높인 경쟁자들에게 추월당할 것이기 때문이다.

구단 입장에서도 투수들의 구속 향상을 말릴 이유가 없다.

누군가 빠른 공을 던지다 쓰러져도, 마이너리그에도 늘어나 고 있는 광속구 유망주 누군가를 데려다 쓰면 되기 때문이 다. 그래서 투수 기용법도 변했다. 강한 불펜 투수의 숫자가 부족했던 시절에는 선발투수가 오랫동안 던져야 경기를 이길 가능성이 높았다. 선발투수가 경기 전체를 책임지려면 페이스 조절을 해야 한다. 약하게 던질 줄 알아야 오래 던 질 수 있다. 하지만 지금은 다르다. 광속구 투수가 구단 조 직 전체에 차고 넘친다. 선발투수를 오래 던지게 하는 건 낡은 방식이 됐다. 비교적 짧은 이닝 동안 강한 공을 던지고 교체한 뒤 '파이어볼러'를 줄줄이 투입해 상대 타선을 압살 하는 게 더 효율적이다. 그래서 선발투수 노동량이 줄고, 불 펜은 늘었다. 빅리그에서 2024년 선발투수들은 2010년보다 약 3500이닝 정도를 덜 던졌다. 그만큼 불펜투수들이 더 던졌다. 커미셔너 사무국은 2020년 구원투수가 최소 세 타 자를 상대하도록 룰을 개정했다. '불펜 게임'이 조금 억제됐 지만 대세를 뒤집지는 못하고 있다.

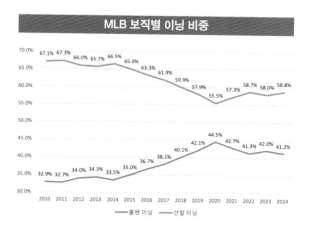

해외에서 '구속 혁명'이 벌어진 이유를 뒤집으면, 한국 투수 들의 구속이 늘지 않는 이유를 설명할 수 있다.

1. 동기 부족

당신이 포심 평균 구속이 시속 145㎞인 선발 투수라고 상 상해보자. 이 정도면 지금도 KBO 리그에서는 수준급 속도 다. 지난해 70이닝 이상 던진 국내 선발투수들 중에 당신보 다 빠른 투수는 문동주, 곽빈 두 명 뿐이다. 포심 평균 시속 144.2㎞였던 최원태는 FA 시장에서 4년 총액 70억 원이라 는 좋은 평가를 받았다. 지금보다 시속 1-2㎞ 높인다 한들, MLB, NPB에서 군침을 흘릴만한 속도는 아니다. 당신은 부 상의 위험을 무릅쓰고 구속을 높이려 시도해야 할까?

이번에는 당신과 계약한 구단 입장에서 생각해보자. KBO 리그의 얇은 선수층 때문에, 좋은 선발투수인 당신이 다치 면 대체할 자원이 없다. 구단은 당신이 속도를 높여 '특급 투수'가 되려고 부상 리스크를 짊어지는 것보다, 안 다치고 지금처럼 '준수한 투수'로 남는 게 이득이라고 생각하지 않 을까?

2. 협업 부족

쓰쿠바대학은 물리학에서 2명, 화학에서 1명 노벨상 수상자 를 배출한 일본의 명문 대학이다. 이 학교에서 공부한 사람 중에는 요시이 마사토도 있다. 30대에 메이저리그에 도전 해 5시즌 통산 32승을 따냈다. NPB에 복귀해서는 42세까 지 현역 투수로 뛰었다. 지도자로 2023년 월드베이스볼클 래식(WBC) 일본 대표팀 투수코치로 활약했으며, 지바 롯데 감독을 맡아 사사키 로키를 키워냈다. 요시이는 지도자의 길을 걸으면서 쓰쿠바대 대학원에서 체육학을 전공하며 박 사 학위를 받았다. 요시이 감독은 당시 경험에 대해 이렇게 썼다.

"전공은 체육학이었지만 야구뿐만 아니라 다른 종목 의 코칭 방식도 들여다볼 수 있었다. 심리와 신체의 구

조에 대해서도 새롭게 바라보는 계기가 되었다. 신체 의 부위에 따라 근육이 움직이는 방식 등 여러 방면에 걸쳐 공부할 수 있었다."

_요시이 마사토, 〈가르치지 않아야 크게 자란다〉 21p

쓰쿠바대학은 2021년에 '바이오메카닉스 연구소'를 설립했 다. 이 연구소 홈페이지 대문에는 이렇게 적혀 있다. '필드 간 가교 건설(Building bridges between fields)' 연구 분야 사이, 이론과 스포츠 현장 사이 다리가 되겠다는 것이다. 요시이 감독은 지금 딱 이 역할을 하고 있을 것이다. 야구 계의 현장과 최신 연구 성과를 이어주는 다리. 일본에는 이 '다리'가 아주 많다. 고시엔을 꿈꾸는 일본의 학생 야구 선 수 절대다수는 학업과 운동을 병행한다. 그들 중 상당수가 고교 졸업 후 대학에 진학해 학업을 이어간다. 그 중 일부 는 전문 연구자가 된다. '야구 현장의 언어'와 '스포츠 과학/ 의학의 언어' 사이를 잇는 '다리'가 된다. 우리처럼 보수적이 었던 일본 야구계의 트레이닝 문화가 최근 10년 사이에 급 속하게 현대화된 중요한 이유일 것이다.

한국은 많은 분야에서 어린 나이부터 '몰빵'을 시키는 문화 다. 예체능계는 더욱 그렇다. 학업과 담을 쌓고 특정 분야에 전념을 시킨다. 학부형들도 이런 시스템을 선호한다. 이 시 스템에는 장점이 있다. 어린 시절 소질이 발견돼 강한 훈련 을 성실하게 소화한 극소수가 엄청난 고수가 된다. 김연아, 손흥민 등 세계적인 스포츠 스타뿐 아니라 지금의 프로 선 수 대부분이 이런 과정을 거쳤다. 하지만 이 시스템에는 큰 단점도 있다. 성공하는 극소수를 제외한 나머지 청소년의 진로가 애매해진다. 학업과 담을 쌓아 오다가 갑자기 공부 를 시작하기란 쉬운 일이 아니다. '야구 선수 출신 전문연구 인력'이 등장하기란 너무나 어려운 이유다.

4년 전 사직구장에 '피칭 랩'을 설치한 롯데를 비롯해 몇몇 구단이 '이론과 실제의 접목'을 시도했다. 성과는 시원치 않 았다. 위에 설명한 이유가 컸다. 연구자와 현장 사이에 '말이 잘 통하지 않았다'는 게 공통 증언이다. 해외 사설 트레이닝 센터를 찾는 우리 선수들도 비슷한 문제를 겪는다. 양쪽의 언어를 모두 아는 사람이 드물기에, 통역 과정에서 많은 정보가 왜곡되거나, 생략된다.

즉 한국 야구계는 스스로 연구할 역량도, 해외의 성과를 받아들일 능력도 부족할 수밖에 없다. 그래서 한국 야구의 '구속 지체' 현상은 한국 스포츠의 구조적 문제와 연결된 것으로 보인다.

SSG 랜더스 드루 앤더슨

© SSG 랜더스

어떤 팀 팬에게는 최고, 다른 팬에게는 최악…프로야구 역대 '조공 트레이드' 톱 10

_황규인

프로야구 역사상 트레이드가 제일 많이 일어난 하루는 언제일까.

2014년 11월 28일이 정답이다. 이날 하루에만 트레이드가 9건 일어났다. 그리고 트레이드 명단에 이름을 올린 선수 9명 모두 KT 소속이 됐다. 맞다. 9개 '형님' 구단에서 막내 팀 KT에 선수를 한 명씩 보내기로 한 날이었다.

이 소식을 다루면서 '신생팀 특별 지명'이라는 표현을 쓴 언론사가 적지 않았다. 다만 '사무적'으로 보면 이런 선수 이동도 한국야구위원회(KBO) 규약에 나오는 '선수계약의 양도', 쉬운 말로 트레이드에 해당한다. 시즌 중 구단이 선수계약을 해지하려 할 때는 웨이버라는 절차를 밟는다. KBO 총재가 웨이버로 공시한 선수는 다른 구단이 '계약 양도'를 신청할 수 있다. 이렇게 이적한 경우도 트레이드로 분류된다.

© 삼성 라이온즈

프로야구 역사상 첫 번째 트레이드 대상 선수는 서정환이 었다. 삼성에서 프로야구 원년(1982년) 시즌을 보낸 서정환 은 그해 12월 7일 해태(현 KIA)로 트레이드됐다. 삼성은 선 수 대신 현금 1200만 원을 받았다. 나중에 삼성과 KIA 사령 탑에 모두 앉게 된 서정환 전 감독은 "광주 운암동 아파트 두 채를 살 수 있던 돈"이라고 말했다.

이후 조상우가 키움을 떠나 KIA 유니폼을 입게 된 2024년 12 월 19일까지 트레이드는 총 376번 있었고 선수 641명이 최소 한 번은 트레이드로 팀을 옮겼다. 트레이드를 여러 번 경험한 선수도 있기 때문에 이를 따로따로 세면 812명이 나온다.

각 팀에서 트레이드 카드를 맞출 때는 이득은 몰라도 손해 보는 장사는 하지 않으려 하는 게 당연한 일. 하지만 세상 만사가 모두 그런 것처럼 트레이드 역시 승자와 패자가 갈 릴 수밖에 없다. 트레이드 이후 WAR 차이를 기준으로 한 팀 팬은 방긋 웃고, 한 팀 팬은 울상지었을 '조공 트레이드' 톱 10을 꼽아봤다. (신인 선수 지명권이 오간 경우에는 해당 지명 순번으로 입단한 선수를 기준으로 계산했다.)

10
해태 이호준 ↔ SK 성영재 21.5승

결과적으로 '인생은 이호준처럼'의 시발점이 된 트레이드. 당 시 이호준은 한 살 어린 장성호에게 밀려 해태에서는 자리 를 잡기 힘든 상태였다. 게다가 트레이드 전까지 장타율도 아니고 시즌 OPS(출루율+장타율)가 0.368까지 떨어져 있었 다. 그러나 트레이드 이후 2013년 FA(프리에이전트) 신분으 로 당시 신생팀 NC와 계약을 맺고 팀을 떠날 때까지 SK에 서 13년 반을 뛰면서 타율 0.280, 198홈런, 712타점을 남겼 다. 언더핸드 투수 성영재는 1997년 입대를 앞두고 '의병 제 대할 수 있게 해달라'며 병역 브로커에게 3500만 원을 건넨 사실이 뒤늦게 밝혀지면서 2002년 방출 통보를 받았다.

9
두산 최재훈 ↔ 한화 신성현 22.2승

이 트레이드 소식이 들리자 "우리 팀이 무조건 손해"라는 한화 팬이 적지 않았다. 신성현이 독립구단 고양 원더스 시 절부터 김성근 당시 한화 감독과 인연을 맺은 선수였기 때 문이다. 당시만 해도 신성현은 거포 내야수 유망주로 통 했다. 반대로 두산 팬들 사이에서는 '양의지, 박세혁에 밀 린 최재훈에게 길을 터주려는 트레이드인 걸 알겠다. 그래 도 신성현보다는 좋은 자원을 받아왔어야 했다'는 불만이 나왔다. 결과적으로 두산 팬이 옳았다. 최재훈은 한화 주 전 포수 자리를 꿰찼고 2021년 시즌이 끝난 뒤에는 5년 최 대 총액 54억 원에 FA 계약까지 했다. 반면 신성현은 두 산 이적 이후 2023년까지 타율 0.152/출루율 0.276/장타율 0.232에 그친 뒤 결국 유니폼을 벗었다.

8
해태 임창용 ↔ 삼성 곽채진, 양준혁, 황두성, 현금 20억 원 22.8승

임창용은 1997, 1998년 2년간 123경기에 나와 22승 15패 60세이브를 올렸다. 아직 '애니콜'이라는 별명을 얻기 전이 었지만 팀이 부르면 언제든지 마운드에 올랐다. 이런 투수 를 트레이드 매물로 내놓는 건 쉽지 않은 일. 그러나 해태 는 국제통화기금(IMF) 외환 위기로 모기업이 흔들리고 있었 다. 일본프로야구 자매 구단 주니치에 영입을 제안했지만 대답은 '노, 생큐'. 그때 삼성이 '도움의 손길'을 내밀었다. 문 제는 이 트레이드에 '내 몸에는 (삼성 상징색인) 푸른 피가 흐른다'던 양준혁이 끼어 있었다는 것. 해태는 '1년 뒤 다른 팀으로 보내주겠다'는 설득을 한 뒤에야 양준혁에게 '검빨' 유니폼을 입힐 수 있었다. 그리고 이듬해 양준혁을 LG로 트 레이드하면서 약속을 지켰다.

7

쌍방울 김기태, 김현욱 ↔ 삼성 양용모, 이계성, 현금 20억 원 23.4승

해태로 보낸 양준혁의 빈자리를 채우려 삼성이 영입한 타자가 쌍방울의 '외로운 돌격대장' 김기태였다. 당시 쌍방울 역시 모기업이 IMF 외환 위기에 시달리면서 선수를 팔아 연명하던 상황이었다. 다만 이 트레이드 이후 삼성에 승리를 더 많이 도운 선수는 김기태(8.5승)가 아니라 고향 팀으로 돌아온 언더핸드 투수 김현욱(15.2승)이었다. 김기태는 2001년 팀에 부임한 김응용 감독과 갈등을 빚다 그해 12월 20일 쌍방울의 사실상 후신이라고 할 수도 있는 SK로 트레이드됐다. 삼성은 고질적인 무릎 통증을 안고 살던 김현욱이 2005년 시즌 중반 은퇴를 선언하자 은퇴식을 치러주기도 했다. 구단 역사상 류중일에 이은 두 번째 은퇴식이었다.

6

LG 김상호 ↔ OB 최일언 23.9승

서울 팀끼리 선수를 주고받은 첫 번째 트레이드. 김상호는 1995년 25홈런을 쏘아 올리며 잠실구장을 안방으로 쓰는 팀 타자로는 처음으로 홈런왕에 올랐다. 정규시즌 최우수선수(MVP)도 그의 차지였고 OB(현 두산)도 그해 한국시리즈 챔피언에 올랐다. 김상호는 OB에서 10년 동안 타율 0.268, 108홈런, 483타점을 올린 뒤 트레이드를 통해 친정팀 LG로 다시 건너갔다. 트레이드를 두 번 경험했는데도 안방 구장이 한 번도 바뀌지 않는 경험을 한 셈이다. 트레이드 당시에도 노장 투수로 통했던 최일언은 1990년 개막전 선발을 맡았지만 1년 만에 방출 통보를 받은 뒤 삼성으로 옮겼다.

5

롯데 전준호 ↔ 현대 현금 5억 원 32.5승

KBO는 공식적으로 롯데가 현금만 받은 것으로 공시한다. 실제로 롯데는 연세대 졸업 후 실업팀 현대 피닉스에서 뛰던 문동환을 받아왔다. 현대 피닉스는 현대그룹이 "제2의 프로야구 리그를 만들겠다"며 창단한 구단이었다. 부산 동래고를 졸업하면서 롯데에서 1차 지명을 받았던 문동환은 현대 피닉스와 계약할 때 '롯데에 입단하려면 5억 원을 물어내야 한다'는 조항을 넣었다. 태평양을 인수해 프로야구 리그에 뛰어든 현대는 롯데에서 5억 원을 받아 이 돈을 문동환에게 지급한 뒤 위약금을 내도록 하는 방식으로 이 문제를 해결했다. 문동환은 고향 팀에서 6년 동안 뛰면서 WAR 12.5승을 기록했다. 이를 반영하면 22.4승 차이로 줄어들지만 그래도 이 리스트에서 8위에 해당한다. 거꾸로 전준호가 (현대 선수단을 인수한) 히어로즈에서 은퇴할 때까지 기록을 반영하면 34.9승으로 4위가 된다.

4

LG 이용규, 홍현우 ↔ KIA 소소경, 이원식 33.8승

이 트레이드는 사실 LG에서 FA '먹튀'로 전락한 홍현우를 고향 팀 KIA로 돌려보내는 게 유일한 목적이라고 할 수 있었다. 당시 LG 지휘봉을 잡고 있던 이순철 전 감독이 "퓨처스리그(2군)에서 던질 투수가 없어서 트레이드를 했다"고 할 정도였다. 그러나 당시에는 '구색 맞추기용'이었던 그해 신인 이용규가 KIA에서 '터지면서' 평가가 달라졌다. 이용규는 KIA에서 9년 동안 뛰면서 WAR 34.1승을 기록하면서 국가대표 테이블 세터로 자리매김했다. 반면 나머지 선수 셋 모두, 트레이드 당시 예상대로, 이렇다 할 활약을 펼치지 못했다.

3

두산 진갑용 ↔ 삼성 이상훈, 현금 4억 원 35.5승

1996년 프로야구는 선두 경쟁 못지않게 꼴찌 싸움이 뜨거웠다. 서울 라이벌 LG와 OB가 서로 '꼴찌를 하겠다'고 나섰던 것. 그래야 연고 지역 외 고교 졸업생을 뽑는 신인 드래프트 2차 전체 1순위로 고려대 포수 진갑용을 '모셔 올 수' 있었기 때문이었다. 패하면 시즌 최하위를 확정할 수 있던 경기에서 OB 포수 이보형이 데뷔 첫 홈런을 쏘아 올려 동점을 만들자 "거기서 왜 홈런을 치나?"며 꾸지람을 들을 정도였다. OB는 다행히 그해 승률 0.397로 목표를 이룰 수 있었고 예상대로 진갑용을 지명한다. 문제는 진갑용의 성장이 더디기만 했다는 것. 그사이 홍성흔이 성장하면서 두산은 진갑용을 삼성으로 트레이드한다. 그 뒤로 진갑용은 프로야구 팬이라면 누구나 아는 그 진갑용이 됐다.

2

OB 한대화 ↔ 해태 양승호, 황기선 36.5승

간염과 척추 분리증이 문제였다. 김성근 당시 OB 감독은 이를 꾀병으로 여기고 한대화를 트레이드 시장에 내놓기로 했다. 대전에서 나고 자란 한 대화는 "고향에 새로 생긴 빙그레(현 한화)로 보내달라"고 했지만 신생팀엔 '먹을 것'이 부족했다. OB가 트레이드 파트너로 해태를 선택하자 한대화는 잠적을 선택했다. 그 바람에 프로야구 역사상 1호 임의탈퇴 선수로 이름을 올려야 했다. 동국대 은사였던 김인식 당시 해태 투수 코치가 찾아와 마음을 돌렸다. 한대화는 1985년 해태 주전 3루수였던 이순철을 외야로 밀어내면서 1986년 바로 3루수 부문 골든글러브 수상자로 이름을 올렸다. 그리고 1993년까지 해태에서 뛰면서 3루수 부문 골든글러브를 총 7번 받았고 그사이 우승 트로피도 6번 들어올렸다.

1

LG 박병호, 심수창 ↔ 넥센 송신영, 김성현 42.7승

프로야구 역사상 최고 조공 트레이드는 2011년 트레이드 마감일(7월 31일)에 나왔다. LG에서 '2군 본즈' 신세였던 박병호는 2012년부터 4년 연속 홈런, 타점 1위를 기록했고 2012년부터 2년 연속 최우수선수(MVP)로 뽑히기도 했다. 박병호가 2022년 시즌을 앞두고 FA 자격을 얻어 KT로 떠나기 전까지 넥센 그리고 키움 유니폼을 입고 기록한 WAR은 44.5승에 달한다. 프로야구 역사상 트레이드 이후 이렇게 높은 WAR을 기록한 선수는 박병호뿐이다. 게다가 트레이드 당시 발표와 달리 LG는 이 트레이드 과정에서 넥센에 현금 15억 원까지 건넸다. 대신 LG로 건너간 송신영은 그해 시즌 종료 후 한화와 FA 계약하면서 팀을 떠났다. 김성현은

순위	보낸 팀			받은 팀			차이
	구단	선수	WAR	구단	선수	WAR	
①	LG	박병호	44.5	넥센	송신영	1.0	42.7
		심수창	-0.6		김성현	0.2	
②	OB	한대화	35.7	해태	양승호	-0.5	36.5
					황기선	-0.3	
③	OB	진갑용	38.1	삼성	이상훈	2.6	35.5
④	LG	이용규	34.1	해태	소소경	-0.1	33.8
		홍현우	-0.1		이원식	0.3	
⑤	롯데	전준호	32.5	현대	현금	5억 원	32.5
⑥	LG	김상호	24.3	OB	최일언	0.4	23.9
⑦	쌍방울	김현욱	15.2	삼성	양용모	0.4	23.4
		김기태	8.5		이계성	-0.1	
					현금	20억 원	
⑧	해태	임창용	31.0	삼성	양준혁	4.6	22.8
					곽채진	3.4	
					황두성	0.2	
					현금	20억 원	
⑨	두산	최재훈	20.8	한화	신성현	-1.4	22.2
⑩	해태	이호준	24.6	SK	성영재	3.1	21.5

역대 '조공 트레이드' 톱 10

2012년 2월 8일 승부조작 혐의로 체포됐으며 결국 영구제명으로 선수 생활을 마감했다.

톱 10 안에 LG가 손해를 본 트레이드가 세 건 들어 있다. 이뿐만이 아니다. LG는 전신 MBC 시절 9번을 포함해 트레이드를 총 79번 진행했다. 트레이드를 통해 LG로 건너온 선수가 WAR 113.5승을 기록하는 동안 다른 팀으로 넘어간 선수는 WAR 237.9승을 올렸다. 124.4승을 손해 본 것이다. 한때 야구팬 사이에 '탈G(脫+LG) 효과'라는 말이 괜히 유행했던 게 아니다.

다만 −124.4승이 최악은 아니다. OB 시절 29번을 포함해 총 73번 트레이드를 진행한 두산은 +160.8승, −292.9승으로 토털 −132.1승이다. 사실 톱 10안에도 두산이 손해를 본 트레이드가 4건 들어 있었다. 그리고 LG와 두산 모두 타자를 내주는 바람에 손해를 봤다. 김상호라는 예외가 있기는 하지만 이 정도면 타자는 잠실구장을 떠나는 게 도움이 된다고 결론을 내리는 게 합리적이라고 할 수 있을 것이다.

거꾸로 트레이드로 가장 이득을 본 팀은 이제는 역사 속으로 사라진 현대(167.2승)였다. 이 팀은 삼미(12.2승)−청보(19.1승)−태평양(29.1승)−현대(106.8승)를 거치는 동안 계속 이득을 봤다. 현대가 '선수 빼 오기' 논란에서 벗어날 수 없는 게 사실이지만 △두산 심정수(22.0승) △한화 송지만(19.7승) △LG 박종호(18.1승) △KIA 정성훈(45.6승)을 영입한 게 꼭 '돈질' 결과였다고 볼 수는 없다. 워낙 장사수완이 있었던 데다 돈까지 있었다고 보는 게 옳다.

프로야구 역사에 존재했던 12개 구단 가운데 트레이드를 가장 많이 한 팀은 KIA다. KIA는 해태 시절 44번을 포함해 트레이드를 총 97번 진행했다. 이어 삼성, 한화, LG가 79번으로 공동 2위였다. KIA에서는 총 129명이 트레이드로 팀을 떠났고 124명이 들어왔다. 두 기록 모두 최다 1위다. 구단 간 조합은 KIA−LG가 16번으로 가장 많았고 삼성−한화가 14번으로 그다음이었다. 이동 인원 기준으로는 KIA에서 LG로 옮긴 선수가 25명으로 가장 많았고 삼성에서 한화로 옮긴 선수가 22명으로 그다음이었다.

역대 트레이드 WAR 손익				
순위	구단	받은 선수	보낸 선수	차이
①	현대	280.9	113.6	167.3
②	한화	169.9	96.8	73.1
③	SSG	132.5	68.5	64.0
④	NC	46.2	19.2	27.0
⑤	삼성	227.2	201.2	26.0
⑥	KT	63.8	43.9	19.9
⑦	쌍방울	70.3	80.1	-9.8
⑧	키움	118.1	136.2	-18.1
⑨	롯데	177.8	211.8	-34.0
⑩	KIA	240.0	298.8	-58.8
⑪	LG	113.5	237.9	-124.4
⑫	두산	160.8	292.9	-132.1

역대 최다 트레이드 조합		
순위	구단	받은 선수
①	KIA−LG	16
②	삼성−한화	14
③	삼성−KIA	13
	KIA−SSG	
	두산−KIA	
⑤	한화−KIA	12
	현대−LG	
⑧	두산−한화	11
⑨	롯데−삼성	10
	두산−삼성	
	롯데−한화	
⑩	삼성−쌍방울	9
	현대−KIA	
	KT−SSG	

프로야구가 현재 10개 체제를 갖춘 2015년 이후로는 KT가 트레이드를 가장 많이 했다. 이 글 처음에 나온 신생팀 특별지명을 포함해 트레이드를 총 34번 진행했다. 신생팀 특별지명 케이스 9건을 빼면 25번으로 줄어든다. 이러면 2위다. 대신 1위 자리를 지키는 팀은 SSG다. SSG는 트레이드를 26번 진행했다. 이어 △키움 24번 △KIA 23번 △롯데 20번 △NC 19번 △한화 18번 △LG 17번 △삼성 14번 △두산 11번 순서였다.

팀 간 조합으로는 역시 KT-SSG가 9건으로 가장 많았다. 이어 키움-KIA와 롯데-KT가 6건으로 그다음이었다. 반대로 △두산-삼성 △두산-키움 △롯데-KIA △삼성-LG △삼성-SSG 사이에는 트레이드가 한 건도 없었다. 선수를 가장 많이 떠나보낸 구단도 SSG(36명)였고 가장 많이 받아온 구단은 KT(45명)였다. 신생팀 특별지명 9명을 빼도 KT가 가장 많다.

KBO 리그 '흥행 폭발'의 주역은 '20대, 그리고 여성'

_이성훈

오랫동안 세계 야구계의 고민은 팬 노령화였다. 다른 스포츠 경기에 비해 템포가 느리고 경기 시간 자체도 길다. 여기에 '아무 일도 벌어지지 않는' 시간이 많은 특성 때문에 야구는 젊은 층에게 갈수록 외면 받았다. 자극적이고 도파민 분비를 촉진하는 콘텐츠가 갈수록 늘어가는 세계에서 야구가 설 자리는 갈수록 좁아지는 듯했다. 2017년 미국에서 메이저리그를 TV로 보는 시청자 평균 연령은 57세. 농구(NBA)가 42세, 축구(MLS)가 40세라는 점과 크게 비교됐다. 야구가 '노령층을 위한 스포츠'라는 증거 중 하나였다.

© LG 트윈스

야구 콘텐츠 경쟁력 강화를 위해 메이저리그가 나섰다. 2020년부터 피치클락 도입, 견제구 및 마운드 방문 횟수 제한 등 규칙 변경을 통해 경기 시간 단축을 위해 총력전을 펼쳤다. 그 결과 시청자와 관객이 다소 젊어지는 긍정적인 효과가 나타났다. 메이저리그 공식 홈페이지(MLB.com)는 지난해 4월에 "2023년 18세~24세 연령대에서 중계방송 TV 시청자수가 11% 늘어났다"고 소개하는 기사를 실었다. 메이저리그 중계를 스트리밍하는 MLB.tv 시청자 평균 연령은 4년 사이에 48세에서 44세, 티켓 구매자 중위 연령은 51세에서 45세로 낮아졌다고 덧붙였다. 롭 만프레드 커미셔너의 코멘트가 뒤를 이었다. "이것은 어마어마한 변화다".

그래도 아직 갈 길이 멀다. 광고, 2023년 마케팅 전문 업체 컬러매틱스(Colormatics.com) 조사에 따르면 미국 야구팬은 이런 특성을 가지고 있다.

● 남성 57%, 여성 43%
● 중위 연령 47세
● 가구 소득 7만 5천 달러 이상 47%

팬 중위연령 47세는 NBA(34세)보다 무려 13살이나 높았다. 그리고 평균 소득이 높은 남성이 주류였다. 즉 여전히 '남성/고소득/고령층'의 스포츠라는 것이다.

일본도 상황은 비슷한 것으로 보인다. 2023년 개막 직전 일본 마케팅 전문 사이트 '마나미나'는 이런 설문조사를 했다. 일본 검색 엔진에서 프로야구 관련 키워드 검색자 가운데 70%가 남성, 30%가 여성이었다. 그리고 야구 관련 키워드를 가장 열심히 검색하는 세대는 40대와 50대였다. 최근 젊은 세대, 그리고 여성 팬 비율이 다소 늘긴 했지만, 여전히 일본 야구팬 '주류'는 '40대 이상 남성'이라는 것이다. 그리고 인기가 떨어지고 있었다. **스태티스타(Statista.com)가 해마다 실시하는 여론조사에 따르면, 2015년 일본 국민 중 자신을 야구팬이라고 생각하는 사람은 약 3천만 명으로 추**

정됐다. 2024년에는 2210만 명으로 줄었다.

우리나라 상황도 일본과 비슷해보였다. 2023년 한국갤럽은 프로야구의 인기가 떨어지고 있다는 여론조사 결과를 내놓았다. 응답자 1001명 중 프로야구에 관심이 있다고 답한 사람은 32%. 2013년 44%에 비해 12%p가 하락했다. 특히 2013년 44%였던 20대 관심도는 2023년에 21%로 반토막이 났다. 그래서 이런 통념이 사실처럼 받아들여졌다. '야구란 젊은 층에게 인기를 잃어가는, 아재들의 스포츠'.

그런데 2024년, 이상한 일이 벌어졌다.
유례가 없는 흥행 폭발로 누구도 예상치 못한 '천만 관중' 시대가 열렸다. 그리고 그 주역은 야구에 '노관심'인 줄 알았던 청년, 그리고 여성이었다.

1. 야구장 관중석에 주류는 '20대'다.
먼저 LG, KIA, SSG, KT, 삼성, 한화 구단의 티켓 판매대행을 하는 티켓링크의 2024년 6월까지 데이터를 보자.

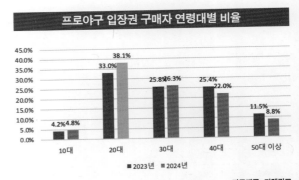

프로야구 입장권 구매자 연령대별 비율

자료제공: 티켓링크

이미 2023년에 프로야구 티켓 구매자 중 가장 큰 세대 집단은 20대였다. 33.0%로 30대와 40대보다 8%p 정도 앞섰다. 그리고 20대 점유율은 지난해 더 늘어났다. 전년 대비 5.1p%가 늘어난 38.1%가 20대 관객이었다. 그러니까 야구장 관객 10명 중 4명은 20대 팬이라는 것이다. 20대가 온라인 활동에 익숙한 세대라는 점을 고려해도 상당한 비율이다.

불과 5년 전까지만 해도 이렇지 않았다. 키움과 두산 티켓을 판매하는 인터파크의 데이터에서는 2019년 전체 티켓 구매자 중 20대가 차지하는 비율은 21.8%였다. 35.1%의 30대, 28.3%의 40대에 상당히 뒤져 있었다. 즉 2019년까지만 해도 한국 프로야구는 일본, 미국과 마찬가지로 중장년층이 사랑하는 스포츠였던 걸로 보인다. 그런데 불과 5년 사이에 20대 관객 점유율이 2배 가까이 높아진 것이다.

입장권 구매자 중 20대 점유율

연도	점유율
2019년	21.8%
2021년	36.7%
2022년	39.5%
2023년	41.9%
2024년	42.1%

자료제공: 티켓링크

입장권을 구단 자체 애플리케이션에서 판매하는 NC 구단 데이터에도 비슷한 이야기가 담겨 있다. 2022년 창원NC파크 티켓 구매자 중에는 40대가 가장 많았다. 하지만 2년 사

이에 20대의 점유율이 5.2%p 높아져 수적으로 가장 많은 집단이 됐다.

20대가 객석 주류가 되다보니 자연스레 프로야구 관객 '중위 연령'도 미국, 일본과 비교해 매우 젊어졌다.
티켓 구매자의 출생연도 정보를 담은 롯데 구단의 데이터에 따르면 2024년 티켓 구매자의 중위 연령은 29세다. 메이저리그 중위 연령 47세보다 무려 18살이나 어리다. 다른 구단의 데이터로는 중위 연령을 정확하게 특정하기는 어렵지만, 전체적인 상황은 비슷해 보인다. 20대 후반 혹은 30대 초반이 입장권 구매자 중위 연령일 가능성이 대단히 높다. 즉 미국과 일본과는 달리 한국에서 프로야구 관객의 주류는 명확히 청년이다.

데이터에서 드러나는 또 하나의 특징은 '성비'다.
남성이 주류인 미국, 일본과 달리, KBO 리그의 관중석에는 여성이 남성보다 많다.

티켓링크 데이터에서는 이미 2023년부터 티켓 구매자 중 여성 비중이 50.7%로 남성을 앞질렀다. 격차는 2024년에 더 커졌다. 여성 관객 비중이 3.7%p 높아져 54.4%에 달했다. 남성 관중보다 9%p 가까이 많다. 관객 100명 중 55명이 여성, 45명이 남성인 셈이다.

NC 연령대별 티켓 구매 비율

연령	2022년	2023년	2024년
10대	8.9%	13.4%	12.2%
20대	27.1%	29.8%	32.3%
30대	23.4%	22.0%	23.1%
40대	28.4%	25.9%	24.8%
50대	10.1%	7.5%	6.4%
60대 이상	2.0%	1.3%	1.2%

자료 제공 : NC 다이노스

프로야구 입장권 구매자 성비

연도	남성	여성
2023년	49.3%	50.7%
2024년	45.6%	54.4%

■남성 ■여성

자료제공: 티켓링크

특히 20대 여성의 점유율이 돋보인다. 올 시즌 전체 관중 23.4%가 20대 여성이다. 2023년에도 19.6%로 가장 큰 지분을 차지하고 있었는데, 지난해에는 점유율이 3.8%p 높아진 것이다. 모든 세대와 연령 집단 중 가장 점유율 증가폭이 컸다.

연령	남성	여성
10대	1.3%	3.5%
20대	10.4%	27.8%
30대	8.9%	17.4%
40대	9.0%	13.6%
50대 이상	4.0%	4.1%
전체	33.6%	66.4%

자료제공 티켓링크

입장권 구매자 연령/성별 비율

자료제공: 티켓링크

인터파크의 2019년 이후 데이터를 보면 20대 여성 관객의 증가 추이를 알 수 있다. 2019년 전체 티켓 구매자 중 20대 여성 점유율은 17.9%. 이후 해마다 높아져 2024년에는 25%에 육박했다. 즉, 지금 야구장 관객 4명 중 1명은 20대 여성이다.

티켓 대행업체들은 개별 구단 수치는 밝히기를 원치 않았다. 하지만 KIA 구단의 수치는 꼭 확인하고 싶었다. 워낙 놀라운 경향을 보였기 때문이다. 그래서 구단으로부터 데이터를 제공받으며 공개를 허락받았다.

지난해 KIA 홈경기 입장권 구매자 가운데 무려 66.4%가 여성이었다. 남성(33.6%)의 거의 2배다. 2023년에 이미 여성 관객이 59.1%로 남성보다 꽤 많았는데, 지난해엔 7.3%p나 늘어난 것이다. 아마도 여성 관객이 남성의 두 배인 프로야구단은 전세계에서 KIA 밖에 없을 것이다. 50대 이상 노령층을 제외한 모든 연령대에서, '여초 현상'이 뚜렷하다.

결론은 이렇다. 미국, 일본과 달리 한국 프로야구는 '아재들의 스포츠'가 아니다. 지금 KBO 리그는 20대 청년, 그리고 여성들이 사랑하는 콘텐츠다.

불과 1년 전만 해도 인기 감소를 걱정하던 프로야구에 어떻게 갑자기 이런 일이 벌어진 걸까. 그 이유에 대해 2024년 내내 많은 가설과 주장이 쏟아졌다. 가성비, 응원문화, 코로나 시대 이후 야외 활동과 '집단적 일체감'을 느낄 수 있는 경험의 감소, 소셜네트워크서비스(SNS) 친화적인 야구장의 분위기, 젊은 스타의 대거 등장, 구단 판매 상품(굿즈)의 품질 개선, 전력 평준화, '최강야구'의 엄청난 인기, '프로야구 키드'였던 부모 세대의 영향 등등. 이들 중 무엇이 얼마만큼 중요한 이유였는지는 불확실하다.

확실한 것은 이 현상의 지속 가능성이 미지수라는 것이다. 티켓링크는 이런 조사 결과를 낸 적이 있다.
"최근 3년간 상반기(개막전—올스타전) 예매 관중 데이터를 비교 분석한 자료에 따르면 프로야구 관람 문화가 성비와 상관없이 전연령층으로 급격히 변화되고 있는 것으로 나타났다. 20대 관중이 과반수를 넘어섰고, 관중 증가율은 10대가 가장 높았다. 여성 관중은 40% 벽을 넘어섰으며, 특히 20대 여성 관중이 주도했다. (중략) 연령대로 살펴보면 20대 관중이 50.4%로 가장 높았다. 뒤를 이어 30대 30%, 40대

10.7%, 10대 5.4%, 50대 이상 3.5% 순으로 나타났다. (중략) 올 상반기 프로야구 예매관중은 20대 남성이 25.9%, 20대 여성이 24.5%, 30대 남성이 20.8%로 주류를 이루었다."

숫자만 조금 바꾸면 2024년 프로야구를 설명하는데도 적절해 보이는 글이다. 하지만 이 조사 결과는 2012년 7월에 발표됐다. 즉 12년 전에도 여성과 20대 관중의 급증이 야구계의 화제였다.

2012년은 KBO 리그의 '종전 최고 흥행 시즌'으로 기억된다. 이 시즌 경기당 관중 1만3451명은 원년 이후 최고 기록이었다. 2024년에야 1만5122명으로 기록이 깨졌다. 당시 사직구장 평균 관중은 2만742명으로 프로야구 역사상 최고치였다. 이 기록은 지난해에도 깨지지 않았다. 이 엄청났던 열기의 주역도 2025년처럼 20대와 여성이었다.

12년 전 뜨거운 열기는 오래 지속되지 않았다. 인터파크 데이터를 다시 인용하면 2019년 티켓 구매자 중 20대의 점유율은 21.8%였다. 2012년 50.4%에서 불과 7년 만에 절반 이하로 내려간 것이다. 20대 여성 점유율은 2012년의 24.5%에서 2019년 17.9%로 하락했다. 하락폭이 20대 남성에 비해 작긴 했지만 7년 전보다는 꽤 낮아졌다.

그 이유가 무엇인지도 불확실하다. 10구단 체제 출범, 심판의 금품수수, 원정도박을 비롯한 선수들의 반사회적 사건 사고, 지금보다 덜 활발했던 SNS, 그럼에도 불구하고 공론장에 넘쳐나던 프로야구에 대한 조롱 등. 지금과는 다른 조건들 중 어떤 변수가 어느 정도로 영향을 끼쳤는지 알아내는 건 필자의 깜냥 밖이다. 하지만 '젊은 관객 폭증 현상'이 신기루처럼 사라진 전례도 있다는 건 확실하다.

한국의 문화 소비자들은 지금 세계를 휩쓸고 있는 'K-컬처'를 만든 주역 중 하나다. 단순한 소비가 아니라 역동적인 참여를 통해 콘텐츠의 내용과 형식이 진화하는데 결정적인 역할을 해왔다. 세계 어느 나라보다 역동적이고, 주체적

이며, 높은 퀄리티를 요구한다. 실망할 경우, 선택할 수 있는 대안도 다양하다. 프로야구는 갑작스레 찾아온 이들의 사랑을 오랫동안 끌어안고, 함께 진화할 수 있을까.

자체매출 비율로 본 한국프로야구의 '자생력'

_최민규

한국 프로야구의 특징은 재벌 주도다. 쟁쟁한 대기업집단이 프로야구단을 소유한다.

공정거래위원회는 매년 자산총액을 기준으로 한 대기업집단 순위를 발표한다. 2024년 발표에서 KBO 리그 8개 구단 모기업집단이 상위 20위 안에 랭크됐다. 비율로는 80%다. 삼성이 1위로 가장 높고, 두산이 17위로 가장 낮았다. 2위 SK는 2020년까지 와이번스 구단을 운영하다 이듬해부터 신세계(11위)에 매각했다.

Hop on
Hop off

타국 리그는 그렇지 않다

2024년 프로야구단 모기업 재계 순위

구단	모기업	자산총액(10억 원)	순위
삼성	삼성	566,822	1
KIA	현대자동차	281,369	3
LG	엘지	177,903	4
롯데	롯데	129,829	6
한화	한화	112,463	7
SSG	신세계	62,051	11
KT	케이티	46,859	12
두산	두산	26,960	17
NC	두산	4,394	-
서울히어로즈	두산	38	-

출처=공정거래위원회

프로야구 원년인 1982년에는 6개 구단 체제였다. 삼성(3위), OB(12위), 삼미(19위), 롯데(20위)가 전년도 매출액 기준 상위 20위 재벌로 평가됐다. 비율은 75%로 2024년보다 다소 낮다. 당시 언론보도에 따르면 프로야구 첫 시즌이 성공적으로 마감된 뒤 많은 재벌이 프로야구단 인수나 창단에 관심을 드러냈다. 이들 가운데 한화, LG, 현대그룹은 시차를 두고 뜻을 이뤘다.

1982년 프로야구단 모기업 재계순위

구단	모기업	자산총액(10억 원)	순위
삼성	삼성	2,476	3
OB	두산	638	12
MBC			
롯데	롯데	337	20
삼미	삼미	385	19
해태	해태		

출처=〈경향신문〉, 1982년 10월 21일자

메이저리그에서는 개인, 혹은 가족, 투자자그룹, 프로스포츠 운영기업이 구단을 소유하는 게 일반적이다. 캐나다 통신회사 로저스커뮤니케이션스가 운영하는 토론토 블루제이스 정도가 대기업 소유로 분류할 수 있는 구단이다. 1964년 CBS 방송이 최대 명문인 뉴욕 양키스 지분 80%를 사들인 적이 있다. 하지만 '기업 소유'는 오래가지 못했다. CBS는 9년 뒤 클리블랜드의 사업가 조지 스타인브레너가 이끄는 투자자들에게 구단을 재매각했다. 스타인브레너는 당시 선박회사를 운영하고 있었지만 회사는 양키스 구단과 무관했다.

일본프로야구(NPB)는 한국과 같은 기업 소유가 일반적이다. 하지만 일본을 대표하는 대기업들은 프로야구에 참여하지 않는다. 일본 최고 기업 토요타를 비롯해 사회인야구 팀을 운영하는 경우가 훨씬 많다. 프로야구는 전통적으로 신문(요미우리·주니치), 철도 및 유통(한신·세이부), 식음료(야쿠르트·롯데·니혼햄) 등 소비재 기업의 영역이었다. 히로시마 카프는 자동차 대기업인 마쓰다와 창업자 가문이 지분 75% 이상을 소유한다. 하지만 사실상 시민구단처럼 운영된다. 비교적 최근에야 금융(오릭스)과 IT(소프트뱅크·라쿠텐·DeNA) 기업이 후발 주자로 참여하며 변화가 이뤄졌다. 2024년 시가총액 기준 일본 상위 25대 기업 가운데 프로야구단을 소유한 기업은 소프트뱅크(15위) 단 하나다.

대만 프로야구(CPBL)는 호텔과 브라더미싱 수입총판 사업을 하던 슝디그룹 홍텅성 회장의 주도로 1989년 창설됐다. 슝디와 함께 원년 멤버인 퉁이와 웨이취안, 싼상은 식품 사업을 운영했다. 2010년대부터 금융(중신, 푸방금융), 제조업(대만강철) 분야 대기업이 프로야구에 뛰어들었다. 중신그룹은 2002-2008년 프로야구단을 운영했지만 승부조작 파문으로 손을 뗐다 2014년 CPBL에 복귀했다.

타국과는 달리 대기업이 주도한 프로야구 창설은 '스포츠공화국'으로 불렸던 제5공화국의 정책과 무관치 않다. 5공 정부는 1988년 서울올림픽 유치와 준비 단계부터 사기업의 참여를 독려했다. 비슷한 맥락에서 돈이 많이 드는 프로야구 창설에도 민간기업의 자원을 동원한 셈이다. 프로야구 출범은 청와대의 주도 내지 적극적인 협력으로 이뤄질 수 있었다. 당시 재계 서열 1위였던 현대그룹은 프로야구 참여를 고사했다. 훨씬 큰 국책사업이던 올림픽에 전념하겠다는 이유였다.

5공화국은 정경유착 카르텔이 공고했다. 청와대가 주도하는 사업에 적극적으로 동참하는 건 기업 입장에서 손해 보는 장사가 아니었다. 당시 분위기를 알려주는 일화가 있다. 초대 한국야구위원회(KBO) 총재는 군 출신으로 전두환의 상관을 지냈던 서종철 씨였다. 구단주들은 정례적으로 서 총재를 '모시고' 골프 회동을 했다. 이명박 대통령 시절인 2009년 KBO가 청와대가 선호한 인사 대신 유영구 명지학원 이사장을 총재로 선출한 점과 매우 비교된다.

5공 정부도 기업에 지원을 했다. 1982년에는 야간조명시설이 갖춰진 프로야구구장이 서울운동장 야구장(동대문구장) 단 한 곳이었다. 지방자치제 실시 이전이라 모든 구장은 중앙정부 소유였다. 내무부 차원에서 속전속결로 원년 후반기에 조명시설을 완공했다. 세제 혜택도 주어졌다. 재무부는 1982년 2월 '대통령 각하의 지시사항에 관한 협조 건'이라는 공문을 보냈다. "기업이 프로야구단에 투자한 금전은 기업의 광고선전비로 처리한다"는 내용이었다. 모기업은 이에 따른 절세효과를 누릴 수 있었다.

인기를 먹고사는 프로스포츠는 소비재 기업에 좀 더 적합한 광고판이다. 현존하는 가장 오래된 프로야구 리그인 미국 내셔널리그(NL)는 1876년 창설 당시 〈시카고트리뷴〉 신문의 도움을 크게 받았다. 신문사 경영진이 프로야구가 신문 부수 확장에 도움이 된다고 판단했기 때문이다. 일본과 대만 프로야구가 그 뒤를 따랐다. 한국에서는 프로 이전 실업야구기 비슷했다. 실업야구는 해방 이후 관공서, 공기업, 군이 운영을 주도했다. 1960년대 초반 민간은행 팀 등이 생겨났고, 이후 크라운맥주, 롯데, 한국화장품 등 소비재 기업이 뛰어들었다.

프로야구 초창기에도 이런 성격이 드러난다. 롯데는 해태와 함께 제과업계 라이벌로 꼽혔다. 삼성그룹에는 식음료가 주 업종인 제일제당(현 CJ)이 계열 분리 전이라 계열사로 남아 있었다. 두산은 OB맥주와 코카콜라를 판매했다. 특수강이 주종 사업인 삼미그룹은 프로야구와는 큰 관계가 없는 기업이었다. 하지만 32세 김현철 회장이 야구단을 소유하겠다는 열망이 컸다. 원래 상업방송이던 MBC는 1980년 언론 통폐합으로 공영화된 뒤 정부 영향권 아래 들어갔다. 정부가 주도한 프로야구 사업에 발을 맞추는 건 자연스러웠다. KBO 설립 이전에 자체 프로야구단을 운영할 계획도 갖고 있었다.

프로야구 구단과 자생력

원년 프로야구단은 대략 13억–20억 원씩을 지출했다. 1982년 10월 8일자 경향신문 보도에 따르면 롯데그룹은 이해 프로야구에 20억 원을 투자했다. 가장 많은 금액이었다. 자체 예산 6억 원을 들여 구덕야구장과 마산야구장에 조명설비를 했기 때문이다. 그룹에서는 그 이상의 광고효과를 누린 것으로 판단했다고 한다. 팀당 선수가 30명 안팎이라 가장 큰 비용인 연봉 지출도 적었다.

1982년 프로야구단 수입과 비용(단위 억 원)

구단	수입	비용	적자
삼성	3	13	-10
OB	6	15	-9
MBC			
롯데		20	
삼미	8	15	-7
해태	5	13	-8

출처=⟨경향신문⟩, 1982년 10월 8일지

하지만 이후 비용은 꾸준히 증가했다. 야구단 운영으로 벌어들이는 수입은 그에 훨씬 미치지 못했다. 1988년께에 모든 구단이 2군을 뒀고, 1990년엔 2군 리그가 창설됐다. 훨씬 많은 선수가 필요해졌다. 1982년 프로야구선수 평균 연봉은 1215만원이었다. 1994년에는 1757만원으로 13년 동안 44.6% 증가에 그쳤다. 구단들은 '연봉 25% 상한선'이라는 담합을 하며 성공적으로 연봉 인상을 억제해왔다. 하지만 1995년 2442만원으로 무려 39%나 증가한 것을 시작으로 고삐가 풀렸다. 1995년부터 2003년까지 9년 동안 7번이나 평균 연봉이 10% 이상 상승했다. 1999년 시즌 뒤 시행된 프리에이전트(FA) 제도는 연봉 상승을 가속화했다. 그리고 선수단 연봉은 구단 운영비의 일부일 뿐이다.

2023년 KBO 리그 각 구단이 지출한 비용 평균치는 대략 600억 원 선이다. 원년과 비교하면 30배 이상 상승했다. 인플레이션을 고려하더라도 비용 증가 추세는 뚜렷하다. 1982년 두산그룹은 프로야구단에 15억 원을 투입했다. 소비자물가지수를 적용해 2023년 현재 가치로 환산하면 61억 원이다. 2023년 두산 베어스 구단의 전체 비용은 554억 원으로 9배 이상이다.

물론 이 기간 모기업 규모도 한국 경제의 성장과 함께 엄청나게 커졌다. 하지만 '프로야구단을 운영할 이유'는 프로 원년에 비해 계속 줄어들었다. 기업 규모가 커짐에 따라 광고 비용도 늘어났다. 하지만 새로운 글로벌 고객 비중이 커져갔다. '한국 프로야구 팬'은 광고 대상으로서 매력이 줄어들었다. 전체 엔터테인먼트 산업에서 프로야구가 갖는 위상도 하락했다. 프로 원년 이후 한동안 TV 광고에 출연하는 스타 야구선수가 많았다. 지금은 매우 드물다. 기업 활동의 성격도 달라졌다. 지금 프로야구 모기업 중 전통적인 소비재 산업을 주력으로 하는 곳은 롯데와 신세계 정도다.

1982년 출범 직후 프로야구는 저비용고효율 광고수단으로 여겨졌다. 하지만 1980년대 중반부터 이미 언론에서는 '프로야구의 자생력'이 문제로 지적됐다. 프로야구는 '고비용저효율' 사업으로 전락했다. SK와 KIA는 2000년대 프로야구에 뛰어든 대기업이다. 참여 결정은 사업성이 아닌 정치권의 압력, 또는 권유로 내려졌다는 증언이 많다. 모기업이 호황을 누릴 때 프로야구단에 들어가는 비용은 큰 문제가 아니다. 재벌을 모기업으로 하는 '규모'의 이득을 프로야구가 누리는 셈이다. 하지만 그렇지 않을 때는 얘기가 달라진다. 영업 활동보다는 모기업의 지원으로 얻는 수입이 훨씬 큰 구단이라면 '돈을 벌어야 할 이유'가 적다. 이런 조직은 위기가 닥쳤을 때 극복하기 어렵다. 명문 구단 해태 타이거즈와

'자생력'의 판단 기준은?

현대 유니콘스가 매각과 소멸의 길을 걸었다는 점은 한국 프로야구 구단이 모기업 경영난이라는 조건에서 얼마나 취약한지를 생생하게 보여줬다.

프로야구단은 매년 회계감사를 받는다. 프로야구단 회계에는 오래된 특징이 있다. 장부상으로는 매년 소폭 흑자, 또는 소폭 적자다. 하지만 실질적으로는 상당한 적자 상태다. 적자분을 모기업 계열사들이 여러 명목으로 구단에 지급하는 금액으로 보전한다. 따라서 영업이익이나 당기순이익은 프로야구 구단의 재정을 파악하는 좋은 지표가 아니다. 야구단의 영업으로 이뤄진 영역과 계열사간 거래 영역으로 나눠 파악하는 게 합리적이다.

모기업 계열사는 기업회계에서 '특수관계자'로 분류된다. 구단이 매년 금융감독원에 제출하는 감사보고서와 대기업기업집단현황공시에는 특수관계자와의 거래가 기재된다. 이를 토대로 프로야구단의 '자체매출비율'이라는 지표를 고안할 수 있다. 총매출에서 특수관계자와의 거래에서 발생한 매출을 제외한다. 그리고 이를 총매출액으로 나눈다. 그러면 전체 매출에서 입장권 수입, 상품 판매, 구장 광고유치, FA 보상금, 트레이드머니, TV 중계 등 모기업으로부터 독립적인 매출이 차지하는 비율을 표시할 수 있다. 구단마다 회계기준에는 다소 차이가 있다. 하지만 이 수치가 높으면 모기업에 대해 '자생력이 있다'고 평가할 수 있다.

자체매출비율 = (총매출-특수관계자매출)/총매출

각 구단 감사보고서는 금융감독원 전사공시시스템에서 확인할 수 있다. 1999년 삼성 라이온즈 보고서가 가장 오래된

것이다. 삼성 구단의 이해 매출액은 262억 원에 당기순이익 10억 원이었다. 매출에서 대구구장 입장수입은 23억 원으로 전체의 9.0%를 차지했다. 광고수입은 3.4%에 그쳤다.

지원금수입(47.1%)과 사업수입(40.0%)이 매출의 대다수를 차지했다. 지원금은 전액을 삼성그룹 13개 계열사에서 분담했다. 삼성전자가 38억 원으로 가장 큰 부담을 했고 이어 삼성생명(28억 원), 삼성화재(20억 원), 삼성증권(10억 원)순이었다. 계열사들은 이와 별도로 사업수입으로 잡힌 매출도 책임졌다. 이해 삼성구단의 전체 사업수입은 105억 원이었다. 계열사들로부터 발생한 사업수입 매출은 65.6%에 해당하는 69억 원이었다. 이해 삼성 구단의 자체매출비율은 26.7%에 불과했다. 전년도의 33.0%보다 하락한 수치다. 원년 이후 한국 프로야구 최고 명문을 다퉈왔던 팀의 초라한 현실을 여실히 보여준다.

1999년 삼성 라이온즈 매출과 원천

항목	합계	항목별 매출(단위 원) 비율
입장수입	2,371,839,976	9.0%
광고수입	883,577,249	3.4%
사업수입	10,496,767,400	40.0%
지원금수입	12,350,000,000	47.1%
임대수입	140,976,812	0.5%
합계	26,243,161,437	100.0%
특수관계자 매출		
지원금수입	12,350,000,000	47.1%
사업수입	6,880,840,000	26.2%
합계	19,230,840,000	73.3%
자체매출비율		
26.7%		

출처=금융감독원

'현실'은 쉽게 바뀌지 않았다. 프로야구 전 구단의 매출과 특수관계자 매출은 2009년도 회계부터 금융감독원 홈페이지에서 확인할 수 있다. 1998-2008년 기간에는 적으면 1개, 많으면 4개 구단의 보고서가 등재돼 있다. 일종의 표본조사라는 한계는 있다. 하지만 이 시기 구단들의 '자생력'에 개선 조짐이 보이지 않았다는 사실은 명확하게 드러난다.

2000년 회계자료는 삼성 외에 LG, SK 구단이 제출했다. 세 구단의 자체매출비율 평균은 20.0%에 불과했다. 삼성이 27.7%였고, LG는 28.8%. 수도 서울이라는 '빅 마켓'과 관중석이 많은 잠실구장이라는 조건은 유명무실했다. 인천을 연고로 하는 SK는 총매출액 302억원 가운데 특수관계자매출이 204억 원이었다. 자체매출비율은 3.5%에 불과했다. "프로야구단 운영은 기업이익의 사회 환원 차원일 뿐"이라는 말은 그렇게 과장이 아니었다.

이해는 해체된 쌍방울 레이더스 선수단을 모태로 한 SK의 첫 시즌이었다. 인천은 전통적으로 프로야구 흥행이 어려운 연고지였다. 원년 삼미를 시작으로 청보, 태평양, 현대로 연고 구단이 어지럽게 변했다. 그리고 현대는 SK 창단과 함께 수원으로 홈구장을 옮겼다. 가뜩이나 적었던 팬 층이 나뉘어졌다. 야구단이 수익을 거두기 어려운 환경이다. 그렇다 하더라도 3.5%는 참담한 수치다. 총매출 211억 원 가운데 204억 원을 SK텔레콤이 책임졌다. 이해 SK의 입장료 수입은 7억7600만원. 회원수입은 2780만원, 상품매출은 2550만원에 불과했다. 2년 뒤인 2002년, SK는 새로 개장한 문학구장으로 둥지를 옮긴다. 구장 시설로는 KBO 리그 최고의 환경이었다. 하지만 2002년에도 SK 구단의 자체매출비율은 7.8%에 불과했다.

2000-2007년 기간에 매출액과 특수관계자 매출을 금융감독원에 제출한 구단은 대개 3-4개였다. 이 기간 자체매출비율이 가장 높았던 해는 2007년의 27.7%였다. 최저는 2001년의 17.7%. 구단별로는 삼성은 최고 31.6%/

최저 20.3%, LG 33.4%/21.0%, SK 13.2%/3.5%, 두산 32.3%/25.3%로 SK를 제외하곤 대동소이했다.

1998-2008년 KBO 리그 자체매출비율(비전수조사)

연도	구단	자체매출비율
1998	1개	33.0%
1999	1개	26.7%
2000	3개	20.0%
2001	3개	17.7%
2002	3개	20.0%
2003	3개	21.7%
2004	3개	19.7%
2005	4개	23.2%
2006	3개	24.5%
2007	3개	27.7%
2008	3개(히어로즈 제외)	33.3%

'자생력'이 강화됐다.

그 이유는?

2008년 KBO 리그에는 큰 변화가 생긴다. 특수관계자가 없어 자체매출비율이 늘 100%인 히어로즈 구단이 창단한다. 그리고 두산이 처음으로 40%대(44.1%)를 찍는다. 당시 두산그룹은 경영권 분쟁에 이어 구조조정을 단행했다. 이 시기 야구단에도 '자구' 분위기가 강했다. 두산 구단은 2010년 자체매출비율 50%를 넘겼고 2011년엔 59.5%로 거의 60%선을 넘길 뻔했다. 서울이라는 대형 연고지에 야구단의 선전으로 팬 층도 늘어났다. 부산 연고인 롯데의 약진도 두드러진다. 롯데는 2008년 제리 로이스터 감독 부임 이후 흥행이 폭발했다. 로이스터 감독 첫 두 시즌엔 사직구장 관객이 130만 명을 돌파했다. 자체매출비율은 2009년 44.6%, 2010년 46.3%였다. 다음 두 시즌엔 모두 56%를 넘었다. 2009년 롯데 구단 관계자에게 항목별 매출액을 문의한 적이 있다. 관중수입, 구장광고, 프로모션&식음료, 상품판매, KBOP 분배수입 등이 181원이었다. 금융감독원 공시가 아닌 이 기준에 따르면 '자체매출'이 차지하는 비율이 60%에 가까웠다.

경영 호전은 두산과 롯데만의 일은 아니었다. 금융감독원에서는 2009년부터는 프로야구 전 구단의 매출액과 특수관계자 매출액을 확인할 수 있다. 2009년에 자체매출비율은 44.1%로 올라간다. 무슨 일이 있었을까.

전해인 2008년 야구 국가대표팀은 베이징올림픽 우승을 차지한다. 월드베이스볼클래식(WBC) 4강(2006년), 준우승(2009년)과 함께 한국 야구는 국제무대에서 최대 전성기를 맞았다. 반응은 강하게 왔다. 2006년 WBC 4강 다음 시즌에 KBO 리그 평균관중은 8144명으로 11년 만에 최고치를 찍었다. 전년 대비 증가율 35.0%는 이때까지 역대 1위였다. 시즌 중 치러진 올림픽에서 금메달을 따낸 2008년엔 28.1%였다. 그리고 리그 평균관중은 사상 두 번째로 1만 명을 넘겼다. 리그 전체의 경쟁력이 국제무대에서 입증됐고, 프로야구는 소비자인 팬에게 매력적인 대상이 됐다. 프로야구단이 드디어 돈을 벌기 시작했고, '자생력'도 강화됐다. 자체매출비율은 2011년 사상 최초로 50%를 넘겼고, 이듬해엔 61.8%를 찍었다.

이 비율은 이듬해인 2013년 51.8%로 급락한다. 부정적으로 볼 필요는 없다. 국제무대의 성과와 경영 호전을 바탕삼아 프로야구는 확장기를 맞는다. 2013년은 제9구단 NC가 1군 첫 시즌을 보낸 해였다. 2015년 10구단 KT가 1군 데뷔 시즌을 보내자 자체매출비율은 50.8%로 다시 급락한다. 팬층이 두껍지 않고, 연고지 시장규모가 작은 신생 구단이 당장 경영에서 기존 구단과 비슷한 성과를 거두기는 어렵다.

하지만 NC나 KT는 과거 SK가 자의반타의반으로 리그에 뛰어들 때보다 훨씬 나은 환경에서 시작을 할 수 있었다. NC의 자체매출비율은 2013년 38.5%에 불과했다. 2군 경기만

롯데자이언츠 2009년 매출(단위 억 원)

구단	매출	당기순이익	자체매출	특수관계자매출	자체매출비율
롯데	303	34	135	168	44.6%

출처=금융감독원

항목	금액
관중 수입	62
구장 광고	34
프로모션&식음료	30
상품판매	36
그룹 광고	120
KBOP 배분	19

출처=구단 취재

소화했던 2012년 1.7%보다는 크게 나아진 수치다. 하지만 1군 두 번째 시즌인 2014년에 49.9%였고, 2016년엔 58.7%였다. 김종문 전 NC 단장은 이에 대해 "영업전문가를 기용해 인센티브 베이스로 연봉계약을 하는 등 마케팅 실적에 노력을 했다"고 밝혔다.

리그 전체 자체매출비율은 2016년 54.4%, 2017년 56.9%로 향상됐고, 2018, 2019년엔 다시 60%선을 회복한다. 각 구단들은 과거보다 더 마케팅에 노력을 기울였다. 2014년부터 시작된 중요한 변화는 이런 노력이 결실을 맺을 수 있게 했다. '야구장 르네상스'다.

1982년 원년에 프로야구장다운 구장은 이해 시즌 도중 완공돼 몇 경기만 치른 잠실구장과 전통의 동대문구장밖에 없었다. 부산(1969년 개장), 대구(1948년), 대전(1964년), 인천(1934년), 광주(1965년) 등 지방구장은 프로야구 출범 시점에 이미 낙후된 시설이었다. 관객 수용규모는 1만석 남짓

2009-2023년 KBO 리그 자체매출비율(전수조사/단위 억 원)				
연도	매출	당기순이익	자체매출	특수관계자매출	자체매출비율
2009	2,129	26	875	1,254	44.1%
2010	2,292	5	1,042	1,250	47.6%
2011	2,720	21	1,410	1,310	54.2%
2012	3,039	131	1,829	1,210	61.8%
2013	3,228	-249	1,608	1,620	51.8%
2014	3,602	-260	1,828	1,774	52.7%
2015	4,547	-127	2,255	2,292	50.8%
2016	5,031	128	2,761	2,270	54.4%
2017	5,207	-124	2,894	2,313	56.9%
2018	5,077	97	2,993	2,084	60.6%
2019	5,163	7	3,081	2,082	60.5%
2020	4,322	-314	1,953	2,369	47.9%
2021	4,886	27	2,355	2,531	50.5%
2022	5,467	-133	3,082	2,385	58.3%
2023	6,147	156	3,838	2,309	62.9%

에 불과했다.

1986년 부산 사직구장이 개장했다. 하지만 프로 출범 이후 '세 번째 야구장'인 문학구장은 그 16년 뒤인 2002년에야 등장할 수 있었다. 수원구장이 1989년 개장하긴 했지만 인천 연고구단의 보조구장, 그리고 현대 유니콘스의 '임시' 홈구장으로 활용됐을 뿐이다. KBO는 원년부터 오랫동안 한국시리즈 후반 경기를 '중립지역'인 서울에서 치르도록 정했다. 지방구장의 열악한 객석 규모가 이유였다. 메이저리그 구단들이 1910년대에 이미 강철과 콘크리트로 지어진 3만석대 구장을 보유한 점과 비교된다. 일본프로야구도 1936년 출범 당시 야구장 평균 수용인원이 3만 명 이상이었다.

'야구장 르네상스'는 2014년 광주KIA챔피언스필드 개장이 시작이었다. 2016년 대구삼성라이온즈파크와 고척스카이돔, 2019년 창원NC파크와 옛 수원구장을 대폭 개축한 수원KT위즈파크가 뒤따랐다. 2025년 대전한화생명볼파크가 개장하면 10개 구단이 모두 프로 출범 이전 개장한 구식 구장시대를 졸업하게 된다. 이걸로 끝이 아니다. SSG가 2028년 2만1000석 규모 돔구장인 청라돔구장에 입주할 예정이다. 2031년엔 부산 사직야구장이 재건축돼 개장할 예정이다. LG와 두산의 홈인 잠실구장은 2032년 3월 3만 5000석 규모 돔구장으로 변신해 문을 연다.

프로야구단과 모기업들이 '구단 자생력'을 실현하지 못했던 큰 이유 중 하나가 낙후된 야구장이었다. 이건희 삼성그룹 회장은 1993년 프로야구 전용구장 건립을 약속했다. 하지만 실현되지 못했다. 전용구장은 비업무용 부동산으로 분류돼 세금 부담이 컸다. 민간 기업이 야구장 시설을 짓고 소유할 법적 근거도 마련돼 있지 않았다. LG그룹이 1990년대 뚝섬에 계획했던 돔구장 계획이 좌초된 것도 이런 이유였다. 구단들은 2000년대 중반부터 고가의 고급좌석을 설치하기 시작했다. 당시 삼성 구단 관계자는 "대구구장엔 고급 좌석을 만들래야 만들 수가 없다"고 푸념했다. 그래서 비

싼 도시락을 제공하는 궁여지책을 냈다.

새 야구장은 뚜렷한 관객증가 효과를 불렀다. KIA는 무등경기장에서 보낸 마지막 시즌인 2013년 평균 관객 7352명을 유치했다. 새구장 첫 시즌엔 1만366명으로 41%나 증가했다. 새구장 첫 시즌 평균관객증가율은 삼성 62%, NC 60%, 키움 53%로 급격한 상승세였다. 2016년 삼성 구단 감사보고서에 따르면 이해 홈 관중 입장수입은 2015년 68억 원에서 이듬해 90억 원으로 증가했다. 여기에 '신축구장수입' 항목이 새로 생겨 47억 원 매출이 발생했다. 새 야구장의 효과는 단순히 관객석이 늘어났다는 점에 국한되지 않는다. 구단은 팬에게 더 좋은 관람경험을 제공해 줄 수 있고 여기에서 더 비싼 티켓과 식음료, 상품 등을 판매할 가능성이 생긴다. 구장 광고에서도 유리하다.

'자생력'은 최고의 가치인가?

2020년 코로나 팬데믹은 전세계 스포츠를 강타했다. KBO 리그도 입장제한 조치를 해야 했다. 평균관중은 2020년 456명, 2021년에 1706명에 그쳤다. 하지만 곧 회복했다. 팬데믹 여파가 남아있던 2022년 평균관중은 8439명이었고 이듬해엔 1만1250명으로 팬데믹 전 수준을 회복했다. 그리고 지난해엔 역대 최고 흥행시즌을 맞았다. 역대 최다 관중(1088만7705명)과 역대 최고입장수입(1593억 원) 기록이 세워졌다. 자체매출비율도 2020년 47.9%, 2021년 50.5%로 급락했지만 2023년에는 62.9%로 역대 최고치를 찍었다. 지난해 다시 경신이 유력하다.

팬데믹이라는 재앙이 있었음에도 한국 프로야구의 오래 묵은 숙제였던 '자생력'은 개선돼온 경향은 뚜렷하다. 2009년부터 2023년까지 구단자체매출은 3.51배 증가했다. 특수관계자매출은 그 절반 아래인 1.52배 증가했다는 점이 잘 보여준다.

여기에는 팬들의 성원 못지않게 구단들의 노력도 큰 영향을 미쳤을 것이다. 그런데 2009년 이후 리그 전체 자체매출비율 상승에 국제대회 선전과 새 야구장 건설이 중요한 영향을 미쳤다는 점을 상기할 필요가 있다.

프로야구 리그에서 우승 경쟁은 본질적으로 제로섬 게임이다. 무승부를 제외하면 한 시즌 리그 전체 승수는 개막 전에 이미 정해져 있다. 1위 팀에서 10위 팀까지 제한된 승수를 가져가기 위해 경쟁한다. 남의 불행은 나의 행복이다.

하지만 국제대회 선전은 결국 리그 전체의 경쟁력이 높아진 결과다. 단순한 성적이 아니라 프로야구 전체의 이미지를 제고하는 효과를 냈다. 리그 전체의 성과가 모두에게 돌아갔다고 볼 수 있다. 2010년대 이후 9, 10구단 창단과 이어진 새 야구장 건설 역시 리그 이미지가 제고된 결과로 볼 수 있다. 새 야구장 건설에는 구단과 모기업도 재원을 부담했지만 중앙정부와 지방정부의 도움도 있었다. 프로야구 전체의 가치가 떨어졌다면 이루지 못할 일이었을 것이다.

따라서 최근의 기록적인 프로야구 흥행을 유지하기 위해서는 리그 공통의 가치를 설정하고 실현하기 위한 공동체적 노력이 중요하다. 이런 담론은 대체로 현실에서 힘이 떨어지고, 때론 위선적으로 취급된다. 하지만 대중의 사랑과 관심을 먹고 사는 프로야구에선 생각보다 훨씬 중요하다. 자체매출비율이라는 구단 자생력과 관계된 지표의 변화에서도 이 점이 엿보인다.

한편으로, 구단의 '자생력'은 프로야구 경영에서 중요하지만 한 부분일 뿐이라는 점도 중요하다. 프로야구라는 생태계가 중소기업 수준일 수밖에 없는 구단 자체의 경영 성과에 좌우되는 건 바람직하지만은 않다. 구단 외부에서 자본 투자가 활발해야 프로야구 전체 시장이 커지고 성장 동력이 생긴다. 프로야구단 운영이 유형이든 무형이든, 가치 있게 받아들여진다면 모기업에서도 돈을 쓸 이유가 생긴다.

1000만
관중의
조짐들

_신원철

"우리는 16-24세 젊은이 가운데 40%가 무관심한 이유를 분석해야 한다. 왜냐고? 질이 떨어지는 경기가 많고 다른 엔터테인먼트가 떠오르고 있기 때문이다."

지난 2021년, 스페인 명문 축구 클럽 레알 마드리드의 플로렌티노 페레스 회장은 인터뷰에서 '축구의 위기'를 거론했다. 기시감이 느껴진다. 불과 2년 전만 해도 KBO리그가 이런 대접을 받았다. 젊은 세대가 프로야구를 외면해 새로운 팬이 유입되지 않으며, 경기 질이 떨어져 기존 팬도 떠나간다는 분석이 뒤따랐다.

그렇게 죽어가는 줄만 알았던 KBO 리그는 부활했다. 그것도 유례없이 화려하게. 2024년 KBO 리그는 개막 후 671경기만인 9월 15일 1000만 관중을 돌파한 뒤 1088만7705명으로 한 시즌을 마쳤다. 여전히 많은 이가 프로야구 인기가 갑자기 생겨난 거품이며, 언제라도 예전으로 돌아갈 수 있다고 말한다. 그럴 수도 있다. 그래도 한 가지는 분명히 해야 한다. 2024년 KBO 리그 흥행은 예상 밖 갑작스러운 일이 결코 아니었다. 조짐이 있었지만, 주목받지 못했을 뿐이다.

2023년 KBO 리그 관중 수는 810만326명으로 당시로는 2017년과 2016년에 이어 역대 3위 기록이었다. 그러나 이 기록은 놀라울 만큼 관심을 받지 못했다. 그 전해인 2022년의 607만6074명 또한 잊지 말아야 한다. 코로나19로 인한 관중 입장 제한이 풀린 첫 해라는 점에서 의미있는 수치였다. 야구 팬은 다시 야구장을 찾아 돌아온 일상을 재확인했다.

'포스트 코로나19' 야구팬이 돌아왔다

2022년	607만6074명	코로나19 이후 첫 정상 시즌
2023년	810만326명	당시 역대 3위 기록
2024년	1088만7705명	역대 최초 1000만 관중

한국프로스포츠협회가 2024년 발표한 '2023 KBO 리그 관람객 성향조사'는 기성 매체의 시각이 틀렸을 가능성을 제시한다. 이 조사에서는 지난 5년(2018–2022) 사이 직관 경험이 있지만 2025년는 경기장을 찾지 않은 팬을 '이탈 위험 고객'으로 분류했다. 2023년 이탈 위험 고객은 설문 대상 9243명 가운데 18.4%인데 그 이유가 흥미롭다. 6개 항목 가운데 1, 2순위를 꼽아달라는 질문에 무려 47.7%가 '과거보다 시간 여유가 없어서'를 이유로 꼽았다. '주변에 경기장이 없어서'가 9.4%로 그 다음이었다. '리그에 대한 관심도가 떨어져서'는 7.8%로 네 번째였다. 그보다 '응원 팀 성적

이 부진해서'가 8.9%로 더 많은 선택을 받았다.

이 조사에서 5년 내 직관 경험이 있는 '지속 관람 고객'은 65.9%에 달했다. 2023년 처음으로 야구장에 방문한 '신규 관람 고객'은 15.6%였다. 이 두 그룹을 세대별로 보면 '2030'이 51.8%로 절반을 넘는다. 20대가 30.2%, 30대가 21.6%로 20대 비중이 가장 높게 나타났다. '질 떨어지는 경기가 팬들의 외면을 불러온다', '젊은 팬들이 떠났다'는 사실과 거리가 있거나, 단편적인 해석이었을 수 있다.

1년 전인 2022년 조사 자료에서도 비슷한 흐름이 보인다. 7856명을 대상으로 한 조사에서 신규 관람 고객은 27.7%, 지속 관람 고객은 55.0%였다. 코로나19 이후 직관 경험이

2023 관람객 성향 조사로 본 1000만 관중의 조짐

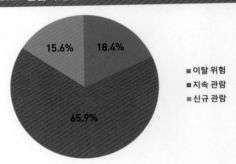

- 이탈 위험
- 지속 관람
- 신규 관람

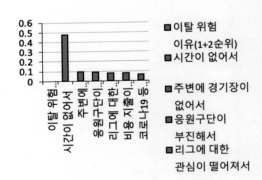

- 이탈 위험 이유(1+2순위)
- 시간이 없어서
- 주변에 경기장이 없어서
- 응원구단이 부진해서
- 리그에 대한 관심이 떨어져서

출처 : 한국프로스포츠협회 관람객 성향조사

없는 이탈 위험 고객은 17.3%인데 '코로나 등 안전 우려'가 77.9%, '코로나로 인한 입장 제한'이 53.9%의 선택을 받았다. 이때도 기존 팬들이 떠난 가장 큰 이유는 경기의 질이 떨어져서가 아니었다. 코로나19가 무엇보다 큰 방해요소였다. 세대 분류도 마찬가지. 2022년 직관 경험이 있는 응답자 가운데 20대는 35.5%로 가장 높은 비중을 차지했다.

1000만 관중 기록 달성의 원동력으로 일컬어지는 '젊은 여성 팬들'은 지난해 돌연 등장한 희귀종이 아니다. 2022년 조사에서 53.2%, 2023년 조사에서 55.0%의 응답자가 여성이었다. '젊은 여성 팬'은 KBO 리그가 흥행할 때마다 반복해서 등장하는 키워드였다. 800만 관중 기록에 떠들썩했던 2010년대 중반도 다르지 않았다. 20대 여성 팬은 2016년 조사 때 19.9%, 2017년 조사 때 20.2%로 남녀 세대별 분류에서 2년 연속 1위로 나타났다.

젊은 여성 팬으로 본 1000만 관중의 조짐

	설문 응답자 중 20대 여성 비율		
2016년	19.9%(1위)	833만 9577명	역대 3위
2017년	20.2%(1위)	840만 688명	역대 2위
2022년	20.7%(1위)	607만 6074명	
2023년	23.0%(1위)	810만 326명	역대 4위

출처 : 한국프로스포츠협회 관람객 성향조사

여성 팬 증가에 주목해야 하는 진짜 이유는 이들이 '전파력'에서 남성 팬들과 차이를 보이는 경향이 두드러져서다. 야구공작소 대표이자 경영학도인 조훈희 씨는 지난해 여성 팬 55명을 직접 인터뷰해 이들의 'KBO 리그 구매 여정'을 분석한 책 〈담장 너머〉를 냈다. 그는 책에서 "프로야구로 신규 여성 팬을 끌어모은 건 구단의 마케팅도, 국제대회 성적도 아니다. 바로 우리 주변 사람들이었다. 이들은 자발적으로 야구 문화를 전파하고 있다" 고 설명했다.

인터뷰에 응한 이 가운데 37명이 가족·친구의 영향으로 야구장을 처음 방문했다. 대규모 설문조사 결과와도 맞아떨어진다. 2023년 관람객 성향조사에서 신규 유입 고객 고객이 꼽은 가장 큰 이유는 가족과 지인의 영향(48.8%)이었다. 2022년 조사에서는 '응원하는 선수/구단이 생겨서(43.6%)'에 이어 '가족과 지인의 영향(36.5%)'이 두 번째로 많았다.

그래도 아직 부족하다. 이것만으로는 '여성 팬들의 전파력'이 특별하다고 말하기 어렵다. 조훈희 씨는 이에 대해 "(최강야구 등) 여러 콘텐트 덕분에 야구에 입문하기 쉬워졌고, 젊은 팬층이 빠르게 늘어나면서 강력한 전파력을 지닌 여성 팬들이 대거 유입됐다"는 가설을 제시했다. 또 "자신이 야구장에 왔다는 사실을 자발적으로 노출하는 문화가 보편화했다"고 봤다. SNS 활용에 적극적인 젊은 여성 팬들이 자신의 취미 생활을 알리면서 주변의 관심을 유도했다는 얘기다.

이는 한국야구위원회(KBO)가 2025년 1월 발표한 2024년도 팬 성향 조사 결과에서도 확인할 수 있다. KBO는 "20대 여성은 KBO 리그와 관련 정보를 얻기 위해 접촉하는 매체에서 전체 관람객과는 차이가 있었다. 전체 관람객은 주로 유튜브 등 동영상 사이트에서 정보를 찾아보는 반면, 20대 여성은 인스타그램 등 SNS를 통해 정보를 확인하는 것으로 나타났다"고 분석했다.

전파력이 강하다는 것은 곧 '여성 팬 직관은 일회성·인증용'이라는 선입견이 사실에 부합하지 않을 가능성도 보여준다. 지속 관람 고객은 신규 유입 고객을 유인한 뒤 야구장 문화를 알려주고, 나아가 가장 큰 진입장벽으로 꼽히는 규칙을 설명해주는 가이드가 된다.

SNS 활용 측면에서도 다시 생각해 볼 점이 있다. '인증샷'이라는 단어는 맥락에 따라 부정적인 의미를 갖기도 한다. '사진만 찍으러 왔다'는 이미지가 대표적인 경우다. 프로 스포츠 마케팅 측면에서는 그렇지 않다. 오히려 '취미가 야구 관람인 나'가 SNS를 통해 주변에 드러내고 싶은 자아가 됐다는 점이 중요하다.

빅데이터 전문가 송길영 한국데이터마이닝학회 부회장은 이미 지난 2017년 KBO 윈터미팅에서 KBO 리그 팬층 확장을 위한 개선 방향으로 '인스타그래머블'을 제시했다. '야구를 잘해야 잘 팔린다'는 야구인들 앞에서 전혀 다른 시각을 주장한 것이다. 심지어 그런 시각을 버려야 한다고까지 했다. 그는 "야구장을 보여주고 싶은 시장으로 만들어야 한다. 경기력을 올려야 한다고 말하는 원리주의자를 상대로 장사를 할 수 없다. 야구를 보기 위한 장소에 한정하면 장사가 안

된다. 팔고 싶은 걸 팔지 마라, 그들이 원하는 걸 팔면 알아서 팔린다"고 밝혔다. 7년이 지나 야구장은 비로소 '인스타그래머블'한 장소가 됐다.

2022년 600만 관중이 2023년 800만 관중으로 늘어나고, 또 2024년 1000만 관중 시대가 열린 원동력이 오직 젊은 여성 팬이라고 볼 수는 없다. 그러나 SNS 전파력 측면에서 이들 젊은 여성 팬의 영향력이 컸다는 해석은 충분히 설득력 있는 주장이다. 2022년과 2023년 설문조사에서 드러난 1000만 관중의 조짐을 되짚어 보면 더욱 그렇다. 이 과정을 돌아보면 이들을 '팬' 아닌 '소비자'나 '주변인' 정도로 여길 수 없게 된다.

미리 보는 2025 KBO

마케팅 트렌드 '감(感)'

KBO 리그 구단들의 마케팅 방식은 서로 닮았다. 성공 사례가 나타나면 모방 사례가 빠르게 등장한다. 구단 로고만 붙인 뻔한 상품 기획, 우선권을 명목으로 팬들에게 한 푼이라도 더 받아보려는 발상 또한 퍼져나갔다.

구단 관련 상품 매출은 점점 늘어나고 있다. 지난해에는 1000만 관중 열기에 힘입어 모든 구단의 상품 매출이 증가했다. KIA와 삼성은 두 배 이상의 매출 신장을 기록했다. 그런데 이 시장의 소비자들은 이상하다. 만족감과 지출이 비례하지 않는다. 2023년 관람객 성향조사에서 팬들이 꼽은 '기대 대비 불만족한 요소'는 첫 번째가 먹거리, 두 번째가 관련 상품 구매였다.

KBO 리그 관중 기대 대비 만족도 역순위(평균 점수)

구단 대표 먹거리	62.0점
구단 관련 상품	63.0점
구단 이벤트 참여	63.5점
응원단	78.2점
팬 단체 응원	80.8점
현장 생동감	87.2점

출처: 관람객 성향조사

최근 KBO 리그 구단 마케팅에서 가장 큰 교집합을 이루는 키워드는 '협업'이다. 유니폼 등 의류 상품을 위해 패션 브랜드와 협업하고, 웹툰이나 애니메이션 등 캐릭터와 협업한다. 브랜드나 캐릭터는 다를 수 있어도 그 배경은 같다. 사실 협업 활성화 전에는 구단이 내놓는 상품에서 개성이나 매력을 찾기 어려웠다. 그러다 보니 '예뻐서(좋아서) 산다'가 아니라, '팔아서 산다'는 팬들의 충성심에 기대는 경향이 강했다.

심지어 못 생겨서, 못 만들어서 밈(meme)이 되는 일도 있었다.

이렇게 '감' 떨어지는 상품들은 구단 이미지에도 부정적인 영향을 끼친다. 구단마다 이런 '흑역사' 하나쯤은 쉽게 찾을 수 있다. 지난해 일부 구단이 판매한 '오프닝데이 포토카드' 디자인 중복은 구단 마케팅의 몰개성을 보여주는 대표적인 사례다. 2024년 시즌 개막전을 기념하는 상품인데 참여한 배경 색깔을 제외하고 모든 구단의 디자인이 같았다. 상품 제작을 외주 업체에 맡기다 보니 구단의 개성이 사라졌다.

야구단의 외부 협업은 2025년에도 계속되겠지만 한계점이 보이는 것도 사실이다. 협업이 너무 당연해져 그 자체만으로는 화제를 불러오기 힘들다. 협업 홍수 속에서 '다른 감각'을 보여주는 팀이 더 많은 주목을 받을 수 있다. '브랜드보이'로 유명한 안성은 브랜드보이앤파트너스 디렉터는 2024년 한 인터뷰에서 '눈길을 끄는 컬래버레이션'에 대해 "브랜드의 '자기다움'이 뚜렷해야 한다. 개성 있는 주자들의 만남은 무조건 새로울 수밖에 없다"면서도 "차별화 요소가 미흡한 주자끼리의 만남은 전혀 새롭지가 않다. 운 좋게 유명 브랜드와 협업한다 해도 상대편에게 잠식당할 가능성이 높다"고 지적했다.

지금은 협업이 검증된 성공 공식처럼 받아들여지지만 역효과를 가져오기도 한다. 지난해 A구단과 B구단은 모두 유명 웹툰 캐릭터와 협업 상품을 제작했다. 그런데 한 구단이 뜨거운 반응을 얻은 반면, 나머지 한 팀에는 불만이 쏟아졌다. C구단은 창단 3년 만에 BI(브랜드이미지)를 바꿀 정도로 변화에 적극적이지만 한편으로는 협업으로 발매하는 유니폼 색깔이 제각각이라 통일성이 사라졌다. D구단은 최근 한 웹툰과 협업을 진행한다는 소문만으로 홍역을 앓았다. 젊은 세대에 인기를 끌기는 했지만 그만큼 '비호감'으로 다가가는 면도 많은 작품이었다.

롯데는 이미 유니폼을 활용한 컬래버레이션에 가장 적극적인 팀이었다. 그동안의 경험이 잘 드러나는 매끄러운 협업. ⓒ 롯데 자이언츠

250벌 한정, 발매가 39만 9천원. '이 가격에 누가 사'라는 볼멘소리가 나왔지만 당일 완판에 리셀 시장에서 '프리미엄'까지 붙었다. ⓒ 정용진 구단주 인스타그램

야구와 웹툰의 가장 성공적인 만남. 신인 김택연은 '망곰이' 닮은 꼴로도 화제가 됐다 ⓒ 두산 베어스

그저 유명하고 잘 팔리는 브랜드가 아니라 보여주고 싶은 매력을 가진 브랜드를 찾는 감, 거부감 없이 보편적으로 인기 있는 캐릭터를 기존 구단 상품에 자연스럽게 녹여내는 '감'에 따라 평판이 달라진다. 화제가 되면 팬들이 알아서 홍보한다. 획기적인 차이를 말하는 것이 아니다. 지금은 모두 비슷한 방향으로, 비슷한 수준에서 경쟁하는 시장이다. 작은 '감' 차이로 차별성을 쉽게 드러낼 수 있다.

사실 삼성 라이온즈는 그동안 유난히 '감 떨어지는' 구단으로 통했다. 이번 산산기어와 협업으로 그러한 평가를 한 번에 뒤집었다. ⓒ 삼성 라이온즈

일본프로야구 히로시마 카프는 지난 2023년 구단 상징색을 활용한 삼색펜을 출시해 눈길을 끌었다. 히로시마는 홈경기에도 빨간색 원정 유니폼을 입는 팬이 더 많을 정도로 '빨간색'을 강조하는 팀이다. 그런 팀이 어떻게 삼색펜을 만들었을까. 이름은 삼색펜이지만 색상은 같다. 다만 0.5mm, 0.7mm, 1.0mm로 굵기에 차이를 뒀다. 그래서 제품 이름도 '삼색볼펜(적)(적)(적)'이다. 500엔짜리 볼펜 하나로 구단의 색깔을 확실하게 드러냈다. "광기의 상품", "상식을 뒤집어버린"이라는 찬사가 따라왔다.

히로시마 카프의 상징색은 강렬한 빨강이다. 그래서 삼색펜도 온통 빨갛다. 대신 펜의 굵기에 차이를 뒀다. 개인 소장.

협업 마케팅이 아니라도 마찬가지다. 어디에나 '감'이 필요하다. 요즘 팬들은 시구자 섭외나 응원단 운영 등에 대해서도 목소리를 낸다. 이 목소리가 SNS를 타고 전파되면 구단 이미지로 고착될 수 있다. '관중 경험 개선' 또한 구단이 신경 써야 할 문제다. 먹거리는 물론이고 예매 방식, 교통수단 등 팬이 야구장 방문을 준비하는 순간부터 귀가할 때까지, 나아가 직관의 희열을 간직하는 방법까지 모두 경험의 일부다.

특히 예매 방식에는 개선 필요성이 강하게 제기된다. 요즘 야구팬은 반드시 연고지 팀을 응원하지는 않는다. 적극적인 팬은 원정경기까지도 찾아간다. 그래서 응원 팀이 아닌 구단의 '선예매권'을 갖기 위해 추가 지출도 감수한다.

예매 경험 개선은 모든 구단 평균 관중이 1만 명을 넘어선 지금 더욱 중요한 문제가 됐다. 야구장에 가려면 표를 사야 하는데, 그 표를 사려면 '선예매권'이 필요한 지경에 이르렀다. 지난해에는 선예매로 거의 모든 티켓이 팔려나가는 경우도 있었다. 구단으로서는 새로운 수입원이 생겼다고 볼 수도 있지만 팬들은 거부감을 느낄 수밖에 없다.

스포츠 관람은 '가성비(가격 대비 성능)'가 좋아 젊은 팬들이 찾아온다는 인식과도 배치되는 대목이다. 선예매권은 구단 스스로 젊은 팬들에게 진입장벽을 쌓은 꼴이 될 수 있다. 야구단 운영이 한철 장사가 아닌 이상 여기에 대한 고민은 반드시 필요하다. 언젠가 관중 수가 줄어든다면 선예매권에 대한 수요 또한 빠져나갈 것이기 때문이다.

야구에서 비롯된 짤막한 궁금증

RECIPES

타고투저와 투고타저, 시기별 변화

_이성훈

한국 프로야구 43년 역사 전체에서 경기당 평균 득점은 4.61점이다. 프로야구 초창기는 이보다 점수가 덜 나는 '투고타저' 시대였다. 1982년 원년에만 평균을 조금 넘었을 뿐, 이후 1998년까지 한 시즌(1992년)만 빼고 경기당 득점이 전 시기 평균보다 낮았다.

1999년 갑자기 공격력이 폭발했다. 경기당 득점이 갑자기 1점 이상 늘어 첫 타고투저 시대를 열었다. 원인은 폭증한 홈런이었다. 전성기를 맞은 이승엽과 직전 시즌부터 한국 무대를 밟은 외국인 거포들이 담장을 넘기기 시작했다. 이전까지 한 번도 1개를 넘지 않았던 경기당 홈런이 1.21개로 치솟았다. 반도핑 규제가 없던 시절이라 스테로이드 등 기량향상용 약물 복용을 이유로 보는 시각도 있다.

'1차 타고투저' 시대는 3년 동안 지속됐다. 한국야구위원회(KBO)는 공격력 억제에 나섰다. 스트라이크존과 마운드 높이를 투수에게 유리하게 바꿨다. 그리고 외국인선수 숫자를 2명으로 줄여 사실상 타자 유입을 막았다.

'2차 타고투저' 시대는 2014년에 시작됐다. 체계적인 웨이트트레이닝으로 벌크업한 타자들이 강한 타구를 만들어 홈런을 펑펑 터뜨리기 시작했다. 외국인선수 숫자가 다시 3명으로 늘고 포지션 제한 규정이 생기자 외국인 거포들도 다시 한국 땅을 밟았다. 구단 2개가 늘어나며 층이 얇아진 투수들은 '홈런 공장'으로 전락했다.

'2차 타고투저'에는 홈런 외 또 하나의 동력이 추가됐다. 이 책 다른 글에서 이 책의 뒤에 〈'좌타 증가' 흐름의 반전.. 이유는?〉에서 설명할 것처럼 '콘택트형 좌타자'가 급격하게 증가했다. 이들은 인플레이 타구를 안타로 만드는 능력이 좋은, 즉 BABIP이 높은 타자들이다. 이들이 홈런이 아닌 인플레이 안타를 무더기로 생산했다. 프로야구 역사상 리그 BABIP이 가장 높은 5시즌이 바로 '2차 타고투저' 시기에 집중돼 있다.

이후 공인구 반발계수 조정, 거포들의 노쇠화 등을 통해 억제되던 공격력은 지난해 깨어났다. 이유는 아직 명확히 밝혀지지 않았다. 이 주제는 바로 다음 글에서 다룬다.

경기당 득점

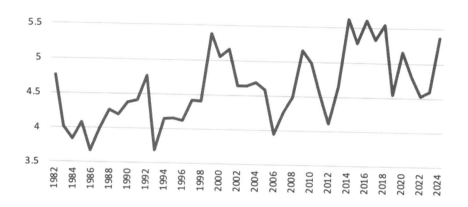

연도별 BABIP

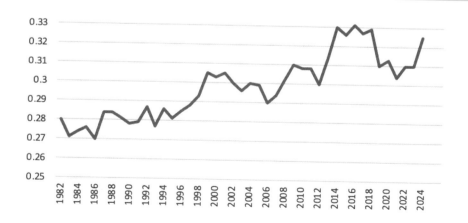

2024년 타고투저는 '탱탱볼' 때문이었을까?

_이성훈

공인구 반발계수 검사 결과

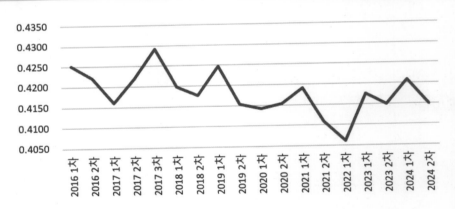

2024년 시즌 개막 직전인 3월 22일, KBO가 공인구 검사 결과를 발표하면서 작은 소동이 벌어졌다. 반발계수가 0.4208로 2019년 1차 검사 이후 처음으로 0.420을 넘어섰다. 시범경기 홈런 폭증 현상과 맞물려 공인구가 반발력이 높은 '탱탱볼'이 됐다는 주장이 쏟아졌다. 정규시즌이 시작되자 '탱탱볼론'은 더욱 힘을 얻었다. 4월 한 달 동안 41타석당 한 번꼴로 홈런이 터져 나왔다. 전해인 2023년에는 타석/홈런 비율이 58.5였다. 깜짝 놀란 KBO는 4월말 두 번째 공인구 검사 결과를 내놓았다. 이번엔 반발계수가 0.4149로 2023년 수준으로 돌아가 있었다.

'탱탱볼'이 사라지며, 홈런이 줄었을까?

2024년 월별 리그 타격 지표

월	타석/홈런	순장타율	경기당 득점
4월	41.0	0.137	5.31
5월	43.8	0.134	5.30
6월	39.7	0.144	5.34
7월	36.7	0.147	5.61
8월	36.5	0.149	5.33
9월	40.5	0.147	5.52

5월에 주춤했던 홈런과 장타, 득점은 6월부터 더 늘어났다. 4월보다 더 높은 수준이었고, 2014-2018년 '2차 타고투저 시대'에 근접했다. 즉 2024년에는 공인구 반발계수가 높건 낮건, 뜨거운 타격전이 펼쳐진 것이다.

반발계수는 야구공 비거리를 결정하는 수많은 변수 중 하나에 불과하다. 최근 미국 세이버메트릭스계 연구에 따르면 가죽 표면의 '거침 정도', 실밥의 높이와 소재 등 다양한 변수가 타구 비거리에 영향을 끼친다. 이런 요소들은 반발계수와 무게, 둘레 등과 달리 메이저리그 사무국이 통제하지 못하는 변수들이다. 공인구를 관장하는 사무국이 알지 못하는 제조 공정의 아주 사소한 변화(가령 공 가죽 납품 업체의 변경)가 공의 특성을 확 바꿀 수 있다는 것이다.

메이저리그 사무국은 몇 년째 공의 '품질 표준화 향상'에 힘을 쏟고 있지만, 아직 뾰족한 수를 찾지 못하고 있다. 이 점은 극단적인 투고타저 현상을 겪고 있는 일본프로야구(NPB)에서도 마찬가지다. 확 줄어든 장타에 "공이 이상하다"고 말하는 야구계 인사는 여럿이다. 하지만 NPB의 반발계수검사에선 특이점이 없었다. 거칠게 말해, 지금 타자의 배트에 맞은 저 공이 '탱탱볼'일지 '물렁공'일지 아무도 모른다는 것이다.

인류는 아직 '야구공의 진실'과 '완벽하게 균일한 야구공을 만드는 방법'에 대해 모르는 게 아주 많다. 그래서 홈런과 득점이 늘거나 줄었다고, 곧장 야구공을 범인이라고 지목하는 건 성급하다. 투수와 타자의 기량과 신체적 특성, 날씨와 기후 같은 다양한 변수들을 함께 살펴야 한다. 2024년 KBO 리그에는 젊은 타자들의 활약이 두드러졌다. 또 여름이 용광로처럼 뜨거웠다. 높은 기온은 비거리를 늘린다. 이런 변수들이 타고투저에 끼친 영향이 공인구보다 적다고 장담할 수 있을까.

'좌타 증가' 흐름의 반전…
이유는?

_이성훈

KBO 리그 연도별 좌타자 타석 비율

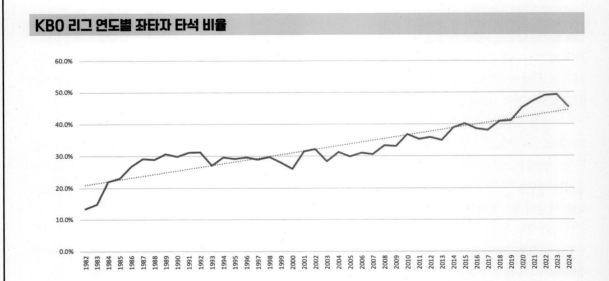

한국 프로야구에서 가장 명확한 '장기 추세' 중 하나는 '좌타자 증가'였다. 1982년 프로야구 첫 시즌에는 타자가 좌타석에 들어서는 비율이 전체 타석의 13.4%에 불과했다. 왼손 타자는 귀한 존재였다. 하지만 빠르게 증가했다. 1984년에

20%, 1989년에 30%를 넘어섰다. 이후 안정세에 들어섰다가 2008년부터 다시 급증세로 돌아섰다. 2015년 처음으로 40%를 돌파했고 2023년엔 49.2%까지 치솟았다. 불과 8년 사이에 좌타자 타석 점유율이 10%p 가까이 높아졌다. 전체 타자의 절반 가까이가 좌타석에 들어선 것이다. 당시 메이저리그의 좌타자 비율 41.1%보다 훨씬 높았고, NPB(49.7%)도 거의 따라 잡았다.

'타고난 왼손잡이' 비율은 전세계가 10%, 우리나라는 5% 정도에 불과하다. 따라서 좌타자가 늘어나기 위해서는 오른손 잡이 중 상당수가 좌타석에 들어서야 한다. '우투좌타'의 증가가 필수적이다. '우투좌타 증가'는 2000년대 중반 학생 야 구에서 뚜렷하게 보였던 현상이다.

고교야구에서는 2004년부터 기존 금속제 배트 대신 나무 배트를 사용했다. 홈런을 치기 어렵게 된 오른손잡이들이 취 업과 진학을 위해 장타 대신 콘택트에 주력하는 '교타자형 좌타자'로 변신했다는 가설 수립이 가능하다. 김현수 손아섭 박민우 구자욱 이정후 등 정교함을 자랑하는 우투좌타들이 무수한 인플레이 안타들을 만들어내며 투수들을 괴롭혔다. '홈런─삼진─볼넷'이 지배하는 메이저리그의 '뻥야구'와는 매우 다른 KBO 리그만의 특색도 이렇게 만들어졌다. 대신 국 가대표팀은 중심타선을 책임질 젊은 '우타거포' 부재에 고전했다. 2021년 도쿄올림픽 한·일전 선발라인업에 20대 우타자 는 한 명도 없었다. '좌타일색 라인업'은 10년 가까이 이어지고 있는 국제대회 부진의 이유 중 하나로 꼽힌다.

그런데 2024년에 놀라운 일이 벌어졌다. 좌타자 비율이 전년도보다 3.9%p나 감소해 45%대로 내려간 것이다. 김도영과 윤동희, 노시환과 김휘집, 이재현 등 젊은 우타 거포들이 쑥쑥 성장해 400타석 이상을 소화한 결과다. 24세 이하 우타 자 5명이 400타석을 넘긴 시즌은 2011년(최정 김상수 강정호 양의지 황재균) 이후 13년 만에 처음이다. 학창 시절부터 나무배트로도 담장을 넘길 수 있다는 자신감과 그에 맞는 피지컬, 메이저리그식 '어퍼 스윙' 메커니즘을 익힌 오른손잡 이 유망주(와 그 부모)들이, 우타자가 귀해진 프로 무대에서 살아남기에 불리하지 않다는 판단을 한 게 아닐까. 장기추 세였던 '좌타자 증가'는 경쟁에서 살아남기 위한 선택이었다. 지난해 우타자 증가에도 같은 설명이 가능할 것이다. 이 가 설의 증거 중 하나는 지난해 드래프트 결과다. 야수 최상위 지명자 5명 중 4명을 포함해, 전체 야수 지명자 51명 중 29 명이 우타자였다.

1번 타자는 특별할까?

_신동윤

1회 첫 타자는 항상 1번 타자다. 하지만 그 외 이닝은 알 수 없다. 그래서 "1번 타자는 1회에 가장 먼저 나오는 타자일 뿐이다"라고 한다. 톱타자에 대한 지나친 의미부여를 하지 말라는 뜻이다. 정말 그럴까.

1번은 타순 첫 번째 타자이자, 한 경기 가장 많은 타석에 들어서는 타자기도 하다. 그래서 가장 잘 치는 타자를 1번에 둬야 한다는 발상도 있다.

1번 타자는 한 경기에 모든 타순 평균보다 0.43번, 9번 타자보다 0.88번 더 많은 타석에 들어온다. 크다면 크고, 작다면 작다. 타순 구성에 여러 요인이 있을 텐데, 이것만으로 충분히 특별해보이지는 않는다. 2, 3번과는 큰 차이도 아니다.

비밀은 좀 다른 데 있다. 1회에는 확실히 1번이 첫 타자다. 그런데 경기 전체에서 이닝 첫 타로 들어오는 비율이 어떨까. 〈표2〉에서 이를 확인할 수 있다.

차이가 많이 난다. 2번 타자의 거의 두 배다. 타순 전체 대비로는 65% 많다. 1회에는 1번 타자가 확실히 첫 타자인 게 작용했지만, 어쨌든 1번은 모든 이닝을 통틀어 어떤

타순 타자보다 자주 첫 타자다. 차이는 무시할 수 없는 정도다. 이제 약간 특별해 보인다. 그런데 이게 큰 의미가 있을까?

〈표3〉은 의미가 있다고 보여준다. 그리고 '큰 의미'다. 이닝 선두 타자가 출루한 팀은 1.12점을 기대할 수 있다. 반면 실패하면 0.31점으로 확 떨어진다. 선두 타자가 아웃되지 않고 출루하면, 그렇지 않은 이닝보다 득점이 거의 4배 많다. 아웃카운트 세 개가 나오기 전에 베이스 네 개를 돌아야 점수가 나오는 경기 특성 때문이다. 4배 가까운 차이라면 확실히 특별하다.

선두 타자가 무작위로 정해진다면 전략의 여지는 없다. 하지만 야구 경기는 그렇지 않다. 어느 이닝에 누가 처음 나올 지 알 수 없지만, 그럼에도 감독은 높은 확률로 이닝 첫 타자를 선택할 수 있다. 바로 1번 타순이다. 그래서 1번 타자의 특별함은 여기에 있다. '첫 타자 출루 효과 극대화'.

이렇게 보면 전통적으로 1번 타자에게 강조되던 빠른 발과 뛰어난 주루능력은 덜 중요해졌다. 장타 중심의 현대야구에서 그리고 팀내 최고 파워히터를 3-4번에 배치했다는 조건에서, 위험을 감수한 추가진루 시도는 현명하지

않다. 장타가 나오면 1루나 2루나 그리 큰 차이가 아니다. 실제로 중심 타자를 타석에 두고 작전을 남발하는 감독이 좋은 평을 듣기는 어렵다.

그런데 1번 타자에게 특별함은 하나 더 있다. 역시 이닝 첫 타자라는 특성에서 나온다. 이닝 첫 타자는 노아웃에서 타석에 설 뿐 아니라 반드시 주자가 없는 타석에 선다. 그리고 주자가 없으면 볼넷과 단타의 가치가 거의 같아진다. 평균적인 상황에서 단타는 볼넷보다 30% 정도 더 가치가 있다. 하지만 주자가 없으면 똑같다. 홈런의 차이는 더 크다. 주자 없으면 1점, 주자가 둘이면 3점이다.

출루도 잘하고, 홈런도 많이 치면 최고의 1번 타자다. 하지만 최선의 1번 타자는 아니다. 장타력이 낭비되기 때문이다. 장타력이 처지고 시원한 적시타는 없어도, 집요하게 볼넷을 고르는 타자가 있다면 그가 최고의 타자는 아닐 것이다. 하지만 최선의 1번타자다. 단점을 상쇄시키고 장점을 극대화할 수 있는 타순이기 때문이다.

1번 타자는 특별하다. 선수가 하는 야구에서, 벤치의 전략이 작용할 틈새. 이 특별함은 모두 '이닝 첫 타자 효과'를 어떻게 활용할 것이냐에 있다.

타순별 경기당 타석 평균 [표1]

타순	타석
1	4.79
2	4.69
3	4.57
4	4.48
5	4.36
6	4.25
7	4.14
8	4.03
9	3.91
전체	4.36

타순별 경기당 이닝 첫 타자 타석 평균 [표2]

타순	타석
1	1.84
2	0.93
3	0.91
4	1.13
5	1.08
6	1.02
7	1.04
8	1.04
9	1.02
전체	1.11

선두 타자 출루 여부에 따른 기대득점 [표3]

상황	기대득점
출루 실패	0.31
출루 성공	1.12

이제 '조선의 3번 타자'가 필요하다

_황규인

"만약 가장 강한 타자가 1번 타자를 맡게 되면 그의 많은 한 방이 '솔로 홈런'으로 낭비되고 말 것이다."

'자타가 공인하고 타의 추종을 불허하는 메이저리그 전문가'라고 자신을 소개하는 책 햄플은 자기 책 〈야구 교과서〉에 이렇게 썼다. 1번 타자는 주자가 없는 상황에 타석에 들어설 일이 많기 때문에 손해를 본다는 것이다. 이와 비슷한 이유로 한국프로야구에서는 4번 타순이 가장 잘 치는 타자가 들어서는 자리였다. 이대호가 '조선의 4번 타자'라는 별명을 괜히 훈장처럼 생각하는 게 아니다.

실제 결과도 그랬다. 2015년, 그러니까 프로야구가 10개 구단 체제를 처음 갖췄을 때만 해도, 4번 타순에 들어선 타자는 OPS(출루율+장타율) 0.929를 합작했다. 4번 타순과 함께 '클린업 트리오'로 묶이는 3번(0.867), 5번(0.865)과 비교해도 두드러지는 결과였다. 2015-2019년 누적 결과 역시 마찬가지다. 이 5년간 4번 타자가 OPS 0.920을 기록하는 동안 3번 타자는 0.859에 그쳤다.

그러다 2020년이 되면서 3번(0.876)이 4번(0.845)을 앞질렀다. 2019년에도 이미 3번(0.828)과 4번(0.832)이 사실상 똑같은 수준이었다. 이후 2024년까지 5년 동안에는 줄곧 3번 타순 OPS가 가장 높았다. 이제 팀에서 가장 강한 타자는 3번 타자다. 1920, 30년대 뉴욕 양키스 3번 타자였던 베이브 루스가 동료 루 게릭에게 "바보야, 그러니까 너는 4번 타자밖에 못하는 거야"라고 말했던 게 한국에서도 100년 뒤 현실이 된 셈이다.

2번 타순 변화도 주목할 만하다. 2015년 2번은 팀에서 세 번째로 '못 치는' 타자가 들어서는 자리였다. 지난해에는 세 번째로 '잘 치는' 타자 자리로 바뀌었다. 달리 말하자면 이제 5번 타자보다 2번 타자 OPS가 더 높은 시대가 됐다. 클린업 트리오를 3-5번에서 2-4번으로 끌어올릴 필요가 있다는 '강한 2번 타자' 이론이 한국에도 시나브로 자리 잡게 된 것이다. 다만 아직은 과도기라고 보는 게 옳다. 2024년 기준으로 △롯데 △키움 △KIA △LG △SSG 등 5개 구단은 2번, △두산 △삼성 △한화 △KT △NC 등 5개 구단은 5번 타순 OPS가 더 높았다.

1번 타자 기록이 어떻게 변할지도 향후 지켜볼 일이다. 메이저리그는 2024년 기준 1번 타자 OPS(0.738)가 3번(0.777), 2번(0.755) 타자 다음이다. 2-4번에서 1-3번으로 클린업 트리오가 올라온 셈이다. 이후 4번부터 9번 타자까지는 타순이 내려갈수록 OPS도 낮아진다. 좋은 타자에게 '맛있는 밥상'을 차려주는 것보다 타석 자체를 확보해주는 게 더 중요하다는 판단에 따른 결과다. 지난해 내셔널리그 최우수선수(MVP) 오타니 쇼헤이가 가장 자주 배치된 타순이 바로 1번이었다. 메이저리그는 이제 컴퓨터 시뮬레이션으로 최적화한 타순과 큰 차이가 없는 득점을 올리고 있다.

반면 한국프로야구는 현재 타순을 1번 – 3번 – 7번 – 2번 – 5번 – 6번 – 8번 – 9번 순서로 배치해야 더 좋다는 시뮬레이션 결과가 나온다. 3번을 치고 있는 타자를 2번으로 올리고 2번은 3번 자리로 올리면 더 많은 점수를 낼 수 있다는 것이다.

'타석 확보'가 중요하다고 확인할 수 있는 장면이 2024년 10월 1일 창원 경기에서 나왔다. 김태형 롯데 감독은 외국인 타자 빅터 레이예스를 1번 타순에 배치했다. 한 시즌 최다 안타 기록에 2개를 남겨 놓고 있던 레이예스가 시즌 마지막 경기에서 한 타석이라도 더 많이 들어설 수 있도록 한 조처였다. 레이예스는 그전에는 4번 타자로 96경기, 3번 타자로 40경기, 2번 타자로 7경기에 나선 상태였다. 레이예스는 이날 5타수 2안타를 치며 신기록을 남겼고 롯데도 NC를 5–1로 이겼다. 개인 기록이 걸리지 않은 페넌트레이스 경기에는 꼭 다른 철학으로 타순을 짜야 할까. 레이예스가 타석에 한 번이라도 더 들어섰다면 롯데가 시즌 최다 역전패(39패) 불명예를 쓸 확률도 그만큼 줄어들지 않았을까.

KBO 리그 연도별 타순별 OPS

타순	2020	2021	2022	2023	2024
1	0.745	0.724	0.706	0.712	0.779
2	0.799	0.743	0.714	0.699	0.783
3	0.876	0.810	0.810	0.820	0.876
4	0.845	0.796	0.795	0.784	0.857
5	0.755	0.756	0.740	0.702	0.779
6	0.744	0.698	0.704	0.700	0.759
7	0.704	0.690	0.667	0.682	0.720
8	0.690	0.672	0.632	0.653	0.693
9	0.633	0.654	0.619	0.639	0.669

2024년 한·미·일 프로야구 타순별 OPS

타순	한국	미국	일본
1	0.779	0.739	0.645
2	0.783	0.755	0.652
3	0.876	0.777	0.733
4	0.857	0.737	0.728
5	0.779	0.715	0.708
6	0.759	0.691	0.664
7	0.720	0.691	0.601
8	0.693	0.655	0.573
9	0.669	0.618	0.564

세 번째 타석의 지배자 투수편

_신원철

2020년 10월 28일 열린 메이저리그 월드시리즈 6차전은 '현대 야구'를 상징하는 경기였다. 이날 탬파베이 레이스는 시리즈 전적 2승 3패로 몰린 가운데 에이스 블레이크 스넬을 선발로 투입했다. 스넬은 기대대로 5회까지 실점하지 않았고, 6회에도 마운드에 올랐다.

그런데 탬파베이 케빈 캐시 감독은 단 73구로 5⅓이닝 2피안타 9탈삼진 무실점을 기록하고 있던 스넬을 6회 1사에서 내려버렸다. 이 투수 교체 이후 경기가 뒤집어지면서 탬파베이는 LA 다저스에 우승을 내줬다. 경기 후 캐시 감독은 "스넬이 주자를 두고 무키 베츠, 코리 시거와 세 번째로 상대하게 하고 싶지 않았다"고 했다. 선발투수에게 같은 타자를 세 번 만나게 하지 말 것. 스넬의 교체로 이어진 이 원칙은 최근 메이저리그에서 '전통적 에이스'를 사라지게 한 이유 가운데 하나다.

KBO 리그에서는 어떨까. 2024년 모든 KBO 리그 투수의 피OPS는 타순 첫 바퀴째 0.732, 두 바퀴째 0.769, 세 바퀴째 0.786으로 나타났다. 타자를 만나는 횟수가 늘어날수록 결과는 나빠졌다. 범위를 조금 좁혀 ①선발투수로 나와 ②선발 출장한 타자를 ③한 경기에서 세 번 이상 상대한 경우가 70타석 이상인 경우까지 살펴봤다. 이 조건을 충족한 투수는 모두 36명. 이 투수들은 첫 바퀴째 0.681,

두 바퀴째 0.739, 세 바퀴째 0.755의 피OPS를 나타냈다. 마찬가지 경향이 나타난다.

타순이 두 바퀴 돌 때까지 가장 압도적이었던 투수는 NC 카일 하트다. 하트의 맞상대별 피OPS는 첫 바퀴째 0.497(1위), 두 바퀴째 0.560(2위)으로 모두 최정상권이었다. 그러나 하트도 한 경기에서 같은 타자를 세 번째 상대했을 때는 피OPS가 0.732(15위)로 올라갔다.

두산 브랜든 와델은 맞상대별 피OPS가 꾸준히 낮으면서도 편차가 적었다. 첫 바퀴째 0.629(10위), 두 바퀴째 0.612(4위), 세 바퀴째 0.641(4위) 로 세 상황에서 모두 10위권에 들었다. LG 손주영은 첫 바퀴째는 0.718(25위)로 평범했지만 두 바퀴째 0.731(15위)로 선전했고, 세 바퀴째는 0.702(12위)로 역주행했다.

국내 선발투수 중에서는 두산 곽빈이 가장 돋보였다. 곽빈은 첫 바퀴째 피OPS가 0.556으로 외국인 투수 제외 1위, 전체 3위였다. 두 바퀴째는 0.733(17위)으로 높았지만 세 바퀴째는 0.644(5위)로 교체 전까지 안정적인 투구를 했다.

KIA 제임스 네일은 세 바퀴째가 힘겨웠다. 맞상대별 피OPS가 첫 바퀴째 0.621(8위), 두 바퀴째 0.585(3위)였다가 세 바퀴째는 0.847(29위)로 치솟았다. SSG 드류 앤더슨도 첫 바퀴째 0.529(2위)로 시작하지만 두 바퀴째는 0.701(13위), 세 바퀴째는 0.909(36위, 최하위)에 머물렀다. 최원태는 반대로 첫 한 바퀴째 피OPS가 무려 0.861(32위)에 달했는데 두 바퀴째는 0.619(5위), 세 바퀴째는 0.573(2위)로 점점 좋아졌다.

세 번째 타석의 지배자, 같은 타자를 세 번째 만났을 때

선수명	1타석OOPS	2타석OOPS	3타석OOPS	1타석·3타석
브랜든	0.629	0.612	0.641	-0.012
곽빈	0.556	0.733	0.644	-0.088
윌커슨	0.727	0.732	0.647	0.08
후라도	0.677	0.673	0.654	0.023
원태인	0.652	0.755	0.663	-0.011
엘리아스	0.603	0.772	0.665	-0.062
코너	0.583	0.746	0.689	-0.106
손주영	0.718	0.731	0.702	0.016
쿠에바스	0.655	0.715	0.717	-0.062
임찬규	0.735	0.750	0.729	0.006
하트	0.497	0.560	0.732	-0.235
와이스	0.560	0.673	0.741	-0.181

1-3타석 모두 리그 평균 OPS(0.772)이하 투수 12명

선수명	피OPS 편차
임찬규	0.011
후라도	0.012
손주영	0.015
브랜든	0.015
쿠에바스	0.035
윌커슨	0.048
원태인	0.057
코너	0.083
엘리아스	0.085
곽빈	0.089
와이스	0.091
하트	0.122

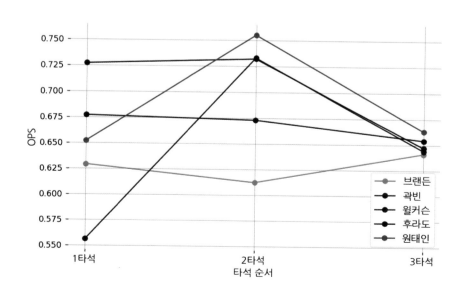

세 번째 타석의 지배자 타자편

_신원철

'선발투수에게 같은 타자를 세 번 만나게 하지 말라'가 투수 교체의 원칙이라면, 타자에게는 반대다. 선발투수를 세 번째 타석에서 만났을 때가 성적을 끌어올릴 기회다. 2023년 리그 타석별 OPS는 첫 바퀴째 0.676, 두 바퀴째 0.716, 세 바퀴째 0.725였다. 타고투저 경향이 강화된 2024년 각각 0.732, 0.769, 0.786으로 나타났다. 2024년 규정타석을 채운 56명으로 범위를 좁히면 첫 바퀴째 0.795, 두 바퀴째 0.832, 세 바퀴째 0.8230이었다. 투수의 경우와 마찬가지로 첫 바퀴에서 두 바퀴째에 큰 상승폭을 보였다.

가장 극적인 변화를 보인 선수는 NC 맷 데이비슨이다. 첫 타석에서는 0.771(규정타석 56명 가운데 32위)로 리그 평균(0.772) 수준 OPS를 기록했다. 하지만 두 번째 타석에서는 0.876(18위)로 평균 이상이었고, 세 번째 타석에서는 무려 1.420으로 1위였다. 데이비슨의 첫 타석-세 번째 타석 OPS 차이는 0.649에 이른다.

그다음은 0.387 차이를 보인 김주원이다. 김주원은 첫 타석에서는 0.551로 56명 가운데 54위, 두 번째 타석은 0.733(38위), 세 번째 타석에서는 0.938(13위)로 뚜렷한 상승세를 보였다. KT 강타자 멜 로하스 주니어는 첫 타석에서는 평균 이하였다가 두 번째 타석부터는 괴물로 변했다. 첫 타석 OPS가 0.752(35위)인데 두 번째 타석은 1.019(6위), 세 번째 타석은 1.089(6위)다.

데이비슨은 세 번째 타석 홈런 생산력도 뛰어났다. 75타수 8홈런으로 9.4타수에 한 번 홈런을 날렸다. LG박동원이 38타수 4홈런, 9.5타수당 하나씩 홈런을 쳐 데이비슨의 뒤를 이었다. 타수가 많지는 않았지만, SSG 고명준과 NC 김휘집은 세 번째 타석에서 30타수 3홈런으로 데이비슨과 박동원에게 버금가는 힘을 자랑했다.

세 번째 타석에서 유독 폭발적이었던 선수도 있다. 삼성 이재현은 첫 타석 0.739(37위), 두 번째 타석 0.666(48위)에서 세 번째 타석 1.103(5위)으로 마치 다른 사람처럼 변했다. 키움 송성문과 두산 김재환은 첫 타석과 세 번째 타석에서 강했다. 송성문은 첫 번째 타석에서 0.928(9위)을 기록하다 두 번째 타석에서는 0.666(39위)에 그쳤다. 대신 세 번째 타석에서 1.273으로 2위에 올랐다. 김재환은 첫 타석 0.922(10위)에서 두 번째 타석 0.695(44위)로 고전하는 경향을 보였다. 하지만 세 번째 승부에서 0.987(9위)로 살아난다.

가장 편차가 적었던 선수는 전체 OPS 1위 김도영(KIA)이다. 김도영의 OPS는 첫 바퀴째 0.996(3위) 두 바퀴째 1.257(1위) 세 바퀴째 1.153(4위)으로 언제 어느 때나 위협적인 타자였다. 삼성 구자욱도 0.956(5위)에서 0.942(13위), 1.179(3위)로 계속 상위권을 유지했다. 삼성 베테랑 강민호 또한 0.896(12위)에서 1.038(4위), 0.938(12위)로 꾸준했다.

선수명	첫타석OPS	2타석OPS	3타석OPS	1타석→3타석
데이비슨	0.771	0.876	1.420	0.649
김주원	0.551	0.733	0.938	0.387
이재현	0.739	0.666	1.103	0.364
송성문	0.928	0.666	1.273	0.345
로하스	0.752	1.019	1.089	0.337
이주형	0.613	0.995	0.898	0.285
김혜성	0.595	0.871	0.824	0.229
구자욱	0.956	0.942	1.179	0.223
최정	0.854	0.774	1.075	0.221
배정대	0.767	0.611	0.970	0.203
김태연	0.607	0.980	0.800	0.193
박민우	0.719	1.006	0.907	0.188
김도영	0.966	1.257	1.153	0.187
김영웅	0.746	0.947	0.918	0.172
박동원	0.851	0.654	1.009	0.158
한유섬	0.685	0.889	0.825	0.140
페라자	0.825	0.747	0.944	0.119
황재균	0.615	0.656	0.726	0.111
김선빈	0.676	0.723	0.780	0.104

1타석→3타석 OPS 상승폭 TOP5

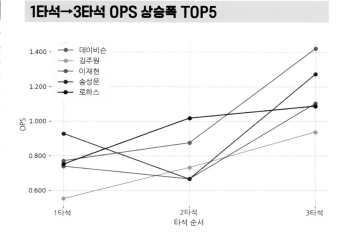

선수명	첫타석순위	2타석순위	3타석순위	순위평균
김도영	3	1	4	2.7
구자욱	5	13	3	7.0
강민호	12	4	12	9.3
레이예스	7	22	17	15.3
로하스	35	6	6	15.7
데이비슨	32	18	1	17.0
문보경	1	39	15	18.3
최정	17	32	7	18.7
송성문	9	49	2	20.0
김영웅	36	12	14	20.7
김재환	10	44	9	21.0
장성우	11	15	38	21.3
에레디아	13	3	49	21.7
박민우	42	8	16	22.0
고승민	15	20	32	22.3
페라자	22	36	11	23.0
권희동	21	26	22	23.0
전준우	8	42	19	23.0
채은성	23	14	34	23.7
오스틴	4	40	28	24.0

타석별 OPS 순위 TOP5

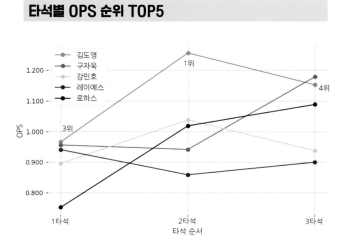

2루 주자의 속도

_신동윤

2루를 '스코어링 포지션'이라 한다. 단타로 득점할 수 있다는 뜻인데, 늘 그런 것은 아니다. 해당되는 상황은 세 종류 아웃카운트에서 2루, 1·2루, 2·3루, 만루일 때 1루타가 나왔을 때다.

KBO 리그 2019-2024년 사이 이 상황에서 2루 주자 득점 성공률은 70.1%다. 아웃카운트에 따라 차이가 크다. 2사에서는 88.7%지만 1사에서는 61.7%, 무사에서는 47.3% 다. 자연스럽고 합리적인 결과다. 주자의 스타트 타이밍이 어렵기도 하고, 무사나 1사에서 주루사는 2사보다 손실이 더 크기 때문이다. 그럼에도 2루 주자가 홈에 도착한다면 당연히 좋은 일이다.

인플레이 타구 때 주자 추가 진루는 도루와 달리 기록으로 카운트되지 않는다. 이 타구가 갈 만한지 아닌지 명확히 판단하기도 어렵다. 하지만 도루보다 팀 득점에 차지하는 비중은 훨씬 크다.

2024년 팀 당 한경기 도루는 성공, 실패 합쳐서 1.1개다. '평균의 게임' 야구에서 차지하는 비중은 생각보다 훨씬 작다. 인플레이 타구는 다르다. 삼진, 사사구, 홈런을 제외한 모든 타석에서 주자는 움직인다. 기록은 그저 안타 또는 아웃이지만 그야말로 '기록되지 않는 차이'가 만들어진다. 그래서 주루를 논한다면 이쪽이 훨씬 더 중요하다. 단타의 2루 주자 득점은 가장 대표적인 경우다.

2024년 단타 시 2루 주자 득점성공률

구단	성공률(%)
KT	78.8
키움	77.1
SSG	76.8
롯데	73.9
LG	73.2
두산	72.7
KIA	71.9
삼성	71.6
한화	71.4
NC	59.7

2024년 리그 평균은 72.6%로 지난 6시즌 평균(70.1%)보다 약간 높다. KT가 78.8%로 가장 높다. NC는 59.7%로 9위 한화와도 차이가 많이 나는 10위다. 속도의 차이일 수도, 정책의 차이일 수도 있다. 하지만 2루 주자 득점은 '단타+주자 2루' 상황이 어떤 아웃카운트에서 나왔는지에 따라 달라진다. 그래서 나눠서 봐야 한다.

그림의 Y축은 팀별 '단타+주자 득점' 비율을 해당 아웃카운트 평균으로 뺀 값이다. 윗쪽에 있으면 평균보다 많이 득점한 팀, 아랫쪽에 있으면 반대다. 무사에서는 차이가 꽤 크다. 하지만 2사에서는 팀간 차이가 별로 없다.

아웃카운트 별 10개팀 2루주자 득점성공비율 비교

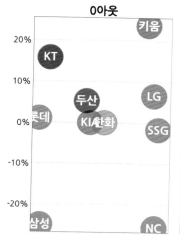

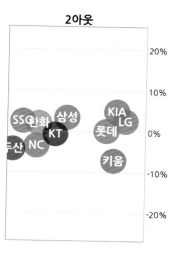

키움은 무사 득점성공률은 가장 높았는데, 2사 성공률은 가장 낮았다. NC는 세 상황 모두 낮다. 삼성은 무사에서는 낮았지만 2사에서는 두번째로 높다.

팀이 아닌 선수로는 어떨까. 10번 이상 기회가 있던 선수 중 단타 때 홈까지 들어온 비율은 황영묵, 김상수, 배정대

3명이 100%로 공동 1위다. 하지만 과감한 주루가 필요한 2사라면 아무래도 성공률이 높을 수밖에 없다. 황영묵은 절반 이상이 무사나 1사 상황임에도 100% 득점 성공. 김도영 조수행 신민재도 주루를 잘 한 선수다. 무사 상황이 꽤 많았는데도 100%에 근접한 득점성공률을 보였다.

2루-홈이 빠른 주자들

이름	구단	기회	기회 중 아웃카운트 비율(%)			득점비율(%)
			무사	1사	2사	
황영묵	한화	14	14.3	42.9	42.9	100.0
김상수	KT	14	7.1	21.4	71.4	100.0
배정대	KT	11	9.1	36.4	54.5	100.0
김도영	KIA	24	29.2	45.8	25.0	95.8
조수행	두산	16	25.0	56.3	18.8	93.8
정준재	SSG	11	9.1	63.6	27.3	90.9
추신수	SSG	11	9.1	36.4	54.5	90.9
최정원	NC	11	0.0	45.5	54.5	90.9
박해민	LG	19	15.8	36.8	47.4	89.5
신민재	LG	18	33.3	44.4	22.2	88.9

홈 승부의 손익분기점

_신동윤

공격적인 주루는 모두 좋다고 한다. 하지만 그 결과로 생기는 주루사를 반기는 이는 없다. 득점권 주자가 있는 인플레이 상황에서 3루 코치는 극한직업이다. '돌릴까, 말까?'

100% 확신이 있다면 당연히 돌릴 것이고, 절대로 안된다고 판단하면 멈출 것이다. 하지만 그렇게 속 편한 상황은 많지 않다. 70% 확률로 보일 때 돌릴까 말까. 50%보다 높으니까 돌려야 하나. 박빙 점수 차라 주자를 아껴야 하니 멈출까. 하지만 박빙 차이기 때문에 그 한 점에 도전할 가치도 있는데. 성공 가능성은 낮아도 송구가 나쁘거나 수비가 실수해서 득점하는 경우도 있지 않나.

이 선택의 한쪽 끝에는 '결국 현장의 경험과 감을 따를 수밖에 없다. 누구도 완벽할 수는 없다'라는 현실론이 있다. 다른 끝에는 '주루코치가 돌려서(안 돌려서) 경기를 망쳤어'라는 결과론이 자리잡는다.

1000원을 걸어 이기면 2000원을 받고 지면 0원이 되는 게임을 가정한다. 예상 승률은 60%다. 그렇다면 게임에 참여하는 게 이익이다. 40%의 확률로 잃겠지만, 여러 번 하다 보면 평균적으로 이익을 얻는다. 승부에서 손익분기점은 50%이기 때문이다. 이겼을 때 2000원이 아니라 4000원을 받는 조건이라면 예상 승률 25%가 넘으면 승부에 들어가야 한다.

성공과 실패의 대가가 정해졌을 때 승부의 손익분기점은 [졌을 때 손실 / (이겼을 때 보상 + 졌을 때 손실)] 로 계산된다. 이는 야구에도 적용된다. 특히 주루 상황에서는.

1사 2루에서 단타가 나오면 일단 주자는 3루, 타자는 1루에 도착한다. 야구 통계가 분석하는 이 상황의 가치는 1.23점이다. 같은 상황을 수 천 번 반복한 결과를 보니 평균 1.23점이 났기 때문이다.

홈 승부를 시도해서 성공하면 1점을 얻고 1사 1루가 된다. 이 결과는 득점 포함 1.55점 가치다. 실패하면, 즉 홈에서 아웃되면 2사 1루가 된다. 0.22점 가치다. 성공 보상은 0.32점(1.55-1.23)이고 실패 손실은 1.008점(1.23-0.22) 이다. 위 방법으로 손익분기점을 계산하면 75.9%가 나온다. 성공 확률이 75.9%보다 크다고 판단되면 홈 승부에 도전하는 게 이익. 작을 것 같다면 멈추는 게 이익이다. 80%라면 10번 중 2번은 실패하겠지만 그래도 이 승부는 해야 한다.

이런 방식으로 홈 승부를 결정해야 할 상황에서 '성공 확률이 얼마일 때 승부할 것인가"에 대한 기준을 만들 수 있다. 이 글의 〈표〉는 각 상황별 손익분기점을 KBO 리그 2021-2023년 경기 기록을 바탕으로 계산한 결과다.

손익분기점은 무사 1·2루에서 단타가 나왔을 때 88.7%로 가장 높다. 홈에서 살 수 있다는 확신이 떨어지면 멈춰야 한다. 성공하면 '1득점 + 무사 1·2루'지만 실패하면 1사 1·2루가 된다. 실패의 손실이 너무 크다.

낯설게 느껴질 숫자도 있다. 1사 3루 외야 뜬공의 손익분기점이 36.1%다. 세 번 뛰어서 두 번 아웃돼도 거의 본전이라는 뜻이다. 3루 주자가 두 번이나 홈에서 아웃된 것인데? 3아웃이 되면서 아예 이닝이 끝나버렸는데? 그러나 사실이다. 경기 상황의 특수성이 있겠지만 144경기 페넌트레이스에서라면 이런 선택을 꾸준히 지속하면 결국 이익을 얻는다.

상대 외야수가 플라이볼을 잡는 순간 상황은 2사 3루로 바뀐다. 홈 쇄도를 포기하면 이 상황에서 다음 타자가 타석에 선다. 2사 3루는 득점 가능성이 높지 않다. 기대득점 0.36점인데, 이닝 선두 타자가 타석에 섰을 때(0.53점)보다 더 낮다.

물론 외야 뜬공 세 번에 3루 주자가 두 번 죽으면 응원하던 팬의 멘탈에는 치명적이다. 하지만 경기의 승패에서는 아니다. 반반 확률만 되도 승부해야 한다. 두 번에 한 번만 살아도 승패에는 이득이다. 기대득점이 무사나 1사보다 낮은 투아웃에서는 주루 손익분기점이 낮아지고, 공격적 주루의 필요성이 커진다.

상황/플레이별 홈승부 손익분기점

상황	플레이	홈승부 손익분기점
무사 1·2루	단타	88.7%
무사 2루	단타	88.2%
무사 2·3루	외야뜬공	83.0%
1사 1·2루	단타	82.4%
무사 만루	외야뜬공	82.4%
무사 3루	외야뜬공	76.4%
무사 1·3루	외야뜬공	75.9%
1사 2루	단타	75.9%
1사 1루	도루	70.0%
무사 1루	도루	69.4%
2사 1루	도루	64.2%
2사 1·2루	단타	61.0%
1사 만루	외야뜬공	61.0%
1사 2·3루	외야뜬공	46.0%
2사 2루	단타	42.4%
1사 1·3루	외야뜬공	42.4%
1사 3루	외야뜬공	32.8%

수비하기 좋은 구장, 나쁜 구장, 이상한 구장

_신동윤

야구에서 구장 때문에 일어나는 효과는 크다. 대표적으로 홈런팩터다. 잠실구장의 좌·우중간 펜스 거리는 메이저리그에서도 먼 쪽에 속한다. 이런 구장에서는 이런 구장에서는 홈런을 치기 어렵다. 스탯티즈 파크팩터 기준 잠실의 홈런팩터는 743. 홈런이 평균적인 구장의 74%만 나온다는 뜻이다. 대구삼성라이온즈파크는 1570으로 평균의 1.6배다. 파크팩터는 홈과 원정팀 타자가 각각 홈/원정경기에서 낸 기록을 비교하는 것이라 홈 팀 타격 성향과는 관계가 없다. 그냥 그 구장의 특성이다.

그런데 공격에만 파크팩터가 있을까. 구장의 특성이 다르면 수비 난이도도 다를 것이다. 여기서 생기는 차이는 없을까.

적당한 지표는 DER(수비효율)이다. '1 − (안타−홈런+실책출루) / (타석−삼진−볼넷−몸에맞는공−홈런)'으로 계산한다. 페어 구역에 들어와 수비 기회가 발생한 모든 타구 중 출루를 허용한 타구 비율이다. 실책출루를 계산에 포함시키고 있지만 '1 − BABIP(인플레이타구타율)'과 거의 비슷한 값이다. 선수 개인이 아닌 팀 기록만 가능한데, 전반적인 수비력을 평가하는 데 매우 유용하다. 구장 별로 경기를 구분해서 DER를 계산하면 간접적으로 구장의 수비난이도를 평가할 수 있다.

구장에 따른 수비효율(DER) 차이

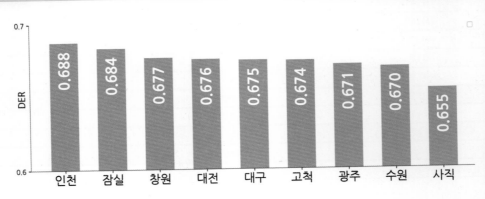

인천, 잠실의 DER이 가장 높다. 수비하기 좋은 구장인 것 같다. 사직이 가장 나쁘다. 수비하기 힘든 구장 같다. 하지만 프로야구 구장에서는 홈 팀이 나머지 각 팀보다 9배 더 많이 경기를 한다. 따라서 홈 팀의 수비 능력이 영향을 준다. 따라서 홈 팀과 원정 팀을 구분해서 봐야 한다.

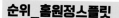

순위_홈원정스플릿

회색이 원정팀 DER이다. 인천은 여전히 DER이 가장 좋은 구장이고, 사직은 원정팀 DER에서도 가장 나쁜 구장이었다. 롯데의 수비 능력과 무관하게 사직은 수비하기 힘든 구장일 가능성이 크다.

홈팀 DER은 대체로 원정팀 DER보다 좋다. 적응의 차이로 짐작된다. 그런데 유일하게 홈 구장에서 원정 팀보다 나쁜 DER을 기록한 팀이 하나 있다. 롯데다.

아직도 이 숫자에는 왜곡이 남아있다. 한 구장에서 원정 팀 투수는 홈 팀 타자만 상대한다. DER은 상대팀 인플레이 타율 비중이 아주 크다. 홈 팀이 유독 빠르고 강한 타구를 많이 날린다면 결과적으로 그 구장의 DER은 나빠진다. 따라서 한 번 더 조정이 필요하다. 한편으로는 원정 팀의 해당 구장 DER과 나머지 구장에서의 DER 차이, 다른 편으로는 홈 팀의 홈 구장 DER과 나머지 구장 DER을 비교해야 한다. 이렇게 하면 홈 팀 타자에 따른 영향이 어느정도 완화된다.

구장수비난이도_쉬운

잠실, 인천은 홈, 원정 팀 모두 다른 구장에서 경기할 때보다 DER이 좋아졌다. 인플레이 타구를 더 많이 아웃처리한다는 뜻이다. 거의, 확실히, 수비하기 좋은 구장이다.

대구, 수원, 사직은 홈, 원정 팀 모두 DER이 나빠졌다. 잡아내지 못한 인플레이 타구 비율이 높다. 거의, 확실히, 수비하기 힘든 구장이다.

묘한 곳은 고척, 대전, 창원, 광주 4개 구장이다. 원정 팀 DER은 나빠졌는데 홈 팀 DER은 좋아졌다. 2019-2024년 6시즌 통계이기 때문에 일시적인 현상은 아니다. 고척의 경우 홈 팀 DER은 0.011 좋아지고 원정 팀 DER은 0.009 나빠졌다. 더하면 0.020 차이다. 안타 비율에 가까운 값이니 타율 0.300이 0.280이 되는 셈이다. 굉장히 큰 차이다.

구장수비난이도_어려운

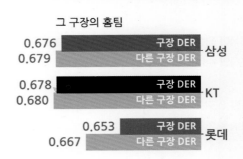

구장수비난이도_복잡한

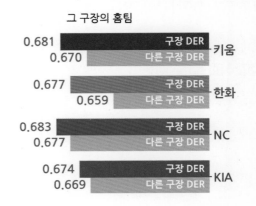

무슨 의미일까. 홈 팀 수비는 원정 때보다 좋아졌다. 그런데 원정 팀은 다른 구장에서 뛸 때보다 수비가 나빠졌다. 이러면 당연히 홈 팀이 이길 확률이 높아진다. 키움과 NC는 같은 기간 '홈 승률-원정 승률' 차이 부문에서 1, 2위다. 홈에서 유독 강한 팀이었다. 네 구장 홈 팀이 다 그렇지는 않다. 한화는 중간 정도. 한화는 원정 팀 DER 차이가 매우 작았다. KIA는 상대적으로 홈 승률이 나쁜 팀이다. 수비 외에 홈 어드밴티지를 결정하는 다른 요인이 더 강하게 작용했다고 볼 수 있다.

타격 파크팩터는 선수 성적을 구장중립적으로 평가하는 외에 팀 전략 수립에도 중요하게 쓰인다. 시즌 스케줄에서 홈 경기가 절반이니 홈 구장에 적합하게 구성된 전력은 당연히 더 많은 승리에 도움이 된다. 좁은 구장을 쓰는 팀은 땅볼 투수와 뜬공 타자를 선호한다. 넓은 구장은 반대다. 이와 마찬가지로 DER로 팀 수비 전력을 좀더 객관적으로 평가하거나, 전략수립에 활용할 수 있을 것이다.

물론, 구장에 따른 DER 차이를 모두 수비 난이도 차이 때문이라고 보기는 어렵다. 예를 들자면, 공격 팀이 뜬공 비율이 높으면 수비 팀 DER이 높아진다. 하지만 DER은 꽤 많은 부분을 설명한다.

우리 팀 WAR는 몇 살? 10개 팀 타자 WAR 나이 분포

_신동윤

타자 나이별 WAR 합계(2019-2024 KBO 리그)

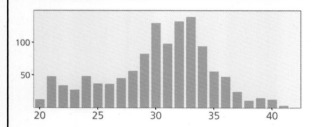

타자 나이별 WAR 합계(2024년)

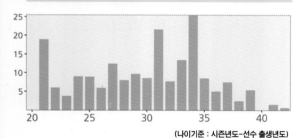

(나이기준 : 시즌년도-선수 출생년도)

지난 6시즌 KBO 리그 타자 WAR를 나이대로 보면 어떤 경향이 보인다. 27세부터 WAR 적립이 늘어나면서 30-34세에 정점을 찍는다. 이후 하락하며 37세 정도에 완연하게 꺾인다.

'좋은 팀'을 나이로 요약하면 이렇다.
20대는 성장 중이며 전력에서 의미있는 비중을 차지해야 한다. 30-35세는 팀 핵심 전력 역할을 해야 한다. 전성기를 유지하는 35세 이상 선수 몇 명이 있어야 한다. 구단별 시각화 그래프에서 3개의 피크를 가졌다면, 이 셋을 다 가진 팀이다. 이 그래프를 구단별로 설명하면 이렇다.

KIA=21세 김도영의 존재감이 압도적이다. 다만 그는 20대초반 전력이라기보다는 그냥 '김도영'이라 보는게 맞겠다. 최원준(27) 박찬호(29) 포함 중심 전력이 고르다. 다만 고령화는 다소 우려된다. 김선빈 나성범 서건창 김태군이 35세 동갑. 여전했던 최형우가 41세.

삼성=밸런스로 보면 최고. 이재현(21) 김영웅(21) 김지찬(23) 윤정빈(25)이 있는 20대 초반 전력은 리그 최고다. 구자욱(31) 강민호(39)를 제외하면 나머지가 엷다. 젊은 팀의 가능성과 불확실성이 공존.

LG=문보경(24) 아래로 20대 전력이 없다. 홍창기(31) 박동원(34) 오지환(34) 박해민(34)의 존재감이 대단하지만 김현수(36)부터 시작된 하락기가 위험요인.

두산=이유찬(26) 박준영(27) 강승호(30) 양석환(33) 허경민(34) 정수빈(34) 양의지(38)까지 고르고 촘촘하다. 20대 초반 주력 선수는 아직 없다.

KT=2시즌 연속 후반기 대추격을 벌인 팀. 하지만 타자 쪽은 외국인선수 로하스(34) 외에 전체적으로 가볍다. 강백호(25)의 성장이 기대에 못 미친다. 장성우(34) 김상수(34)의 기량 유지가 변수.

SSG=외국인타자 에레디아(34)를 제외한다면 오태곤 최정 이지영 등 35세가 지난 선수가 주력이다. 박성한(26) 정도가 예외다. 정준재(21) 박지환(19)의 성장을 기대해야 한다.

롯데=윤동희(21) 나승엽(22) 고승민(24) 등 20대 초반 전력에서는 최상급. 손호영(30) 박승욱(32)이 확실히 자리를 잡는다면 30대 주축이 돼줄 수 있다.

한화=안치홍(34) 채은성(34) 최재훈(35)의 구심력이 충분치 않다. 노시환(24) 최인호(24) 황영묵(25)의 성장을 기대한다.

NC=김주원(22) 김휘집(22)의 등장으로 20대 초반 전력에 깊이가 생겼다. 박민우(32) 권희동(34) 박건우(34)의 중심은 남부럽지 않다. 손아섭(36)이 건강하게 복귀해야 한다.

키움=이용규(39) 도슨(29)을 제외하면 지난해 WAR 1.0승 이상 선수가 셋 뿐이었다. 모두 20대. 그 중 한 명은 메이저리그로 갔다. 젊은 팀이지만 아직은 그 뿐이다. 하지만 늘 그랬듯 또다른 선수가 나타날 것 같은 팀.

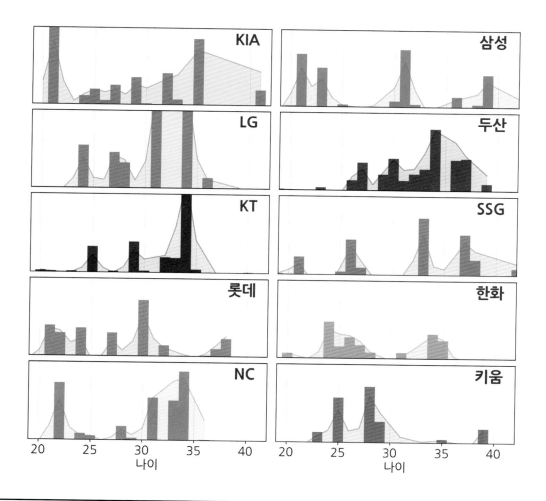

우리 팀 WAR는 몇 살? 10개 팀 투수 WAR 나이 분포

_신동윤

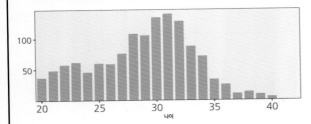

투수 나이별 WAR 합계(2014년)

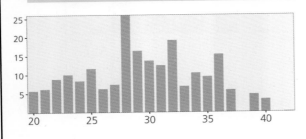

투수 나이별 WAR 합계(2024년)

투수의 전성기는 야수보다 더 빨리 시작되고, 더 일찍 끝난다. 30대에 접어들어 전성기를 맞고, 후반까지 지속되는 야수와 다르다. KBO 리그 2019년-2024년 데이터를 기준하면 투수는 30-32세가 정점이다. 타자에 비해 20대 초반 투수의 WAR 비중이 높은 것도 다른 점. 25세 전후로 다소 꺾이는 점은 타자와 비슷하다. 병역의무 요인이 크게 작용한다.

KIA=아름다운 밸런스다. 20대 초반에 윤영철(20) 황동하(22) 정해영(23). 30세 전후에 전상현(28) 장현식(29) 이 있고, 양현종(36)은 여전했다.

삼성=다른 강팀들이 그렇듯 이승현(22) 황동재(23) 최기광 (26) 등 20대 초반 전력이 풍부하다. 더 좋은 점은 흔치 않은 젊은 선발 원태인(24)을 보유하고 있다는 점이다. 외국인 코너와 레예스도 28세 동갑이다. 30대에서는 김태훈(32) 이승현(33) 김재윤(34) 백정현(37) 임창민(39)이 골고루 WAR을 모았다.

LG=한동안 팀 컬러였던 양질 모두 뛰어난 젊은 불펜이 2024년에는 없었다. 대신 그때 없던 젊은 선발 손주영(26)이 등장했다. 최원태(27)는 이적했다. 유영찬(27) 위로 임찬규(32) 김진성(39)으로 간격이 꽤 있다.

두산=타자 쪽에서 20대 전력화가 늦어지는 것과는 양상이 다르다. 25세 곽빈 앞 뒤가 다 두껍다. 택연(19)은 말할 것도 없고, 최준호(20) 이병헌(21) 최지강(23) 이영하(27) 최원준(30) 홍건희(32) 김강률(36)까지.

KT=박영현(21) 김민(25) 이 20대 전력이다. 엄상백(28)은 이적했다. 고영표(33)와 우규민(39)까지 세 나이대가 고루 갖춰져 있다.

SSG=송영진(20) 조병현(22) 오원석(23) 등 20대 초반이 두껍다. 30세 이상은 김광현(36) 앤더슨(30) 엘리아스(36)의 비중이 컸다.

롯데=박세웅이 이제 30대에 진입한다. 위로는 김원중(31) 한현희(31) 김상수(36)가 있다. 20대로는 김진욱(22) 박진(25) 정도. 타자 쪽에 비하면 20대 전력화가 더딘 편.

한화=류현진(37)을 제외하면 주현상(32)이 투수 WAR 팀 내 1위다. 드래프트 전체 1순위 황준서(19)와 김서현(20), 1차 지명 문동주(21)의 성장이 관건.

NC=한재승(23) 김영규(24) 신민혁(25) 김시훈(25) 김재열(28) 등 주력 투수가 차례로 투수 전성기 나이대에 진입할 예정이다. 신민혁은 수술 뒤 재활과 병역 문제가 남아 있다. 구창모(28)가 6월에 군복무를 마치고 건강하게 돌아온다면 리그의 판도를 흔들 수 있다. 이재학(34) 임정호(34)의 지속가능성은 다른 과제.

키움=지난해 후라도(28)와 헤이수스(28) 외에 WAR 1.0승 이상 투수는 하영민(29) 한 명 뿐. 그나마 근접했던 전력이 주승우(24) 김인범(24) 정도. 안우진의 복귀는 아직 1년 더 남았다.

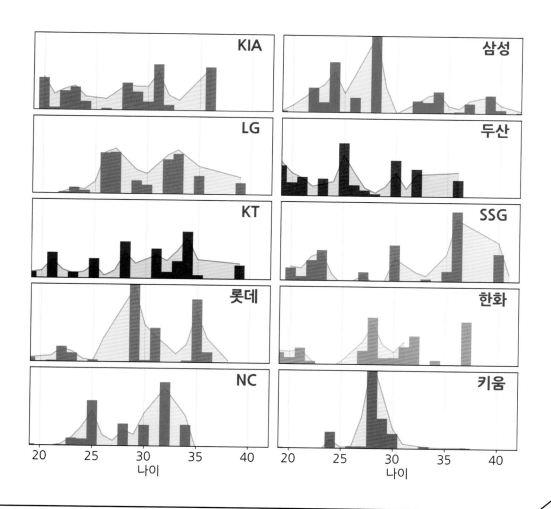

구원투수 첫 타석 승부

_신동윤

야구의 결정적 순간에 투수 교체 시점을 빼놓을 수 없다. '감독의 야구'가 움직이는 시간이다. 구원투수가 첫 타자만 상대하는 것은 아니지만, 그 타석이 가장 중요한 순간일 가능성이 높다. 그 매치업을 만든 벤치의 역량을 간접적으로 평가할 근거가 된다. 적절한 매치업으로 투수의 평소 성적보다 더 나은 결과를 내주길 기대할 것이기 때문이다.

2024시즌 10개 구단 첫타자 승부 결과 [표1]

구단	첫 타자 상대 피OPS	등판 투수 평균 피OPS	차이
KT	0.725	0.778	−0.053
삼성	0.781	0.787	−0.006
키움	0.812	0.811	0.001
SSG	0.798	0.781	0.017
한화	0.814	0.769	0.046
LG	0.839	0.789	0.050
KIA	0.827	0.771	0.056
롯데	0.859	0.802	0.057
두산	0.831	0.775	0.057
NC	0.848	0.786	0.062

〈표1〉은 각 구단 구원투수의 첫 타자 상대 시 피OPS를 해당 투수들의 시즌 평균치와 비교한 것이다. 첫 번째가 두 번째보다 낮다면(표의 '차이' 항목이 마이너스일수록) '능력'보다 좋은 결과를 냈다고 할 수 있다.

KT의 시즌 평균 피OPS는 0.778로 10개 구단 중 4위. 하지만 첫 타자 상대 결과에서는 1위, 평균 대비 차이에서도 1위다. 능력은 최고가 아니었다 해도 효율은 최고였다. 첫 타자 상대 결과가 가장 나쁜 팀은 롯데(0.859)였다. 다만 등판 투수 평균 피OPS가 0.802로 9위였다.

NC는 평균 대비 결과가 나쁜 팀이다. 0.786(6위) 능력인 투수들이 올라갔는데 결과는 0.848로 9위였다. 두 수치 차이가 가장 컸다. 한화는 10개 구단 중 능력(0.769)이 가장 좋은 투수들이 올라갔다. 하지만 결과는 피OPS 0.814(5위)다. 키움은 능력 꼴찌(0.811) 투수들이 등판했지만 무려 4위(0.812)라는 결과를 냈다.

사연은 많았을 것이다. 그러니 야구에서 투수 교체가 가장 어렵다고 한다. 그런데 조금 더 들여다 볼 여지가 있다. 교체 타이밍에 대해서다. 하나는 새 이닝이 시작될 때, 다른 하나는 이닝 중 교체, 이른바 '쪼개기'. 결과가 묘하게 다르다.

〈표2〉에서는 2019~2024년 6시즌을 대상으로 두 상황을 나눠 위의 방법대로 결과를 냈다.

구원투수 등판 상황에 따른 첫 타자 승부 결과 [표2]

상황	첫 타자 상대 피OPS	등판 투수 평균 피OPS	차이
이닝 중 교체	0.793	0.748	0.044
이닝 시작 때 교체	0.732	0.743	-0.011

이닝이 시작할 때 등판한 구원투수의 첫 타석 결과는 자기 평균 성적보다 좋다. 반대로 이닝 중에 마운드에 오른다면 평균보다 못한 결과를 낸다. 투수마다 다르겠지만 평균적으로 이 경향은 분명하게 나타난다.

〈표3〉은 지난 시즌 프로야구 10개 구단의 이닝 중 교체 비율을 보여준다. 이닝 중 교체를 가장 많이 한 팀은 롯데, 가장 적게 한 팀은 키움이다. 2배 이상 차이. 공교롭게 이 둘이 지난해 불펜 최약체였다. 구원 피OPS에서 키움이 0.825로 10위, 롯데는 0.806으로 9위였다. 그런데 적어도 구원투수 첫 타석 승부 결과로만 보면 키움은 0.812로 4위, 롯데는 0.859로 꼴찌다.

당연히 복합적인 결과다. 약한 전력으로 좋은 성적을 내는 것은 어렵다. 팀 전력은 감독이 선택할 수 있는 것이 아니다.

벤치에는 '적재적소의 운영'을 기대할 뿐이다. 상대 전적을 보고 그날의 컨디션을 본다. 때로 승부사의 감각을 믿는다. 하지만 이런 것들은 모호하고 불확실하다.

다만 구원투수 투입 시점은 좀더 통제 가능한 영역이 아닐까. 이닝 전 투입과 이닝 중 투입의 결과는 꾸준히 다르게 나타난다. 그런데도 이닝 중 투입 비율이 다른 팀보다 두 배 이상 차이가 나는 팀이 있다. 상수로 주어진 전력이나 불확실한 승부사의 직감과도 다른 운영 전략의 면에서 검토돼야 하지 않을까.

2024년 10개 구단 이닝 중 구원투수 교체 비율 [표3]

구단	비율(%)
롯데	53.8
두산	44.3
삼성	43.6
KIA	41.0
NC	35.1
KT	34.6
LG	34.0
SSG	33.7
한화	31.7
키움	23.9

프로야구 감독
투수 교체 성적표 ————

_황규인

프로야구 감독은 투수 교체 과정에서 종종 '업무상 배임' 혐의를 받고는 한다. 한국 대법원 판례에 따르면 당연히 해야 할 일을 하지 않거나, 당연히 하지 말아야 할 일을 한 경우가 배임(背任)이다. 그러니까 투수를 마운드에서 당연히 내렸어야 했는데 내리지 않았거나, 바꿀 필요가 전혀 없는 투수를 바꿨다고 비판을 받는 것이다. 물론 여기서 '당연히' 또는 '전혀'의 기준은 팬들이 결과론적으로 세운다.

자연스레 감독이 이런 혐의에서 벗어날 수 있는 길은 딱 하나. 새로 마운드에 오른 투수가 잘 던지는 것이다. 특히 이닝 중에 투수를 바꿨다면 이 투수가 적어도 첫 상대 타자는 확실하게 잡아내야 한다. 투수가 마운드에 오르자마자 적시타, 특히 역전타를 내준다면 '잘 던지던 투수를 왜 내렸냐'는 비판이 거의 예외 없이 뒤따라오기 때문이다.

2024년 '배임 의혹'에 가장 자주 시달려야 했던 사령탑은 김태형 롯데 감독이다. 김 감독이 이닝 중에 마운드에 올린 투수가 첫 상대 타자에게 동점(2번) 또는 역전(9번)을

허용한 건 모두 11번이다. 이를 포함해 첫 타자에게 출루를 허용한 횟수(57번) 역시 롯데가 가장 많았다. 다만 김 감독이 이닝 중간에 투수를 바꾼 케이스(141번)가 가장 많다는 점은 염두에 두어야 한다. 마운드를 지키던 롯데 투수가 '소매치기라도 당한 것처럼' 갑자기 흔들릴 때가 적지 않았다는 방증이다.

비율로 따졌을 때는 강인권 전 NC 감독 선택이 제일 논란이었다고 할 수 있다. 강 전 감독이 이닝 중에 마운드에 올린 투수는 총 77명이었고 이 중 35명(45.5%)만 첫 번째 상대 타자를 잡고 투구를 시작했다. 이 비율이 50%가 되지 않는 선택을 내린 건 2024년 프로야구팀 감독 또는 감독 대행을 지낸 12명 가운데 강 전 감독이 유일했다. 그리고 이런 선택은 강 전 감독이 시즌을 다 마치지 못하고 지휘봉을 내려놓은 이유 가운데 하나가 됐다.

거꾸로 배임 혐의에서 가장 자유로운 사령탑은 이강철 KT 감독이었다. 이 감독이 이닝 중 올린 투수는 62명. 이 가운데 첫 타자를 상대로 곧바로 리드를 내준 선수는 단

한 명도 없었다. 대신 동점을 내준 경우는 한 번 있었다. 두산에 4–3으로 앞서가던 8월 18일 수원 안방 경기였다. 8회말 2사 2루에 마운드에 오른 박영현이 김재환에게 바로 적시타를 맞아 4–4 동점을 내줬던 것. 이날 경기는 결국 KT의 5–4 승리로 끝났다.

이닝 중 등판이 5번 이상인 투수 가운데는 롯데 임준섭이 첫 타자 상대에서 가장 애를 먹었다. 임준섭은 이 횟수가 딱 5번인데, 첫 타자를 잡아낸 건 5월 8일 사직 한화전 단 한 번뿐이다. 롯데가 5–1로 앞서가던 8회초 1사 1, 2루에 마운드에 오른 임준섭은 최인호를 투수 앞 땅볼로 잡아낸 뒤

마운드를 김원중에게 넘겼다. 나머지 네 차례 등판에서 첫 타자 상대 기록은 단타 2개, 볼넷 2개였다.

반대로 첫 타자를 가장 잘 잡아낸 투수는 삼성 베테랑 임창민이었다. 임창민은 이닝 도중에 마운드에 오른 12차례 모두 일단 첫 타자는 잡고 시작했다. 9월 3일 대구 롯데전에서 삼성은 6회까지 3–1로 앞섰다. 7회초 1사 1·2루 위기에서 등판한 임창민은 첫 상대인 윤동희를 3루수 병살타로 잡아냈다. 그 덕에 첫 타자를 상대한 타석보다 아웃 카운트(13개)가 하나 더 많았다. 역시 데이터를 잘 활용하는 투수는 뭐가 달라도 다르다.

이닝 중 교체 투수 첫 타자 상대 기록

감독	구단	교체	아웃	아웃 비율	동점 허용	역전 허용	합계
김태형	롯데	141	84	59.6%	2	9	11
강인권	NC	77	35	45.5%	2	8	10
이범호	KIA	108	65	60.2%	2	7	9
이승엽	두산	124	81	65.3%	1	7	8
박진만	삼성	106	74	69.8%	1	4	5
염경엽	LG	112	68	60.7%	3	2	5
이숭용	SSG	74	46	62.2%	2	3	5
홍원기	키움	56	33	58.9%	0	4	4
김경문	한화	51	33	64.7%	0	2	2
최원호	한화	33	22	66.7%	0	2	2
이강철	KT	62	38	61.3%	1	0	1
합계		944	579	61.3%	14	48	62

4아웃 세이브는 정말 '타고투저' 때문이었나

_신원철

우리가 가장 흔하게 볼 수 있는 '세이브 상황'은 9회 3점 이내 리드 상황이다. 마무리 투수에게 아웃카운트 3개를 맡기는 것이 보편적이라는 얘기다. 그런데 2024년에는 KBO 리그 전체 322세이브 가운데 4아웃 이상 세이브(이하 '4O+SV')가 82개, 25.5%를 차지했다. 2023년에는 355세이브 가운데 52개(14.6%)만 4O+SV였다. 타고투저 경향으로 불펜투수 교체가 잦아지고, 8회에 셋업맨을 내린 뒤 마무리를 일찍 내보내는 경우가 많아졌다고 추측할 수 있다. 4O+SV는 마무리 기용 방식에 대한 감독의 성향을 유추할 수 있는 대목이기도 하다.

지난해 각 팀의 주전 마무리 가운데 4O+SV 톱5는 LG 유영찬(11회) 롯데 김원중(9회) 두산 김택연과 KT 박영현(7회) 한화 주현상(6회) 순서였다. 총 세이브 가운데 4O+SV 비중이 30% 이상이었던 선수는 유영찬(11/26, 42%)과 김택연(7/19, 37%) 김원중(9/25, 36%)까지 세 명이다. 유영찬은 4아웃 세이브 7번, 5아웃 세이브 4번 총 11번으로 각각 최다 1위였다. LG는 2023년 마무리였던 고

우석이 15차례 세이브 가운데 5개의 4O+SV를 기록했다. 리그 환경의 영향도 있었겠지만 감독의 경기 운영 성향 또한 무시할 수 없다는 얘기다.

마무리 투수가 불펜에서 차지하는 비중은 4O+SV 외에 8회 등판 경기 수에서도 유추할 수 있다. 8회부터 투구하다 블론세이브 혹은 패전을 기록한 경우도 있을 수 있어서다. 유영찬은 8회 등판에서도 눈에 띄는 기록을 나타냈다. 지난해 총 62경기 가운데 23경기에서 8회부터 마운드에 올랐다. 8회 등판 비율은 33.9%였다.

루키 마무리 김택연에 대한 신뢰 혹은 부담은 그가 마무리 보직을 맡은 시점부터 보면 더욱 선명해진다. 김택연은 지난해 6월 8일 KIA전부터 본격적으로 마무리를 맡았다. 이후 시즌이 끝날 때까지 32경기에 나왔는데 이 가운데 13경기에서 8회부터 투구를 시작했다. 마무리 변신 뒤 8회 등판 비율은 40.6%다. 이승엽 감독은 시즌 초반 홍건희와 정철원에게 마무리를 맡겼다. 두 투수는 지난해 15세이브를 합작했다. 4O+SV는 단 하나였다. 6월 7일

까지 8회 등판한 경우는 홍건희가 25경기 가운데 3경기, 정철원이 15경기 가운데 2경기다.

이처럼 마무리 투수의 4O+SV와 8회 등판 비중은 감독 교체에 따른 팀 성향을 살펴보는 잣대가 될 수 있다. KIA 정해영은 2023년 8회 등판이 전체 52경기 가운데 9경기(약 17%)였다. 이때도 8회 등판이 많지는 않았는데 이범호 감독이 팀을 이끈 2024년에는 53경기 가운데 4경기

(8%)로 줄었다. 정해영은 지난해 풀타임 마무리로 활약한 선수들 가운데 8회 등판이 가장 적었다. 반대로 김원중의 8회 등판은 2023년 총 63경기 가운데 10경기(16%)였으나 김태형 감독과 함께한 2024년에는 56경기 중 14경기(25%)로 늘어났다.

갑작스런 '타고투저'라는 환경 변화 못지 않게, 감독 개개인의 성향이 마무리 투수의 긴 등판에 영향을 미쳤다.

2024시즌 주요 구원투수 세이브 경기 아웃카운트와 8회 등판

투수	구단	4O+SV	4O+/전체SV	4O SV	5O SV	6O SV	8회 등판	8회 등판/전체 등판
유영찬	LG	11회	42.3%	7회	4회	없음	21	33.9%
김원중	롯데	9회	36.0%	7회	1회	1회	14	25.0%
김택연	두산	7회	36.8%	4회	3회	없음	20	33.3%
박영현	KT	7회	28.0%	4회	3회	없음	21	31.8%
주현상	한화	6회	26.1%	5회	1회	없음	14	21.5%

2023→2024년 주요 마무리투수 8회 등판 비율

투수	구단	2023년		2024년	
		8회 등판경기	8회 등판%	8회 등판경기	8회 등판%
김원중	롯데	10	15.9%	14	25.0%
이용찬	NC	11	18.3%	8	14.0%
정해영	KIA	9	17.3%	4	7.5%

도루와 '무형의 효과'

_최민규

도루가 위험한 플레이인 이유는 '실패'가 존재하기 때문이다. 1루 주자가 도루에 성공하면 팀은 베이스 하나를 얻는다. 하지만 실패하면 주자가 사라진다. 야구 통계 전문가들은 도루실패를 만회하기 위해서는 대략적으로 도루 세 개를 성공시켜야 한다고 계산한다. 성공률 75%는 돼야 한다는 의미다. KBO 리그에서는 70% 정도가 손익분기다.

이 수치를 달성하기 위해서는 최대한 성공률이 높은 주자가 뛰어야 한다. 리그 전체 도루는 자연스레 줄어들었다. 도루의 화끈함과 역동성을 사랑하는, 그리고 TV 시청률을 중시하는 이들에게는 불만이었다. 그래서 메이저리그는 도루 시도와 성공률을 모두 잡기 위해 2023년부터 베이스 크기를 키웠다.

도루의 지지자들은 도루에는 '무형의 효과'가 있다고 주장한다. 빠른 주자가 1루에 나가면 투수는 도루를 의식해 심리적인 압박을 받는다는 것이다. 그럴 수도 있다. 실제로 빠른 주자가 신경 쓰인다고 말했던 프로야구 투수는 많다. 만일 도루가 실패하더라도 투수를 흔드는 효과가

있다는 주장도 있다.

이 '무형의 효과'를 어느 정도 측정할 수 있는 방법이 있다. 유형이든, 무형이든 야구에서 어떤 '효과'가 의미가 있기 위해서는 결국 득점에 영향을 미쳐야 한다. 야구 경기의 목적은 승리이고, 승리는 득점과 실점이 차이로 나타나기 때문이다. 좋은 효과는 득점 가능성을 높이고, 나쁜 효과는 떨어뜨린다.

KBO 리그 2019-2024년 6년치 기록을 바탕으로 도루가 가능한 상황을 모두 구했다. 그리고 도루시도가 있었던 상황과 그렇지 않았던 상황을 나눠 기대득점(RE24)를 구했다. 도루시도가 좋은 효과를 냈다면 도루시도가 있었던 상황의 RE24가 더 높을 것이다.

하지만 결과는 그렇지 않았다. 노아웃일 때 도루시도 이후 이닝 종료까지 RE24는 1.025점이다. 반면 도루시도가 없었을 때 이닝 종료까지 RE24는 1.132로 오히려 0.107점만큼 더 높았다. 1아웃에서는 0.689/0.751로 같은 경향이었다. 유일하게 2아웃에서는 0.369/0.343으로 도루시도를 한 경우 팀의 득점에 더 유리했다. 도루가 2아웃에서 투수 심리에 영향을 줬기 때문이었을까. 그렇지는 않은

것으로 보인다. 이 기간 2사에서 도루성공률이 전체 평균보다 훨씬 높은 0.742였다는 점과 상관이 있는 것으로 보인다. 여기에 2사에서 주자를 도루 실패로 잃는 게 무사나 1사보다는 손실이 적다.

KBO 리그의 도루 기대득점 수치는 미국 세이버메트릭스 사이트 팬그래프닷컴에서 제안한 방법을 차용해 계산했다. 메이저리그에선 어땠을까. 노아웃에서는 1.162/1.162로 같았고, 원아웃에서는 도루시도 이후 0.714, 도루시도 없

었을 대 0.717이었다. 2아웃에서는 0.324/0.337로 도루를 하지 않는 선택을 했을 때 기대득점이 더 높았다. KBO 리그와 거의 비슷한 결과가 나왔다. 심지어 2루 도루를 허용한 투수가 도루 아닌 방법으로 주자에게 2루 진루를 내준 투수보다 더 좋은 투구를 했다.

도루는 멋진 플레이다. 하지만 상대 수비를 흔들어 한 베이스 이상의 가치를 팀에 더해준다는 주장은 근거가 미약하다.

2019-2024년 KBO 리그 도루와 기대득점

아웃카운트	도루시도 이후	도루시도 없었을 때 이후	차이*
0	1.025	1.132	0.107
1	0.689	0.751	0.062
2	0.369	0.343	-0.026

*차이=도루 가능 상황에서 도루시도 없었을 때 이닝 종료까지 기대득점 − 도루시도 이후 이닝 종료까지 기대득점

2018-2020년 메이저리그 도루와 기대득점

아웃카운트	도루시도 이후	도루시도 없었을 때 이후	차이
0	1.162	1.162	0.000
1	0.714	0.717	0.003
2	0.324	0.337	0.013

출처=팬그래프

베이스 확대로 본 프로야구와 도루

_최민규

2024년 프로야구에는 새로운 기록이 세워졌다. 원년 이후 가장 높은 도루성공률이 나왔다. 10개 구단 주자들은 1549회 도루를 시도해 1152번 성공적으로 베이스를 훔쳤다. 성공률 74.4%는 역대 1위다. 종전 최고 기록은 2009년의 72.6%, 그 다음이 2023년의 72.4%였다.

성공률 신기록이 나온 이유는 명확해 보인다. 한국야구위원회(KBO)는 지난해 베이스 크기를 키웠다. 한 변을 종전 38.1㎝(15인치)에서 47.72㎝(18인치)로 늘렸다. '간발의 차'로 성공과 실패가 결정되는 도루에서 유의미한 변화였다. 도루성공률이 오를 것이라는 예상은 충분히 가능했고, 현실화됐다. 이미 전례가 있다. KBO의 베이스 확대는 2023년 메이저리그의 규칙 변경을 따른 것이다. 이해 메이저리그에서 도루시도는 전년 대비 32.5% 증가했고, 도루성공률도 80.2%로 올라갔다. 메이저리그 쪽의 변화가 더 극적이다. 특히 지난해 KBO 리그에서 도루시도가 8% 증가한 점은 메이저리그의 32.5%와 비교된다. 하지만 이는 KBO 리그에서 도루가 메이저리그보다 더 잦기 때문이다. 그래서 메이저리그에서는 규칙 변화에 빠른 도루 증가율이 높았다고 해석해야 한다.

지난해 KBO 리그 구단들은 평균적으로 경기당 도루시도 1.08회를 했다. 메이저리그는 0.94회로 다소 떨어진다. 베이스가 커지기 전 마지막 시즌을 비교하면 KBO 리그는 1.00회, 메이저리그는 0.68회였다. 메이저리그는 1982–1997년 팀 경기당 도루 1개 이상씩을 계속 기록했다.

1998년 0.98회로 1개 선이 무너졌다. 이후 지속적으로 도루는 줄어들었다. 무슨 일이 있었을까. 세이버메트릭스의 영향으로 '도루는 위험한 플레이'라는 인식이 구단 사이에서도 퍼져나갔다. 그래서 도루 시도는 지속적으로 줄어들었지만 성공률은 높아졌다. 1982–2003년 기간 메이저리그의 도루성공률은 68.3%였지만 2004년 이후 21시즌 동안에는 73.4%가 됐다.

도루 성공률의 상승은 KBO 리그에서도 나타나는 현상이다. 1986년 리그 전체 도루성공률은 58.1%로 역대 최저치를 찍었다. 1980년대 전체로는 62.5%. 1990년대에는 64.9%로 향상됐다. 2000년대 67.5%, 2010년대 68.8%, 그리고 2020년대에는 71.8%다. 2019년부터 6시즌 연속으로 70%대 성공률을 기록 중이다.

도루성공률은 왜 높아졌을까. '뛰면 위험한' 선수들이 뛰지 않았기 때문으로 보인다. 경기당 도루는 1980년대 1.58회, 1990년 1.43회, 2000년대 1.15회, 2010년대 1.17회, 2020년대 0.95회로 감소 경향이 뚜렷하다. 대신 늘어난 게 있다. 홈런이다. 프로 원년에 경기당 도루는 무려 2.11회나 기록됐다. 도루와 히트앤드런이 야구의 기본으로 여겨졌다. 하지만 한국 프로야구는 점진적으로 '스몰볼'에서 '빅볼'로 변화했다. 2000년에는 사상 처음으로 경기당 홈런이 도루를 역전했다. 2024년은 베이스 크기 확대에도 불구하고 '경기당 홈런–도루' 값이 역대 일곱 번째로 컸던 시즌이었다.

KBO 리그 연도별 도루지표 변화

연도	경기	성공	실패	성공률(%)	경기당시도	연도	경기	성공	실패	성공률(%)	경기당시도
2024	1440	1152	397	74.4	1.08	2002	1064	777	406	65.7	1.11
2023	1440	1040	397	72.4	1.00	2001	1064	857	432	66.5	1.21
2022	1440	890	367	70.8	0.87	2000	1064	747	359	67.5	1.04
2021	1440	941	394	70.5	0.93	1999	1056	934	426	68.7	1.29
2020	1440	892	377	70.3	0.88	1998	1008	794	430	64.9	1.21
2019	1440	993	423	70.1	0.98	1997	1008	966	529	64.6	1.48
2018	1440	928	410	69.4	0.93	1996	1008	909	530	63.2	1.43
2017	1440	778	407	65.7	0.82	1995	1008	1012	455	69.0	1.46
2016	1440	1058	547	65.9	1.11	1994	1008	995	528	65.3	1.51
2015	1440	1202	526	69.6	1.20	1993	1008	934	521	64.2	1.44
2014	1152	1024	436	70.1	1.27	1992	1008	844	447	65.4	1.28
2013	1152	1167	502	69.9	1.45	1991	1008	1015	617	62.2	1.62
2012	1064	1022	460	69.0	1.39	1990	840	828	510	61.9	1.59
2011	1064	933	448	67.6	1.30	1989	840	969	535	64.4	1.79
2010	1064	1113	470	70.3	1.49	1988	756	747	401	65.1	1.52
2009	1064	1056	399	72.6	1.37	1987	756	661	413	61.5	1.42
2008	1008	987	443	69.0	1.42	1986	756	640	462	58.1	1.46
2007	1008	764	366	67.6	1.12	1985	660	632	416	60.3	1.59
2006	1008	745	348	68.2	1.08	1984	600	522	338	60.7	1.43
2005	1008	782	344	69.4	1.12	1983	600	498	351	58.7	1.42
2004	1064	678	389	63.5	1.00	1982	480	700	311	69.2	2.11
2003	1064	714	425	62.7	1.07						

KBO 리그 경기당 홈런/도루의 변화

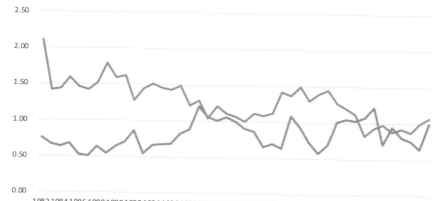

━━ 경기당 도루   ━━ 경기당 홈런

그래도
1점 차 승부가
짜릿한 이유

_황규인

'심리적 자극을 받아 마음이 순간적으로 조금 흥분되고 떨리는 듯하다.'

국립국어원 '표준국어대사전'은 형용사 '짜릿하다'를 이렇게 풀이한다. 그러니 1점 차이로 끝난 프로야구 경기를 다룬 기사 제목에 '짜릿한 1점 차 승부'라는 표현이 들어갔다고 이를 나무랄 수는 없다. '저 팀은 1점 차 승부에 강하다'는 문장이 '저 팀은 5점 차 이상 승부에 강하다'는 문장보다 훨씬 더 '섹시'한 것도 사실이다.

그러나 '보기 드문 1점 차 승부'라는 표현은 사실과 다른 얘기다. 야구에서 가장 흔한 점수 차이가 1점이기 때문이다. 10개 구단 체제를 갖춘 2015년부터 2024년까지 10년 동안 프로야구는 총 7200경기를 치렀다. 이 중 23.7%인 1703경기가 1점 차로 끝났다. 네 경기 중 한 경기가 조금 못 되는 수준이다. 다만 '1점 차 vs 다점 차' 구도라면 '1점 차 경기가 보기 드물다'는 명제가 아주 틀렸다고 할 수는 없다.

2015-2024년 10년 동안 한 팀이 한 경기에서 제일 자주

올린 점수는 3점(12.8%)이고 이어 4점(12.5%), 2점(11.8%), 5점(10.7%) 순서다. 실제로 4-3(2.4%), 3-2(1.9%), 5-4(1.9%) 스코어가 이 기간 프로야구 경기에서 가장 흔했다.

이 10년 동안 1점 차 승부에 가장 강했던 팀은 2019년 SK(현 SSG)였다. SK는 이해 1점 차 승부에서 25승 8패(승률 0.758)를 기록했다. 시즌 전체 승률도 0.615(89승 55패 1무)로 두산과 공동 1위였다. SSG는 2022년에도 1점 차 경기 승률 1위(0.614·25승 14패)였고 '와이어 투 와이어'로 정규시즌 우승을 차지했다.

프로야구 44년 역사상 1점 차에서 가장 강했던 팀은 1982년 OB(현 두산)다. OB는 그해 1점 차로 끝난 경기에서 21승 6패를 거뒀다. 1점 차 승률 0.778은 페넌트레이스 전체 승률(0.700)보다 더 높았다. 결국 한국시리즈 초대 챔피언 타이틀까지 얻었다. 역시 1점 차 승부에 강해야 강팀이 될 수 있는 걸까.

일단 강팀이 1점 차 승부에 강한 건 사실이다. 10개 구단

체제에서 연도별 정규시즌 1위 팀은 1점 차 승부에서 승률 0.570(227승 171패)을 기록했다. 2위 팀이 0.558(139승 11패)로 그다음이다. 반면 최하위(10위) 팀은 승률 0.444(148승 185패)를 기록하는 데 그쳤다.

그런데 경기가 5점 차 이상으로 벌어지면 1위 팀 승률은 0.648(385승 209패)로 오른다. 역시 2위 팀이 0.634(248승 143패)로 그다음이다. 최하위 팀은 승률 0.339(163승 318패)를 기록하는 데 그친다. 1점 차 승부 때는 1위 팀과 최하위 팀 사이 승률 차이가 0.126이었는데 5점 차 이상이 되면 0.295로 벌어진다.

이유는 간단하다. 점수가 몇 점 차이가 나든 많이 이겨야

1위에 오를 수 있다. 잘하는 팀은 많이 이기다 보니까 1점 차이로 이기는 일 역시 많다. 대신 잘하는 팀은 상대를 큰 점수 차로 이기는 일이 많기 때문에 이때는 승률이 더 올라간다. 못하는 팀은 반대다. 겨우 이기는 일이 많기 때문에 1점 차 승률은 그래도 높은 것이다.

그래도 확실한 건 1점 차 승부에서는 잘하는 팀과 못하는 팀 사이에 기대 승률 차이가 줄어든다는 점이다. 그러니 1점 차 승부에는 '짜릿하다'라는 표현이 뒤따를 수밖에 없다. 1점 차 승부가 벌어질 때는 쉽게 눈을 떼지 못하지만 점수가 5점 이상 벌어졌을 때는 TV 채널을 돌리는 게 이상한 일이 아니기 때문이다.

2015-2024년 점수 차별 경기

점수 차	경기	비율
0	133	1.9%
1	1703	23.7%
2	1118	15.5%
3	1000	13.9%
4	798	11.1%
5	642	8.9%
6	494	6.9%
7	377	5.2%
8	285	4.0%
9	189	2.6%
10	163	2.3%
11 이상	298	4.0%

정규시즌 순위별 1점 차 경기 승률

순위	승	패	승률
1	227	171	0.570
2	139	110	0.558
3	177	159	0.527
4	187	159	0.540
5	191	177	0.519
6	142	163	0.466
7	168	218	0.435
8	186	207	0.473
9	138	154	0.473
10	148	185	0.444

순위별 5점 차 이상 경기 승률

순위	승	패	승률
1	385	209	0.648
2	248	143	0.634
3	272	212	0.562
4	267	226	0.542
5	271	276	0.495
6	198	191	0.509
7	238	298	0.444
8	234	298	0.440
9	172	277	0.383
10	163	318	0.339

WPA로 계산하는 극장지수

_신동윤

같은 야구 경기라도 흐름에 따라 긴장감이 다르다. 역전에 역전을 거듭하는 승부를 팬들은 '극장경기'라고 부른다. 이를 숫자로 표현할 수 있을까.

WPA(승리확률변화)를 사용해볼 수 있다. 경기 시작 시점에서 승리 확률은 반반, 즉 0.5다. 그리고 1(승리), 또는 0(패배)으로 끝난다. 매 순간의 이닝, 아웃카운트, 스코어, 주자 상황을 바탕으로 양 팀 승리확률이 변한다. 수천 또는 수만 번의 과거 경기 경험으로 계산할 수 있다. 이제는 포털 문자중계에서도 사용돼 팬들에게 익숙해졌다. 경기 중 승리확률이 극단적으로 오르내리는 정도를 수치화하면 사람이 느끼는 긴장과 몰입도와 비슷해진다.

야구는 이닝 단위로 진행된다. 한 이닝에서 승리확률이 가장 높았던 순간과 낮았던 순간 차이가 그 이닝의 변화폭이다. 전체 이닝을 대상으로 하면, 경기 동안 승부 흐름이 어떻게 움직였는지 계산된다.

2024년 720경기에서 한 경기 승리확률변화 합계 중앙값은 1.630다. 승리확률은 0.5에서 출발해 0 또는 1로 끝나니, 한 경기에서는 세 번 정도 흐름이 바뀐다고 표현할 수 있다. 어떤 경기 승리확률 변화 합계를 시즌 중앙값인 1.63으로 나누면 '극장지수'를 만들 수 있다. 가장 '보통'인 변화합계 1.63인 경기라면 극장지수는 100이다. 이보다 크면 '극장경기'에 가까워지고, 작

5월 1일 삼성-두산

을수록 심심한 경기다.

지난해 KBO 리그에서 극장지수 100인 경기는 5월 1일 잠실 삼성–두산전이었다. 삼성이 1회초 선제 1득점했으나 두산이 2회 말 동점 뒤 5회 2–1로 역전했다. 이때까지는 팽팽한 경기. 하지만 삼성이 6회 넉 점, 7회 넉 점을 내며 갑자기 일방적인 경기 가 됐다. 최종 스코어는 9–2. 나름 역전 승부였고 중반까지 박빙이었다. 하지만 7회에 사실상 승부가 끝났다. 이 정도가 딱 중간이다.

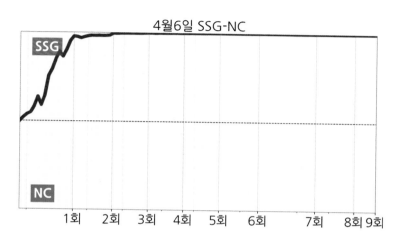

가장 심심했던 경기는 4월 6일 창원 SSG–NC전이었다. NC가 1회말 무려 9점을 냈다. 2회 3점, 3회 두 점을 더하며 스코어는 14–0이 됐다. 승부는 1회에 이미 결정됐다. SSG는 0–16으로 뒤진 7회초 석 점을 냈다. 하지만 이미 100%에 가까웠던 NC 승 리확률에는 변화가 없었다. SSG 선발투수 로버트 더거는 4월이 끝나기 전에 웨이버 공시됐다.

이 경기 중 변동한 승리확률 합계는 0.520이다. 이론적 최저값인 0.5와 거의 같다. 0.5로 시작한 경기는 단숨에 1로 직행했고. 거의 변하지 않았다. 이 경기 극장지수는 31.

이제부터 극장경기다. 7월31일 문학 롯데–SSG전이 2024년 베스트 경기였다.

8회까지 이미 충분히 난타전이었다. 1회 롯데가 선제 2득점했고, 5회까지 매 이닝 동점, 또는 역전이 발생했다. 8회말이 끝났을 때 스코어는 롯데의 10-5 리드. 롯데 승리가 거의 100%에 가까워졌다. 그런데 SSG가 9회말 5득점하며 연장에 돌입했다. 연장 최종 이닝인 12회. 선공인 롯데가 1사 만루에서 정훈의 희생플라이로 균형을 깼다. 롯데의 승리가 매우 유력해졌다. 그러나 12회말 2사1루에서 SSG 7번 타자 오태곤이 끝내기 홈런을 날렸다. 극장지수 267.

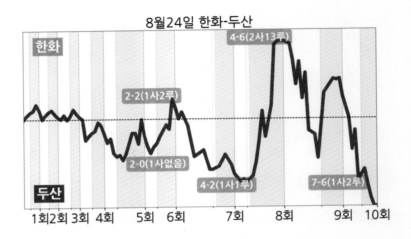

8월24일 잠실 한화–두산 전. 6회까지는 2–2 박빙 승부. 7회초 한화가 2득점으로 승리에 가까워졌다. 하지만 8회 두산이 6–4로 재역전했다. 7회초 한화보다 승리에 더 가까워졌다. 하지만 9회초 한화의 2득점으로 연장전. 한화는 10회초 김태연의 적시타로 잡은 한 점 리드를 끝까지 지켜 승리했다. 극장지수 240.

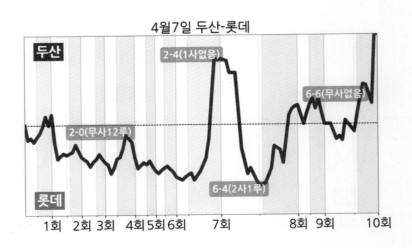

4월7일 사직 두산–롯데전. 0–2로 뒤지던 롯데가 7회말 대거 4득점하며 승리에 가까워졌다. 그런데 바로 다음 이닝에 4실점하며 승부의 추는 두산 쪽으로 기울었다. 하지만 8회말 롯데가 다시 두 점을 냈고 경기는 연장전으로 향했다. 10회말 2사 2루에서 대타 이주찬이 끝내기 2루타를 날렸다. 극장지수 233.

이른바 '대첩' 경기는 극장지수 상위권에 없다. 야구팬들이 이름붙이는 '대첩'의 조건 중 하나가 '큰 스코어'다. 15–15로 끝난 6월 25일 사직 KIA–롯데전이 대표적이다. 인상적인 경기였지만 경기 중 득점 차가 크게 벌어지는 상황에서는 승리확률변화가 크지 않다. 이닝 단위 등락이 아닌 경기 전체 최저–최고 차이를 기준하면 '대첩지수'를 만들 수 있다. 이닝 중 승리확률은 크게 변했으나, 이닝 종료시점에 원래대로 돌아간 상황에 가중치를 두면 '고구마지수'가 만들어진다.

가을야구는 투수가 지배하는가

_최민규

프로야구 포스트시즌은 대투수들의 전설로 풍성하다. 최동원은 1984년 한국시리즈에서 4승을 따냈고, 더스틴 니퍼트는 2015년 플레이오프(PO)에서 16이닝 5피안타 무실점을 기록했다. 1989년 준PO에서 박정현은 14이닝 완봉승을 따냈다. 그래서 투수력이 강한 팀이 포스트시즌에 유리하다는 게 오랫동안 야구 상식으로 받아들여졌다.

하지만 KBO 리그 포스트시즌 역사는 이 '상식'과 다른 말을 한다. 원년인 1982년부터 2024년까지 포스트시즌 시리즈는 모두 125회 열렸다. 시리즈 승자가 된 125개 팀을 정규시즌 실점 기록을 바탕으로 수비상대우세/열세/균형으로 분류했다[표1]. 투수력은 '수비', 즉 실점저지능력에서 큰 비중을 차지하는 요소다. 상대팀보다 수비가 우세했던 팀은 40번 이겼다. 확률로는 32.8%다. 하지만 수비열세인 팀의 승률(29.5%)과 큰 차이가 없다. 3.3%p 차이에 불과했다.

반면 공격이 상대우세인 팀의 시리즈 승리 확률은 41.0%로 훨씬 높았다[표2]. 공격 열세 팀의 승률과는 10.7%p 차이가 났다. 공격과 수비를 더한 종합전력을 기준으로 하면 우세 팀 승률은 54.1%에 달했다. 열세 팀 승률(33.6%)과 차이는 더 커진다[표3]. 이 결과에 따르면 포스트시즌에서 승리를 결정짓는 요인은 종합전력>공격>수비 순으로 볼 수 있다.

다른 방식으로 분석해도 결론은 마찬가지다. PS 승리 팀이 아닌 전력 유형별로 우세 팀을 추출한 뒤 승률을 계산했다. 수비 우세팀이 존재했던 시리즈는 역대 76회다. 나머지 49회에서는 유의미한 우열이 나타나지 않았다. 76회

시리즈에서 수비우세팀의 승률은 52.6%였다. 반면 공격우세팀은 87번 시리즈에서 승률 56.3%로 더 높았다. 이 방식에서도 종합전력 우세팀의 승률이 61.7%로 가장 높았다[표4].

KBO 리그 포스트시즌은 불공평하다. 1989년부터 정규시즌 순위가 낮은 팀이 윗순위 팀과 차례로 시리즈를 치르는 계단식이다. 그래서 한국시리즈에선 좀체 이변이 발생하지 않는다. 2015년부터 시작된 와일드카드(WC) 결정전은 5위 팀에게 일방적으로 불리한 규칙으로 진행된다. 그래서 WC결정전과 1989년 이후 한국시리즈를 제외한 79개 시리즈를 같은 방식으로 분석했다[표5]–[표8].

역시 결과는 마찬가지다. 수비 우세팀의 시리즈 승률은 33.8%였다. 공격 우세팀 39.0%, 종합전력 우세팀 46.8%로 동일한 경향이 나타났다. 수비<공격<종합전력 순으로 더 중요했다. 종합전력 우세팀의 승률이 전체 시리즈를 대상으로 한 54.1%보다 7.3%p나 낮았다는 점은 특기할 만 하다. 현행 포스트시즌 제도가 이변 가능성을 줄인다는 점이 드러난다.

정작 수비력이 가을야구에 중요한 영향을 미치는 영역은 따로 있다. 역대 포스트시즌에 진출한 250개 팀의 자체 성향을 역시 득실점을 기준으로 수비우세/공격우세/공수균형으로 분류했다[표9]. 공격보다 수비가 좋은 팀이 106개(43.4%)로 가장 많았다. 투수력은 가을에 야구를 하기 위해서 중요하다. 단, 정작 가을야구 무대에서는 타격과 전체적인 팀 전력이 더 중요했다.

전체 포스트시즌

PS 승리 팀 수비력 기준 결과 [표1]

상대성향	승리	승률
수비 우세	40	32.8%
수비 열세	36	29.5%
수비 균형	49	40.2%
합계	125	100.0%

PS 승리 팀 공격력 기준 결과 [표2]

상대성향	승리	승률
공격 우세	50	41.0%
공격 열세	37	30.3%
공격 균형	38	31.1%
합계	125	100.0%

PS 승리 팀 종합전력 기준 결과 [표3]

상대성향	승리	승률
종합전력 우세	66	54.1%
종합전력 열세	41	33.6%
종합전력 균형	18	14.8%
합계	125	100.0%

수비/공격/종합전력 우세 팀의 PS 승률 [표4]

상대성향	시리즈	승리	승률
수비 우세	76	40	52.6%
공격 우세	87	49	56.3%
종합전력 우세	107	66	61.7%
합계	125		100.0%

PS 진출팀 자체성향 [표9]

자체성향	PS 진출	비율	승률
수비 우세	106	43.4%	52.6%
공격 우세	97	39.8%	56.3%
공수 균형	47	19.3%	61.7%
합계	250	100.0%	100.0%

1989년 이후 한국시리즈와 모든 와일드카드 결정전 제외

PS 승리 팀 수비력 기준 결과 [표5]

상대성향	승리	승률
수비 우세	26	33.8%
수비 열세	26	33.8%
수비 균형	27	35.1%
합계	79	100.0%

PS 승리 팀 공격력 기준 결과 [표6]

상대성향	승리	승률
공격 우세	30	39.0%
공격 열세	25	32.5%
공격 균형	24	31.2%
합계	79	100.0%

PS 승리 팀 종합전력 기준 결과 [표7]

상대성향	승리	승률
종합전력 우세	36	46.8%
종합전력 열세	29	37.7%
종합전력 균형	14	18.2%
합계	79	100.0%

수비/공격/종합전력 우세 팀의 PS 승률 [표8]

상대성향	시리즈	승리	승률
수비 우세	52	25	48.1%
공격 우세	55	30	54.5%
종합전력 우세	65	36	55.4%
합계	125		100.0%

1승당 비용 LG가 키움 두 배

_황규인

기업 경영에서 기본 원리는 자원을 가장 효율적으로 사용해 가장 좋은 성과를 얻어내는 데 있다. 프로야구단 경영도 마찬가지다. 프로야구단에서 가장 중요한 자원은 사람이고 모든 구단 목표는 승리다. 어떤 구단이 가장 효율적으로 한 시즌을 보냈을까. 2024년 기준으로는 역시 통합 우승팀 KIA가 정답에 가깝다고 할 수 있다. '가깝다'는 표현을 덧붙여야 하는 건 키움 때문이다.

프로야구 각 구단은 시즌이 끝나면 몸값 상위 40명에게 얼마나 지출했는지 한국야구위원회(KBO)에 신고한다. '몸값'에는 연봉뿐 아니라 계약금과 옵션 등이 모두 들어간다. 프로야구 10개 구단이 2024년 이 몸값으로 쓴 돈은 평균 105억4661만 원이다. 키움은 53.8% 수준인 56억7876만 원밖에 쓰지 않았다. 그리고 리그에서 가장 적은 58승(86패)을 올렸다. 1승당 약 9791만 원을 쓴 셈이다. 리그 평균(1억4854만 원)과 비교하면 65.9%밖에 되지 않는 금액이다. 가장 적게 이겼지만 가장 적게 써서 효율이 1위였다.

그리고 KIA가 키움 다음으로 1승당 선수단 몸값(약 1억2930만 원)이 적은 팀이었다. KIA는 2024년에 몸값 총액으로 112억4900만 원을 썼다. 2023년(98억7771만 원)보다 13.9% 늘어난 금액이다. 그사이 73승 팀에서 87승 팀이 됐다. 많이 이긴 덕에 리그 전체 평균(1억4854만 원)보다 1승당 비용으로 13%를 적게 쓰고도 챔피언에 오를 수 있었다.

2023년 통합 우승팀 LG는 거꾸로 1승당 비용(1억8232만 원)이 가장 많은 팀이었다. LG는 2023년 10개 구단에서 세 번째로 적은 1승당 1억2555만 원(총 107억9750만 원)으로 29년 만에 한국시리즈 정상까지 올랐다. 이후 선수단 몸값이 138억5616만 원으로 28.3% 올라가면서 샐러리캡 도입 이후 처음으로 상한선을 넘긴 팀이 됐다.

LG 다음으로 비효율적인 팀은 롯데였다. 롯데는 2024년 1승을 올리는 데 1억6894만 원을 썼다. 롯데는 2023년에도 1승당 몸값(1억5657만 원)이 두 번째로 높은 팀이었다. 그러나 '엘롯기' 트리오 중 두 팀이 번갈아 한국시리즈 정상을 밟는 동안 롯데는 '가을 야구' 문턱도 한 번 넘지 못했다.

스탯티즈 WAR 기준으로 몸값 대비 효율이 가장 높은 선수는 신인상 수상자 두산 김택연이다. 김택연은 연봉 3000만 원으로 WAR 3.23승을 기록했다. WAR 1승에 927만 원밖에 되지 않는 '가성비'다. 연봉 4300만 원인 LG 손주영(WAR 4.3승)이 997만 원으로 그다음이었다.

야수 가운데는 역시 KIA 3루수 김도영(WAR 8.3승)이 가성비가 가장 좋은 선수였다. 2024년 연봉 1억 원을 받았으니 WAR 1승에 1202만 원꼴이다. 이어 연봉 3800만 원인 삼성 3루수 김영웅(WAR 2.2승)이 연봉 1656만 원마다 WAR 1승을 올려 타자 부문 가성비 2위에 이름을 올렸다.

반면 KT 3루수 황재균이 가성비가 가장 나쁜 타자였다. 황재균은 연봉 10억 원을 받았지만 WAR는 −0.3승에 그쳤다. 투수 가운데는 NC에서 연봉 4억 원을 받은 이용찬이 WAR −1.1승을 기록한 게 가장 나쁜 성적이었다. 시즌 종료 후 프리에이전트(FA) 자격을 얻은 이용찬이 계약에 괜히 애를 먹은 게 아니다.

2024년 프로야구 각 구단 1승당 몸값(단위 : 원)

구단	연봉 총액*	승수	1승당 연봉
LG	138억5616만	76	1억6842만
롯데	111억5018만	66	1억2121만
한화	107억1046만	66	1억9697만
NC	94억7275만	61	1억6557만
두산	111억9436만	74	1억5135만
KT	105억1641만	72	1억.125만
SSG	104억5700만	72	1억1111만
삼성	111억8100만	78	1억6154만
KIA	112억4900만	87	1억4713만
키움	56억7876만	58	9791만

*KBO 샐러리캡 기준

2024 가성비 투수 Top 5(단위 : 원)

선수	구단	연봉	WAR	WAR 1승당 연봉
김택연	두산	3000만	3.2	927만
손주영	LG	4300만	4.3	997만
조병현	SSG	3000만	2.4	1265만
황동하	KIA	3500만	2.1	1646만
이병헌	두산	3600만	1.9	1884만

2024 가성비 야수 Top 5(단위 : 원)

선수	구단	연봉	WAR	WAR 1승당 연봉
김도영	KIA	1억	8.3	1202만
김영웅	삼성	3800만	2.3	1656만
정준재	SSG	3000만	1.8	1667만
나승엽	롯데	4000만	2.2	1804만
손호영	롯ㄱ데	4500만	2.2	2037만

자장면 지수

_최민규

프로야구 입장권 가격이 오르면 소비자인 팬에게는 부담이 된다. 너무 낮은 가격은 구단 매출을 떨어뜨려 팀 전력과 팬 서비스에 악영향을 미친다. 그렇다면 지금 프로야구 입장권 가격은 어떤 수준일까.

현대 유니콘스 사태로 '프로야구 위기론'이 퍼지던 2000년대 중반 프로야구 업계에 몸담은 사람들은 "프로야구 티켓 값이 자장면 한 그릇 수준"이라는 푸념을 자주 했다. 실제로도 비슷했다.

여기에 착안해 '자장면 지수'(이하 지수)라는 수치를 고안했다. 연도별 프로야구 객단가(총입장 수입/총관중)를 자장면 가격으로 나눈 값이다. 2020년 한국소비자원이 집계한 전국 16개 지역 평균 자장면 가격을 구했다. 그리고 통계청의 자장면 물가지수를 적용해 연도별 가격을 설정했다. 객단가는 한국야구위원회(KBO)가 집계하는 관객 및 입장수입 데이터로 산정했다.

프로야구 원년인 1982년 지수는 2.58이었다. 야구장 관객이 평균적으로 지불하는 티켓 가격은 자장면 두 그릇 반 수준이었다. 당시에는 꽤 높은 수준이었다. 이듬해인 1983년에는 3.00으로 딱 세 그릇 값이 된다. 역대 최고 기록이다. 2005년에는 1.19까지 떨어진다. 이 시기에 '프로야구 위기론'이 리그 전체를 감쌌다.

2008년 베이징 올림픽 우승 뒤부터 지수는 상승하기 시작한다. 2012년에는 2.11로 15년 만에 '두 그릇 값'이 됐다. 이 시기 평균관객도 동반 상승하는 선순환이 이뤄졌다. 하지만 2013–2019년 기간엔 지수는 소폭 상승했지만 야구장을 찾는 팬은 줄어들었다. 정체기였다.

2020년은 코로나 팬데믹 첫 해다. 입장제한 조치로 인해 프로야구 전체 관중은 사상 최소인 32만8317명에 그쳤다. 그런데 지수는 2.78로 급격히 상승했다. 전년 대비 증가율은 사상 최고인 20.9%에 달했다. 객단가 증가율이 역대 두 번째인 22.6%였기 때문이다. 소수지만 충성도 높은 팬들이 비싼 좌석을 구매했다.

이후에도 객단가는 이 수준에서 유지됐다. 구단들은 일반석 대신 식음료 취식에 편리한 테이블석 등 고급 좌석을 늘렸다. 그런데 지수는 2022년부터 지속 감소한다. KBO리그 사상 최다 관객이 입장한 2024년엔 2.23으로 2015년 수준으로 내려갔다.

2020–2024년 기간 객단가 증가율은 1.3%였지만 자장면 값은 26.4%나 올랐다. 자장면뿐만이 아니다. 팬데믹 이후 한국 경제는 고물가를 겪고 있다. 통계청에 따르면, 소비자물가상승률은 2021년 2.5%, 2022년 5.1%, 2023년 3.6%, 지난해 2.3%였다. 4년 연속 2% 이상 상승률이 기록됐다. 이 시기 이전에 마지막으로 2% 이상 상승률이 기록된 해는 2012년이다. 그래서 최근 프로야구 흥행에는 인플레이션이 유의미한 영향을 미쳤다는 가설 수립이 가능하다.

자장면 지수

연도	평균관객(명)	객단가(원)	자장면가격(원)	자장면지수
1982	5,995	1,481	574	2.58
1983	7,520	1,718	572	3.00
1984	5,549	1,803	619	2.91
1985	5,628	1,928	669	2.88
1986	5,667	1,907	701	2.72
1987	5,343	1,966	734	2.68
1988	5,111	1,992	825	2.41
1989	6,866	1,955	976	2.00
1990	7,594	2,095	1,181	1.77
1991	7,590	2,803	1,429	1.96
1992	7,762	2,833	1,597	1.77
1993	8,804	3,012	1,726	1.74
1994	8,322	3,394	1,904	1.78
1995	10,727	4,036	2,030	1.99
1996	8,925	4,119	2,206	1.87
1997	7,744	4,675	2,336	2.00
1998	5,236	4,539	2,664	1.70
1999	6,100	4,430	2,570	1.72
2000	4,713	4,480	2,606	1.72
2001	5,622	4,235	2,639	1.60
2002	4,501	3,673	2,795	1.31
2003	5,118	3,533	3,087	1.14

연도	평균관객(명)	객단가(원)	자장면가격(원)	자장면지수
2004	4,383	3,742	3,160	1.18
2005	6,722	3,766	3,173	1.19
2006	6,032	3,500	3,215	1.09
2007	8,144	4,042	3,335	1.21
2008	10,429	4,738	3,771	1.26
2009	11,138	5,708	3,837	1.49
2010	11,144	6,952	3,885	1.79
2011	12,801	8,115	4,157	1.95
2012	13,451	8,853	4,206	2.11
2013	11,184	9,125	4,279	2.13
2014	11,302	9,490	4,333	2.19
2015	10,223	9,929	4,453	2.23
2016	11,583	10,443	4,578	2.28
2017	11,668	10,693	4,725	2.26
2018	11,214	11,433	4,935	2.32
2019	10,119	11,781	5,123	2.30
2020	456	14,440	5,196	2.78
2021	1,706	14,880	5,356	2.78
2022	8,439	14,819	5,934	2.50
2023	11,250	15,226	6,361	2.39
2024	15,122	14,632	6,567	2.23

[용어 설명]
*객단가=총입장수입/총관중
*자장면가격=2020년 한국소비자원 집계 전국 16개 지역 자장면 가격 평균을 연도별로 통계청의 자장면 소비자물가지수를 곱한 금액.
*자장면지수=프로야구 객단가/자장면 가격

자장면 지수 그래프

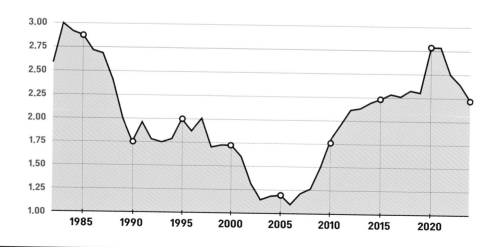

277

샐러리캡 완화, '변동계수'는 알고 있었다

_최민규

한국야구위원회(KBO)는 2023년부터 연봉 샐러리캡(경쟁균형세)을 시행했다. 구단 당 약 114억 원 연봉 상한선을 두고 초과금액에 대해 일정 비율로 제재금을 부과하는 게 골자다. '연봉'은 외국인과 신인을 제외한 상위 40명의 실지급액을 가리킨다.

처음에는 상한액은 2025년까지 유지하기로 했다. 하지만 시행 두 번째 시즌이 지나기도 전인 2024년 8월. KBO는 상한선을 약 137억 원으로 끌어올렸다. 20%나 상승했다. 그리고 예견된 결과였다.

KBO가 당초 상한선을 지나치게 낮게 설정했다고 보기는 어렵다. KBO 리그 샐러리캡은 메이저리그의 사치세를 벤치마킹했다. 메이저리그 2023년 사치세 상한액은 2억3300만 달러로 그해 30개 구단 평균액의 120.8%였다. 2023년 KBO 리그 상한액은 10개 구단 평균의 116.2%, 2021~2022년 평균치 대비로는 122.4%였다. 메이저리그와 큰 차이가 없다. 메이저리그는 매년 상한액을 올리긴 한다. 하지만 2023~2026년 기간 연증가율은 1.2~1.7% 정도다. 메이저리그에서 잘 운영되는 제도가 왜 한국에선 시작부터 난항을 겪었을까.

'변동계수'라는 통계지표로 설명할 수 있다. 변동계수는 표준편차를 평균으로 나눈 값으로 크기나 단위가 다른 분포를 비교할 때 쓴다.

2023년 KBO 리그 10개 구단의 연봉 변동계수는 14.4%에 그쳤다. 같은해 메이저리그에선 36.5%로 2.5배나 컸다. 이 수치가 의미하는 바는 이렇다. KBO 리그 구단 연봉은 평균을 중심으로 다닥다닥 붙어 있다. 반면 메이저리그에선 메이저리그에선 부유한 구단과 그렇지 않은 구단의 차이가 크다.

사치세 제도는 씀씀이가 큰 구단에 불이익을 주고, 그렇지 않은 구단에 혜택을 주는 게 기본 골격이다. 누구도 불이익을 원하지 않는다. 불이익을 받는 구단은 제도 폐지를 원한다. 하지만 이익을 얻는 구단이 많다면 제도가 유지될 수 있다. 지난해 메이저리그 30개 구단 중 연봉 총액이 리그 평균을 넘는 구단은 14개, 미달하는 구단은 16개로 균형이 절묘하게 맞았다. 현행 사치세 제도가 시행된 2003년부터 사치세 납부 구단은 연평균 3개에 불과했다. 지난해엔 역대 최다인 9개 구단이었지만, 전체 30개 구단의 30%로 '소수파'다.

반면 2023년 KBO 리그에선 7개 구단 연봉이 리그 평균을 넘었다. 미달한 3개 구단 중 하나(KT)는 평균과 차이가 3억5000만 원에 불과했다. 8개 구단이 머지않아 제재금을 납부해야 할 처지였다. 이러면 제도가 유지되기 어렵다. 이듬해인 2024년 LG가 처음으로 '야구발전기금'으로 용어가 순화된 제재금 부과 대상이 됐다. 상한액까지 여유액이 10억 원 미만인 구단도 7개였다.

이런 상황에서 '다수파'는 샐러리캡 완화나 폐지를 주장하는 입장에 서는 게 합리적이다. 그리고 실제로 그렇게 했다.

2023년 KBO 경쟁균형세(샐러리캡)과 MLB 사치세 비교

	KBO	MLB
상한액	114억2638만 원	2억3300만 달러
평균연봉*	98억3450만 원	1억9285만 달러
상한액/평균연봉	116.2%	120.8%
표준편차	14억1907만 원	7040만 달러
변동계수**	14.4%	36.5%

*연봉=KBO 리그는 팀별 실지급액(연봉, 옵션, FA 연평균 계약금) 상위 40명(외국인·신인 제외) 합산액.
MLB는 40인 로스터 선수의 연평균 계약액을 기본으로 계산.
**변동계수=표준편차/평균

2021-2023년 10개 구단 샐러리캡 기준 연봉과 캡(상한선) 여유금액

구단	2021년		2022년		구단	2023년		2024년	
	연봉	캡 여유액	연봉	캡 여유액		연봉	캡 여유액	연봉	캡 여유액
KIA	5,403,250	6,023,130	11,563,390	-137,010	KIA	9,877,710	15,486,700	11,249,000	177,380
KT	7,265,670	4,160,710	7,890,870	3,535,510	KT	9,483,000	19,433,800	10,516,410	909,970
LG	9,496,970	1,929,410	10,532,000	894,380	LG	10,797,500	6,288,800	13,856,160	-2,429,780
NC	10,017,340	1,409,040	12,486,340	-1,059,960	NC	10,088,120	13,382,600	9,472,750	1,953,630
SSG	11,254,890	171,490	24,875,120	-13,448,740	SSG	10,846,470	5,799,100	10,457,000	969,380
두산	8,147,600	3,278,780	10,778,000	648,380	두산	11,181,750	2,446,300	11,194,360	232,020
롯데	8,870,000	2,556,380	7,698,860	3,727,520	롯데	10,646,670	7,797,100	11,150,180	276,200
삼성	10,405,170	1,021,210	12,763,950	-1,337,570	삼성	10,440,730	9,856,500	11,181,000	245,380
키움	6,748,310	4,678,070	4,994,220	6,432,160	키움	6,452,000	49,743,800	5,678,760	5,747,620
한화	4,152,410	7,273,970	5,095,460	6,330,920	한화	8,531,000	28,953,800	10,710,460	715,920
평균	8,176,160	3,250,220	10,867,820	558,560	평균	9,834,495	1,591,885	10,546,608	879,772

*샐러리캡 상한액은 2023-2024년 114억2638만원, 제도 시행 전인 2021-2022년 상한액도 이 금액 적용

2024년
프로야구 흥행은
왜 역사적인가

_최민규

2024년 KBO 리그 평균관중은 1만5027명으로 역대 최다였다. 2023년 대비 34.4% 증가했다. 그 전해인 2023년에도 증가율은 33.3%였다. 2년 연속 30%대 증가율은 코로나19 팬데믹 시기를 제외한다면 리그 출범 이후 처음이다. 그리고 메이저리그와 일본프로야구(NPB)에도 이런 일은 없었다.

메이저리그에서 1901년 양대 리그 체제가 시작된 뒤로 평균관중이 30% 이상 증가한 시즌은 딱 다섯 번이다. 첫 번째인 1916년(33.5%)은 제3리그인 페더럴리그가 소멸한 뒤 첫 시즌이었다. 페더럴리그 8개 구단에 빼앗겼던 스타 선수와 팬이 돌아왔다. 1919년(92.7%)과 1946년(69.2%)은 1·2차 세계대전이 끝난 다음 해였다. '전후 특수'로 볼 수 있다. 그리고 1916년과 1919년 메이저리그 평균관중의 높은 증가율에는 관중 자체가 적었다는 이유도 있다. '기저 효과'다. 당시 평균관중은 5000명대로 KBO 리그의 1980년대 수준이었다. 네 번째인 2021년 관중 증가율은 무한대였다. 전해 코로나19로 무관중 경기를 했기 때문이다.

그리고 팬데믹 대응조치가 완화된 2022년에는 42.4%였다. 팬데믹 발생 뒤 4년차인 2023년엔 9.6%로 줄어들었고, 지난해엔 0.4%였다.

NPB는 1950년부터 양대리그 체제로 개편됐다. 이후 네 번 30% 이상 증가율이 기록됐다. 1951년(30.8%)과 1953년(34.5%)은 일본이 한국전쟁 특수를 누리던 시기였다. 1951년과 1953년에는 리그 구조에도 변화가 있었다. 1950년에는 센트럴리그에 8개, 퍼시픽리그에 7개 구단이 소속됐다. 1951년에는 센트럴리그 구단이 7개로 줄어들었고, 1953년 다시 6개로 줄어들었다. 구단 수가 줄어들면 평균 관중은 올라갈 가능성이 높아진다. 그리고 NPB도 2차대전 전후 부흥기라 관중 자체가 적었다. 기저효과가 작동했다. 1950년대 이후 30% 이상 증가율이 기록된 해는 미국과 같은 2021년(38.1%)과 2022년(167.1%)으로 팬데믹 발생 2, 3년차였다. 4, 5년차 시즌에는 각각 16.6%, 3.5%였다.

KBO 리그에는 모두 7번 30%대 증가율이 기록됐다.

1989년(34.3%)이 처음이다. 만년 하위 태평양이 돌풍을 일으켰고, 3년 전 창단한 제7구단 빙그레가 71승으로 정규시즌 1위를 차지한 시즌이다. 흥행 불모지로 꼽히던 두 구단 연고지에 창단 이후 최다 관중이 운집했다. 야구팬 분포가 균등하지 않은 KBO 리그 특징이 드러났다고 볼 수 있다. 두 번째는 2005년(53.4%)이다. 4년 연속 최하위 수모에서 벗어난 인기 구단 롯데가 무려 126% 증가율을 기록했다. 롯데의 선전 외에 기저효과를 빼놓을 수 없다. KBO 리그 평균관중은 1995년 1만727명으로 사상 최

다를 찍은 뒤 급격히 감소했다. 2004년에는 4383명까지 떨어졌다. 그 사이 발생한 IMF(국제통화기금) 위기는 프로야구 외형 축소에 큰 영향을 미쳤다. 그리고 2021년부터 네 번 연속 30%대가 기록됐다. 팬데믹 발생 2, 3년차 높은 증가율은 미국, 일본과 다르지 않았다. 하지만 팬데믹 영향에서 벗어난 4, 5년차에도 30%대 증가율을 보인 건 이례적이다. 팬데믹 뿐 아니라 전쟁이나 리그 구조 격변과 무관하게 일어난 현상이라는 점에서 주목할 가치가 있다.

MLB, NPB, KBO 리그 평균관중 30% 이상 증가 시즌

연도	리그	평균관중	증가율	비고
1916	MLB	5,215	33.5%	페더럴리그 소멸
1919	MLB	5,843	92.7%	1차 세계대전 종전
1946	MLB	14,914	69.2%	2차 세계대전 종전
2021	MLB	18,651	∞	코로나19 2년차
2022	MLB	26,566	42.4%	코로나19 3년차
1951	NPB	5,824	30.8%	한국전쟁 특수
1953	NPB	9,295	34.5%	한국전쟁 특수
2021	NPB	10,567	38.1%	코로나19 2년차
2022	NPB	28,222	167.1%	코로나19 3년차
1989	KBO	6,866	34.3%	
2005	KBO	6,722	53.4%	
2007	KBO	8,144	35.0%	
2021	KBO	1,706	274.1%	코로나19 2년차
2022	KBO	8,439	394.7%	코로나19 3년차
2023	KBO	11,250	33.3%	
2024	KBO	15,122	34.4%	

한국 프로야구 연봉은 메이저리그보다 불평등하다

_최민규

미국 연방준비제도이사회(FRB) 이사를 지냈던 경제학자 에드워드 그램리치는 메이저리그(MLB)의 성격을 '개인주의적 자본주의'로 규정한 적이 있다. 다른 프로 리그에 비해 협력보다는 경쟁을 우선한다는 의미다. 경쟁은 불평등으로 이어지기 쉽다. 하지만 선수 연봉에 있어 MLB보다 더 불평등한 프로야구 리그가 있다. 한국의 KBO 리그다.

한국야구위원회(KBO)는 매년 구단들로부터 선수 연봉계약서를 제출받는다. 2024년 개막 시점에서 육성선수를 제외한 등록선수 590명의 평균 연봉은 1억8485만 원, 중앙값은 5500만 원이다. 상위 10% 평균액은 10억942만 원. 상위 10% 평균은 전체 평균보다 5.5배, 중앙값보다 18.4배 많았다.

미국 신문 USA투데이가 집계한 연봉 데이터(마이너리거 제외)를 바탕으로 한 지난해 개막 시점 MLB 상위 10% 연봉 평균은 2358만 달러였다. 전체 평균(502만 달러)의 4.7배, 중앙값(150만 달러)의 15.7배다. KBO 리그보다 격차가 적다.
일본프로야구(NPB)는 어떨까. KBO 리그와 같은 기준으

로 육성선수를 제외한 상위 10% 연봉 평균액은 2억4980만 엔이다. 전체 평균(4959만 엔)의 5.0배, 중앙값(1800만 엔)의 13.9배. 역시 KBO 리그가 더 불평등하다.

리그 간 불평등 정도는 '상위 10%/평균'을 기준으로 하면 KBO 〉 NPB 〉 MLB 순이다. '상위 10%/중앙값' 기준으론 KBO 〉 MLB 〉 NPB 순. 2018년에는 두 기준 모두에서 KBO 〉 NPB 〉 MLB순이었다.

한국 야구선수들이 유독 이기적이지는 않을 것이다. 그보다는 세 리그 FA(프리에이전트) 제도의 차이와 관계가 있다. 세 리그 모두 연봉 상위 선수 대다수는 FA 신분으로 계약을 한다. KBO 리그가 가장 FA 자격 취득 조건이 까다롭고 제약이 크다. 그 다음이 NPB, MLB순이다. 불평등 정도와 대체로 일치한다. 구단들은 FA 자격을 쉽게 내주면 손해라는 생각으로 제도를 설계했다. 하지만 결과적으로 FA 시장에 선수가 과소 공급돼 기량보다 더 높은 수준의 연봉을 지급해야 했다. 그래서 선수 간 불평등도 커진다.
상위 10%가 아닌 최고 연봉을 기준으로 하면 어떨까. 2018년엔 역시 KBO 〉 NPB 〉 MLB 순으로 불평등했다.

하지만 2024년엔 NPB 〉MLB 〉KBO 순이었다. 하지만 이를 'KBO 리그의 불평등이 완화됐다'고 해석할 수는 없다. 시대를 대표하는 슈퍼스타가 리그 연봉 기준을 바꿀 때가 가끔 있다. 지난해 KBO 리그 연봉 공동 1위 박동원은 훌륭한 포수지만 이런 타입으로 보기는 어렵다. MLB에서 지난해 세계 프로스포츠 사상 최대 규모 계약한 오타니 쇼헤이는 시대를 대표하고도 남음이 있다. 그래서

최고 연봉이 폭등했다. NPB에서는 '(연봉 수준에서)상위 리그와의 경쟁'이라는 요인이 있었다. 소프트뱅크 마무리 로베르토 오수나가 12억7000만 엔으로 1위였다. 일본인 1위 선수의 두 배가 넘는 파격적인 금액이었다. 오수나 이전 최고 기록인 다나카 마사히로의 2021, 2022년 연봉(9억 엔)도 역시 MLB와의 영입 경쟁이라는 요인이 작용했다.

2024년 한·미·일 프로야구 연봉 구조

항목	KBO	MLB	NPB
최고 연봉	25억 원	7000만 달러	12억 7000만엔
상위 10% 평균 연봉	10억942만 원	2358만 달러	2억4980만 엔
평균 연봉	1억8485만 원	502만 달러	4959만 엔
중앙값 연봉	5500만 원	150만 달러	1800만 엔
상위 10%/평균	5.5	4.7	5.0
상위 10%/중앙값	18.4	15.7	13.9
최고/평균	13.5	13.9	25.6
최고/중앙값	45.5	46.7	70.6

자료=KBO 리그는 한국야구위원회(KBO) 연봉 자료(육성선수 제외), NPB는 산케이스포츠 계약갱신 데이터를 바탕으로 누락자를 추가하고 육성선수 제외. MLB는 USA투데이 데이터를 기반으로 계산.

2018년 한·미·일 프로야구 연봉 구조

항목	KBO	MLB	NPB
최고 연봉	25억 원	3230만 달러	5억 엔
상위 10% 평균 연봉	8억 원	1790만 달러	1억9000만 엔
평균 연봉	1억5026만 원	452만 달러	3900만 엔
중앙값 연봉	5500만 원	150만 달러	1470만 엔
상위 10%/평균	5.3	4.0	4.9
상위 10%/중앙값	14.6	11.9	12.9
최고/평균	16.6	7.2	12.8
최고/중앙값	45.5	21.5	34.0

자료=KBO, NPB는 신인, 외국인, 육성선수 제외. MLB는 40인 로스터 기준

2025년 한국야구의 판도

TEAM ISSUES

시속 150km가 온다… 아마야구가 주도한 구속 혁명, 이제 KBO 리그로

시속 150㎞는 한국 프로야구에서 여전히 강속구의 기준점으로 여겨진다. 지금 세계 무대에서는 평범한 구속이라는 점을 굳이 강조하고 싶지는 않다. 우선 이 단계부터 밟아야 다음도 있을 테니까. 이런 면에서 최근 아마추어 투수들의 구속 향상은 주목해야 한다. 이제는 한 해 드래프트에서 거의 모든 구단이 시속 150㎞를 찍은 투수 한 명씩은 데려갈 정도로 고교야구 수준에서 '구속 혁명'이 일어났다. 강속구 하나로는 상위 라운드 지명을 장담하기 어렵다는 말이 나올 정도다.

© 키움 히어로즈

드래프트 전체 1순위로 키움 히어로즈에 입단한 정현우

지난해 6월 6일 대전 한화생명이글스파크에서 열린 '제2회 한화 이글스배 고교대학 올스타전'은 고교 투수들의 구속 향상을 한눈에 볼 기회였다. 중계방송을 통해 구장에 설치된 트랙맨 레이더가 측정한 트래킹 데이터가 실시간으로 공개됐다. SPOTV가 중계하는 고교야구 전국대회 목동 경기에서도 트랙맨 데이터가 사용된다. 하지만 이 대회는 한 경기에서 강속구 투수를 모아볼 수 있다는 점에서 특별한 의미가 있다. 실제로 이날 경기에서 선보인 고교 투수들의 강속구는 야구 팬들 사이에서 화제가 됐다. 전체 1순위 후보로 꼽히던 전주고 정우주가 던진 시속 156㎞ 강속구는 그 자체로 뉴스였다.

고교 올스타 투수 가운데 7명이 트랙맨 기준 시속 150㎞를 넘겼다. 정우주는 이날 최고 시속 156㎞ 공을 네 번이나 던진 뒤 결국 한화로부터 2순위 지명을 받았다. 정우주 외에도 서울고 김영우가 시속 154㎞, 비봉고 박정훈과 덕수고 김태형이 시속 153㎞, 공주고 양수호가 시속 152㎞를 찍었다. 배명고 박세현이 시솟 151㎞, 덕수고 정현우가 시속 150㎞를 기록했다.

2025년 입단한 신인 투수 가운데 '150클럽'은 위 7명을 포

함해 15명 정도가 꼽힌다. 이 15명이 모두 드래프트를 통해 프로야구 선수가 됐다. 1라운드에 뽑힌 선수가 6명으로 가장 많지만 7라운드 이하 하위 지명 선수도 있다. 이제 KBO 리그 구단들이 오직 시속 150㎞라는 숫자에만 주목하지 않는다는 의미가 될 수 있다. 반대로 상위 지명 선수라면 프로 선배 못지않은 구속과 함께 다른 장점들도 같이 지녔다는 뜻도 된다.

지난해 열린 드래프트 1라운드에서 투수 8명이 뽑혔다. 여기서 6명이 이 '150클럽'에 포함된다. 두산을 제외한 9개 구단이 시속 150㎞를 찍은 투수를 데려갔다. 구단별로는 KIA (1R 김태형, 4R 양수호, 7R 나연우)와 LG (1R 김영우, 2R 추세현, 6R 박시원)가 각각 3명으로 가장 많았다. NC (2R 김태훈, 6R 이세민)와 키움 (1R 정현우, 3R 박정훈)이 2명으로 그 다음이었다. 삼성(1R 배찬승)과 KT(1R 김동현), SSG(8R 이도우), 롯데(2R 박세현), 한화(1R 정우주)가 150㎞ 투수를 한 명씩 지명했다.

키움이 가진 전체 1순위 지명권은 '최고 시속 152㎞' 왼손 투수 정현우를 향했다. 정현우는 지난해 16경기에서 8승 무패 평균자책점 0.75를 기록했다. 48⅓이닝 동안 피홈런이

2025 신인 드래프트 결과

구단/ 라운드	1	2	3	4	5
키움	★정현우 덕수고 투수	염승원 휘문고 내야수	어준서 경기고 내야수	윤현 경기고 투수	전태현 마산용마고 내야수
한화	★정우주 전주고 투수	권민규 세광고 투수	한지윤 경기상고 포수	배승수 덕수고 내야수	이동영 대구상원고 투수
삼성	★배찬승 대구고 투수	심재훈 유신고 내야수	차승준 마산용마고 내야수	함수호 대구상원고 외야수	권현우 광주제일고 투수
롯데	김태현 광주제일고 투수	★박세현 배명고 투수	김현우 야탑고 투수	박재엽 부산고 포수	서영준 전주고 외야수→LG
KIA	★김태형 덕수고 투수	이호민 전주고 투수	박재현 인천고 외야수	★양수호 공주고 투수	김정엽 부산고 투수
두산	박준순 덕수고 내야수	최민석 서울고 투수	홍민규 야탑고 투수	황희천 충암고 투수	이선우 충암고 내야수
NC	김서준 충훈고 투수→키움	★김태훈 소래고 투수	여동욱 대구상원고 내야수→키움	홍재문 청주고 투수	유재현 경기상고 내야수
SSG	이율예 강릉고 포수	신지환 성남고 투수	★박정훈 비봉고 투수→키움	천범석 강릉고 투수	이원준 부산고 외야수
KT	★김동현 서울고 투수	박건우 충암고 투수	김재원 장흥고 투수	박준혁 휘문고 투수	박민석 덕수고 외야수
LG	★김영우 서울고 투수	★추세현 경기상고 투타겸업	이한림 전주고 포수	이태훈 경동고 내야수	박관우 경북고 외야수

단 하나고, 삼진 70개를 잡는 동안 볼넷(고의4구 제외)은 10개에 불과했다. 소속 팀 덕수고가 5대 전국대회에서 전부 8강에 오르면서 많은 경기에 등판했지만 60이닝 이상 투구한 경기는 없었다. 커브와 슬라이더, 포크볼을 구사한다.

고교야구 올스타전에서 가장 빠른 공을 던졌던 한화 정우주도 전체 1순위 지명을 노렸던 투수다. 정우주 역시 소속 팀 전주고의 선전 덕분에 많은 경기(19)에 나와야 했지만 투구 이닝은 54⅔이닝으로 제한됐다. 주창훈 전주고 감독은 청룡기 우승 뒤 대통령배는 1경기만, 봉황대기는 기용하지 않는 방식으로 정우주의 어깨를 아꼈다. 정우주는 이렇게 평균자책점 1.31과 94탈삼진 21볼넷을 기록했다. 패스트볼

외 구종으로는 슬라이더, 커브, 스플리터를 던진다.

삼성 배찬승은 정현우, 키움 박정훈과 함께 왼손 투수로 시속 150㎞를 찍어 주목받았다. 지난해 고교 성적은 11경기 평균자책점 3.44에 46탈삼진 9볼넷으로 앞서 지명받은 이들에 비하면 평범했다. 대신 드래프트 직전 대만 타이베이에서 열린 아시아청소년야구선수권대회에서 존재감을 드러냈다. 일본과 대만을 상대로 6⅔이닝 동안 실점 없이 삼진 7개를 잡아냈다. 삼성 이종열 단장과 박진만 감독이 모두 '즉시전력감'으로 평가할 만큼 준비된 신인이다. 패스트볼과 함께 슬라이더, 커브를 구사하며 오른손 타자를 상대할 체인지업 또한 갖췄다.

2024년 고교야구 투수 BIG3

		경기	이닝	최고구속	피안타	피홈런	볼넷	탈삼진	K/BB	평균자책점
정현우	덕수고-키움	16	48⅓	시속 152㎞	22	1	9	70	7.78	0.75
정우주	전주고-한화	19	54⅔	시속 156㎞	31	2	21	94	4.48	1.31
배찬승	대구고-삼성	11	34	시속 150㎞	22	1	9	46	5.11	3.44

2025 신인 드래프트 결과

구단/라운드	6	7	8	9	10	11
키움	양현종 대구고 내야수	권혁빈 대구고 내야수	정세영 경기상고 투수	임진묵 경기상고 투수	오혜성 제물포고 투수	정동준 마산용마고 투수
한화	박상현 안산공고 투수	이지성 라온고 내야수	엄상현 장충고 투수	엄요셉 구리인창고 투수	최주원 북일고 투수	이민재 비봉고 외야수
삼성	이진용 북일고 외야수	홍준영 경주고 투수	천겸 부산고 투수	우승완 세광고 투수	강민성 안산공고 내야수	진희성 동산고 투수
롯데	김동현 제물포고 외야수	이영재 신홍고 투수	최민규 광주제일고 내야수	한승현 장충고 외야수	김태균 경남고 투수	조영우 인천고 투수
KIA	최건희 장충고 투수	★나연우 휘문고 투수	임다온 경기상고 투수	엄준현 전주고 내야수	이성원 유신고 투수	박헌 광주제일고 외야수
두산	한다현 라온고 내야수	양재훈 개성고 투수	김성재 선린인터넷고 포수	주양준 경남고 외야수	연서준 비봉고 투수	최우혁 라온고 투수
NC	★이세민 대구상원고 투수	정현창 부산고 내야수	신민우 마산고 포수	장창현 설악고 내야수	양가온솔 인상고 외야수	조창연 장충고 포수
SSG	최윤석 전주고 내야수	김현재 대전고 투수	★이도우 서울컨벤션고 투수	홍대인 세광고 내야수	한지현 청원고 투수	도재현 울곡고 투수
KT	오서진 유신고 내야수	이용현 강릉고 내야수	윤상인 신일고 투수	이정환 안산공고 포수	정영웅 광주제일고 외야수	이승준 장안고 내야수
LG	★박시원 경남고 투수	김종운 창원공고 투타겸업	우정안 덕수고 내야수	안시후 부천고 투수	고영웅 야로고 투수	성준서 경기항공고 투수

우승 팀 KIA의 지명을 받은 김태형은 지난해 19경기 55⅔ 이닝 동안 피홈런 없이 마운드를 지켰다. 평균자책점 2.09에 최고 구속은 시속 153km였다. 슬라이더와 스플리터, 커브를 던질 줄 안다. 덕수고를 졸업했지만 광주에서 태어나 중학교 때까지 고향에서 지냈던 '로컬보이'다.

9순위로 KT에 입단한 김동현은 발 사이즈 325mm로도 화제가 된 키 193cm 장신 우완이다. 이강철 감독이 벌써 이번 시즌 선발 로테이션 후보군에 넣었을 정도로 만족스러운 지명이다. 슬라이더와 체인지업을 주로 던졌는데 앞으로는 수직무브먼트 활용을 극대화하기 위해 스플리터를 추가할 계획이다.

1라운드 지명권 순위가 가장 낮았던 2023년 우승팀 LG도 150클럽 투수 김영우를 지명했다. 김영우는 보통 엘리트 야구선수보다 늦은 초등학교 6학년 때 야구를 시작했는데 겨우 7년 만에 154km를 찍는 강속구 투수로 자랐다. 주로 던진 변화구는 커브였다. LG 입단 후에는 염경엽 감독이 선호하는 포크볼을 연마하고 있다.

고교야구의 구속 상승은 지난해의 일만이 아니다. 2022년 목동구장에서 열린 고교야구 경기에서 최고 구속이 시속 150km를 넘긴 투수는 5명, 시속 145km 이상은 37명이었다. 평균구속이 가장 빨랐던 투수는 덕수고 3학년 심준석으로 시속 150.9km에 달했다. 심준석은 이듬해 1월 메이저리그 피츠버그와 계약했다.

2023년에는 용마고 투수 장현석이 평균 시속 150.2km로 꾸준히 강속구를 던진 뒤 LA 다저스의 부름을 받았다. 최고 기준으론 시속 150km 이상이 5명, 시속 145km 이상은 23명이었다. 2022년보다 다소 떨어졌지만 2024년 '150 클럽' 회원 폭증은 고교야구의 최근 추세를 말해준다. 유정민 한광BC 감독은 서울고에서 오랫동안 지도자 생활을 했다. 그는 "선수들의 신체조건이 좋고 예전보다 체계적으로 웨이트트레이닝을 한다"고 구속 증가 이유를 설명했다.

일본야구는 한국보다 '구속 혁명'에서 훨씬 앞서 있다. 하지만 고교야구 레벨에서는 얘기가 달라진다. 지난해 한국계 학교인 교토국제고가 우승한 여름 고시엔대회에서 기록된 포심 중 가장 빨랐던 공이 시속 153km였다. 시속 150km 이상은 세 명, 시속 145km 이상은 19명이었다. 2023년엔 시속 151km가 최고에 유일하게 시속 150km 기록이었다. 시속 145km 이상은 12명에 불과했다. 고시엔대회 출전교 수가 49개라는 점을 고려해야 하지만 구속 면에서 한국 고교 투수들이 일본에 뒤지지 않는다는 점은 분명하다. 그런데 프로 레벨에서는 양국 차이가 거의 매년 벌어지고 있다. 이 점은 프로야구가 풀어야 할 숙제로 보인다.

고교선수들의 구속 향상에서 세심하게 지켜봐야 할 부분도 있다. 부상이다. 메이저리그 사무국이 지난해 12월 발표한 '투수 부상 보고서'는 아마추어 선수들을 우려하는 내용이 있다. 점점 공이 빨라지는 프로 구단의 선택을 받기 위해 어린 나이부터 프로 수준의 구속과 변화구 무브먼트를 추구한다. 이러면 부상 위험이 증가한다.

이 보고서는 "어린 나이부터 부적절한 방법일 수도 있는 방식으로 빠른 구속을 추구하고, '스터프'를 강화하며 전력투구를 위한 훈련을 한다"며 "투수들의 건강 문제를 개선하려면 프로로 가는 과정에서의 '유인책'을 조정하고 적절한 훈련과 경기 출전이 아마추어 수준에서도 이뤄질 수 있도록 변화를 도입해야 한다는 결론이 나왔다"고 지적했다.

2025년 3월 8일 KT와의 시범경기에서 마운드에 선 김영우

두산의 새 외국인선수 콜 어빈

© 두산 베어스

'키워드'로 보는 2025 신규 외국인선수

_이창섭

야구에서 가장 중요한 농사는 겨울에 이뤄진다. 날은 춥지만, 다음 시즌 전력을 다듬는 농번기다. 특히 외국인선수 영입은 시즌 성패를 좌우하는 작업이다. 뛰어난 외국인선수들을 두고도 실패한 팀이 간혹 있었지만, 아쉬운 선수들로 성공한 팀은 없었다. 그렇다 보니 구단들은 좋은 선수를 선점하기 위해 재빨리 움직인다. 경솔한 결정은 금물이지만, 신속한 결정이 묘수가 되곤 한다.

2024년에는 새로운 외국인선수들의 활약이 빛났다. NC 맷 데이비슨은 4년 만에 나온 외국인 홈런왕(46개)이었다. 롯데 빅터 레이예스는 KBO 리그 한 시즌 최다 안타 신기록(202개)을 세웠다. KIA 제임스 네일은 평균자책점 1위(2.53)에 올랐고 키움 엔마누엘 데헤수스(헤이수스)와 삼성 데니 레예스도 기대 이상 성적으로 재계약에 성공했다.

2025년도 이 돌풍을 이어갈 이들이 KBO 리그를 찾는다. 새로운 외국인선수 13명이 눈도장을 찍으려고 한다. 이름만 들어도 알 수 있는 현역 메이저리거도 도전장을 내밀었다. KBO 리그의 달라진 위상을 알려주는 새 얼굴들을 '키워드'로 알아봤다.

ABS

본격적인 선수 소개에 앞서, 이 이야기를 안 할 수 없다. 지난해 KBO 리그의 가장 큰 변화이자, 변수였던 'ABS'다. 달라진 스트라이크존에 투수와 타자가 모두 당황했다. 리그 지형이 바뀌었다고 해도 과언이 아니었다. 누가 더 빨리 인정하고, 적응하는지가 관건이었다.

투수들은 이전처럼 존 외곽을 활용하지 못했다. 스트라이크라고 생각했던 공이 볼 판정을 받게 되면 카운트 싸움에서 불리해질 뿐 아니라 심적 압박감도 커진다. 지난 시즌 스트라이크 존에 들어온 공 비율은 2016년 이후 가장 높은 44.2%였다. 2014년부터 11시즌 기간에 네 번째로 높았다. 일단 스트라이크를 잡고 봐야했기 때문에 공격적으로 나올 수밖에 없었다. 존 한복판 투구 비율을 보면 더 두드러진다. 리그 전체 6.4%로 스탯티즈가 이 기록을 집계한 2014년 이후 가장 높은 수치였다. 반면, 스트라이크 존 가장자리에 공이 들어간 비율(Edge%)은 10.0%에 불과했다. 최고 기록인 2016년의 22.4%의 절반 아래다. 두 번째로 낮았던 2022년(15.8%)과도 차이가 컸다. 지난해 타고투저는 이 수치와

연관이 있을 것이다.

투수는 어쩔 수 없이 '민낯'의 스트라이크를 던져야 했다. 타자들이 가만히 보고 있을 리 없었다. 타자들의 전체 스윙률 50.5%는 2022년 50.2%를 넘어선 최고 기록이었다. 2023년 KBO 리그 타자들은 53.3타석 당 하나 꼴로 홈런을 쳤다. 원년 이후 42년 동안 6번째로 홈런이 적게 나온 시즌이었다. 지난해엔 34.9타석당 하나로 12번째로 높았다. 급격한 홈런 증가라는 점이 중요하다. 모두 1483개로 2023년보다 무려 55.6%나 증가했다. 홈런뿐 아니라 2루타와 3루타도 모두 늘어나면서 순수 장타율(ISO)이 0.143으로 2019년 이후 가장 높았다. 2023년엔 0.111이었다.

구속

투수와 타자 맞대결이 스트라이크 존에서 일어나는 경우가 많아졌다. 정면 승부에서 더 각광받은 요소는 '구속'이었다. 제구가 조금 불안할지언정 강속구로 타자를 제압한다는 심산이었다.

지난해 100이닝 이상 던진 외국인 투수는 15명. 이들이 기록한 포심패스트볼 평균 구속은 146.2km/h였다. SSG 드루 앤더슨이 외국인 중 나홀로 150km/h를 넘기면서 최고 구속(151)을 자랑했다. 앤더슨은 강속구를 앞세워 리그에서 가장 압도적인 탈삼진 능력(9이닝 당 12.29개)을 선보였다.

2025년 새 외국인선수 13명 중 투수는 10명이다. 전해 기록한 포심 평균 구속은 148.9km/h였다. 구단들이 강속구에 주목하고 있다는 점이 보인다. 평균 150km/h를 상회하는 투수만 무려 5명이었다. 한화 코디 폰세(151.8)와 SSG 미치 화이트(151.1) KIA 애덤 올러(150.8) NC 라일리 톰슨(150.5) LG 요니 치리노스(150km/h)다. 지난해 KBO 리그 포심 평균 구속이 143.6km/h였다는 점을 감안하면 경쟁력이 크다.

눈길이 가는 투수는 화이트다. 화이트는 다저스 시절 박찬호와 닮은 외모로 화제였다. 이후 부상의 늪에 빠지면서 메이저리그와 멀어졌다. 작년에도 메이저리그에서는 13경기 23⅔이닝만 던졌다. 트리플A 18경기에서 6승 4패 평균자책점 4.06, 시즌 막판 선발로 나온 7경기에서 평균자책점 2.27(35⅔이닝 9자책)으로 마무리가 좋았다.

SSG 미치 화이트

화이트의 포심 구속은 트리플A에서 152.9km/h로 더 빨랐다. 최고 구속은 157.6km/h까지 나왔다. 포심 헛스윙률도 30.6%로 인터내셔널리그(IL) 상위권(평균 23%)이었다. 지난 시즌 싱커 비중을 높였지만 여전히 비중이 가장 높았던 포심이 위력을 유지하고 있었다. 여기에 화이트는 포심보다 헛스윙률이 높은 슬라이더(35.1%)와, 지난해 트리플A 피안타율 1할대 구종인 커브(0.176)도 장착하고 있다. 덕분에 50이닝 이상 던진 IL 투수 180명 중 수비무관평균자책점(FIP)

4위(3.07)에 올랐다.

화이트는 9이닝당 탈삼진이 두 자릿수(10.61개)였다. 삼진이 많은 포심 투수는 피홈런도 많기 마련이다. 그런데 화이트는 9이닝당 홈런이 0.31개에 불과했다. 떨어지는 싱커 비중을 늘린 것과 맞물린 결과라는 점에서 주목할 만하다. 피홈런 억제는 랜더스필드를 홈으로 쓰는 투수에게 필수적이다. 쉽지 않은 전제지만, 아프지만 않으면 리그 에이스가 될 수 있다.

킥(Kick)

투수라면 자기만의 주무기를 갖고 있다. 요즘 말로 "킥이 있다"고 표현한다.

LG 요니 치리노스

LG 치리노스의 스플리터는 메이저리그에서도 남달랐다. 통산 피안타율이 0.155(303타수 47안타)였다. 구종 결과에 따라 점수를 매기는 득점가치(Run Value)도 통산 +14점으로 대단했다. 스플리터 만큼은 메이저리그에서 인정받았다. 지난해 트리플A 21경기에서도 스플리터 피안타율은 0.118(127타수 15안타)에 뛰어났다. 이 스플리터는 KBO 리그에서도 통할 가능성이 높다.

스플리터에 주목해야 하는 투수는 또 한 명 있다. 롯데 왼손 터커 데이비슨이다.

원래 데이비슨은 포심과 싱커, 슬라이더를 중점적으로 던졌다. 그러다 지난해 트리플A에서 처음으로 스플리터 비중을 두 자릿수 퍼센테이지(11.8%)로 높였다. 결과는 만족스러웠다. 스플리터 피안타율이 0.150(60타수 9안타)에 불과했다. 데이비슨의 스플리터에는 특징이 있다. 보통 스플리터보다 회전수가 적었다. 분당 평균 968회였다. 치리노스의 스플리터가 1311회라는 점과 비교된다. 회전수가 적으면 공의 낙폭은 커진다. 그래서 2025년 ABS존이 하향 조정되는 변화는 데이비슨에게 호재다.

왼손이 던지는 스플리터는 희소성도 있다. KBO 리그에서 스플리터를 던지는 왼손은 보기 드물다. 김광현(SSG)과 손주영(LG), 황준서(한화) 정도다. 외국인 왼손 가운데는 2021년 두산 아리엘 미란다가 있었다. 미란다는 포심과 스플리터 투피치 투수에 가까웠다. 그럼에도 그해 14승 5패 평균자책점 2.33에 KBO 리그 단일 시즌 최다 탈삼진 기록(225개)을 수립하며 MVP를 수상했다. 데이비슨이 좌완 스플리터의 이점을 누릴 수 있을지도 관심사다.

KIA 올러도 생소함으로 승부한다. KBO 리그에서 보기 힘든 슬러브를 던진다. 슬러브는 미국에서도 쉽게 볼 수 있는 구종이 아니다. 지난해 트리플A에서 슬러브를 던진다고 분류된 투수는 5명이 전부였다. 이들 중 슬러브를 가장 많이 던진 투수가 바로 올러였다. 모두 253개를 던졌는데, 2위 기록이 92구였다.

올러의 슬러브는 메이저리그에서도 통했다. 이 구종 통산 피안타율이 0.189(90타수 17안타)였다. 지난해 트리플A에서는 피안타율 0.220(59타수 13안타)으로 더 높았다. 하지만 타구 질로 계산하는 기대피안타율(xBA)은 0.191로 더 낮았다. 운이 다소 따르지 않았다고 추측할 수 있다. 지난해 네일의 스위퍼로 재미를 봤던 KIA가 다시 한국 타자에게 생소한 브레이킹볼에 주목했다.

관록

NC 톰슨은 유일하게 메이저리그 경력이 없다. 지난해 트리플A 성적(107⅓이닝 평균자책점 5.95)만 봐도 메이저리그 승격은 어려웠다. 다만 1996년생으로 비교적 나이가 젊고, 150km/h가 넘는 포심과 날카로운 브레이킹 볼을 던진다. 에릭 테임즈와 에릭 페디, 카일 하트처럼 NC에서 한 단계 발전을 꿈꾼다.

톰슨과 달리 메이저리그 경력이 풍부한 선수들이 있다. 두산 콜 어빈과 제이크 케이브, KIA 패트릭 위즈덤은 지난해까지 빅리그에서 뛰었다. 어빈은 2024년 메이저리그에서 111이닝을 던졌다. 케이브는 123경기를 뛰었다. 위즈덤도 최근 4년간 평균 103경기다.

어빈은 지난해 6승 6패 평균자책점 5.11로 부진했다. 그러나 환경을 감안해야 한다. 어빈은 시즌 막판 미네소타로 이적하기 전까지 볼티모어에서 2시즌을 뛰었다. 볼티모어 통산 49경기 평균자책점이 4.68이었다. 볼티모어는 전통적으로 타격이 강한 아메리칸리그(AL) 동부지구에 소속돼 있다. 그럼에도 볼티모어에서 선발로 나온 28경기 평균자책점은 4.37로 준수했다. 선발 FIP도 4.41로 지구 환경을 따졌을 때 나쁘다고 볼 수 없었다. 같은 기간 크리스 플렉센은 선발 등판에서 평균자책점 5.68, FIP 5.11을 기록했다. 플렉센은 2020년 두산에서 호투한 뒤 메이저리그에 성공적으로 복귀한 투수다. 플렉센보다 선발로 더 수준 높은 피칭을 한 투수가 KBO 리그에 온 것이다.

두산은 케이브를 향한 기대도 크다. 메이저리그 통산 7시즌 523경기 커리어가 있다. 첫 두 시즌에 대단했지만 이후 고전했다. 하지만 메이저리그의 포심을 잘 공략한 타자였다. 통산 포심 상대 타율 0.275(476타수 131안타) 장타율 .502로 준수했다. 포심 구속을 '150㎞/h 미만'으로 설정하면 타율은 0.337(172타수 58안타). 장타율은 0.622로 더 좋아진다. 메이저리그보다 느린 KBO 리그의 패스트볼은 더 잘 공략할 가능성이 있다.

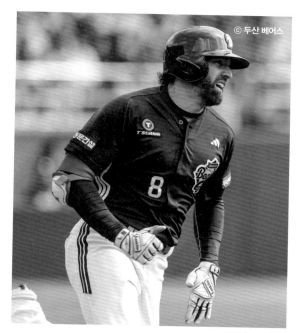

© 두산 베어스

두산 제이크 케이브

케이브는 메이저리그에서 볼넷이 많은 타자는 아니었다. 통산 타석당 볼넷률이 6.3%에 그쳤다. 하지만 2022-2023년 트리플A에서는 11.4%로 준수했다. 메이저리그에선 왼손 투수 상대로 타율 0.098(41타수 4안타)로 심각했다. 하지만 트리플A에서는 0.304(181타수 55안타)로 달랐다. 케이브는 이 시기 트리플A를 지배했던 선수다. 리그 평균 대비 공격력을 보여주는 wRC+(조정가중득점생산력)이 무려 148이었다. 같은 기간 500타석 이상 출장한 트리플A 타자를 통틀어 두 번째로 높았다. 유일하게 케이브를 앞섰던 호나탄 아란다(153)는 2025년 탬파베이 주전 지명타자가 유력하다. 전형적인 쿼드러플(AAA) 유형인 케이브는 KBO 리그에서 메이저보다는 트리플A에 더 가까운 기록을 만들 수 있을 것이다. 외국인선수 세 명을 모두 바꾼 두산의 선택이 이해가 된다.

위즈덤의 이름값은 어빈과 케이브에 밀리지 않는다. 지난해 부상으로 허덕였지만 앞 세 시즌 연속으로 20+홈런을 때려냈다. 이 기간 ISO(순수장타율) 0.260은 규정타석을 채운 메이저리그 타자 226명 중 8위였다. 파워를 강조하는 메이저리그에서, 파워로 정상급 위치에 오른 타자다.

강한 타구를 만들어내는 능력이 출중했다. 통산 평균 타구 속도가 146.9㎞/h였다. 메이저리그 평균(142.9㎞/h)보다 훨씬 높다. 성적이 급락했던 작년에도 146.3㎞/h로 스피드가 떨어지지 않았다. NC 데이비슨의 메이저리그 통산 평균 타구속도가 144.2㎞/h라는 점과 비교된다. 힘으로 KBO 리그를 평정한 데이비슨보다 더 강력한 타구를 날리는 선수가 위즈덤이다.

다크호스

야구는 이름값으로 하지 않는다. 잘 알려진 선수들은 그만큼 많이 노출됐다. 반대로, 베일에 싸인 선수들이 더 무서운 법이다. 뜻밖의 이변을 일으킬 선수들도 보인다.

© 한화 이글스

한화 에스테판 플로리얼

스피드는 출루 능력이 뒷받침돼야 한다. 플로리얼은 타격 정확성이 떨어졌지만, 선구안이 무너지진 않았다. 트리플A에서 볼넷률이 13%로 높은 편이었다. 지난 3시즌으로 확대해도 볼넷률이 12.8%였다. 스피드와 선구안은 리그가 바뀌어도 변동이 적은 영역이다. 1997년생으로 아직 27살의 선수가 운동 신경이 갑자기 퇴화되는 것도 억측이다. 오히려 KBO 리그에서 타격이 살아나면 모두의 부러움을 살 수 있는 '올라운드 플레이어'가 될 수 있다.

한화 플로리얼은 지난해 성적이 폭락했다. 메이저리그뿐만 아니라 트리플A에서도 좋지 않았다. 트리플A 64경기 타율 .213, OPS 0.691이었다. 삼진율(31.2%)과 헛스윙률(38%)도 모두 리그 평균을 웃돌았다. 최고 유망주로 불렸던 시절이 무색해진 모습이었다.

최근 성적만 보면 분명 위험해 보인다. 그러나 플로리얼은 다양한 재주를 가지고 있다. 공격과 수비, 주루 다방면에서 팀에 기여할 수 있다.

메이저리그는 선수의 주력을 '스프린트 스피드'로 평가한다. 초당 최대 이동거리를 뜻한다. 플로리얼은 지난해 스프린트 스피드에서 28.7피트로 리그 평균(27피트)을 넘어섰고, 심지어 2023년에는 29.3피트로 상위 6%에 포함됐다. 트리플A 인터내셔널리그(IL)에서는 지난 3시즌 동안 세 번째로 많은 도루를 성공시켰다(86도루). 2025년 피치 클락이 도입되는 KBO 리그는 주자들의 역할이 이전보다 커질 수밖에 없다.

© 키움 히어로즈

키움 케니 로젠버그

키움 로젠버그는 최신 유행에 부합하지 않는 투수다. 각 구단들은 ABS존에 맞춰 '구위형' 투수들을 데리고 왔다. 하지만 로젠버그는 지난해 포심 평균 구속이 145.2km/h에 머물렀다. 이번에 오는 투수 10명 중 포심 구속이 가장 느리다. 구위가 떨어지기 때문에 트리플A에서 9이닝 당 피홈런이

1.95개에 달했다. 리그에서 4번째로 높았다.

대신 로젠버그는 안정적이다. 선발 로테이션을 지키면서 자기가 맡아야 될 이닝은 책임졌다. 2023-24년 메이저리그와 트리플A 도합 55경기(45선발)에서 272.2이닝을 소화했다. 한눈에 들어오는 선수는 아니지만, 계속 눈에 들어오는 선수다.

성적 관리도 잘해줬다. 메이저리그 통산 17경기(5선발) 평균자책점이 4.66, 지난 3년간 트리플A 통산 55경기(54선발) 평균자책점도 4.24였다. 로젠버그가 몸담았던 트리플A 퍼시픽코스트리그(PCL)는 타자에게 훨씬 유리하다. 지난해 리그 평균자책점이 5.27이었다. 그럼에도 불구하고 평균 이상의 성적을 거두는 생존력을 발휘했다. 리그 특징에 영향을 받지 않는 유연성과 적응력도 높이 살만한 부분이다. 외국인 투수 한 명으로 시즌을 치러야 하는 키움에게 최적화된 선수로 볼 수 있다. 약점으로 지적되는 피홈런 문제는 완화될 가능성이 높다. 고척돔은 홈런 파크팩터가 잠실구장에 이어 두 번째로 낮은 구장이기 때문이다.

두산 로그는 토마스 해치와 계약이 무산되면서 긴급 투입됐다. 플랜B지만, 지난해 성적은 플랜A라고 봐도 무방하다. 두 팀을 거쳐 기록한 트리플A 평균자책점이 2.69였다. 90이닝 이상 던진 트리플A 71명 중 평균자책점 1위였다. 탈삼진 볼넷 비율 3.22도 믿음을 주는 부분이다. 확실한 1선발감인 어빈과 함께 두산 선발진을 지탱할 수 있다.

자기만의 색깔이 뚜렷한 선수들이 KBO 리그 무대를 누빈다. 이 선수들의 개성이, 2025년 KBO 리그를 더 다채롭게 만들어주길 기대한다.

_이창섭(SPOTV MLB 해설위원)

팀KPI의 이해

_신동윤

팀 종합KPI (삼성)

	경기당 득점			경기당 실점	
5.35	6위<7		**4.99**	1위<10	
97(+10)	5.38(리그)		136(+79)	5.38(리그)	

팀 KPI(Key performance Indicator 핵심성과지표)는 한 시즌 동안 주요 전력요인을 표현합니다. 2위 삼성은 경기당 득점에서 리그평균보다 약간 낮은 6위지만 실점은 적은 순으로 리그1위였습니다. 23시즌과 비교하면 놀랍게도 최하위 10위에서 1위로 도약한 것입니다. 팀KPI는 이렇게 지표값, 전년대비 순위변화, 이번시즌 리그평균으로 구성됩니다.

그리고 왼쪽 아래 색깔로 표시된 넘버스북스코어(이하 NB-Score)가 있습니다. 리그 10개팀과 비교해서 얼마나 더 잘했고 못했는지를 평가합니다. 평균이 100이고 이보다 크면 잘한 것 작으면 못한 것입니다. ERA처럼 낮을수록 좋은 것은 낮을때 100보다 커지고, 타율처럼 높을수록 좋은 것은 높을 때 100보다 커집니다. 리그평균과 표준편차를 이용해서 계산하는데, 100 + 팀 평균과 리그평균 차이/10개팀 표준편차* 30 입니다. "수능표준점수"와 같은 방식입니다. 수능표준점수는 표준편차에 20을 곱하지만 NB-Score는 30을 곱하는 것만 다릅니다.

수능 원점수가 난이도에 따라 달라지지만 표준점수는 경쟁자보다 얼마나 더 잘했는지를 상대평가하듯이 NB-Score도 그렇게 읽으면 됩니다. 130이 넘으면 리그 상위권 이상이고 150이 넘으면 압도적 또는 역대급 수준입니다. 70 아래면 하위권 이하, 50이하면 처참 또는 흑역사 급입니다. KBO 리그는 다소 적은 10개팀 구성이라 시즌에 따라 차이가 증폭되어서 나타나는 경우도 있습니다.

공격부분 KPI 와 NB-Score (롯데)

0.81 심진회피
3위<7
104(+8) 0.81(리그)

0.067 순출루
10위<6
57(-30) 0.074(리그)

0.285 타율
2위<4
122(+18) 0.277(리그)

0.145 순장타
6위<9
105(+42) 0.142(리그)

야구에서 득점은 여러 요인의 복합적 결과입니다. 삼진을 피해서 걸어나가거나 인플레이 타구를 만들어야 뭔가가 만들어집니다. 삼진회피는 최소한의 기회를 만드는 능력입니다. 순출루율은 볼넷, 몸에 맞는 공으로 출루한 정도입니다. 안타 중 장타 비율이 높으면 순장타율이 높아집니다.

이렇게 삼진회피, 타율, 순출루, 순장타는 한 시즌 팀 득점이 어떤 요인으로부터 만들어졌는지를 보여줍니다. 눈과 인내심, 컨택능력 그리고 장타를 만드는 파워를 반영합니다.

24롯데는 전 시즌보다 전반적인 공겨지표가 좋아졌습니다. 삼진회피, 순장타는 리그평균을 넘어섰고 타율은 리그2위입니다. 경기당 득점 5.57점으로 리그3위이니 공격력은 리그 상위권입니다. 전체 순위는 투수/수비의 약세 때문이긴 했지만 순출루가 리그 취하위(NB-Score 57)인 약점도 있었습니다.

승율-기대승률 변화과 초반-중반-종반 승부(KT)

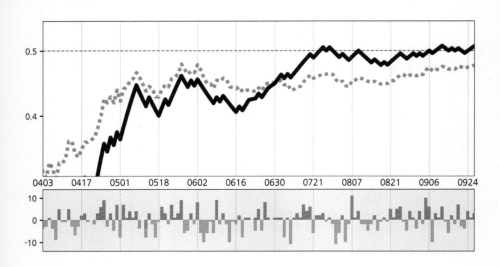

KT는 23시즌에 그랬듯 24시즌에도 중반 이후 굉장한 강세를 보였습니다. 5할에 한참 못미치는 승률로 시즌 초반을 보냈지만 6월 중순 이후 스퍼트를 시작해 7월 말 부터 꾸준히 중위권을 유지하며 시즌을 마쳤습니다. 6월, 7월 피타고라스 기대승률선을 돌파한 후 종반까지 꽤 큰 격차로 그것을 웃돌며 결국 72승2무70패가 최종성적이 됩니다. 아래 막대그래프는 팀의 144 경기당 득점-실점의 차이입니다. 이긴 경기는 빨간색, 진 경기는 파란색이 되고 막대의 크기가 크면 대승 또는 대패입니다. 빨간 막대가 붙어있으면 연승, 파란막대가 붙어있으면 연패입니다. 시즌 포반의 승률은 등락이 너무 심하기 때문에 일부 제외하고 표시합니다.

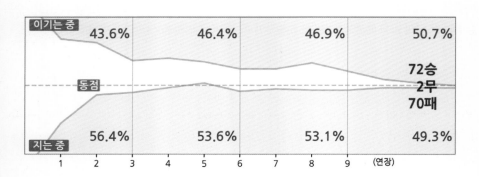

302

재미있는 것은 시즌 전체로 후반에 강했던 것처럼, 한 경기 안에서도 KT는 초반보다 후반에 강했다는 것입니다. 144경기 이닝 별 우세-열세를 분석해보면 3회말까지 (동점 제외) 지고 있던 경기(56.4%)가 이기도 있던 경기(43.6%)보다 훨씬 많습니다. 6회말이 되면 이기던 경기:지던 경기가 46.4%:53.6%로 더 비슷해지고 연장 포함 최종승부는 기어이 50.7%로 올라섭니다. 차트를 보면 7회 이후 동점승부를 거의 지지 않고 이겨내는 흐름을 볼 수 있습니다.

포지션 DepthChart와 최근 5년 공격력 비교우위 변화 (두산)

각 포지션 선발출전 선수와 백업선수, 그리고 그 선수가 팀 득점에 어느정도 기여했고 그것이 리그 같은 포지션 선수 평균에 비해 얼마나 높거나 낮은지(RAA)를 나타냅니다.

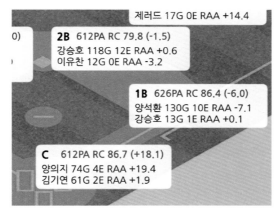

두산의 1루는 주전이 확실한 포지션입니다. 양석환이 130경기 선발출전 10실책을 기록했고 주전2루수인 강승호가 백업으로 13경기 선발출전했습니다. 하지만 경쟁팀 1루수보다 공격력이 약했습니다. 1루수는 강한 타자가 많고 KBO 리그 1루수는 시즌 평균 94.4점(RC)을 기여합니다. 반면 두산 1루수는 86.6점을 기여하며 −6점 뒤집니다. 양석환은 21년부터 주전을 맡으며 이적한 오재일의 자리를 충분히 메워왔지만 24년은 그렇지 못했고 두산 1루수 공격력 역시 지난 5년 중 최저였습니다.

포수는 공격력이 약한 포지션이기 때문에 리그평균 득점생산(RC)은 68.6점인데 두산은 86.7점을 기록하며 +18.1점 우위에 있었습니다. 주전 포수는 역시 양의지였지만 선발출전 74경기로 절반 정도입니다. 이 절반의 비중으로도 두산 포수가 만든 리그평균대비 +18.1점을 웃도는 +19.4점을 기여합니다. 양의지가 절반 만 출전해서 두산 포수 공격력의 경쟁팀 비교우위를 혼자 책임졌고 그외 백업포수들이 리그평균 정도를 유지하며 버틴 결과가 두산 포수의 +18.1점입니다.

오른쪽 최근 5년 포지션별 공격력 비교우위 그래픽을 보면, 양의지가 있던 포수 포지션과 양의지가 없던 포수 포지션의 경쟁력이 어떻게 극적으로 다른지 알 수 있습니다.

또 이 차트는 팀 전력을 향상시키기 위해서는 어떤 포지션의 보강이 필요한지 보여줍니다. 선수 한명한명으로 보면 좋았던 시즌, 나빴던 시즌의 차이가 커보이지만 144경기를 합쳐서 팀 포지션의 경쟁력을 보면 숫자가 그리 쉽게 변하지 않습니다.

타순 공격력(wRC)와 리그평균 비교(KIA)

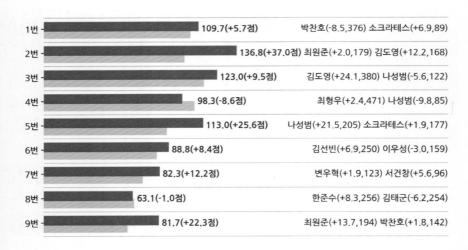

1번	109.7(+5.7점)	박찬호(-8.5,376) 소크라테스(+6.9,89)
2번	136.8(+37.0점)	최원준(+2.0,179) 김도영(+12.2,168)
3번	123.0(+9.5점)	김도영(+24.1,380) 나성범(-5.6,122)
4번	98.3(-8.6점)	최형우(+2.4,471) 나성범(-9.8,85)
5번	113.0(+25.6점)	나성범(+21.5,205) 소크라테스(+1.9,177)
6번	88.8(+8.4점)	김선빈(+6.9,250) 이우성(-3.0,159)
7번	82.3(+12.2점)	변우혁(+1.9,123) 서건창(+5.6,96)
8번	63.1(-1.0점)	한준수(+8.3,256) 김태군(-6.2,254)
9번	81.7(+22.3점)	최원준(+13.7,194) 박찬호(+1.8,142)

"타순 공격력(wRC)와 리그평균 비교"는 회색 막대로 표시된 리그평균 타순별 공격력(wRC)와 비교해서 팀의 타순별 공격력의 차이를 표시합니다. 가장 많이 출전한 선수 2명과 리그평균대비 차이 중 그 선수가 기여한 바 그리고 출전 타석을 함께 표시합니다.

챔피언팀 KIA의 타순은 거의 모든 위치에서 리그평균을 한참 웃돕니다. 특히 2번 타순은 10개팀 평균 (회색 막대)보다 +37점 기여도가 더 높았고 팀의 9개 타순 중 득점기여 1위입니다. 168타석을 맡은 김도영이 +12.2점을 기여한 것도 큽니다. 하지만 KIA의 2번은 가장 많이 나온 최원준이 179타석, 김도영이 168타석인 것에서 볼 수 있듯 고정된 선수 없이 여러 명이 골고루 나눠서 맡았습니다. 어느 한 선수의 비중 보다는 2번에 나온 선수의 전반적인 기여로 봐야 합니다.

해당 타순을 여러 선수가 조금씩 나눠 맡은 팀은, 오른쪽에 표시된 '그래도 더 많이 나온 선수'의 성적 합계와 '해당 타순의 시즌 전체 성적'에 차이가 생길 수 있습니다.

KIA 타이거즈
KIA TIGERS

종합			
경기당 득점	**경기당 실점**	**실책/경기**	**수비효율**
5.96 1위<2	5.27 4위<5	1.01 10위<2	0.644 6위<2
155(+23) 5.38(리그)	110(+2) 5.38(리그)	41(-87) 0.76(리그)	93(-35) 0.647(리그)
도루시도/경기	**도루성공률**	**희생번트/경기**	**경기당 투수교체**
1.2 4위<4	74.0 6위<2	0.31 7위<5	4.18 9위<8
106(+1) 1.1(리그)	98(-34) 74.4(리그)	89(-1) 0.34(리그)	69(-15) 3.90(리그)

타격			
타율	**출루율**	**장타율**	**OPS**
0.301 1위<2	0.369 1위<2	0.459 1위<2	0.828 1위<2
168(+33) 0.277(리그)	152(+33) 0.352(리그)	156(+25) 0.420(리그)	160(+32) 0.772(리그)
심진회피	**순출루**	**순장타**	**타석당 투구수**
0.84 1위<3	0.068 9위<10	0.158 2위<5	3.84 10위<8
162(+51) 0.81(리그)	63(+1) 0.074(리그)	133(+23) 0.142(리그)	58(-15) 3.90(리그)

선발			
ERA(선발)	**경기당이닝(선발)**	**피타율(선발)**	**피순장타(선발)**
4.10 1위<9	4.93 7위<7	0.267 2위<4	0.134 3위<9
151(+83) 4.77(리그)	90(-2) 5.00(리그)	121(+19) 0.274(리그)	119(+43) 0.144(리그)
SO9(선발)	**Walk9(선발)**	**HR9(선발)**	**선발xRA9**
7.75 5위<3	3.63 7위<9	0.94 2위<6	4.69 2위<7
106(-20) 7.64(리그)	106(+38) 3.71(리그)	122(+31) 1.03(리그)	137(+57) 5.09(리그)

구원			
ERA(구원)	**경기당이닝(구원)**	**피타율(구원)**	**피순장타(구원)**
4.98 3위<2	4.13 3위<6	0.271 1위<4	0.143 7위<2
114(-12) 5.16(리그)	130(+34) 3.91(리그)	147(+26) 0.282(리그)	93(-34) 0.141(리그)
SO9(구원)	**Walk9(구원)**	**HR9(구원)**	**구원xRA9**
7.99 2위<9	5.26 7위<6	1.04 7위<2	5.70 3위<3
120(+55) 7.59(리그)	82(-8) 4.96(리그)	85(-33) 0.98(리그)	119(-5) 5.91(리그)

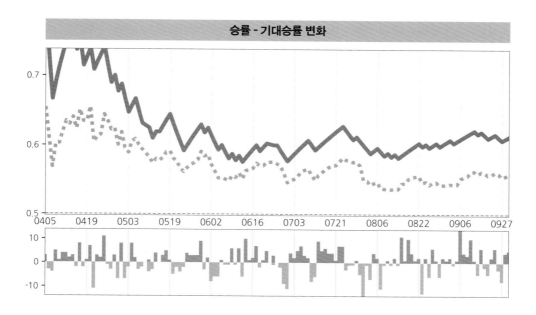

승률 - 기대승률 변화

연승과 연패

04월09일-04월14일 6연승 경기당 7.3득점 4.2실점 (한화,LG 상대)

05월25일-05월30일 5연승 경기당 7.8득점 3.4실점 (두산,NC 상대)

07월02일-07월11일 6연승 경기당 7.2득점 3.3실점 (삼성,LG 상대)

07월14일-07월24일 8연승 경기당 8.9득점 3.5실점 (삼성,한화,NC,SSG 상대)

08월15일-08월22일 6연승 경기당 7.5득점 2.7실점 (롯데,키움,LG 상대)

09월05일-09월14일 6연승 경기당 7.0득점 1.5실점 (롯데,키움,한화 상대)

초반-중반-종반 승부

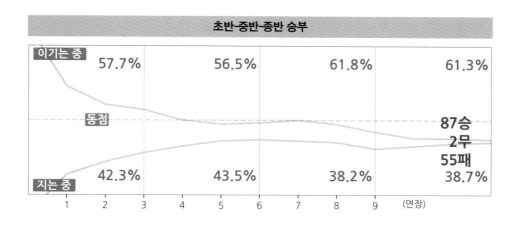

포지션 DepthChart

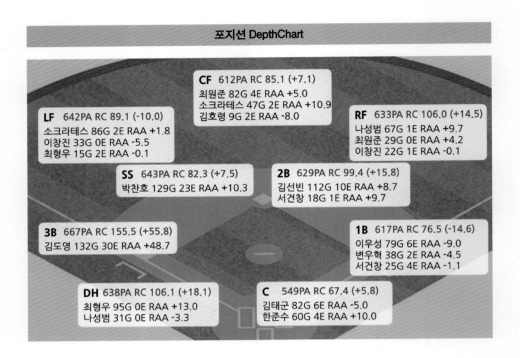

CF 612PA RC 85.1 (+7.1)
최원준 82G 4E RAA +5.0
소크라테스 47G 2E RAA +10.9
김호령 9G 2E RAA -8.0

LF 642PA RC 89.1 (-10.0)
소크라테스 86G 2E RAA +1.8
이창진 33G 0E RAA -5.5
최형우 15G 2E RAA -0.1

RF 633PA RC 106.0 (+14.5)
나성범 67G 1E RAA +9.7
최원준 29G 0E RAA +4.2
이창진 22G 1E RAA -0.1

SS 643PA RC 82.3 (+7.5)
박찬호 129G 23E RAA +10.3

2B 629PA RC 99.4 (+15.8)
김선빈 112G 10E RAA +8.7
서건창 18G 1E RAA +9.7

3B 667PA RC 155.5 (+55.8)
김도영 132G 30E RAA +48.7

1B 617PA RC 76.5 (-14.6)
이우성 79G 6E RAA -9.0
변우혁 38G 2E RAA -4.5
서건창 25G 4E RAA -1.1

DH 638PA RC 106.1 (+18.1)
최형우 95G 0E RAA +13.0
나성범 31G 0E RAA -3.3

C 549PA RC 67.4 (+5.8)
김태군 82G 6E RAA -5.0
한준수 60G 4E RAA +10.0

5시즌 포지션별 공격력 추이(리그평균대비+)

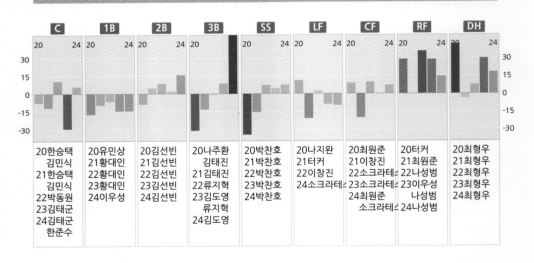

C	1B	2B	3B	SS	LF	CF	RF	DH
20한승택	20유민상	20김선빈	20나주환	20박찬호	20나지완	20최원준	20터커	20최형우
김민식	21황대인	21김선빈	김태진	21박찬호	21터커	21이창진	21최원준	21최형우
21한승택	22황대인	22김선빈	21김태진	22박찬호	22이창진	22소크라테스	22나성범	22최형우
김민식	23황대인	23김선빈	22류지혁	23박찬호	24소크라테스	23소크라테스	23이우성	23최형우
22박동원	24이우성	24김선빈	23김도영	24박찬호		24최원준	나성범	24최형우
23김태군			류지혁			소크라테스	24나성범	
24김태군			24김도영					
한준수								

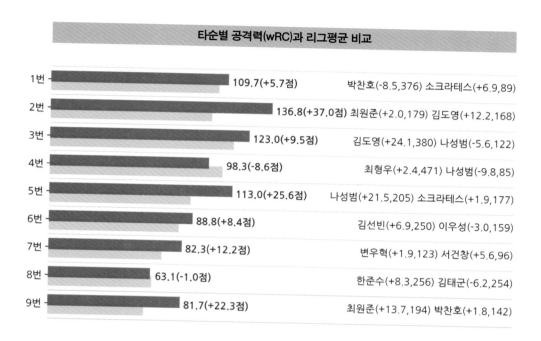

타순별 공격력(wRC)과 리그평균 비교

타순	wRC	선수 정보
1번	109.7(+5.7점)	박찬호(-8.5,376) 소크라테스(+6.9,89)
2번	136.8(+37.0점)	최원준(+2.0,179) 김도영(+12.2,168)
3번	123.0(+9.5점)	김도영(+24.1,380) 나성범(-5.6,122)
4번	98.3(-8.6점)	최형우(+2.4,471) 나성범(-9.8,85)
5번	113.0(+25.6점)	나성범(+21.5,205) 소크라테스(+1.9,177)
6번	88.8(+8.4점)	김선빈(+6.9,250) 이우성(-3.0,159)
7번	82.3(+12.2점)	변우혁(+1.9,123) 서건창(+5.6,96)
8번	63.1(-1.0점)	한준수(+8.3,256) 김태군(-6.2,254)
9번	81.7(+22.3점)	최원준(+13.7,194) 박찬호(+1.8,142)

KIA의 V12가 이변이거나, 이변이 아닌 이유

_이성훈

2023년 KIA 타이거즈는 6위에 그쳐 포스트시즌 진출에 실패했다. 이 책 앞쪽에 실린 〈옴 마니 반메 훔, 팔치올 반메 훔〉에서 알 수 있듯, 한 번 하위권으로 처진 팀이 우승권으로 치고 올라오는 건 좀처럼 드문 일이다. 예를 들어 전년도 6위 팀이 다음해 정상에 오른 경우는 2023년까지 단 한 번도 없었다. 그러니까 KIA의 V12는 프로야구 43년 역사상 전례가 없었던 사건인 것이다.

하지만 모두가 기억하고 있듯, KIA는 2024년 시즌을 앞두고 대부분의 전문가로부터 우승 후보로 분류됐다. 그래서 실제로 이뤄진 KIA의 우승을 '전례 없는 이변'으로 느끼는 사람은 많지 않은 듯하다.

KIA의 우승은 '이변'인가?

결론부터 말하자면, '그렇기도 하고, 그렇지 않기도 하다'

이변이 아닌 이유

: '2023년의 엄청난 불운'

야구는 상대 팀보다 점수를 더 내야 이기는 경기다. 안타를 더 치거나 실책을 덜 해도, 점수를 한 점이라도 더 주면 진다. 그래서 득점이 많고 실점이 적어야 강팀이 된다. 이 원리에 착안해 '세이버메트릭스의 아버지' 빌 제임스가 만든 지표가 이제는 널리 알려진 '피타고리안 승률'이다. 팀의 득점과 실점을 이용해 구하는 '기대 승률'이다. 공식은 몇 가지 버전이 있는데, 가장 대중적인 건 '득점^2÷(득점^2+실점^2)'이다. 학창 시절 수학 시간에 배운 '피타고라스 공식'과 비슷한 모양새 때문에 '피타고리안 승률'이라는 이름이 붙었다.

KIA는 2023년에 726점을 내고 650점을 내줬다. 그래서 피타고리안 승률이 0.555. 우승을 차지한 LG에 이어 전체 2위였다. 그런데 실제 승률은 이보다 한참 낮은 0.514에 그쳤다. 실제 승률이 피타고리안 승률보다 0.041이나 낮았던 것이다.

2023년 피타고리안 승률 순위

팀명	팀 득점	팀 실점	피타고리안 승률	실제 승률
LG	767	610	0.613	0.606
KIA	726	650	0.555	0.514
NC	679	617	0.548	0.528
KT	672	616	0.543	0.560
두산	620	625	0.496	0.521
롯데	653	660	0.495	0.472
SSG	658	698	0.471	0.539
삼성	636	728	0.433	0.427
키움	607	710	0.422	0.411
한화	604	708	0.421	0.420

이런 경우는 매우 희귀하다. 2015년 시작된 '10구단 체제'에

서, 피타고리안 승률 대비 실제 승률이 이보다 낮았던 경우는 한 팀, 2019년 키움 뿐이다.

2015년 이후 실제 승률〈피타고리안 승률인 팀

연도	팀명	승률	피타고리안 승률	차이
2019	키움	0.601	0.650	-0.049
2023	KIA	0.514	0.555	-0.041
2021	KT	0.563	0.603	-0.040
2022	KIA	0.490	0.529	-0.039
2018	KIA	0.486	0.523	-0.037
2021	두산	0.522	0.559	-0.037
2016	삼성	0.455	0.490	-0.035
2018	KT	0.418	0.452	-0.034
2017	넥센	0.486	0.516	-0.030
2015	NC	0.596	0.624	-0.028

세이버메트릭스에서는 이런 일이 일어나는 가장 중요한 이유로 세 가지를 꼽는다.

1. 불운
2. 허약한 불펜
3. 공격력에서 홈런이 차지하는 '상대적으로 큰 비중'

세 번째 이유부터 보자. 경기당 평균 5점을 내는 두 팀이 있다고 가정하자. 하지만 스타일은 다르다. A팀은 '소총부대'로서, 이어지는 단타와 2루타를 조합해 점수를 내는 경향이 있다. B팀은 '홈런군단'으로, 담장을 넘기는 빈도가 상대적으로 높다. 두 팀 중 경기마다 실제 득점 편차가 큰 팀은 A다. 단타와 2루타 등 '인플레이 안타'는, 이제 야구팬들에게 'BABIP신의 가호'로 잘 알려진, '타구의 결과 운'에 더 많

이 좌우되기 때문이다. 즉 운이 따르는 경기와 그렇지 않은 경기의 '득점 편차'가 크다. 행운이 폭발하거나 상대 마운드가 백기를 든 경기 후반부에 (큰 의미가 없는) 대량 득점을 하는 경우도 많다. 피타고라스 승률이 '실제 전력 대비' 높아지는 경우가 생기는 것이다.

B팀은 상대적으로 그 편차가 덜하다. 점수를 만드는 '공식'이 A팀에 비해 단순하기 때문이다. 10년 넘게 리그 최고의 '홈런 군단'으로 자리매김한 SK-SSG가 대표적이다. 홈구장의 특성에 맞게 '뜬공 타자' 위주로 타선을 구성해, 득점에서 '홈런 의존도'가 어느 팀보다 높다. 이런 스타일의 팀은, A같은 팀에 비해 '비정상적 대량 득점'의 기회가 적다. 그래서 피타고리안 승률에서 상대적으로 손해를 본다. 즉 피타고리안 승률이 실제 승률 대비 낮은 경우가 상대적으로 많다. SK-SSG도 그랬다.

이 관점으로 2023년의 KIA를 돌아보자. 2023년 KIA의 실제 승률이 피타고라스 승률보다 낮았던 이유가, 상대적으로 낮았던 '홈런 의존도' 때문일까? 전혀 그렇지 않다. 2023년 KIA의 팀 홈런은 101개로 SSG에 이어 2위였다. 즉 리그 최고의 홈런 군단 중 하나였다. 즉 위의 이유 중 3번은 제외해야 한다.

두 번째 이유를 살펴보자. 불펜이 약한 팀은 당연히 접전에서 패할 가능성이 높다. 즉 전체 패에서 '적은 점수차 패'가 차지하는 비중이 상대적으로 높다. 접전, 즉 득실점차가 적은 패는 피타고리안 승률보다 실제 승률에 상대적으로 더 큰 피해를 끼친다. 가령 '4-5 패'와 '1-9 패'는 실제 승률에서는 똑같은 1패다. 하지만 1-9 패가 '적은 득점과 많은 실점' 때문에 피타고리안 승률을 더 깎아 먹는다. 그래서 불펜이 약한 팀은 실제 승률이 피타고리안 승률보다 낮은 경우가 많다.

그런데 2023년 KIA 불펜이 약했다고 보기는 애매하다.

2023년 구원투수진 성적		
팀	평균자책점	WAR
LG	3.41	11.5
KIA	3.81	9.6
NC	3.92	9.1
KT	4.08	9.6
SSG	4.16	9.3
두산	4.34	6.0
한화	4.38	7.5
롯데	4.65	5.1
키움	4.94	1.4
삼성	5.16	2.2

출처=스탯티즈

이해 KIA 구원투수진 평균자책점은 3.81. LG에만 뒤진 전체 2위였다. 구원 WAR은 9.59승으로 LG, KT에 이어 3위였다. 다른 어떤 기준으로 봐도 KIA의 불펜이 약하다고 보기는 어려웠다. 마무리투수 정해영이 다소 흔들렸지만, 임기영이 리그 최고 수준의 롱릴리버로 활약했고, 전상현, 최지민, 장현식 등도 쏠쏠한 역할을 했다. 그러니까 피타고리안 승률보다 터무니없이 낮은 KIA의 실제 승률을 불펜 탓이라고 보기는 무리라는 것이다.

그렇다면 남는 건 '불운'이다.
726점을 내고 650점을 내줘 승률 0.550을 기록해야 마땅한 팀이, 엄청난 불운을 만나 6위로 내려왔다는 것이다.

그런데, '기대승률 0.550'의 근거가 되는 '726득점/650실점' 역시 불운의 흔적이 보였다.
2023년 나성범은 프로야구사에 남을 엄청난 위력을 뽐냈다. 야구인생 내내 약점이던 삼진을 극적으로 줄이면서, 약점이 없는 타자가 됐다. 2023년 나성범의 wRC+는 208.2. 2023년 최고 타자 노시환의 159.3보다 한참 높았다. 21세기 KBO 리그에서 200타석 넘게 들어서며 wRC+ 200을 넘긴 토종 타자는 단 3명뿐이다.

21세기 wRC+ 순위(200타석 이상)

연도	선수	wRC+
2015	테임즈	222.3
2003	심정수	210.7
2023	나성범	208.2
2001	호세	199.3
2002	이승엽	198.5

출처=스탯티즈

그런데 나성범은 이 실력을 발휘할 기회가 턱없이 부족했다. 두 차례 치명적인 부상 때문에 253타석에 들어서는데 그쳤다. 나성범만 그랬던 게 아니다. 2023년 팀 내 wRC+ 2위 최형우(153.8)와 김도영(133.4)이 모두 부상 때문에 규정타석을 채우지 못했다. 팀내 최고 타자 3명이 합계 1146타석 밖에 들어서지 못한 것이다. 챔피언에 오른 LG의 최고 타자 3명(홍창기-오스틴-문보경)이 들어선 1768타석보다 무려 600타석 이상 모자란다. 2023년에 최고 타자 트리오 타석이 KIA보다 적은 팀은 키움밖에 없었다.

2023년 wRC+ 최고 타자 3명의 타석

팀	최고 타자 3인	타석 합계
LG	홍창기-오스틴-문보경	1768
NC	박건우-손아섭-마틴	1645
한화	노시환-채은성-이진영	1613
두산	양의지-로하스-양석환	1554
KT	알포드-박병호-황재균	1497
삼성	구자욱-강민호-김지찬	1365
SSG	최정-에레디아-하재훈	1304
롯데	전준우-정훈-안치홍	1276
KIA	나성범-최형우-김도영	1146
키움	이정후-이주형-도슨	875

출처=스탯티즈

앞 3시즌 연속 580타석을 넘긴 나성범의 2023년 부상을

'예견된 사태'로 보기는 어려웠다. 이제 갓 스무 살을 넘긴 김도영이 '유리몸'이라고 볼 근거도 빈약했다. 즉 나성범과 김도영의 부상 결장은 필연보다는 우연에 가깝다고 보는 게 합리적이었다.

만약 나성범과 김도영이 다른 팀 '보통 중심타자'처럼 500타석 정도 들어섰다면?

선수의 여러 타격 결과의 '득점 가치'를 적용해 선수가 창출한(혹은 까먹은) 점수를 추정한 지표를 RC(Run Created)라고 한다. 고안된 지 40년이 넘은, 세이버메트릭스의 '고전적 지표'지만 지금도 꽤 유용하다. 나성범이 2023년 253타석에서 창출한 RC는 66.9점으로, 타석당 0.26점을 생산했다. 그런 나성범이 500타석에 들어섰다면 RC 132 정도를 기록했을 거라는 추정이 가능하다. 같은 방식으로 계산하면 '500타석 김도영'은 RC 73점 정도를 찍었을 것이다. 둘이 합쳐, 2023년 실제로 기록한 RC 125점보다 80점 가량 높은 205점을 생산했으리라는 추정이 가능하다. 이들이 빠진 자리를 메웠던 '대체 선수'들의 RC를 빼도, KIA의 팀 득점이 60점 가까이 높아졌을 것이라 계산할 수 있다. 2023년 총득점보다 60점이 높아지면 786점이 된다. 리그 1위 LG의

나성범-김도영이 함께 뛰었을 때 KIA 타격 성적

팀명	게임	타율	OPS	득점
KIA	67	0.293	0.783	386
LG	64	0.28	0.754	362
삼성	66	0.279	0.733	313
NC	65	0.273	0.74	302
키움	68	0.269	0.695	299
롯데	66	0.268	0.716	284
KT	69	0.265	0.716	320
두산	66	0.261	0.723	311
SSG	65	0.258	0.71	280
한화	66	0.243	0.687	290

기간=2023년 6월 23일~9월 29일
출처=스포츠투아이

762점보다 24점이 많다. 실제로 KIA는 2023년 나성범과 김도영이 함께 뛴 6월 23일부터 9월 29일 사이에 리그 최강의 공격력을 뽐냈다. 최강일 뿐 아니라, 압도적이었다.
즉 KIA로서는 특별한 전력 보강이나 '엄청난 행운'이 없이, '보통의 운'만 따라줘도 2024년 리그 최고 수준 공격력을 갖출 것이라는 예상이 가능했다.

그런데 2023년 KIA의 '불운의 흔적'은 공격에만 보인 게 아니었다.

2023년 KIA의 '외국인투수' 농사는 엄청난 흉작이었다. 처음 뽑은 숀 앤더슨과 아도니스 메디나가 부상과 부진에 빠졌고, 대체 선수 마리오 산체스는 실망스러웠다. KIA 외국인투수 기여도는 다른 팀과 비교하기 어려울 정도였다.

2023년 외국인 투수 WAR

팀	WAR
NC	9.1
두산	8.4
삼성	7.0
롯데	6.6
키움	6.5
KT	6.4
LG	5.8
한화	5.3
SSG	5.0
KIA	0.3

출처=스탯티즈

KIA 구단이 외국인투수를 보는 눈이 유별나게 없다면, 즉 2023년의 참사가 운이 아닌 실력이라면 지난해에도 기대를 접는 게 맞았다. 그런데 그런 결론을 낼 근거는 희박했다. 그 3년 전인 2020년 KIA는 애런 브룩스라는 '슈퍼 에이스'를 건졌다. 그해 브룩스와 동료 가뇽이 기록한 WAR은 두산(플렉

센-알칸타라)의 11.8승에 이은 리그 2위였다. 2017년 KIA의 11번째 우승을 이끈 에이스 헥터 노에시는 리그 최고인 WAR 5.8승을 찍었다. NC 정도를 제외하면 외국인선수를 뽑는 실력은 '거기가 거기'라는 게 야구계 중론이다. 많은 팀들에게 외국인 선발은 아직도 실력보다는 '로또'에 가까웠다.

즉 2023년 KIA의 '외국인투수 대흉작'도 '불운'일 가능성이 높았던 것이다.

만약 KIA 외국인투수들이 '대박'까지는 아니더라도 리그 평균 정도의 활약만 해줬다면?
2023년 10개 구단은 외국인투수들로부터 평균 WAR 6.0승 기여를 얻었다. KIA 외국인투수들이 '중간만 했어도' 6승 정도를 추가했을 거라는 추정이 가능하다. 73승 69패가 아닌 79승 61패였다면? KIA는 KT와 2위를 다퉜을 것이다.

요약해보자. 2023년 KIA는 공수에서 어마어마한 불운에 시달렸다. 그 와중에도 실점보다 꽤 많은 득점을 올렸다. 그래서 0.550 정도의 승률을 올려야 마땅했으나, 또 불운에 발목을 잡혀 실제 승률이 0.514로 떨어졌다. 야구의 신이 KIA에 노여움을 거두고, '평균 정도의 운'만 선사한다면? 즉 '깜짝 스타'의 무더기 등장, '주전 전원의 강철부대화' 같은 엄청난 행운 까지는 아니더라도, '남들만큼의 운'만 따라줘도, 2024년의 KIA는 곧장 우승후보가 된다고 보는 게 합리적이었다.

그래서 2024년 KIA의 V12는 '예고된 우승'처럼 느껴진다. 이 책 앞에서 다룬 '김도영의 역사적 시즌' 같은 행운이 따른 것처럼 보이기도 한다.

하지만 자세히 들여다보면, 전혀 다른 그림이 보인다. 즉 2023년에 이어, 2024년에도 KIA는 행운의 가호를 누리지는 못한 듯하다. 오히려 KIA의 우승은 또다시 '숱한 불운을 딛고' 이룬 성취에 가까워보인다.

이변인 이유

: 2024년에도, KIA는 불운했다

2024년 시즌 개막 직전, 많은 이가 예상한 KIA의 선발 로테이션은 이랬다.

윌 크로우
양현종
제임스 네일
이의리
윤영철

이범호 감독이 구상한 선발 로테이션은 시즌 초반부터 붕괴됐다. 4월에 이의리, 5월에 크로우, 7월에 윤영철이 차례로 부상으로 전열에서 이탈했다. 이 중 이의리와 크로우는 수술대에 올라 결국 돌아오지 못했다. 8월말에는 네일마저 타구에 맞아 턱이 골절됐다. 결국 시즌 전 구상했던 선발 로테이션에서 규정이닝을 채운 투수는 최고참 양현종 한 명 뿐이었다.

프로야구 페넌트레이스에서 선발진은 '경쟁력 있는 투구로 많은 이닝을 버티는' 역할을 맡는다. 그래야 타선의 힘으로 경기를 이길 기회를 만들 수 있고, 불펜 혹사를 방지해 6개월 동안 144경기를 치르는 장기 레이스를 버틸 수 있다.

한국시리즈를 우승하는 가장 좋은 방법은 정규시즌 우승이다. 지금까지 치러진 한국시리즈는 모두 42번이다. 프로야구 초창기 '전후기리그', 혹은 1999~2000년 시행된 '양대리그'를 제외한 단일리그 체제에서는 34번 시리즈가 열렸다. 이 중 정규리그 1위 팀은 29번 정상에 올랐다. 이변이 일어난 경우는 5번에 불과했다.

조금 더 구체적으로 살펴보자. 정규리그 1위 팀은 이 34번

'단일리그 한국시리즈'에서 123승 61패 5무로 승률 0.688을 기록했다. 이들의 정규시즌 평균 승률은 0.597에 '불과'했다. 한국시리즈에서 정규시즌보다 훨씬 높은 7할에 육박하는 승률을 찍은 것이다. 정규시즌 우승팀은 한국시리즈에서 더 강해지는 것처럼 보인다. 한국시리즈 상대팀이 해당 시즌 최강 팀 중 하나라는 걸 감안하면 더욱 인상적인 대목이다.

2015년 이후 '10구단 시대'로 범위를 좁혀 봐도 상황은 비슷하다. 10번 한국시리즈에서 하위 팀이 상위 팀을 꺾는 이변은 2015년의 두산과 2018년의 SK, 단 두 번만 일어났다. 그나마 2015년에는 정규시즌 우승팀 삼성이 한국시리즈 직전 '원정도박' 파문으로 전력이 궤멸된 변수가 있었다. 2018년 정규리그 1위팀 두산은 시즌 MVP 김재환이 한국시리즈 3차전부터 결장하는 악재에 시달렸다. '10구단 시대' 한국시리즈에서 정규시즌 우승팀의 승률은 정확히 7할(35승 15패)이다. 위에 언급한 한국시리즈 통산 기록과 거의 같다. 이 팀들의 정규시즌 평균 승률 0.614보다 꽤 높았다.

선발진이 붕괴돼 정규시즌을 버텨내지 못한 팀은 한국시리즈까지 올라간다 해도. 정상에 오르기란 대단히 어렵다. 그러니까, 망가진 선발진으로 정규시즌을 제패하고 한국시리즈 우승까지 차지한 올 시즌의 KIA가 대단히 희귀한 경우라는 이야기다.

2024년 KIA 선발진의 퀄리티스타트는 고작 40번. SSG와 함께 꼴찌였다. 선발진은 709⅓이닝만 책임졌다. 10개 구단 중 7위에 불과하다. 팀 투수진 전체 1288이닝의 55.1%에 불과했다. 2015년 시작된 '10구단 시대'에 선발투수진 기여가 지난해 KIA보다 낮았던 우승팀은? 없다.

우승팀 선발투수진 이닝 비중			
연도	팀	선발 이닝	팀 전체 이닝	선발 이닝 비중
2015	두산	767	1286	59.6%
2016	두산	822	$1287^{2/3}$	63.9%
2017	KIA	$818^{1/3}$	1290	63.4%
2018	SK	$773^{1/3}$	$1274^{2/3}$	60.7%
2019	두산	$726^{1/3}$	$1283^{2/3}$	64.4%
2020	NC	754	$1296^{2/3}$	58.2%
2021	KT	812	1264	64.2%
2022	SSG	$814^{1/3}$	$1301^{1/3}$	62.6%
2023	LG	$723^{1/3}$	$1293^{1/3}$	55.9%
2024	KIA	$709^{1/3}$	1288	55.1%

2015년 이후 '10구단 시대'. 자료출처 스탯티즈

올 시즌의 KIA보다 선발투수진 기여가 미미했던 우승팀을 찾으려면 23년 전으로 거슬러 올라가야 한다. 2002년이다. 창단 이후 첫 한국시리즈 우승을 차지하는 삼성 선발진은 625이닝을 던져 팀 전체 1197⅔이닝의 52.2%만 책임지는 데 그쳤다. 하지만 당시와 2024년을 직접 비교하기는 어렵다. 2002년 삼성 마무리투수 노장진은 무려 123이닝을 던졌다. 당시 프로야구는 구대성, 임창용, 노장진 등 시즌 100이닝 이상을 던지는 '슈퍼마무리' 시대였다. 이런 마무리를 보유한 팀은 선발투수진 노동량이 자연스레 줄어든다. 100이닝 마무리는 이해 노장진 이후 사라졌다. 2015년 권혁(한화)이 17세이브-112이닝을 기록하며 많은 이를 놀라게 했다.

KIA의 우승을 '불운을 극복한 결과'로 볼 이유는 또 있다. 2024년에도 KIA의 '외국인 농사'는 '풍년'과는 거리가 멀었다. 크로우의 부상 때문에 두 번이나 교체 카드를 썼다. 타선에서 소크라테스의 위력은 준수했지만 압도적이지 않았다. 네일마저 시즌 막판 이탈했다. 그래서 KIA 외국인선수들이 기록한 WAR은 12.2승에 그쳤다. 10개 팀 중 6위로 중하위권이었다. '10구단 시대' 챔피언 10개 팀 가운데는 7위에 불과하다. 2024년에도 KIA는 '외국인 농사가 한 해를 좌

우한다'는 야구계 통설의 '반대 사례'에 가까웠다.

악조건을 극복한 동력으로는 여러 가지가 꼽힌다. 김도영의 역사적인 시즌, 외국인 공백을 최소화한 프런트의 발빠른 대응과 투자, 그리고 격랑 속에서 흔들리지 않았던 이범호 감독의 '큰 리더십'. 감독이 팀 승리에 얼마나 기여하는지를 정확하게 측정하는 건 아직 어렵다. 하지만 필자는 25년 기자 생활에서 이범호 감독처럼 선수들의 절대적 지지를 받은 한국인 감독을 KBO 리그에서는 본 적이 없다.

무엇이 가장 중요한 이유였는지를 밝히는 건 이 글의 범위를 넘어선다. 확실한 건, 지난해 KIA의 우승이 '행운의 결과'보다는 '불운을 극복한 결과'에 가깝다는 것이다. 이 사실은 다른 팀들에겐 악몽이다. 2025년 KIA 선발진이 지난해처럼 궤멸되지 않고 '중간만 가도', 혹은 외국인 농사가 조금 '덜 불운'해도, KIA는 2025년보다 더 강해질 가능성이 있기 때문이다.

2025년의 KIA가 작년보다 약해질 거라는 근거는 희박하다. 장현식이 떠나갔지만, 지난해 부상 때문에 활약이 미미했던 이의리와 윤영철이 더 나은 활약을 펼칠 가능성이 높다. 최형우와 양현종 등 베테랑은 또 한 걸음 황혼에 가까워지지만, 김도영과 최원준, 한준수, 정해영과 최지민, 황동하와 김도현 등 20대 선수들이 전성기를 이제 시작한다. 난데없이 맞이한 감독 데뷔 시즌에 정상까지 오른 이범호 감독은, 이제 1년의 경험까지 갖췄다. KIA가 우승 후보라는 전망에 이견이 많지 않은 이유다.

삼성 라이온즈
SAMSUNG LIONS

종합

경기당 득점	경기당 실점	실책/경기	수비효율
5.35 6위<7	**4.99** 1위<10	**0.56** 1위<3	**0.669** 1위<8
97(+10) 5.38(리그)	136(+79) 5.38(리그)	144(+19) 0.76(리그)	150(+63) 0.647(리그)
도루시도/경기	도루성공률	희생번트/경기	경기당 투수교체
1.0 6위<6	**79.6** 2위<5	**0.40** 2위<2	**3.88** 4위<7
95(-3) 1.1(리그)	124(+12) 74.4(리그)	132(+10) 0.34(리그)	103(+7) 3.90(리그)

타격

타율	출루율	장타율	OPS
0.269 9위<6	**0.346** 8위<7	**0.428** 3위<7	**0.774** 5위<7
76(-23) 0.277(리그)	82(-5) 0.352(리그)	112(+23) 0.420(리그)	102(+15) 0.772(리그)
삼진회피	순출루	순장타	타석당 투구수
0.80 9위<4	**0.077** 3위<8	**0.159** 1위<8	**3.90** 5위<9
75(-36) 0.81(리그)	115(+41) 0.074(리그)	135(+50) 0.142(리그)	98(+28) 3.90(리그)

선발

ERA(선발)	경기당이닝(선발)	피타율(선발)	피순장타(선발)
4.49 3위<7	**5.11** 4위<3	**0.270** 4위<10	**0.153** 9위<7
121(+41) 4.77(리그)	115(-4) 5.00(리그)	111(+51) 0.274(리그)	81(-1) 0.144(리그)
SO9(선발)	Walk9(선발)	HR9(선발)	선발xRA9
6.97 9위<9	**3.40** 2위<2	**1.20** 9위<7	**5.05** 4위<8
65(+3) 7.64(리그)	123(-5) 3.71(리그)	63(-22) 1.03(리그)	104(+33) 5.09(리그)

구원

ERA(구원)	경기당이닝(구원)	피타율(구원)	피순장타(구원)
4.97 2위<10	**3.85** 7위<8	**0.283** 6위<9	**0.151** 9위<10
115(+66) 5.16(리그)	92(+13) 3.91(리그)	95(+28) 0.282(리그)	69(+39) 0.141(리그)
SO9(구원)	Walk9(구원)	HR9(구원)	구원xRA9
6.75 9위<8	**4.61** 2위<2	**1.09** 8위<10	**5.92** 5위<9
58(-13) 7.59(리그)	122(-11) 4.96(리그)	74(+54) 0.98(리그)	98(+36) 5.91(리그)

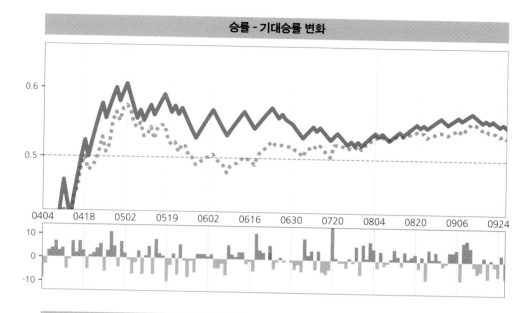

승률 - 기대승률 변화

연승과 연패

03월28일-04월05일 7연패 경기당 2.9득점 8.6실점 (키움,KIA,LG,SSG 상대)

04월06일-04월11일 5연승 경기당 7.2득점 3.0실점 (롯데,KIA 상대)

05월30일-06월04일 5연승 경기당 4.4득점 2.6실점 (키움,한화,SSG 상대)

06월09일-06월14일 5연승 경기당 6.2득점 3.2실점 (키움,LG,NC 상대)

06월19일-06월23일 5연승 경기당 8.2득점 2.8실점 (두산,SSG 상대)

초반-중반-종반 승부

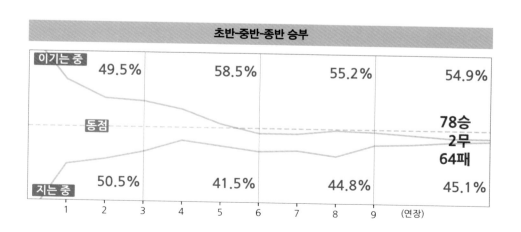

포지션 DepthChart

CF 649PA RC 96.9 (+14.2)
김지찬 103G 3E RAA +19.1
이성규 18G 1E RAA -0.5
김현준 12G 0E RAA -1.8

LF 642PA RC 130.2 (+31.1)
구자욱 98G 1E RAA +41.2
김현곤 27G 0E RAA -4.2

RF 594PA RC 77.8 (-8.1)
김헌곤 38G 1E RAA +3.8
이성규 33G 3E RAA -0.0
윤정빈 30G 0E RAA +5.4

SS 625PA RC 93.0 (+20.3)
이재현 99G 11E RAA +13.3
김영웅 33G 5E RAA +8.7

2B 547PA RC 38.9 (-33.7)
류지혁 63G 5E RAA -3.5
안주형 34G 3E RAA -13.8
김재상 24G 2E RAA -4.2

3B 581PA RC 54.1 (-32.8)
김영웅 76G 10E RAA -11.4
전병우 30G 2E RAA -4.7
류지혁 19G 2E RAA -4.3

1B 618PA RC 94.7 (+3.6)
맥키넌 49G 4E RAA +6.2
박병호 29G 2E RAA +4.4
이성규 21G 2E RAA +8.0

DH 618PA RC 70.7 (-14.6)
박병호 39G 0E RAA -4.0
구자욱 25G 0E RAA +6.3
맥키넌 19G 0E RAA -7.0

C 578PA RC 86.4 (+21.6)
강민호 96G 2E RAA +23.3
이병헌 44G 3E RAA -1.4

5시즌 포지션별 공격력 추이(리그평균대비+)

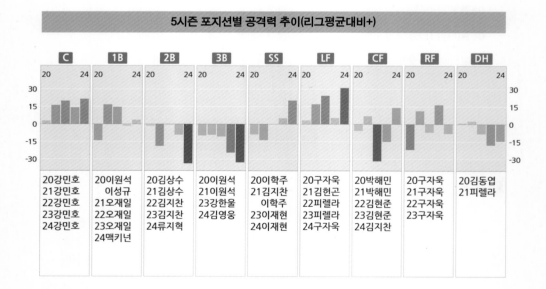

C	1B	2B	3B	SS	LF	CF	RF	DH
20강민호 21강민호 22강민호 23강민호 24강민호	20이원석 이성규 21오재일 22오재일 23오재일 24맥키넌	20김상수 21김상수 22김지찬 23김지찬 24류지혁	20이원석 21이원석 23강한울 24김영웅	20이학주 21김지찬 이학주 23이재현 24이재현	20구자욱 21김현곤 22피렐라 23피렐라 24구자욱	20박해민 21박해민 22김현준 23김현준 24김지찬	20구자욱 21구자욱 22구자욱 23구자욱	20김동엽 21피렐라

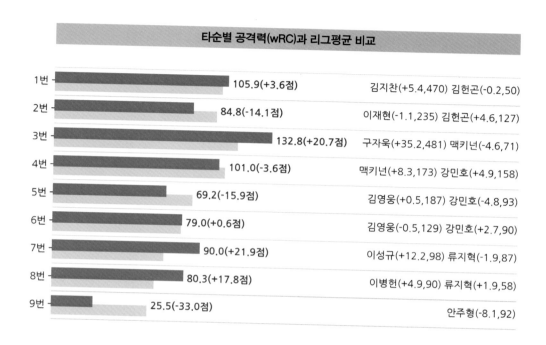

타순별 공격력(wRC)과 리그평균 비교

타순	wRC	선수
1번	105.9(+3.6점)	김지찬(+5.4,470) 김헌곤(-0.2,50)
2번	84.8(-14.1점)	이재현(-1.1,235) 김헌곤(+4.6,127)
3번	132.8(+20.7점)	구자욱(+35.2,481) 맥키넌(-4.6,71)
4번	101.0(-3.6점)	맥키넌(+8.3,173) 강민호(+4.9,158)
5번	69.2(-15.9점)	김영웅(+0.5,187) 강민호(-4.8,93)
6번	79.0(+0.6점)	김영웅(-0.5,129) 강민호(+2.7,90)
7번	90.0(+21.9점)	이성규(+12.2,98) 류지혁(-1.9,87)
8번	80.3(+17.8점)	이병헌(+4.9,90) 류지혁(+1.9,58)
9번	25.5(-33.0점)	안주형(-8.1,92)

© 삼성 라이온즈

삼성은 어떻게 강해졌나

_최민규

삼성은 2023년 61승(82패 1무)에 그치며 정규시즌 8위로 추락했다. 2016년부터 8시즌 동안 포스트시즌에는 딱 한 번(2021년)만 올랐다. 그랬던 팀이 78승(64패 2무)을 따내며 정규 시즌 2위에 올랐다. 세 가지 이유를 골랐다.

중견수 김지찬,

'역대급' 포지션 전환

프로야구 역사상 최초의 '왕조'는 해태다.

1983년 김봉연, 김성한, 김종모, 김일권, 김준환에 재일동포 포수 김무종으로 이뤄진 '김씨 타선', 에이스 이상윤과 김용남, 역시 재일동포 주동식으로 이뤄진 강력한 마운드를 자랑했다.

해태는 이듬해 전·후기리그 통합 승률 0.443(5위)에 그친다. 유일한 포스트시즌이던 한국시리즈 진출에 실패했다. 1985년에는 '국보급 투수' 선동열이 입단한다. 하지만 이해 삼성이 0.706이라는 기록적인 승률로 전·후기 통합 우승을 차지하며 포스트시즌을 없앴다. 해태의 '왕조' 건설도 1년 뒤로 미뤄졌다.

해태는 1986년부터 'V4', 4년 연속 한국시리즈 우승이라는 위업을 이룬다. 이해 해태의 영웅은 입단 2년째를 맞은 선동열이었다. 무려 262⅔이닝을 던지며 평균자책점 0.99로 '제로킹'에 오른다. 이해 선동열의 WAR 12.29승은 1983년 장명부(10.98)를 넘은 KBO 리그 역사상 선수 개인 1위 기록이다. 그리고 이해 해태 야수진에는 중요한 변화가 있었다. OB에서 한대화가 이적해 주전 3루수가 됐고, 전해 골든글러브 3루수 이순철은 중견수로 이동했다. 한대화는 1986년 골든글러브의 임자가 된다. 그리고 이순철은 1988년부터 네 번 외야수 골든글러브를 차지한다. 프로야구 역사상 가장 성공적인 포지션 변화로 꼽힌다.

이와 비슷한 변화가 지난해 삼성에서 있었다. 삼성의 2024 시즌이 성공작으로 마무리된 데 빼놓을 수 없는 변화였다. 2루수 김지찬의 중견수 전환이다. 2020년 삼성에 입단한 김지찬은 첫 해부터 19세 나이에 1군 준주전급으로 활약했

다. 163cm 단신이지만 탁월한 콘택트 능력을 자랑했다. 파워는 떨어지지만 볼넷을 얻는 능력도 준수했다. 통산 124도루에 성공률 87.9%도 리그 정상급이다.

김지찬 연도별 수비 이닝				
연도	포지션	경기	선발	이닝
2020	2B	74	30	328⅔
	3B	13	6	64
	SS	37	28	233
	CF	3	3	26
	RF	2	0	5
2021	2B	36	10	130
	3B	5	4	33
	SS	90	73	599⅓
2022	2B	96	83	734⅓
	SS	15	11	99
2023	2B	91	85	696⅓
2024	2B	10	0	14
	CF	117	103	859

하지만 내야 수비에서는 의문부호를 떼지 못했다. 입단과 함께 차세대 주전 유격수로 꼽혔지만 2022년부터 2루수가 주포지션이 됐다. 하지만 2루수로도 수비는 좋지 않았다. 2023년 수비 범위에서 25세 노장 최주환과 리그 꼴찌를 다툰 2루수였다. 6월 28일 사직 롯데전에선 실책 세 개를 저질렀다. 이 시즌 뒤 박진만 삼성 감독은 김지찬의 포지션을 2루수에서 중견수로 전환한다는 결정을 내렸다.

결과는 대성공이었다. 2023년 삼성 중견수 포지션에는 선

수 8명이 기용됐다. 주전 김현준이 872이닝을 소화했다. 이 포지션 wRC는 56.9점으로 10개 구단 중 9위에 그쳤다. 김지찬이 859이닝을 뛴 지난해엔 96.9점으로 전체 1위로 뛰어올랐다. 무려 7계단 상승이 이뤄졌다. 100을 기준으로 wRC를 상대평가하는 wRC+에서 중견수 부문 1위 선수가 바로 김지찬(112.7)이었다.

2023-2024년 삼성 2루수, 중견수 포지션 wRC 변화

포지션	2023년		2024년		차이	
	wRC	순위	wRC	순위	wRC	순위
2루수	61.0	7	38.9	10	-22.1	3
중견수	56.9	8	96.9	1	40.0	-7
합계	117.9		135.8		17.9	0

김지찬이 자리를 비운 2루수에는 류지혁과 안주형이 가장 자주 출장했다. 이 포지션 wRC는 38.9점으로 최하위였다. 하지만 앞 시즌에도 7위라 순위 하락은 두 계단으로 크지 않았다. 종합적으로 중견수 포지션에서 플러스 40.1점, 2루수에서 -22.1점. 그래서 김지찬의 포지션 전환으로 인한 공격력 상승 효과는 18.0점이었다. 보통 10점이 1승으로 계산되므로, 공격에서만 1.8승 가치가 있었다.

수비에서는 어땠을까. 스탯티즈의 포지션 조정 WAA(평균대비추가승)을 기준으로 보면 역시 향상됐다. 단, 수비 통계는 아직 공격이나 투구보다는 완결성이 떨어진다는 점은 고려해야 한다.

2023-2024년 삼성 2루수, 중견수 포지션 조정 수비 WAA 변화

포지션	2023년		2024년		차이	
	WAA	순위	WAA	순위	WAA	순위
2루수	0.1	6	0.5	4	0.4	-2
중견수	-0.1	5	0.5	2	0.6	-3
합계	0.0		1.0		1.0	

2023년 삼성 2루수 포지션 WAA는 0.1승으로 10개 구단 중 6위였다. 김지찬은 -0.2승이었지만 백업과 대수비 요원들이 뒤를 잘 받쳤다. 특히 김동진이 236이닝을 소화하며 안정적인 수비를 했다. 오히려 중견수 수비가 -0.1승으로 더 좋지 않았다. 지난해엔 두 포지션 모두에서 상승이 일어났다. 주전 2루수 류지혁은 앞 시즌 김지찬보다 수비가 더 나은 2루수였다. 그리고 김지찬은 리그 하위급 2루수에서 정상급 중견수로 위상이 달라졌다. WAA 0.5승은 박해민에 이은 리그 중견수 2위였다. 빠른 발을 바탕으로 누구보다 많은 타구를 처리했다. 레인지팩터(90이닝당 자살+보살) 2.71은 350이닝 이상 출장한 10개 구단 중견수 중 1위였다. 2루수 시절 그를 괴롭혔던 실책 문제는 포지션 특성상 거의 나타나지 않았다.

그 결과 삼성은 2루수 수비에서 0.5승, 중견수 수비에서 0.5승 상승이 일어났다. 합치면 1승이다. 공격과 함께 계산하면 개선분만 2.8승. WAR로 따지면 두산 중견수 정수빈이나 KIA 유격수 박찬호와 비슷한 활약이다.

김지찬 개인으로는 전년 대비 WAR 증가분이 1.6승이었다. 어떤 수준일까. 2013년 이후 12시즌 동안 주포지션(500이닝 기준)을 변경한 선수 가운데 WAR 상승분이 가장 컸던 선수는 2023년 구자욱이었다. 우익수로 뛰었던 2022년 WAR 1.0승에서 2023년 좌익수로 주로 뛰며 5.3승을 올렸다. 지난해 김지찬의 +1.6승은 19위에 해당한다.

하지만 앞 순위 선수는 모두 공격이 중요한 포지션인 1루수, 지명타자, 코너 외야수 사이 변화거나, 2020년 멜 로하스 주니어(중견수→우익수)처럼 수비 비중이 더 낮은 포지션, 혹은 2019년 김상수, 2021년 김지찬처럼 유격수→2루수로의 변화였다. 상대적으로 적응하기에 쉬운 전환이다. 지난해 김지찬처럼 수비가 중요한 키스톤 내야수에서 역시 수비가 중요한 중견수로 이동은 전무했다. 이 점에서 2024년 김지찬의 시즌은 독특했고, 성과가 컸다.

2023-2024년 삼성 2루수, 중견수 포지션 조정 수비 WAA 변화

선수	전					후					차이
	시즌	팀	소화 이닝	포지션	WAR	시즌	팀	소화 이닝	포지션	WAR	
구자욱	2022	삼성	838⅔	우익수	1.0	2023	삼성	590⅔	좌익수	5.3	4.2
피렐라	2021	삼성	882⅔	지명타자	2.4	2022	삼성	1026⅓	좌익수	6.4	4.1
이용규	2014	한화	759⅔	지명타자	0.0	2015	한화	963⅔	중견수	4.0	4.0
로하스	2019	KT	746⅔	중견수	5.5	2020	KT	845⅔	우익수	9.0	3.5
조용호	2021	KT	619⅓	좌익수	-0.4	2022	KT	675⅓	우익수	3.1	3.5
윤동희	2023	롯데	716⅓	우익수	0.3	2024	롯데	696⅔	중견수	3.1	2.8
이명기	2016	SK	592⅔	좌익수	0.0	2017	KIA	759	우익수	2.7	2.7
김상수	2018	삼성	989	유격수	0.0	2019	삼성	993	2루수	2.6	2.6
강백호	2018	KT	535	좌익수	2.0	2019	KT	585⅓	우익수	4.4	2.4
박건우	2018	두산	777⅓	중견수	2.8	2019	두산	947⅓	우익수	5.0	2.2
전준우	2017	롯데	830	중견수	3.1	2018	롯데	929⅔	좌익수	5.2	2.1
손아섭	2022	NC	894⅔	우익수	2.2	2023	NC	704⅓	지명타자	4.3	2.1
이용규	2020	한화	799	중견수	1.2	2021	키움	503⅓	좌익수	3.3	2.1
김태균	2015	한화	760⅓	1루수	4.7	2016	한화	770	지명타자	6.7	2.0
박건우	2016	두산	514⅔	우익수	4.0	2017	두산	988⅓	중견수	5.9	1.9
김지찬	2021	삼성	599⅓	유격수	1.0	2022	삼성	734⅓	2루수	2.9	1.9
전준우	2022	롯데	854	좌익수	1.6	2023	롯데	749	지명타자	3.4	1.8
이정후	2019	키움	537⅔	좌익수	4.5	2020	키움	809⅔	우익수	6.2	1.7
김지찬	2023	삼성	696⅓	2루수	2.4	2024	삼성	859	중견수	4.0	1.6
이창진	2021	KIA	558⅓	중견수	0.3	2022	KIA	722⅔	좌익수	1.9	1.5

파워히팅,
라팍을 이기다

2016년 개장한 대구삼성라이온즈파크는 독특한 구장이다. 홈플레이트에서 가운데 펜스까지 거리는 122.5 거리는 122.5m. 가운데 펜스는 수평으로 이어지다 99.5m인 좌우 폴대 방향으로 직선으로 꺾인다. 이 구역 펜스 모양인 타원형인 타 구장과 가장 큰 차이다. 외야 좌·우중간인 이 구역은 야구에서 홈런이 자주 나오는 일명 '파워앨리(Power Alley)'다.

그리고 삼성은 홈 구장을 가장 잘 활용하지 못하는 팀이었다. 2016년 삼성은 홈 구장(이하 포항구장 경기 포함)에서 홈런 73개를 쳤고, 108개를 맞았다. 홈런 마진은 -35개였다. 다음해엔 -41개로 더 나빠졌다. 이후 2023년까지 삼성의 홈경기 홈런 마진이 플러스인 시즌은 2021년 딱 한 번이었다. 이 해를 제외하곤 삼성의 홈 승률도 모두 5할 미만이었다. 삼성 투수진의 성향은 사정을 더 악화시켰다. 2016년 삼성 투수진의 땅볼 비율은 43.6%로 10개 구단 최하위였다. 이 순위는 2020년까지 10위, 아니면 9위였다. 입단 2년째였던 데이비드 뷰캐넌이 개인 땅볼 비율을 확 끌어올린 2021년 5위가 가장 높은 순위였다.

지난해에도 삼성 투수진의 땅볼 비율은 10위에 그쳤다. 하지만 홈런 마진은 +21개로 사상 처음으로 플러스였다. 피홈런은 작지 않았다. 하지만 맞은 홈런보다 더 많은 공을 펜스 너머로 날려 보냈다. 홈 구장 120홈런은 역시 '홈런 공장'으로 불렸던 대구시민운동장 야구장 시절인 2003년(133) 다음으로 많았다. 1999년 120홈런과 함께 창단 이후 공동 2위 기록이었다.

2루수와 중견수를 제외한 모든 포지션에서 리그 평균보다 많은 홈런이 나왔다. 포수 강민호는 39세 나이에 19홈런을 날렸다. 38세 박병호는 KT에서 44경기를 뛰며 3홈런에 그쳤다. 삼성 이적 뒤엔 20개. 이 중 14개를 라이온즈파크에서 때려냈다. 5월 28일 트레이드로 입단한 박병호는 삼성 유니폼을 입고 WAR 0.53승 공헌도를 기록했다. 트레이드 파트너 오재일이 삼성에서 -0.27승, KT에서 -0.45승으로 부진한 점과 대조된다. 이 트레이드에서 삼성은 1승 가량을 건졌다.

2016-2024년 삼성 홈경기 홈런/피홈런						
연도	홈런	피홈런	홈런마진	땅볼 비율	땅볼비율 순위	홈 승률
2016	73	108	-35	43.6%	10	0.472
2017	77	118	-41	45.4%	9	0.400
2018	88	100	-12	43.0%	9	0.478
2019	76	77	-1	43.2%	10	0.500
2020	79	93	-14	41.8%	10	0.471
2021	82	70	12	45.4%	5	0.618
2022	60	81	-21	46.3%	7	0.471
2023	55	66	-11	45.3%	6	0.451
2024	120	99	21	42.0%	10	0.562

2024년 삼성과 리그 평균 포지션별 홈런*			
포지션	삼성	리그 평균	차이
C	19	14.4	4.6
1B	26	24.0	2.0
2B	5	8.1	-3.1
3B	25	21.5	3.5
SS	20	9.6	10.4
LF	34	17.0	17.0
CF	6	10.1	-4.1
RF	21	16.1	4.9
DH	23	20.4	2.6

*해당 포지션에서 기록한 홈런

파워 향상이 가장 두드러진 포지션은 좌익수, 그리고 유격수였다. 좌익수 자리에선 구자욱이 앞 시즌의 딱 세 배인 33홈런을 때려내며 커리어하이를 경신했다. 2017년 몸을 키우며 파워히터에 도전했지만 결과는 좋지 않았다. 지난해엔 개인 통산 두 번째로 높은 타율까지 기록하며 두 마리 토끼를 잡았다. 유격수 포지션에선 이재현이 14개, 김영웅이 6개를 때려냈다. 김영웅은 다른 포지션에서 22개를 더 때려내며 새로운 파워히터로 떠올랐다. 두 선수가 주도하는 '유스 무브먼트'는 삼성의 미래를 밝게 한다.

2024년 삼성 주전 야수 출장 경기*			
포지션	선수	경기	결장
C	강민호	136	8
1B	박병호	76	-
2B	류지혁	100	44
3B	김영웅	126	18
SS	이재현	109	35
LF	구자욱	129	15
CF	김지찬	135	9
RF	이성규	122	22
DH	디아스	29	-

*전 포지션 기준. 시즌 중 입단 선수 제외

삼성의 지난해 팀 공격력 수치는 이미지에 비해 좋지 않다. 타격 WAR은 15.7승으로 10개 구단 중 8위에 그쳤다. 하지만 10월 13일 LG와의 플레이오프(PO) 1, 2차전에서 삼성 선발 라인업은 무시무시했다. 두 경기 연속으로 라이온즈파크에서 10점을 냈다. 정규시즌에 부상 문제가 상당했다. WAR 1위 구자욱이 15경기, 3위 이재현이 35경기, 5위 김영웅이 18경기에 뛰지 못했다. 여기에 외국인야수 데이비드 맥키넌, 루벤 카데나스, 르윈 디아즈가 WAR 1승을 채 합작하지 못했다. 건강과 외국인 문제를 다시 겪지 않는다면 2025년 삼성 타선은 더 강해질 것이다.

© 삼성 라이온즈

마운드,

3

영건과 투자

지난해 삼성의 약진을 이끈 힘은 마운드였다. 투수 WAR 전체 1위(29.8승)에 올랐다. 선발투수진 WAR 1위(21.0)에 불펜도 역시 1위(8.8)였다.

2023-2024년 삼성 투수진 WAR 변화

보직	2023년		2024년		차이	
	WAR	순위	WAR	순위	WAR	순위
선발투수	16.1	6	21.0	1	5.0	+5
구원투수	0.7	9	8.8	1	8.0	+8
투수 전체	16.8	9	29.8	1	13.0	+8

2023-2024년 삼성 선발투수진 WAR 변화

2023년			2024년			차이
투수	선발	WAR	투수	선발	WAR	
뷰캐넌	30	6.3	코너	28	6.0	-0.3
원태인	26	4.4	원태인	28	5.9	1.4
수아레즈/와이드너	28	3.5	레예스	26	5.1	1.6
백정현	18	2.9	백정현	15	1.0	-1.9
최채흥	14	-1.1	이승현	17	2.7	3.8
황동재	7	-0.1	이호성	12	0.1	0.2

지난해 삼성 선발투수진 구성은 2023년과 비슷했다. 내국인 에이스 원태인과 외국인 선발투수 두 명이 기둥이다. 여기에 왼손 백정현이 선발 한 자리를 차지하고 나머지 한 자리는 시범경기 때까지 경쟁을 돌렸다.

외국인 에이스 역할은 코너 시볼드(코너)가 했다. WAR 6.0승으로 10개 구단 투수 중 5위에 올랐다. 앞 시즌 뷰캐넌(6.3)과 비슷한 결과를 냈다. 원태인은 WAR을 전년 대비 1.4승 끌어올렸다. 지난해 WAR 5.9승은 10개 구단 내국인투수 가운데 1위였다. 2023년에는 강속구 앨버트 수아레즈가 부상으로 시즌을 일찍 접은 게 악재였다. 그래서 NC에서 웨이버 공시된 테일러 와이드너를 데려와야 했다. 두 투수의 WAR 합계는 3.5승. 지난해엔 데니 레예스가 혼자 5.1승을 거두며 +1.6승 효과를 가져왔다.

백정현의 지난 시즌은 실망스러웠다. 하지만 백정현 대신 4선발 역할을 한 이승현의 호투가 대단했다. 2023년 이 포지션이었던 최채흥에 비해 무려 3.8승 상승을 가져왔다. 왼손 이승현은 대구 상원고를 졸업하고 2021년 삼성에 입단했다. 첫 시즌부터 41경기에 구원 등판하며 주력 구원투수 역할을 했다. 지난해엔 22세 나이에 선발로 처음 나서 기대 이상의 활약을 했다.

창단 이후 22세 이하 나이로 WAR 2.0승 이상을 거둔 삼성 투수는 딱 16명이다. 삼성은 시민야구장 시절부터 영건 에이스가 드물게 나오는 팀이었다. 2020년대 에이스 원태인이 세 번 이 기록을 달성하며 김진웅과 함께 가장 많은 횟수를 기록했다. 그 외에 두 번 2.0승 이상을 거둔 투수로는 2001년과 2003년의 배영수 뿐이다. 이승현은 지난해 17경기만 던지고도 2.7승으로 이 부문 팀 역대 9위에 올랐다.

선발로 전환하며 포심 평균구속은 시속 139.9㎞로 떨어졌다. 2021년 데뷔 시즌엔 시속 145.5㎞였다. 하지만 9이닝당 볼넷을 앞 시즌 6.02개에서 3.81개로 크게 끌어내렸다. 피홈런 9개 중 7개를 홈에서 맞은 건 다소 아쉬웠다. 선발 전환을 준비하며 커터와 체인지업을 레퍼토리에 추가했다. 체인지업은 피안타율 0.375로 손에 익지 않은 듯 했다. 하지

역대 삼성 22세 이하 투수 WAR 순위			
투수	연도	WAR	이닝
원태인	2021	6.0	158⅔
원태인	2022	4.4	165⅓
김상엽	1990	4.3	160⅓
배영수	2001	4.2	169⅔
김진웅	2001	3.8	141
최충연	2018	3.5	85
정인욱	2011	3.2	80
원태인	2020	2.9	140
이승현	2024	2.7	87⅓
김상엽	1992	2.7	144

2023-2024년 삼성 구원투수진 WAR 변화						
	2023년			2024년		차이
투수	구원	WAR	투수	구원	WAR	
오승환	57	0.9	임창민	60	2.0	1.0
이승현	60	0.7	최지광	35	1.6	0.9
이재익	51	0.3	김재윤	65	1.4	1.1
문용익	14	0.3	김태훈	56	1.3	1.0
우규민	56	0.3	이승현	60	1.2	0.9
양창섭	11	0.2	이상민	37	0.9	0.7

만 커터는 0.192로 매우 좋았다. 커브도 0.135로 원래 위력을 되찾았다.

불펜도 크게 향상됐다. 구원 평균자책점 4.97은 '좋다'는 느낌을 크게 주지 않는다. 하지만 지난해는 보기 드문 타고투저 시즌이었다. 삼성 불펜의 구원 평균자책점 순위는 두산(4.54)에 이은 2위. 라이온즈파크와 잠실구장의 특성을 고려하면 왜 삼성이 두산을 제치고 구원 WAR 1위에 올랐는지를 알 수 있다.

2023년 삼성 불펜의 문제는 명확해보였다. 마무리 오승환의 노쇠화가 뚜렷했다. 오승환의 트레이드마크는 강력한 포심. 해외 진출 전 마지막 시즌인 2013년 오승환의 포심 평균 구속은 시속 150.4㎞에 달했다. KBO 리그에선 압도적인 구속. 하지만 일본과 미국 프로야구에서 투구를 마치고 복귀한 2020년엔 시속 146.2㎞로 떨어져 있었다. 오승환의 구속은 이후 매년 감소했다. 지난해엔 시속 142.9㎞로 커리어 통산 가장 낮았다. 42세 나이를 고려하면 충분히 예견 가능했다. 그런데 2023년 오승환의 WAR 0.9승이 삼성 불펜에서 최고였다.

투자에서 해법을 찾을 수밖에 없었다. 그리고 성공했다. 삼성의 이해 원 소속 구단과 계약하지 않고 FA 시장에 나온 구원투수 두 명을 모두 쓸어 담았다. 김재윤과 4년 최대 68억원(이하 옵션 포함), 임창민과 2년 9억 원에 계약했다. 김재윤은 11세이브 25홀드, 임창민은 1세이브 28홀드를 따내며 불펜의 기둥 역할을 했다. 여기에 26세 최지광이 커리어 하이를 달성했고, 32세 김태훈과 33세 이승현이 커리어 두 번째, 세 번째 WAR 1승 시즌을 보냈다.

삼성은 2025년 시즌을 앞두고 또다시 FA 투수에 투자를 했다. LG에서 부진했던 최원태와 4년 최대 82억 원에 계약했다. 1년 전과 마찬가지로 잠재적인 위험에 대비를 했다. 에이스 원태인은 지난해 한국시리즈 4차전에서 어깨 통증을 겪었다. 다행히 수술이 필요하지는 않지만 투수에게 어깨는 부상이 발생하면 위험한 부위다. 데뷔 시즌부터 112이닝, 최근 네 시즌 연속 150이닝 이상을 던진 피로도 무시할 수 없다. 외국인투수 두 명이 또다시 정상급 활약을 한다고 보장하기 어렵다. 레예스는 오른 발등 부상으로 일본 오키나와 스프링캠프 도중 귀국했다.

삼성의 '유스 무브먼트'는 야수 분야에선 성과를 내고 있다. 하지만 투수 쪽은 아직 흐름이 강하게 잡히지 않는다. KBO 리그는 오랫동안 영건 투수 성장이 미국이나 일본프로야구

(NPB)에 비해 더디다. 삼성은 특히 이 분야에서 어려움을 겪어왔다.

KBO 리그는 메이저리그나 NPB의 '구속 혁명'과 비교하면 더디지만, 전체적으로 공이 빨라지는 추세다. 2015년 리그 평균 포심 평균 구속은 시속 141.5㎞였지만 2022년 시속 144.2㎞로 최고치를 찍었다. 지난 두 시즌은 시속 143㎞대. 하지만 삼성은 지난해 시속 141.7㎞로 최하위였다. 지난해가 유별났던 게 아니다. 2016년부터 삼성은 이 부문 순위에서 9위(3회), 아니면 10위(6회)였다.

연도	삼성	리그	차이	순위
2016-2024년 삼성 투수진 포심 평균구속과 순위				
2024	141.7	143.6	-1.9	10
2023	142.1	143.8	-1.7	10
2022	143.3	144.2	-0.9	9
2021	141.4	142.9	-1.5	10
2020	141.4	142.3	-0.9	9
2019	139.8	142.2	-2.4	10
2018	141.1	142.6	-1.5	10
2017	139.8	141.3	-1.5	9
2016	140.5	141.5	-1.0	10

한국 야구는 프로 레벨에서 구속 향상이 더디지만 고교 야구에서는 수 년 전부터 시속 150㎞를 던지는 투수가 크게 늘어나는 추세다. 하지만 삼성은 이 흐름에서도 비껴나 있다. 지난해 22세 이하 젊은 투수 공이 가장 빨랐던 구단은 두산으로 시속 145.6㎞였다. 삼성 '영건'들은 시속 140.7㎞로 역시 꼴찌를 차지했다. 이 분야에서도 2022년 이후 3년 연속 10위다.

이종열 삼성 단장은 지난해 취임하며 '파워'를 강조했다. 젊은 투수 구속과 타격 파워를 끌어올린다는 목표를 세웠다.

타격 파워는 분명히 향상됐다. 하지만 마운드에서 '힘'이 올라오기까지는 아직 시간이 걸릴 것으로 보인다.

LG 트윈스
— LG TWINS —

종합

경기당 득점	경기당 실점	실책/경기	수비효율
5.61 2위<1	**5.06** 2위<1	**0.71** 3위<9	**0.647** 4위<4
122(-30) 5.38(리그)	130(-4) 5.38(리그)	111(+55) 0.76(리그)	101(-12) 0.647(리그)

도루시도/경기	도루성공률	희생번트/경기	경기당 투수교체
1.7 1위<1	**68.4** 9위<10	**0.32** 6위<1	**3.90** 6위<9
138(-12) 1.1(리그)	72(+27) 74.4(리그)	92(-69) 0.34(리그)	100(+35) 3.90(리그)

타격

타율	출루율	장타율	OPS
0.283 3위<1	**0.366** 2위<1	**0.414** 8위<1	**0.780** 4위<1
116(-28) 0.277(리그)	143(-24) 0.352(리그)	91(-47) 0.420(리그)	109(-43) 0.772(리그)

삼진회피	순출루	순장타	타석당 투구수
0.83 2위<1	**0.083** 1위<2	**0.131** 8위<4	**3.94** 2위<5
139(-23) 0.81(리그)	150(+6) 0.074(리그)	75(-38) 0.142(리그)	131(+30) 3.90(리그)

선발

ERA(선발)	경기당이닝(선발)	피타율(선발)	피순장타(선발)
4.26 2위<5	**5.24** 3위<9	**0.274** 6위<7	**0.117** 1위<2
139(+25) 4.77(리그)	133(+55) 5.00(리그)	98(+10) 0.274(리그)	154(+24) 0.144(리그)

SO9(선발)	Walk9(선발)	HR9(선발)	선발xRA9
7.62 6위<10	**3.55** 5위<3	**0.82** 1위<2	**4.62** 1위<5
99(+48) 7.64(리그)	112(-8) 3.71(리그)	148(+17) 1.03(리그)	144(+37) 5.09(리그)

구원

ERA(구원)	경기당이닝(구원)	피타율(구원)	피순장타(구원)
5.21 6위<1	**3.68** 8위<2	**0.278** 4위<1	**0.135** 5위<1
96(-52) 5.16(리그)	69(-59) 3.91(리그)	115(-26) 0.282(리그)	118(-25) 0.141(리그)

SO9(구원)	Walk9(구원)	HR9(구원)	구원xRA9
7.64 7위<2	**5.36** 8위<4	**0.98** 6위<1	**5.96** 6위<1
103(-28) 7.59(리그)	76(-27) 4.96(리그)	100(-29) 0.98(리그)	95(-51) 5.91(리그)

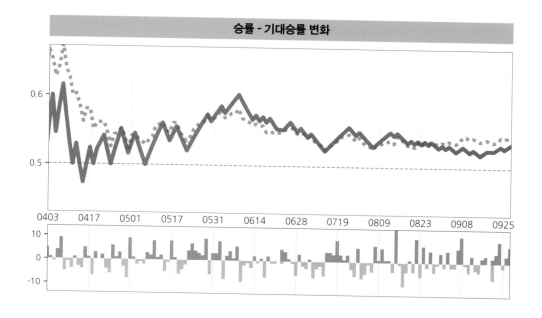

승률 - 기대승률 변화

연승과 연패

05월08일-05월12일 5연승 경기당 5.6득점 2.4실점 (롯데,SSG 상대)

05월23일-05월29일 6연승 경기당 9.2득점 4.3실점 (한화,NC,SSG 상대)

07월13일-07월25일 7연승 경기당 8.6득점 4.7실점 (두산,롯데,한화,SSG 상대)

08월08일-08월13일 5연승 경기당 7.2득점 4.0실점 (두산,한화,NC 상대)

초반-중반-종반 승부

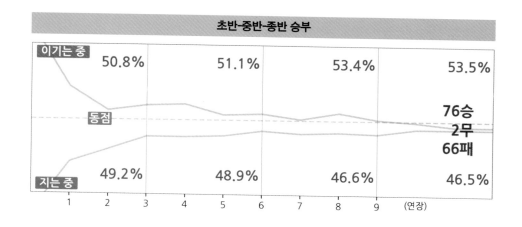

포지션 DepthChart

CF 619PA RC 69.4 (-9.5)
박해민 128G 1E RAA -4.4

LF 632PA RC 82.3 (-15.3)
김현수 80G 0E RAA -7.7
문성주 51G 0E RAA +4.7

RF 667PA RC 132.1 (+35.6)
홍창기 120G 10E RAA +25.2
문성주 17G 1E RAA +6.4

SS 605PA RC 76.1 (+5.7)
오지환 97G 12E RAA +7.4
구본혁 43G 5E RAA +0.5

2B 584PA RC 77.5 (-0.1)
신민재 113G 11E RAA +9.0
구본혁 29G 2E RAA -6.4

3B 627PA RC 88.3 (-5.5)
문보경 120G 10E RAA +3.0
구본혁 21G 3E RAA -4.7

1B 641PA RC 120.3 (+25.7)
오스틴 105G 8E RAA +25.0
김범석 16G 3E RAA -1.3
문보경 12G 3E RAA +4.9

DH 635PA RC 94.1 (+6.5)
김현수 52G 0E RAA +5.3
오스틴 32G 0E RAA +6.9
김범석 21G 0E RAA -3.8

C 586PA RC 67.3 (+1.6)
박동원 109G 4E RAA +9.0
허도환 27G 2E RAA -7.5

5시즌 포지션별 공격력 추이(리그평균대비+)

C	1B	2B	3B	SS	LF	CF	RF	DH
20유강남	20라모스	20정주현	20김민성	20오지환	20김현수	20이천웅	20채은성	20박용택
21유강남	21문보경	21정주현	21김민성	21오지환	21김현수	홍창기	21채은성	21김현수
22유강남	22채은성	서건창	22문보경	22오지환	22김현수	21홍창기	22홍창기	22김현수
23박동원	23오스틴	22서건창	23문보경	23오지환	23문성주	22박해민	23홍창기	23김현수
24박동원	24오스틴	23신민재	24문보경	24오지환	24김현수	23박해민	24홍창기	24김현수
		24신민재			문성주	24박해민		

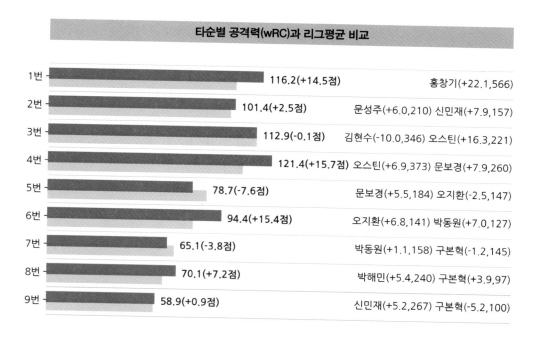

타순별 공격력(wRC)과 리그평균 비교

타순	wRC	선수
1번	116.2(+14.5점)	홍창기(+22.1,566)
2번	101.4(+2.5점)	문성주(+6.0,210) 신민재(+7.9,157)
3번	112.9(-0.1점)	김현수(-10.0,346) 오스틴(+16.3,221)
4번	121.4(+15.7점)	오스틴(+6.9,373) 문보경(+7.9,260)
5번	78.7(-7.6점)	문보경(+5.5,184) 오지환(-2.5,147)
6번	94.4(+15.4점)	오지환(+6.8,141) 박동원(+7.0,127)
7번	65.1(-3.8점)	박동원(+1.1,158) 구본혁(-1.2,145)
8번	70.1(+7.2점)	박해민(+5.4,240) 구본혁(+3.9,97)
9번	58.9(+0.9점)	신민재(+5.2,267) 구본혁(-5.2,100)

'홈에선 디테일, 원정에선 빅볼' LG의 상상은 얼마나 현실이 됐나

_신원철

© LG 트윈스

홈에선 디테일,
원정에선 빅볼

"1점 내려다 홈런 한 방 맞고 지는 거예요 여기서는. 잠실도 아니고.."

TVING 다큐멘터리 〈퍼펙트리그〉의 한 장면. 대구 삼성라이온즈파크를 배경으로 LG 주장 김현수가 누군가에게 이렇게 말했다. 점점 감정이 올라온 듯 목소리가 높아진다. "뛰다 죽고 솔로 홈런 나오고, 쟤네는 모아서 3점 홈런 나오면 지는 거 아니에요." '뛰다 죽고 솔로 홈런'. 지난 2년 LG 야구의 나쁜 면을 압축한 말이기도 했다.

2024년 LG의 팀 출루율은 0.366으로 2위였다. 1위 KIA의 0.369와 큰 차이가 없다. 출루를 잘한 만큼 점수도 많이 뽑았을까. 득점은 808점으로 2위지만 1위 KIA(858)보다는 3위 롯데(802)에 더 가까웠다. 안타+4사구 대비 득점 비율은 38.8%로 6위다. 김현수는 이유를 잘 알고 있었다. 뛰다 죽어서.

LG는 지난해 250번 도루를 시도해 79번 실패했다. 도루 성공률 9위이자 최다 실패. 주루사 61번도 최다였고, 견제사 12번은 두 번째로 많았다. 주루 플레이에서 잃어버린 주자가 너무 많았다. 도루실패와 주루사, 견제사를 제외한 LG의 실질적 주자 득점률은 41.9%로 4위다. 전체 득점률과의 차이는 3.1%p. 리그 평균은 1.9%p로 LG가 가장 차이가 컸다.

"홈에선 디테일, 원정에선 빅볼."
LG 염경엽 감독은 지난해 포스트시즌을 치르면서 자신이 구상한 팀 컬러를 이렇게 정의했다. 투수친화적인 잠실구장에서는 장타를 기대하기 어려우니 벤치의 개입을 늘리고, 다른 원정구장에서는 장타를 기대하는 방향으로 팀을 운영하겠다는 얘기다.

필요할 때마다 팀 컬러를 바꾼다니. 염 감독이라 할 수 있는

발상이다. 염 감독은 긍정적으로 보면 자신만의 색깔이 누구보다 강한 지도자다. '호불호가 갈린다'는 평가 또한 기꺼이 받아들인다. 반대로 자신의 색깔을 선수단 구성이나 선수 특징보다 앞세워 비판을 받기도 한다. 염 감독이 LG 사령탑으로 현장에 복귀한 뒤에는 주루가 논쟁을 불러왔다.

2024년 출루 대비 득점

팀	출루(안타+4사구)	득점	출루 대비 득점
KIA	2130	858	0.403
LG	2081	808	0.388
KT	2042	767	0.376
롯데	2016	802	0.398
NC	2012	773	0.384
한화	1966	745	0.379
두산	1966	789	0.401
삼성	1954	770	0.394
SSG	1914	756	0.395
키움	1896	672	0.354
평균	1997.7	774	0.387

팀	도루실패	주루사	견제	주루 아웃(도루실패+주루사+견제사)을 감안한 출루 대비 득점	출루 대비 득점과 차이
LG	79	61	12	0.419	-0.031
두산	50	56	4	0.425	-0.024
롯데	42	54	13	0.421	-0.023
한화	41	44	7	0.398	-0.019
KIA	44	45	4	0.421	-0.018
NC	33	47	10	0.402	-0.018
SSG	39	32	3	0.411	-0.016
삼성	29	39	4	0.409	-0.015
KT	27	37	4	0.389	-0.013
키움	13	33	3	0.364	-0.009
평균				0.406	-0.019

'염경엽의 디테일' 가운데 큰 지분을 차지하는 것이 바로 주루다. 취임 첫 해인 2023년 LG는 팀 도루 1위(166개)와 도루성공률 최하위(62.2%)를 동시에 기록했다. 프로야구 역사상 도루 1위 팀이 성공률 꼴찌를 한 적은 이해 LG가 처음이었다. 성공률이 65% 미만인 도루 1위 팀은 10번 나왔다. 하지만 이 가운데 7번은 1983~1990년 시즌에 나왔다. 리그 전체적으로 도루성공률이 크게 낮았던 시절이다.

KBO 리그 시대별 도루성공률

시기	도루성공률
1980년대	62.5%
1990년대	64.9%
2000년대	67.5%
2010년대	68.8%
2020년대	71.8%

리그 도루 성공률은 원년 이후 지속적으로 높아져왔다는 게 보인다. 도루실패가 미치는 악영향이 크다는 인식이 퍼진 점과 무관치 않을 것이다. 2000년대 이후 성공률 65% 미만 도루 1위 팀은 2018년 한화(118도루, 64.8%)와 2023년 LG 둘 뿐이다.

성공률이 낮은데 많이 뛰기까지 했으니 '불나방 야구'라는 비판이 나올 만했다. 〈머니볼〉을 차용한 '경엽볼'이라는 별명이 따라왔다. 염 감독은 '성공과 실패를 떠나 과감한 주루가 선수단의 패배 의식을 지웠다'고 주장했다. 의문의 시선이 시즌 내내 뒤따랐지만 우승이라는 결과가 논쟁을 정리했다. "우승했는데?"

그랬던 염 감독이 달라졌다. 2024년 전반기 LG는 경기당 도루를 2.12회 시도해 성공률은 68.7%를 기록했다. 그런데 후반기에는 경기당 도루 시도가 1.17회로 줄어들었다. 도루 시도를 제한했는데도 성공률은 67.6%로 근소하게 떨어졌다.

염경엽의 디테일, LG 전후반기 도루

	도루	실패	성공률	경기당 시도
2023 전반기	86	54	0.614	1.73회
2023 후반기	80	47	0.630	2.02회
2024 전반기	125	57	0.687	2.12회
2024 후반기	46	22	0.676	1.17회

팀 도루에서 지분이 가장 큰 박해민과 신민재의 후반기 도루 성공률이 떨어진 게 팀 지표에도 영향을 끼쳤다. 박해민은 전반기 35시도 28성공(80.0%), 후반기 21시도 15성공(71.4%)을 기록했다. 신민재는 전반기 31시도 26성공으로 성공률이 83.9%였는데 후반기에는 50%(12시도 6성공)에 머물렀다. 염 감독이 기대한 대주자 삼총사도 도루 성공률에서 스페셜리스트다운 면모를 보이지 못했다. 최승민이 18번 뛰어 11번 살았고(61.1%) 최원영은 10번 가운데 6번만 성공했다(60.0%). 김대원은 3번 뛰어 2번 살았다(66.7%).

염 감독은 '태세 전환'도 빠르다. 결단을 내린 시점에서는 뒤를 돌아보지 않는다. 이 점은 리더로서 중요한 덕목 중 하나다. '홈에서 디테일' 전략은 시행착오를 겪은 뒤 미련 없이 내려놨다. 두 번째 원칙인 '원정에서 빅볼'은 어땠을까. 두산 원정을 포함한 잠실 OPS는 0.788, 비잠실 원정 OPS는 0.770이었다. 오히려 피처스파크인 잠실에서 타격이 더 좋았다. 홈런은 잠실 82경기에서 57개(경기당 0.7개) 비잠실 62경기에서 58개(0.9개)를 쳤다.

원정에서 홈런이 늘어났지만 팀 전체의 의도인지 환경이나 조건의 영향인지를 명확하게 구분하기는 어렵다. 방향성 차이가 드러나는 대목은 홈런 수 자체보다 작전 시도다. LG는 비잠실 원정에서 93차례(경기당 1.50회), 잠실에서는 157차례(1.91회) 도루를 시도했다. 희생번트는 비잠실 19회(0.31회), 잠실 27회(0.33회) 성공했다. '원정에서 빅볼'을 추구했다는 주장은 수긍할 만하다. 단 결과가 의도를 따라가지 못했다. 64.8%라는 낮은 희생번트 성공률 또한 타선의 장점을 갉아먹었다. LG의 시즌 희생번트 성공률은 삼성(60.0%)에 이어 두 번째로 낮았다.

타자친화 구장에 맞는 타격을 해야 한다고 목소리를 높였던 김현수는 실제로 원정에서 훨씬 더 좋은 성적을 냈다. 2024년 잠실에서 OPS 0.695, 비잠실에서 0.884 를 기록했다. 박해민도 잠실에서 0.645, 비잠실에서 0.760 OPS로 잠실 밖에서 강한 면모를 보였다. 문보경과 문성주는 반대였다. 문보경은 잠실에서 0.928, 비잠실에서 0.813을 기록했다. 문성주도 잠실에서 0.846, 비잠실에서 0.719의 OPS를 찍었다.

홈은 디테일, 원정은 빅볼?			
	잠실OPS	비잠실OPS	OPS차이
홍창기	0.876	0.832	-0.044
문성주	0.846	0.719	-0.127
오스틴	0.982	0.923	-0.059
문보경	0.928	0.813	-0.115
김현수	0.695	0.884	0.189
박동원	0.781	0.850	0.069
오지환	0.759	0.761	0.002
신민재	0.794	0.711	-0.083
박해민	0.645	0.760	0.115
구본혁	0.673	0.650	-0.023
김범석	0.640	0.716	0.076

문보경 ⓒ LG 트윈스

LG답지 않은 불펜,

LG답지 않은 선발

감독 뜻대로 되지 않은 또다른 분야는 불펜이었다. LG는 6년 연속 포스트시즌 진출 행진을 이어가는 동안 늘 강력한 불펜의 힘으로 상위권을 지켰다. 이 기간 LG의 구원 평균자책점은 2019년 3.78(4위), 2020년 4.61(2위), 2021년 3.28(1위), 2022년 2.89(1위), 2023년 3.43(1위)였다. 5년 연속 상위권이었고, 2021년부터 2023년까지 3년간 1위를 놓치지 않았다. 하지만 2024년 구원 평균자책점은 5.21로 6위에 머물렀다. 2018년 9위(5.62) 이후 처음으로 5위 밖으로 밀려났다.

시즌 개막도 하기 전부터 불펜 전력 누수가 컸다. 마무리 유영찬과 불혹의 셋업맨 김진성을 제외하면 한 시즌 꾸준히 활약한 선수를 찾기 어려웠다. 2023년 성과를 냈던 선수들이 갑자기, 집단적으로 부진에 빠지면서 연쇄 붕괴 현상이 일어났다. 이우찬은 평균자책점이 3.52에서 7.83으로 1년 만에 두 배 가까이 뛰었다. 최동환도 3.19에서 6.95로 비슷한 부진을 겪었다. 결국 시즌 뒤 구단에 방출을 요청했다. 필승조였던 백승현의 평균자책점은 2023년 1.58에서 2024년 9.11로 폭등해버렸다. 이지강은 2023년 구원 평균자책점 1.08을 기록하며 가능성을 보였다. 2024년 구원 등판에선 4.15에 그쳤다.

불펜이 약점으로 떠오르며 지난해 무려 세 번의 투수코치 교체가 이뤄졌다. 한국시리즈 우승을 함께 했던 김경태 코치가 7월 16일 건강 문제를 이유로 1군에서 퓨처스 팀으로 이동했다. 이때 잔류군에서 1군 투수코치로 올라온 최상덕 코치는 두 달도 채우지 못하고 자리에서 물러났다. 8월 29일부로 김광삼 전 불펜코치가 1군 메인 투수코치로 부임해 포스트시즌까지 책임졌다.

투수코치만 세 번 바뀠다, 그대로였다

김경태 코치(개막-7월 15일) 팀 ERA 4.52(3위) 불펜 ERA 4.87(3위)
최상덕 코치(7월 16일-8월 28일) 팀 ERA 4.99(6위) 불펜 ERA 6.04(8위)
김광삼 코치(8월 29일-시즌 끝) 팀 ERA 4.59(3위) 불펜 ERA 5.51(5위)

대신 선발 로테이션은 지난 6년 가운데 가장 안정적이었다. 스탯티즈에 따르면 지난해 LG 선발투수 평균 게임스코어는 49.53으로 전체 1위다. LG가 이 기록에서 2위 안에 든 건 2021년 2위(51.31) 이후 3년 만이다. 1위는 2017년(51.22) 이후 처음이다. 2017년 LG 선발 로테이션은 헨리 소사, 데이비드 허프, 차우찬, 류제국, 임찬규로 짜여졌다. 허프가 17경기만 등판했는데도 62.35이라는 높은 평균 게임스코어를 기록하면서 팀 전반의 성적을 끌어올렸다. 2021년에는 앤드류 수아레즈(58.55, 2위)와 케이시 켈리(55.10, 8위), 이민호(52.27)가 20위권에 들었다.

LG가 선발야구를 했을 때-평균 게임스코어 톱4

2017	2021	2024
허프 62.35	수아레즈 58.55	임찬규 52.04
차우찬 55.00	켈리 55.10	엔스 51.40
소사 52.90	이민호 52.27	최원태 49.83
임찬규 47.81	임찬규 51.29	손주영 49.41

스탯티즈

게임스코어로 본 선발 로테이션은 임찬규(52.04), 디트릭 엔스(51.40), 최원태(49.83), 손주영(49.41), 케이시 켈리(47.53) 순서였다. 허프가 이끌었던 2017년, 수아레즈와 켈리 원투펀치가 돋보였던 2021년과 달리 2024년 LG에는 강력한 에이스는 없어도 특별히 약한 투수도 없다는 특징이 있었다. 평균 게임스코어 톱10에 든 선수는 없지만 13위 임찬규부터 22위 손주영까지 주력 선발 4명이 중상위권에 포진했다 (이상 규정이닝 70% 이상).

임찬규가 가장 높은 게임스코어를 기록한 경기는 9월 4일 잠실 SSG전. '장염 투혼'을 펼친 그날이다. 임찬규는 이 경기에서 7이닝 2피안타 무4사구 10탈삼진 무실점을 기록하면서 게임스코어 83점을 올렸다. KIA 양현종의 7월 23일 9이닝 1실점 완투승(81점)을 넘는 2024년 국내 선수 최고 기록이었다.

모처럼 안정적인 선발 로테이션을 갖췄는데 어딘가 허전했다. 케이시 켈리가 KBO 리그 데뷔 6년 만에 가장 낮은 47.53의 평균 게임스코어를 남긴 채 시즌 중 방출됐다. 켈리는 2019년부터 2022년까지 4년 연속 평균 게임스코어 55점 이상을 기록했으나 2023년 51.73에 이어 2년 연속 하락세를 보였다. 켈리는 마지막 시즌 퍼펙트게임 도전이라는 잊지 못할 경기로 LG 팬들의 가슴속에 남았다. 6월 25일 삼성전이었다. 9이닝 1피안타 완봉승으로 게임스코어 88점으로 커리어 타이기록을 세웠다. 1경기 88점은 2020년 10월 9일 NC전 9이닝 완봉승에 이어 두 번째다.

굿바이 켈리, 켈리 평균 게임스코어

2019년 56.34 팀 1위, 전체 5위

2020년 55.64 팀 1위, 전체 7위

2021년 55.10 팀 2위, 전체 8위

2022년 59.30 팀 1위, 전체 5위

2023년 51.73 팀 2위, 전체 20위

2024년 47.53 팀 5위, 전체 25위

스탯티즈

2024년 6월 25일 1피안타 완봉승을 거둔 케이시 켈리
© LG 트윈스

유망주 키우고

재계약까지?

염 감독은 2025년 '홈에선 디테일, 원정에선 빅볼' 만큼이나 어려운 숙제를 자처했다. 지난해 비판받았던 '주전 몰방야구'에서 탈피해 젊은 선수들을 적극 기용하겠다고 선언했다. 지난해 LG는 144경기에서 101개 라인업을 선보였다. 라인업 변화가 가장 적은 팀이었다. 정규시즌 100타석 이상 출장한 선수는 12명, 규정타석(446타석)을 채운 선수는 7명이다. 100타석 이상 선수는 가장 적고, 규정타석 충족 선수는 KIA와 함께 가장 많았다.

주전의 주전에 의한…			
	라인업	규정타석	100타석 이상
LG	101	7명	12명
롯데	118	6명	16명
두산	118	6명	14명
KIA	119	7명	14명
NC	121	5명	15명
한화	122	5명	16명
kt	129	5명	15명
키움	131	4명	17명
SSG	135	5명	14명
삼성	139	5명	16명

좋게 말하면 '소수정예', 나쁘게 말하면 '쓰는 선수만 쓰는' 야구였다. 유망주들은 출전 기회를 얻지 못하는데 주전들은 부진 속에서 재정비할 시간을 얻지 못한 채 비난을 뒤집어썼다. 김현수는 137경기에 나와 LG 이적 후 가장 낮은 wRC+(104.7)에 그쳤다. 리그 평균을 살짝 넘는 수준이다. 박해민은 wRC+ 86.1로 지난 3년 동안 가장 저조한 시즌을 보냈다. 그러면서도 144경기에 전부 출전했고 수비에서 팀내 외야수 가운데 가장 많은 1127이닝을 책임졌다.

LG 주전 중에는 전반기보다 후반기에 더 좋은 타격 성적을 낸 선수가 많았다. 문보경(전반기 0.806→후반기 0.973, +0.167) 신민재(0.698→0.859, +0.161), 오스틴(0.899→1.046, +0.147)은 특히 그랬다. 그러나 포스트시즌에서는 대다수 선수가 부진했다. 특히 삼성과의 플레이오프(PO)에서 집단 슬럼프가 두드러졌다. PO 4경기 동안 10타수 이상 출전해 OPS 0.700을 넘긴 선수는 오지환(0.747)과 박해민(0.705)이 전부다. 이 부진이 체력 고갈에서 왔다고 단정지을 수만은 없다. 하지만 염 감독 스스로 "야수들이 지쳐 타이밍이 늦는 게 보인다. 피로도가 쌓이니 자기 타이밍보다 조금 늦다"고 진단했다. 염 감독이 또 한 번 유망주 육성을 선언하게 된 배경이다.

유망주를 위한 나라는…			
25세 이하 타자	타석	oWAR	dWAR
두산	962	-1.21	-0.30
KT	1495	3.35	-0.29
LG	1732	8.11	-1.71
SSG	2011	2.06	0.45
KIA	2169	14.87	-0.29
NC	2775	7.06	0.75
한화	3903	12.07	0.38
롯데	4044	8.5	-2.43
삼성	4419	11.86	2.17
키움	5210	16.45	-1.39

스탯티즈

그런데 염 감독은 이전에도 유망주 육성을 공약했다가 조용히 거둬들이곤 했다. 이재원 송찬의 이영빈 등이 기대를 모았지만 실적주의에서 밀렸다. 염 감독은 이 선수 기량이 아직은 기준을 통과하지 못했기 때문에 기회를 더 주기 어렵다고 했다. 그래서인지 LG의 25세 이하 야수 타석은 1732회로 10개 구단 가운데 7위에 머물렀다. 여기서 문보경의 몫이 1144타석에 달한다. 2025년에도 같은 경우가 생길 수 있지 않겠냐는 질문에 염 감독은 "지금까지는 안 됐을 경우를 생각해서 쓰지 못했다"고 했다. 결과를 두려워하지 않고 유망주들을 기용하겠다는 의미다.

흥미로운 점은 염 감독이 자신의 재계약을 언급하면서 유망주 육성을 강조했다는 점이다. 기존 계약 마지막 시즌이라면 성적을 위해 주전들을 주로 쓰는 게 보통 감독들이 해온 일이다. 염 감독은 "내 재계약이 걸리기도 했지만, 내 몫 중에는 다음 감독도 잘할 수 있는 팀을 넘겨주는 것도 있다고 생각한다"고 말했다. LG는 지금까지 창단 후 20명의 사령탑이 거쳐가는 동안 단 한 명, 이광환 감독에게만 재계약을 안겼다. 이런 LG에서 염경엽 감독은 어려운 숙제를 안고 계약 마지막 해를 맞이한다.

두산 베어스
— DOOSAN BEARS —

종합

	경기당 득점		경기당 실점		실책/경기		수비효율
5.48	4위<8	**5.19**	3위<4	**0.58**	2위<6	**0.664**	2위<3
110(+31)	5.38(리그)	117(-8)	5.38(리그)	139(+44)	0.76(리그)	139(+17)	0.647(리그)

	도루시도/경기		도루성공률		희생번트/경기		경기당 투수교체
1.6	2위<2	**78.6**	4위<7	**0.38**	3위<8	**4.36**	10위<3
131(+16)	1.1(리그)	120(+14)	74.4(리그)	124(+48)	0.34(리그)	50(-66)	3.90(리그)

타격

	타율		출루율		장타율		OPS
0.276	5위<9	**0.350**	6위<8	**0.424**	5위<5	**0.774**	5위<6
96(+19)	0.277(리그)	95(+14)	0.352(리그)	106(+8)	0.420(리그)	102(+11)	0.772(리그)

	심진회피		순출루		순장타		타석당 투구수
0.81	5위<5	**0.074**	6위<3	**0.148**	4위<2	**3.90**	4위<3
99(-3)	0.81(리그)	98(-14)	0.074(리그)	112(-9)	0.142(리그)	99(-30)	3.90(리그)

선발

	ERA(선발)		경기당이닝(선발)		피타율(선발)		피순장타(선발)
5.07	8위<1	**4.75**	9위<6	**0.257**	1위<2	**0.144**	5위<6
77(-65)	4.77(리그)	65(-34)	5.00(리그)	154(+20)	0.274(리그)	100(+11)	0.144(리그)

	SO9(선발)		Walk9(선발)		HR9(선발)		선발xRA9
7.31	8위<5	**4.20**	9위<4	**1.00**	4위<5	**4.82**	3위<4
83(-26)	7.64(리그)	63(-46)	3.71(리그)	108(+16)	1.03(리그)	125(+2)	5.09(리그)

구원

	ERA(구원)		경기당이닝(구원)		피타율(구원)		피순장타(구원)
4.54	1위<6	**4.20**	1위<4	**0.278**	3위<5	**0.133**	2위<4
149(+53)	5.16(리그)	138(+38)	3.91(리그)	116(+14)	0.282(리그)	125(+15)	0.141(리그)

	SO9(구원)		Walk9(구원)		HR9(구원)		구원xRA9
7.92	4위<6	**5.37**	9위<7	**0.89**	4위<3	**6.03**	7위<6
116(+15)	7.59(리그)	75(-15)	4.96(리그)	124(+8)	0.98(리그)	88(-7)	5.91(리그)

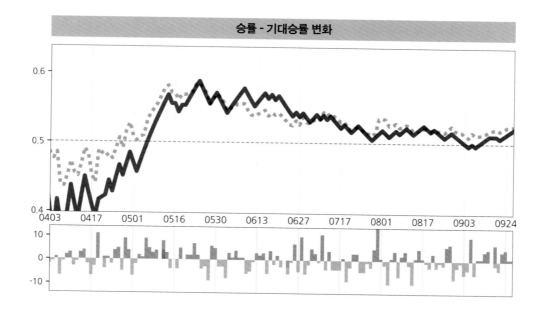

연승과 연패

05월03일-05월14일 9연승 경기당 7.6득점 3.2실점 (키움,KIA,KT,LG 상대)

06월04일-06월08일 5연승 경기당 6.2득점 4.2실점 (KIA,NC 상대)

08월29일-09월04일 5연패 경기당 2.6득점 7.0실점 (롯데,삼성,한화,NC 상대)

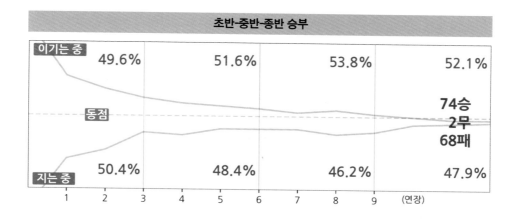

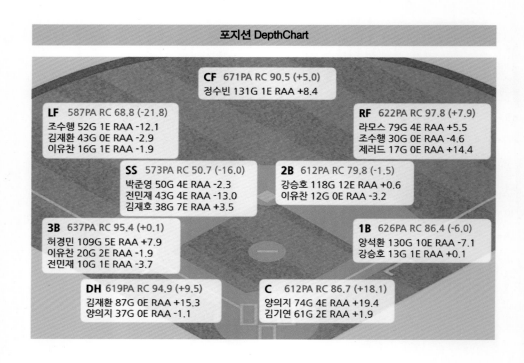

포지션 DepthChart

CF 671PA RC 90.5 (+5.0)
정수빈 131G 1E RAA +8.4

LF 587PA RC 68.8 (-21.8)
조수행 52G 1E RAA -12.1
김재환 43G 0E RAA -2.9
이유찬 16G 1E RAA -1.9

RF 622PA RC 97.8 (+7.9)
라모스 79G 4E RAA +5.5
조수행 30G 0E RAA -4.6
제러드 17G 0E RAA +14.4

SS 573PA RC 50.7 (-16.0)
박준영 50G 4E RAA -2.3
전민재 43G 4E RAA -13.0
김재호 38G 7E RAA +3.5

2B 612PA RC 79.8 (-1.5)
강승호 118G 12E RAA +0.6
이유찬 12G 0E RAA -3.2

3B 637PA RC 95.4 (+0.1)
허경민 109G 5E RAA +7.9
이유찬 20G 2E RAA -1.9
전민재 10G 1E RAA -3.7

1B 626PA RC 86.4 (-6.0)
양석환 130G 10E RAA -7.1
강승호 13G 1E RAA +0.1

DH 619PA RC 94.9 (+9.5)
김재환 87G 0E RAA +15.3
양의지 37G 0E RAA -1.1

C 612PA RC 86.7 (+18.1)
양의지 74G 4E RAA +19.4
김기연 61G 2E RAA +1.9

5시즌 포지션별 공격력 추이(리그평균대비+)

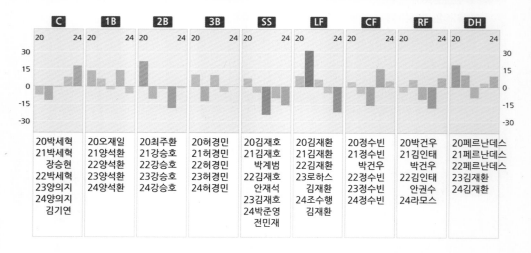

C	1B	2B	3B	SS	LF	CF	RF	DH
20박세혁	20오재일	20최주환	20허경민	20김재호	20김재환	20정수빈	20박건우	20페르난데스
21박세혁	21양석환	21강승호	21허경민	21김재호	21김재환	21정수빈	21김인태	21페르난데스
장승현	22양석환	22강승호	22허경민	박계범	22김재환	22정수빈	박건우	22페르난데스
22박세혁	23양석환	23강승호	23허경민	22김재호	23로하스	23정수빈	22김인태	23김재환
23양의지	24양석환	24강승호	24허경민	안재석	김재환	24정수빈	안권수	24김재환
24양의지				23김재환	24조수행		24라모스	
김기연				24박준영	김재환			
				전민재				

타순별 공격력(wRC)과 리그평균 비교

타순	wRC	선수
1번	95.1(-8.1점)	정수빈(-0.4,536)
2번	77.9(-20.0점)	허경민(+5.4,349) 이유찬(-10.6,69)
3번	105.3(-5.7점)	양의지(-2.2,270) 강승호(-6.4,131)
4번	93.1(-11.0점)	김재환(-1.5,321) 양의지(-0.5,207)
5번	78.6(-6.3점)	양석환(-11.7,409) 김재환(+6.9,126)
6번	104.6(+26.9점)	강승호(+8.5,216) 김재환(+4.4,98)
7번	67.5(-0.7점)	전민재(-7.2,107) 강승호(-0.7,104)
8번	81.8(+19.3점)	김기연(+0.5,131) 이유찬(+5.6,92)
9번	62.6(+4.2점)	조수행(+1.5,315) 이유찬(-0.9,62)

© 두산 베어스

두산은 성장과 성적을 모두 잡을 수 있을까

_이성훈

2019년, 두산이 통산 6번째 우승을 차지했다.

2015년부터 5년 연속 한국시리즈에 진출해 세 차례 우승을 차지하며 '왕조'로 자리 매김했다. 그 2019년이 '춘추전국시대'의 시작이라 예감한 사람은 많지 않았다. 이후 6시즌 동안 서로 다른 6개 팀이 한 번씩 한국시리즈를 제패했다. 프로야구 43년 역사에서 이런 적은 단 한 번도 없었다. 두산이 2015년과 2016년에 2년 연속 우승을 차지한 뒤로 8년 동안 2연패를 이룬 팀도 없었다. 프로야구 역사상 '2연패 팀이 등장하지 않은 9년'은 2016년-2024년이 유일하다.

즉 '두산 왕조' 이후 지금까지, KBO 리그는 유례가 없는 전력 평준화와 대혼전의 시기를 보내고 있다. 왜 이런 일이 벌어지고 있을까? 이유를 알아보기 위해, 먼저 한국 프로야구 '왕조의 계보'를 살펴보자.

여전한

투수 화수분

KBO 리그 역대 왕조				
시기	팀	KS 진출	KS 우승	통산 승률
1986-1997	해태	8회	8회	0.589
1998-2004	현대	4회	4회	0.597
2007-2012	SK	6회	3회	0.589
2010-2015	삼성	6회	4회	0.609
2015-2021	두산	7회	3회	0.592

'왕조의 조건'에 대한 생각은 조금씩 다르겠지만, 위 팀들이 한 시대를 압도하며 '장기 집권'했다는 사실에는 이견이 많지 않을 것이다. 프로야구 43년 역사에서 삼성이 전후기 통합우승을 차지한 1985년을 제외하고 42번 한국시리즈가 열렸다. 이 중 23번을 위 표에 소개한 왕조들이 제패했다. KBO 리그 역사의 절반 이상은 '왕조 시대'였던 셈이다.

해태 왕조는 KBO 리그 최초로 등장해 무려 12년 동안 지속됐다. 이후 그 정도로 장수하는 왕조는 나타나지 않았다. '길어야 7년'이었다. 특정 팀 독주를 막는 장치가 도입됐고, 환경과 조건도 불리해졌기 때문이다. 1999년 시작된 FA 제도가 대표적이다. 신인으로 입단한 팀에 평생 묶여 있어야 했던 스타들의 이적이 가능해졌다. 왕조에는 스타가 많기 마련이다. 현대는 모기업이 쓰러졌다. 심정수, 박진만 등 스타들을 잡을 수 없었던 현대 왕조도 몰락했다.

FA 제도 다음으로 등장한 '왕조 억제기'는 '골짜기 세대'의 등장이었던 걸로 보인다.

SK와 삼성 왕조는 1980년-1988년생 선수가 주축을 이뤘다. 이후 약 10년 동안 태어난 선수들이 이전 선배 세대에 비해 유독 스타로 성장하는 경우가 드물었다. 10년 가까이

이어진 '재능 가뭄' 현상을 '세대론'으로 설명하는 가설도 있다. 앞선 글 〈'베이징 주역' vs '베이징 키드' 누가누가 잘 했나〉에서 펼친 이야기를 돌아보자. 2002년 한·일월드컵 시절 유년기를 보낸 운동 영재들이 축구를 택하는 빈도가 늘었고, 야구 인재풀은 상대적으로 부족해졌다는 것. 이름 붙이자면 '월드컵 세대론' 혹은 '골짜기 세대론'이다. 재능 가뭄에 단비처럼 등장한 이정후 안우진 김혜성 강백호 등 1998년 이후 출신 선수는 아마도 2008년 베이징올림픽 전승우승 신화에 영향을 받았으리라는 가설에 따라 '베이징 세대'로 부를 수 있다.

당시 SK와 삼성의 입장에서 생각해보자. 왕조를 유지하고는 싶지만 모기업은 '무한 지출'을 허락하지 않는다. 몸값이 치솟는 스타 선수를 모두 붙잡아두기가 불가능하다. 그렇다면 그들을 대체할 젊은 선수들이 성장해줘야 하는데, '재능 가뭄'에 리그 전체가 시달린다. 이러면 강팀에게도 대책은 없다.

FA 제도와 '재능 가뭄'에 이어, 왕조 유지를 어렵게 만드는 요인은 계속 추가됐다. 먼저 신인 1차 지명이 폐지됐다. 두산은 연고지인 서울 내 고교 출신인 김재호 이용찬, 이영하를 1차 지명으로 '입도선매'해 왕조 주역으로 키워냈다. 서울은 고교야구 유망주가 가장 많은 연고지다. 하지만 1차 지명 폐지로 이들에 대한 배타적 권리가 사라졌다. 최근에는 샐러리캡과 비FA 다년 계약도 도입됐다. 샐러리캡은 이미 연봉 수준이 높은 강팀이 더 큰 돈을 지출하는 데 제약을 가한다. 비FA 다년 계약은 FA 시장에 '특급 선수 매물'이 나올 가능성을 크게 줄인다. 여기에 이정후와 김혜성이 이미 미국으로 떠났고, '베이징 세대'의 톱스타 중 상당수가 해외 진출을 노리고 있다. 외부에서 전력을 수혈할 경로가

점점 좁아지고 있는 것이다.

그래서 최근 프로야구의 대혼전은 우연이 아니다. 여러 필연과 우연이 어우러져, '왕조의 유지'가 과거보다 훨씬 어려워진 것이다. 같은 이유로 한 번 무너진 팀을 재건하는 데 걸리는 시간도 길어질 가능성이 높다. '삼성 왕조'가 2015년 막을 내린 뒤, 한국시리즈에 복귀하는 데 9년이 걸렸다.

두산은 어떨까?

위에서 든 '왕조 유지를 어렵게 하는 장치' 대부분은 돈과 관련돼 있다. 몸값이 비싼 스타를 붙들거나 데려오는 데 제약이 점점 늘어난 것이다. 그래서 '육성'의 중요성은 점점 커진다. 두산은 KBO 리그에서 육성을 잘 하기로 소문난 팀이었다. '화수분'이라는 명예로운 별명도 얻었다. 그런데 최근 두산의 화수분은 조금 이상하다. 투수는 잘 크는데, 타자는 씨가 말랐다.

2024시즌 25세 이하 야수 WAR

팀	타석	WAR
KIA	1306	11.1
삼성	2415	8.4
롯데	2160	6.3
NC	1749	5.7
한화	1880	4.7
LG	983	3.5
키움	2659	3.3
KT	847	2.6
SSG	1044	-0.3
두산	**433**	**-0.9**

2024시즌 25세 이하 투수 WAR

팀	경기	선발	이닝	WAR
두산	**400**	**79**	**683**	**13.5**
삼성	148	73	446	9.5
KIA	294	53	459	9.3
SSG	269	52	462	6.4
NC	306	66	553.2	6.2
KT	242	23	342.2	5.8
롯데	220	32	$298\frac{1}{3}$	3.3
한화	238	53	425.2	3.0
LG	214	9	215	0.3
키움	250	46	$425\frac{1}{3}$	-0.8

지난해 두산 25세 이하 투수들이 기록한 WAR은 13.5승으로 10개 구단 중 단연 1위다. 에이스 곽빈과 신인왕 김택연을 필두로 이병헌 최준호 김동주 이교훈 최승용 김민규 등 젊은 투수가 활약을 펼친 결과다. 스프링캠프에서 확 달라진 구위를 보이고 있는 김유성이 기대대로 올 시즌 1군에

자리를 잡는다면, 두산은 10개 구단 중 가장 강하고 젊은 마운드를 구축할 것이다.

하지만 위 표에서 보듯, 타자는 정반대다. 지난해 두산 25세 이하 야수들은 타석(433)과 WAR(-0.9)에서 압도적인 꼴찌였다. 김도영 문보경 윤동희 고승민 나승엽 김지찬 이재현 김영웅 노시환 이주형 등 많은 젊은 스타 야수가 소속팀 주축, 리그의 새 얼굴, 국가대표급 선수로 등장했다. 하지만 두산에서만 유독 젊은 야수들이 크지 못했다.

추정 가능한 이유들 중 제일 먼저 눈에 띄는 건 드래프트 지명자 포지션 분포다. 두산은 최근 드래프트에서 유독 '투수 사랑'이 두드러지는 팀이었다. '베이징 세대' 드래프트가 시작된 2017년 이후 두산이 최상위 3픽(2022년 이전에는 1차 지명+2차 1·2라운드)으로 뽑은 선수는 27명. 이 중 투수가 무려 21명이었다. 야수는 6명에 불과했다. 드래프트 당시 투수로 등록됐던 김대한과 김동준이 타자로 전향했으니 실제로는 투수 19명/야수 9명이 된다. 최상위 라운드에서 두산보다 투수를 가장 많이 뽑고, 야수를 가장 적게 뽑은 팀은 KT 뿐이다.

2017년 이후 드래프트 상위 3픽 포지션

팀	투수	야수
두산	21	6
KT	21	6
키움	21	13
LG	18	8
롯데	17	9
삼성	17	10
KIA	17	8
한화	17	10
NC	16	9
SK-SSG	16	10

두산이 이 시기 드래프트에서 '투수 올인' 전략을 택한 데는 합리적인 이유가 있었다. 토종 야수진 전력이 워낙 좋았기 때문이다. 2015년 프리미어12와 2017년 월드베이스볼클래식(WBC) 대표팀에는 두산 주전 야수 9명 중 6명씩이 포함됐다. '국대 베어스'라는 말이 과장으로 느껴지지 않았다. 이렇게 강력했던 주전 야수진은 그렇지 않아도 인원이 적은 두산의 야수 유망주들에겐 '넘사벽'이었을 것이다. 언제나 '윈나우' 기조였던 구단과 코칭스태프의 운영 방침 때문에 1군에서 꾸준한 기회를 받기도 쉽지 않았다.

하지만 2025년, 마침내 모든 것이 달라질 가능성이 높다.

허경민과 김재호의 이탈로 두산 야수진에 큰 공백이 생겨났다. 2024년 도루왕 조수행의 타격이 아직 아쉽다는 점에서 외야 한 자리도 경쟁 포지션으로 간주할 수 있다. 야수 전체 1순위 지명을 받은 박준순과 강정호에게 지도받은 김대한, 계속 가능성을 보이고 있는 박준영과 이유찬, 군복무를 마친 슬러거 김동준과 강현구, 그리고 시즌 후반부에 군복무를 마치고 돌아올 안재석까지 유망주는 많다. '무한 경쟁'을 통해 차세대 주역이 성장하느냐가 구단의 현재와 미래를 결정할 것이다. 최근 사석에서 만난 두산의 고위 관계

자는 "2025년은 한 페이지를 넘기는 해"라고 규정했다.

'야수 유망주 성장 프로젝트'에 복잡성을 더하는 변수가 있다. 지금의 두산이 (지난해 키움처럼) 미래를 위해 현재를 포기할 상황이 전혀 아니라는 사실이다.

2024년 시즌 개막 전 KIA가 우승후보로 꼽혔던 여러 이유 중 하나는 앞 시즌의 '외국인 농사 흉작'이었다. 외국인선수 스카우팅에는 실력 외에 갑작스런 부상 예상하지 못한 변수가 많이 작용한다. KIA는 지난해 외국인 전력이 리그 평균 수준으로 회복됐고, 우승을 차지했다.

2024년 외국인투수 WAR

팀	WAR
롯데	13.2
키움	11.7
삼성	11.0
NC	9.4
KIA	8.7
KT	8.3
LG	8.1
SSG	7.6
한화	6.4
두산	5.5

2023년 KIA처럼, 2024년 두산의 외국인투수 농사도 재앙이었다. 전해 좋은 활약을 펼쳤던 브랜든 와델과 라울 알칸타라가 나란히 부상으로 쓰러졌다. 이들을 대신한 조던 발라조빅과 시라카와 케이쇼도 기대 이하였다. 그래서 두산 외국인투수 WAR 합계는 5.5승에 그쳤다. 압도적인 리그 꼴찌였다. 10개 구단 외국인 투수 WAR 평균치는 9.0승. 그러니까 외국인투수 농사가 '평년작'만 됐어도 두산은 3.5승 정도를 추가했을 것이다. 지난해 4위 두산과 3위 LG의 게임차는 2경기. 2위 삼성과는 4경기차였다. 두산이 '외국인 투

수 평타'만 쳤어도, 와일드카드 결정전으로 내몰려 '사상 첫 업셋'이라는 수모를 당하는 일은 피했을 가능성이 높다.

물론 지난해의 불운이 2025년의 반등을 확신케 하는 근거는 될 수 없다. 앞 시즌에서 이어지는 전력 기반, 즉 국내 선수 전력이 탄탄해야 '외국인 운'도 기대할 수 있다. 그런데 지난해 두산의 '국내 선수 전력'은 꽤나 탄탄했던 걸로 보인다. WAR 38.6승으로 KIA, LG에 이어 3위에 올랐다. 아래 표에서 보듯 지난해엔 1~4위 그룹과 그 이하 그룹의 차이가 컸다.

2024시즌 국내선수 WAR

팀	WAR
KIA	41.1
LG	38.8
두산	38.6
삼성	36.8
NC	27.6
KT	26.0
롯데	26.0
한화	25.3
SSG	22.9
키움	13.6

두산 토종 선수들의 높은 WAR이 더 인상적인 데는 이유가 있다. 지난해 '백업 전력'이 궤멸됐기 때문이다. '오재원 파문'으로 1군 백업을 맡을 예정이던 김인태 장승현 박계범 등이 전력에서 이탈했다. 유난히 덥고 뜨거웠던 지난해 여름, '뎁스' 붕괴는 치명적이었을 것이다. 주전들은 무리할 수밖에 없었고, 아직 무르익지 않은 선수들이 더 많이 뛰어야 했다.

이 모든 악재에도 불구하고, 두산의 토종 선수들은 '디펜딩 챔피언' LG에 버금가는 활약을 펼쳐 보인 것이다. '왕조' 시절부터 국내 최강이던 야수진의 위용이 완전히 사라지지

않은 데다, 최근 드래프트에서 집중적으로 뽑은 젊은 투수들이 맹활약을 펼쳐준 결과다.

물론 두산의 '토종 전력'이 작년 수준으로 유지된다는 보장은 없다. 지난해 두산에서 가장 높은 WAR을 기록한 야수 6명은 모두 30대였다. 특히 팀 내에서 가장 높은 wRC+를 기록한 2명(김재환, 양의지)는 36세를 넘어섰다. 언제 기량이 하락해도 이상하지 않을 나이에 접어든 것이다.

2024시즌 두산 야수 WAR 톱6

선수	나이	WAR	wRC+
강승호	30	3.7	104.3
양의지	37	3.2	125.3
허경민	34	3.2	122.0
김재환	36	3.1	132.0
정수빈	34	3.0	100.2
양석환	33	2.2	104.5

2025년 두산은 허경민과 김재호의 공백을 메워야한다. 특히 지난해 팀내 출루율 1위(0.391)에 3루 수비에서 리그 최고인 허경민의 빈 자리는 크다. 하지만 두산은 이미 선발투수진 원투 펀치가 사라진 공백을 성공적으로 메운 바 있다. 외국인선수 전력이 리그 평균 수준만 돼도 지난해보다는 훨씬 나아질 것이다. 지난해 붕괴됐던 두산의 '뎁스'는 2025년에는 정상 가동된다. 하지만 가장 결정적인 변수는 야수 유망주들의 성장 여부다. '성장'과 '성적'을 동시에 잡아야하는 이승엽 감독은 고차 방정식을 풀어야 한다.

KT WIZ
KT 위즈

종합

경기당 득점	경기당 실점	실책/경기	수비효율
5.33 7위<4	**5.58** 9위<2	**0.81** 7위<1	**0.638** 8위<6
95(-10) 5.38(리그)	80(-50) 5.38(리그)	89(-47) 0.76(리그)	80(-17) 0.647(리그)

도루시도/경기	도루성공률	희생번트/경기	경기당 투수교체
0.6 9위<8	**69.3** 8위<6	**0.43** 1위<8	**3.56** 2위<1
74(-15) 1.1(리그)	77(-34) 74.4(리그)	149(+73) 0.34(리그)	138(-22) 3.90(리그)

타격

타율	출루율	장타율	OPS
0.279 4위<4	**0.355** 3위<4	**0.417** 7위<6	**0.772** 7위<5
104(-0) 0.277(리그)	110(+11) 0.352(리그)	96(+1) 0.420(리그)	100(+4) 0.772(리그)

심진회피	순출루	순장타	타석당 투구수
0.81 6위<8	**0.076** 5위<6	**0.138** 7위<7	**3.92** 3위<1
92(+14) 0.81(리그)	110(+23) 0.074(리그)	90(+2) 0.142(리그)	113(-28) 3.90(리그)

선발

ERA(선발)	경기당이닝(선발)	피타율(선발)	피순장타(선발)
5.23 9위<4	**4.97** 5위<1	**0.283** 9위<5	**0.174** 10위<1
65(-54) 4.77(리그)	96(-50) 5.00(리그)	72(-19) 0.274(리그)	40(-98) 0.144(리그)

SO9(선발)	Walk9(선발)	HR9(선발)	선발xRA9
7.86 4위<7	**3.38** 1위<1	**1.27** 10위<3	**5.67** 10위<2
111(+12) 7.64(리그)	124(-23) 3.71(리그)	47(-81) 1.03(리그)	46(-83) 5.09(리그)

구원

ERA(구원)	경기당이닝(구원)	피타율(구원)	피순장타(구원)
5.00 4위<4	**3.95** 5위<10	**0.286** 7위<6	**0.132** 1위<8
113(+1) 5.16(리그)	105(+46) 3.91(리그)	85(-3) 0.282(리그)	126(+36) 0.141(리그)

SO9(구원)	Walk9(구원)	HR9(구원)	구원xRA9
7.80 5위<7	**3.78** 1위<1	**0.85** 1위<7	**5.26** 1위<4
111(+36) 7.59(리그)	171(+2) 4.96(리그)	132(+33) 0.98(리그)	160(+54) 5.91(리그)

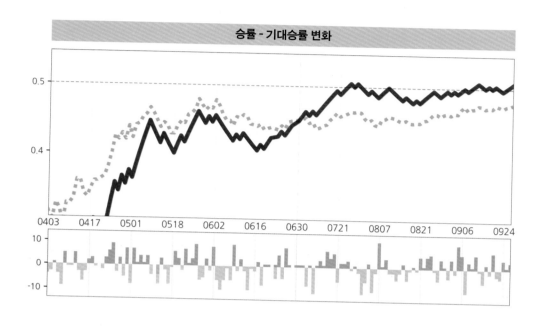

승률 - 기대승률 변화

연승과 연패

05월02일-05월09일 5연승 경기당 6.6득점 3.2실점 (키움,KIA,NC 상대)

06월04일-06월08일 5연패 경기당 2.6득점 8.4실점 (한화,LG 상대)

07월12일-07월19일 6연승 경기당 7.0득점 3.3실점 (롯데,키움,NC 상대)

초반-중반-종반 승부

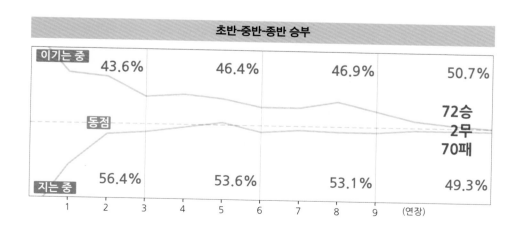

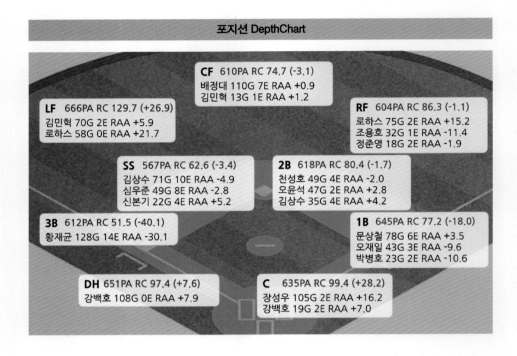

포지션 DepthChart

CF 610PA RC 74.7 (-3.1)
배정대 110G 7E RAA +0.9
김민혁 13G 1E RAA +1.2

LF 666PA RC 129.7 (+26.9)
김민혁 70G 2E RAA +5.9
로하스 58G 0E RAA +21.7

RF 604PA RC 86.3 (-1.1)
로하스 75G 2E RAA +15.2
조용호 32G 1E RAA -11.4
정준영 18G 2E RAA -1.9

SS 567PA RC 62.6 (-3.4)
김상수 71G 10E RAA -4.9
심우준 49G 8E RAA -2.8
신본기 22G 4E RAA +5.2

2B 618PA RC 80.4 (-1.7)
천성호 49G 4E RAA -2.0
오윤석 47G 2E RAA +2.8
김상수 35G 4E RAA +4.2

3B 612PA RC 51.5 (-40.1)
황재균 128G 14E RAA -30.1

1B 645PA RC 77.2 (-18.0)
문상철 78G 6E RAA +3.5
오재일 43G 3E RAA -9.6
박병호 23G 2E RAA -10.6

DH 651PA RC 97.4 (+7.6)
강백호 108G 0E RAA +7.9

C 635PA RC 99.4 (+28.2)
장성우 105G 2E RAA +16.2
강백호 19G 2E RAA +7.0

5시즌 포지션별 공격력 추이(리그평균대비+)

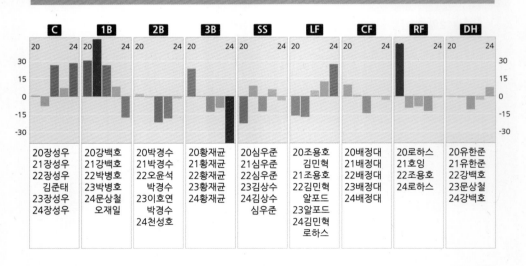

C	1B	2B	3B	SS	LF	CF	RF	DH
20장성우	20강백호	20박경수	20황재균	20심우준	20조용호	20배정대	20로하스	20유한준
21장성우	21강백호	21박경수	21황재균	21심우준	21조용호	21배정대	21호잉	21유한준
22장성우	22박병호	22오윤석	22황재균	22심우준	22김민혁	22배정대	22조용호	22강백호
김준태	23박병호	박경수	23황재균	23김상수	알포드	23배정대	24로하스	23문상철
23장성우	24문상철	23이호연	24황재균	24김상수	23알포드	24배정대		24강백호
24장성우	오재일	박경수		심우준	24김민혁			
		24천성호			로하스			

타순별 공격력(wRC)과 리그평균 비교

타순	wRC	최고	최저
1번	138.3(+33.5점)	로하스(+29.9,427)	천성호(-6.3,128)
2번	94.1(-6.1점)	강백호(+0.5,230)	김민혁(-10.6,149)
3번	99.0(-14.8점)	강백호(+3.7,210)	장성우(-9.9,169)
4번	94.4(-11.8점)	문상철(-1.2,203)	오재일(-6.6,155)
5번	95.9(+9.6점)	장성우(+12.3,116)	문상철(+2.4,87)
6번	63.7(-16.2점)	황재균(-12.6,249)	배정대(+3.0,91)
7번	72.8(+2.8점)	배정대(-0.4,129)	황재균(+0.8,92)
8번	58.2(-5.7점)	배정대(+3.3,73)	조용호(-2.5,73)
9번	62.2(+2.3점)	김상수(-3.1,180)	심우준(+4.2,136)

$\dfrac{(2+9) \div 2}{= \text{KT}}$

_황규인

우리의 사계절/시큼하게 잘린/네 조각 오렌지' — 진은영 '우리는 매일매일'

야구는 평균의 경기다. 그런데 어떤 팀은 5와 6으로 5.5를 만드는 반면 다른

팀은 2와 9로 5.5를 만든다. 2024년 이 사실을 가장 확실하게 증명한 구단

이, 5·6위 결정전이 따로 필요했던, 5.5위로 시즌을 마친 '극단의 팀' KT였다.

KT의 밤은

낮보다 아름답다

KT는 2024년 6월 30일만 해도 36승 44패 2무(승률 0.450)로 10개 구단 중 9위였다. 그러나 7월 이후에는 36승 26패(승률 0.581)로 이 기간 2위였다. 같은 기간 KT보다 성적이 좋았던 팀은 KIA(승률 0.656·42승 22패)밖에 없었다.

KT는 또 낮 경기에서 승률 0.143(2승 2무 12패)으로 최하위(10위)에 그쳤지만 저녁 경기 승률은 0.547(70승 58패)로 2위였다. 프로야구 낮 경기는 봄과 초여름에 몰려 있다. 2024년 KT도 낮 경기 16번 중 13경기(81.3%)를 6월 30일 이전에 치렀다. 이 13경기 성적은 1승 10패 2무(승률 0.091)였다.

2024년 KT 경기 시작 시각별 승률

구분	승	무	패	승률	순위
낮 경기	2	2	12	0.143	10위
밤 경기	78	0	50	0.609	2위

KT가 이해에만 낮 경기에 약했던 건 아니다. 2023년에는 8승 12패 1무(승률 0.400)로 9위, 2022년에는 7승 10패(승률 0.412)로 7위였다. 그리고 이 세 시즌 모두 7월부터 살아나며 결국 '가을 야구' 무대를 밟았다.

반면 2021년에는 낮 경기에서도 14승 9패 1무(승률 0.609)로 강했다. 이해 6월 12일 처음 1위에 오른 KT는 이후 평균 1.2위를 유지하며 결국 (1위 결정전을 거쳐) 정규시즌과 한국시리즈 통합 우승을 차지했다.

닭이 먼저인지 달걀이 먼저인지 결론을 내리기는 이르다.

그래도 KT가 봄에 약하다는 사실과 낮 경기에 약하다는 사실 사이에는 분명 어떤 관계가 있다.

낮 경기 징크스

2024년 KT가 낮 경기에 약했던 제일 큰 이유는 선발 마운드가 무너졌기 때문이다. KT 선발투수는 오후 2시에 시작한 16경기에서 평균자책점 8.46에 그쳤다. 이 부문 9위인 두산(6.06)과 비교해도 2.40 차이가 나는 꼴찌다. KT 구원진 역시 낮 경기 평균자책점 7.66으로 약했지만 한화(8.69) 덕에 최하위는 면할 수 있었다.

2024년 KT 투수 경기 시작 시각별 평균자책점

구분	선발	구원
낮 경기	8.46	7.66
밤 경기	4.93	4.59

KT 선발진 평균자책점이 이 정도로 치솟은 제일 큰 이유는 웨스 벤자민 때문이다. 벤자민은 KT 전체 낮 경기 가운데 4분의 1인 네 경기에 등판했다. 벤자민은 이 시즌 낮 경기에서 12⅓이닝을 던지는 동안 23점(비자책 22점)을 내줬다. 평균자책점으로 바꾸면 16.05에 해당한다.

이해에만 그랬던 게 아니다. 벤자민은 KT에서 뛴 세 시즌(2022–2024) 동안 낮 경기에 아홉 번 등판해 평균자책점 7.05를 남겼다. 오후 5시 이후에 시작한 경기에서는 3.46이었다.

한국에서만 그랬던 것도 아니다. 벤자민은 미국프로야구 메이저리그(MLB)에서는 낮 경기에 총 9번 등판해 평균자책점 7.43을 기록했다. 저녁 경기에서는 그래도 5.89였다. 요컨대, 정확한 이유가 무엇이든, 벤자민은 낮 경기 때는 쓰기에는 부담이 되는 스타일이었다.

벤자민과 똑같이 낮 경기에 네 번 선발 등판했던 엄상백도 낮 경기에서는 평균자책점 6.75를 기록하는 데 그쳤다. 2025년부터는 한화 유니폼을 입게 된 엄상백 역시 통산 낮 경기 평균자책점(5.70)이 저녁 경기(4.68)보다 1.02 높은 유형이었다. 엄상백은 2024년까지 낮 경기 때는 48번, 저녁 경기 때는 257번 마운드에 올랐다.

경기 시작 시각에 따라 결과가 달라지는 게 선수별 특징 때문인지 아니면 그저 표본이 적어 '튀는' 결과가 나온 건지 결론을 내리기에는 아직 이르다. KT가 2024년 치른 144경기 가운데 16경기(11.1%)만 오후 2시에 시작했을 뿐이다. 그렇다고 낮 경기에서 승패 마진 −10이 시즌 전체 성적 계산에서 빠지는 건 아니다. 이 때문에 저녁 경기에서 승패 마진 +12를 기록하고도 +2로 시즌을 마감하는 수밖에 없었다.

늙은 우타자의 노래

KT 투수진이 밤낮을 가리는 동안 타선은 좌우를 가렸다. KT는 상대 팀이 왼손 투수를 선발로 냈을 때 32승 20패로 승패 마진 +12를 기록했다. 오른손 선발투수 상대로는 40승 2무 50패로 −10이었다. 왼손 선발투수 상대 승률(0.615)은 2위, 오른손 선발투수 상대 기록(0.444)은 9위다. 팀 OPS(출루율+장타율)도 왼손 투수를 상대했을 때는 2위(0.806), 오른손 투수를 상대했을 때는 8위(0.758)였다.

이런 결과가 나왔을 때는 팀에 오른손 타자가 많은지 살펴

2024년 투타 매치업별 OPS

팀	우타		좌타	
	vs 좌투	vs 우투	vs 좌투	vs 우투
두산	0.786	0.745	0.747	0.822
롯데	0.766	0.785	0.708	0.809
삼성	0.805	0.762	0.711	0.797
키움	0.587	0.622	0.708	0.801
한화	0.713	0.777	0.686	0.741
KIA	0.843	0.819	0.806	0.839
KT	0.833	0.706	0.739	0.819
LG	0.808	0.768	0.755	0.792
NC	0.835	0.790	0.666	0.757
SSG	0.789	0.770	0.762	0.740

볼 필요가 있다. 오른손 타자가 왼손 투수에게 강한 게 일반적이기 때문이다. 2024년 KT가 오른손 타자 타석 점유율이 높은 건 맞다. 이해 KT 타자는 총 5808번 타석에 들어섰다. 그 가운데 타자가 오른쪽 타석에 들어선 건 3400번(58.5%)이었다. 리그 평균은 51.5%였다. 다만 NC(65.1%)나 두산(64.3%)처럼 이 비율이 60%를 넘는 팀도 있었다.

생각보다 이유는 간단하다. KT 우타자가 상대 우투수 공을 못 쳤기 때문이다. 2024년 우타자가 우투수를 상대했을 때 리그 전체 OPS는 0.759였다. KT 오른손 타자는 다른 팀 오른손 투수를 상대로 이보다 0.053 낮은 OPS 0.706(9위)을 남겼다. KT 오른손 타자는 다른 팀 왼손 투수를 상대로는 OPS 0.833(3위)을 기록했다.

오른손 타자가 오른손 투수 공을 못 친다는 건 '노쇠화'가 일찍 찾아왔다는 뜻일 수 있다. KT가 1군에 합류한 2015년 이후 2024년까지 10년 동안 오른손 타자가 오른손 투수를 상대로 남긴 OPS를 나이대별로 확인해 보면 △25세 이하 0.669 △26−30세 0.711 △31−35세 0.775 △36세 이상

2015-2024년 오른손 타자 나이대별 OPS

나이	vs 우투	vs 좌투
25세 이하	0.669	0.670
26-30세	0.711	0.720
31-35세	0.775	0.753
36세 이상	0.747	0.754

0.747이 나온다.

30대 후반이 되면 타격 기록이 떨어지는 게 당연한 듯 보이지만 꼭 그렇지만은 않다. 같은 기간 오른손 타자가 왼손 투수를 만나 남긴 기록은 △25세 이하 0.670 △26-30세 0.720 △31-35세 0.753 △36세 이상 0.754였다. 그러니까 나이 든 오른손 타자는 왼손 투수 공을 잘 치는 걸로 1군 무대에서 버티는 셈이다.

KT가 왼손 투수에게 강했던 이유도 여기에서 찾을 수 있다. 실제로 2024년 KT 선발 라인업에 이름을 한 번이라도 올린 오른손 타자는 평균 32.9세로 프로야구 10개 구단 가운데 최고령이었다. 리그 평균(29.2세)보다 세 살이 더 많은 기록이다.

참고로 같은 해 왼손 선발타자 평균 나이가 가장 많은 팀은 두산(33.1세)이었다. 짐작하시는 것처럼 이해 두산은 오른손 선발투수 상대 승률은 0.600(51승 1무 34패)으로 1위였던 반면 왼손 선발투수 상대로는 8위(0.404·23승 34패 1무)에 그쳤다.

선수 교체 트위스트

오른손 타자가 나이가 많을 팀은 내야수도 나이가 많은 게 일반적이다. 2024년 KT 선발 라인업에 2루수, 3루수, 유격

수로 한 번이라도 이름을 올린 선수는 평균 33.1세였다. 이 부분 2위 두산(30.1세)과 비교해도 KT가 세 살이 더 많았다.

내야수가 나이가 많으면 체력 문제를 신경 쓰지 않을 수 없다. KT는 2024년 경기 도중 야수를 평균 4.0명 바꿨다. 롯데(4.6명) 한 팀만이 이보다 선수 교체가 많았다.

경기당 투수 교체 숫자는 반대였다. KT는 2024년 구원투수를 경기당 평균 3.6명 마운드에 올렸다. 같은 해 이보다 투수 교체가 적었던 팀은 키움(3.4명) 한 팀뿐이었다.

게다가 이강철 KT 감독은 쓰는 구원투수만 계속 썼다. 그 바람에 구원투수 최다 이닝 2위(김민수 81⅓), 3위(박영현 76⅔), 4위(김민 76⅓)가 전부 KT에서 나왔다. 그나마 SSG 노경은이 83⅔이닝을 던진 덕에 이 KT 삼총사에서 1위가 나오지 않았다.

2024년 구원 이닝 TOP 5

순위	선수	팀	이닝
1	노경은	SSG	83 2/3
2	김민수	KT	81 1/3
3	박영현	KT	76 2/3
4	김민	KT	76 1/3
5	장현식	KIA	75 1/3

선발진만큼은 아니었지만 KT 구원진도 전반기에는 평균자책점 9위(5.55)로 흔들렸다. 다만 리그 전체 구원진 평균자책점이 5.42까지 올라간 후반기 들어서는 KT 구원진이 평균자책점 1위(4.18)였다.

구원진이 강한 팀은 당연히 역전패도 적다. 이해 KT는 5회까지 앞선 경기에서 46승 5패 1무(승률 0.902)를 기록했

다. 대신 점수를 먼저 내준 경기에서는 21승 52패 1무(승률 0.288)로 8위에 그쳤다.

아주 보통의 구단

KT는 이렇게 투타에 걸쳐 극과 극에 가까운 2024년 시즌을 보냈다. 그래도 합치면 평균은 됐다. 그 덕에 5년 연속 '가을 야구' 무대 진출이라는 성과를 얻을 수 있었다. 동시에 KT가 2025년 '보통 이상의 팀'이 되고 싶다면 어떤 점을 보완해야 할지도 비교적 분명하게 알 수 있다.

낮 경기는 피하고 싶다고 피할 수 있는 게 아니다. 그런 점에서 벤자민 대신 엔마누엘 데 헤이수스를 외국인 투수로 선택한 건 의미 있는 움직임이라고 할 수 있다. 헤이수스는 2024년 키움에서 낮 경기에 다섯 번 선발 등판해 평균자책점 2.08을 남겼다. 같은 해 낮 경기에 세 번 이상 선발 등판한 투수 가운데 이보다 평균자책점이 낮았던 선수는 삼성 데니 레예스(1.82) 한 명뿐이다. 레예스는 세 경기에 나섰다.

프리에이전트(FA) 자격을 얻은 엄상백이 한화로 이적하면서 선발진에 '구멍'이 생긴 건 사실. 그렇다고 엄상백이 떠난 빈자리를 아예 못 채울 건 또 아니다. 소형준이 돌아오는 데다 트레이드를 통해 오른손 구원투수 김민을 SSG로 보내는 대신 왼손 선발투수 오원석을 받아왔기 때문이다. 2020년 1차 지명 출신인 오원석은 프로 데뷔 5년 동안 기록한 27승 중 20승(74.1%)을 전반기에 거둔 투수이기도 하다.

오원석 통산 전·후반기 성적		
구분	승-패	평균자책점
전반기	20-18	4.38
후반기	7-16	6.42

김민이 나간 것도 나쁘지 않은 선택이 될 수 있다. 김민이 2024년 커리어하이 시즌을 보낸 건 사실이지만 2023년 29이닝을 던지다 1년 사이에 세 배 가까이 더 던졌기 때문에 후유증을 경험한대도 이상한 일이 아니다. 실제 김민은 2024년 9월에 등판한 아홉 경기에서 평균자책점이 10.29까지 치솟은 상태였다.

2025년 시즌 35세가 되는 3루수 허경민을 영입한 게 옳은 결정이었는지 의문이다. 허경민은 지난해 두산에서 왼손 투수를 상대로 OPS 0.856을 기록하는 동안 오른손 투수에게는 0.789에 그쳤다. 각 팀 주전 3루수 가운데 왼손 투수 상대 기록은 4위, 오른손 투수 상대 기록은 8위였다.

물론 허경민이 황재균 대신 3루수 자리를 차지한다는 건 긍정적인 점이지만 그 대신 심우준이 빠진 유격수 자리를 역시 35세 시즌을 맞는 김상수가 채워야 한다는 점에서 물음표를 따라다닐 수밖에 없다. 그렇다고 딱히 대안이 있는 것도 아니다. 1997년생 천성호가 2024년 초반에 반짝했을 뿐 현재 주전 선수를 밀어낼 만한 선수가 크게 눈에 띄지 않는다.

1999년생 백업 조대현이 등장했지만 포수 쪽 사정도 크게 다르지는 않다. 프로야구 10개 구단에 가운데 2024년 팀에서 두 번째로 포수 마스크를 많이 쓴 선수가 200이닝을 소화하지 못한 팀은 KT뿐이다. 그리고 그 두 번째 포수가 강백호였다는 점도 문제라면 문제다.

단호한 결의라는 것

강백호는 2024년 포수로 169⅔이닝을 소화하면서 80타석에 들어섰다. 이 80타석 성적은 OPS 1.050으로 최우수선수(MVP)급이었다. 문제는 강백호가 포수로 나선 30경기에서 KT가 승률 0.300(9승 21패)에 그쳤다는 점이다. 볼·스트라이크 자동 판정 시스템(ABS) 시대에도 강백호는 '패전 처리용 포수'에 가까웠던 셈이다.

강백호는 이 시즌 전반기에 OPS 0.937을 쳤다. 규정 타석을 채운 타자 55명 가운데 7위에 해당하는 성적이었다. 그러면서 2022년 0.683, 2023년 0.763에 그쳤던 부진을 떨쳐 냈다는 평가를 받기도 했다.

그러나 후반기에는 OPS가 0.683으로 곤두박질쳤다. 이번에는 55명 중 꼴찌에서 두 번째였다. 최종 성적 0.840은 23위로 평균보다 조금 나은 정도였다. 개인 통산 역대 2위인 26홈런과 역시 2위인 96타점을 올리고도 아쉬움이 남을 수밖에 없는 이유다.

도 확인해 볼 수 있다. 팀에서 '기둥'이라고 생각하고 뽑은 타자가 프로 데뷔 7년이 지나도록 '나를 따르라'고 외치지 못하는 게 꼭 바람직한 일만은 아니다.

전편보다 뛰어난 속편은 없다. 2023년에는 최하위에서 시작해 한국시리즈 진출까지 이뤄냈지만 2024년에는 평균 언저리에서 맴돌았을 뿐이다. 강백호가 후반기에도 활약을 이어갔다면 분위기가 다르지 않았을까. KT가 2025년에는 더 높은 평균 점수를 받아내고 싶다면 이러나저러나 강백호가 터져야 한다. 강백호는 2025년 시즌을 정상적으로 치르면 FA 자격도 얻는다.

강백호 2024년 전·후반기 성적

구분	타율	출루율	장타율	홈런	타점
전반기	0.315	0.378	0.559	22	66
후반기	0.248	0.331	0.352	4	30

강백호는 이해 5월 14일 수원 안방 경기에서 홈런 1개를 포함해 4타수 2안타 3타점 2득점 1볼넷 1도루를 기록했다. KT는 이날 7−4 재역전승을 기록했고 강백호는 7회말에 역전 3점포(시즌 13호)를 쏘아 올리며 홈런 레이스 선두로 올라섰다.

강백호는 이날 경기가 끝난 뒤 "우리는 선배들이 있어야 잘할 수 있는 팀이다. 시즌 막바지에는 우리 선배들이 잘하고 있을 거라고 확신한다. 내가 못 할 때는 선배들이 잘해 주실 것이라고 믿어 의심치 않는다"고 말했다.

'립 서비스'에 가까운 말이고 실제 결과도 그렇게 됐다. 다만 이 발언을 통해 강백호가 어떤 마음으로 시즌을 치르는지

SSG 랜더스

SSG LANDERS

종합

경기당 득점 5.25 8위⟨5 88(-10) 5.38(리그)	**경기당 실점** 5.65 10위⟨7 74(-2) 5.38(리그)	**실책/경기** 0.83 8위⟨8 84(+3) 0.76(리그)	**수비효율** 0.642 7위⟨9 90(+28) 0.647(리그)
도루시도/경기 1.3 3위⟨7 113(+21) 1.1(리그)	**도루성공률** 79.3 3위⟨3 123(-4) 74.4(리그)	**희생번트/경기** 0.35 4위⟨2 110(-12) 0.34(리그)	**경기당 투수교체** 3.90 5위⟨2 101(-28) 3.90(리그)

타격

타율 0.273 7위⟨8 87(-4) 0.277(리그)	**출루율** 0.342 9위⟨6 70(-23) 0.352(리그)	**장타율** 0.420 6위⟨3 100(-29) 0.420(리그)	**OPS** 0.762 8위⟨4 90(-25) 0.772(리그)
삼진회피 0.81 7위⟨2 91(-26) 0.81(리그)	**순출루** 0.069 8위⟨4 69(-37) 0.074(리그)	**순장타** 0.147 5위⟨1 110(-42) 0.142(리그)	**타석당 투구수** 3.87 8위⟨10 79(+18) 3.90(리그)

선발

ERA(선발) 5.26 10위⟨10 62(+8) 4.77(리그)	**경기당이닝(선발)** 4.80 8위⟨5 72(-37) 5.00(리그)	**피타율(선발)** 0.267 3위⟨9 120(+47) 0.274(리그)	**피순장타(선발)** 0.141 4위⟨8 106(+27) 0.144(리그)
SO9(선발) 8.72 1위⟨8 155(+85) 7.64(리그)	**Walk9(선발)** 4.65 10위⟨10 29(-17) 3.71(리그)	**HR9(선발)** 1.13 8위⟨9 78(+10) 1.03(리그)	**선발xRA9** 5.29 8위⟨10 82(+22) 5.09(리그)

구원

ERA(구원) 5.25 7위⟨5 93(-16) 5.16(리그)	**경기당이닝(구원)** 4.02 4위⟨5 115(+17) 3.91(리그)	**피타율(구원)** 0.276 2위⟨8 126(+46) 0.282(리그)	**피순장타(구원)** 0.149 8위⟨3 73(-42) 0.141(리그)
SO9(구원) 8.18 1위⟨5 129(+15) 7.59(리그)	**Walk9(구원)** 5.39 10위⟨10 74(+8) 4.96(리그)	**HR9(구원)** 1.18 10위⟨8 50(-48) 0.98(리그)	**구원xRA9** 5.92 4위⟨7 98(+14) 5.91(리그)

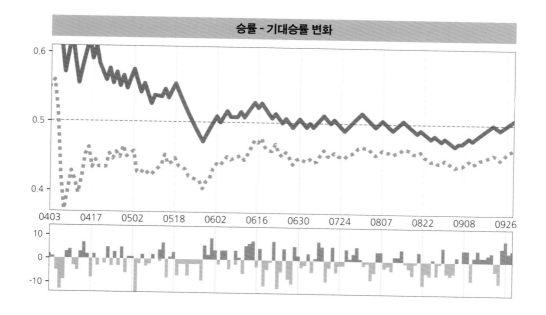

승률 - 기대승률 변화

연승과 연패

03월29일-04월04일 6연승 경기당 6.7득점 4.0실점 (두산,삼성 상대)

05월19일-05월29일 8연패 경기당 3.6득점 7.8실점 (두산,키움,한화,LG 상대)

07월26일-07월31일 5연승 경기당 7.2득점 4.0실점 (두산,롯데 상대)

09월14일-09월22일 6연승 경기당 7.5득점 4.5실점 (삼성,키움,KIA,KT 상대)

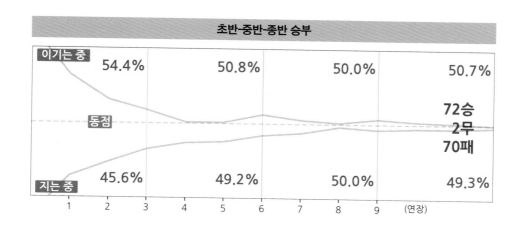

초반-중반-종반 승부

이기는 중 54.4%   50.8%   50.0%   50.7%

동점   72승 2무 70패

지는 중 45.6%   49.2%   50.0%   49.3%

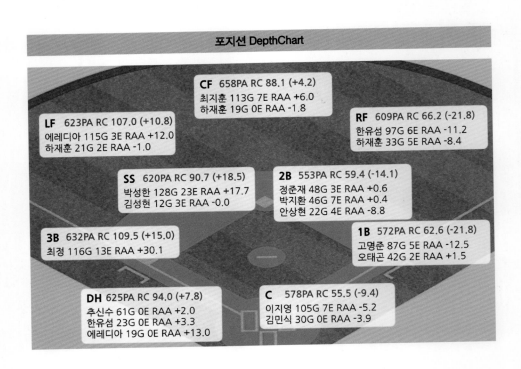

포지션 DepthChart

CF 658PA RC 88.1 (+4.2)
최지훈 113G 7E RAA +6.0
하재훈 19G 0E RAA -1.8

LF 623PA RC 107.0 (+10.8)
에레디아 115G 3E RAA +12.0
하재훈 21G 2E RAA -1.0

RF 609PA RC 66.2 (-21.8)
한유섬 97G 6E RAA -11.2
하재훈 33G 5E RAA -8.4

SS 620PA RC 90.7 (+18.5)
박성한 128G 23E RAA +17.7
김성현 12G 3E RAA -0.0

2B 553PA RC 59.4 (-14.1)
정준재 48G 3E RAA +0.6
박지환 46G 7E RAA +0.4
안상현 22G 4E RAA -8.8

3B 632PA RC 109.5 (+15.0)
최정 116G 13E RAA +30.1

1B 572PA RC 62.6 (-21.8)
고명준 87G 5E RAA -12.5
오태곤 42G 2E RAA +1.5

DH 625PA RC 94.0 (+7.8)
추신수 61G 0E RAA +2.0
한유섬 23G 0E RAA +3.3
에레디아 19G 0E RAA +13.0

C 578PA RC 55.5 (-9.4)
이지영 105G 7E RAA -5.2
김민식 30G 0E RAA -3.9

5시즌 포지션별 공격력 추이(리그평균대비+)

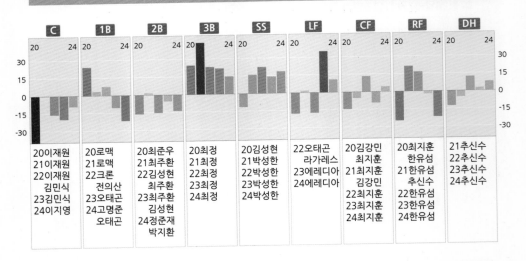

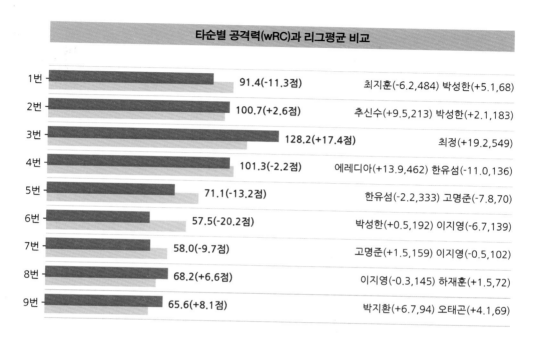

타순별 공격력(wRC)과 리그평균 비교

타순	wRC (차이)	선수
1번	91.4(-11.3점)	최지훈(-6.2,484) 박성한(+5.1,68)
2번	100.7(+2.6점)	추신수(+9.5,213) 박성한(+2.1,183)
3번	128.2(+17.4점)	최정(+19.2,549)
4번	101.3(-2.2점)	에레디아(+13.9,462) 한유섬(-11.0,136)
5번	71.1(-13.2점)	한유섬(-2.2,333) 고명준(-7.8,70)
6번	57.5(-20.2점)	박성한(+0.5,192) 이지영(-6.7,139)
7번	58.0(-9.7점)	고명준(+1.5,159) 이지영(-0.5,102)
8번	68.2(+6.6점)	이지영(-0.3,145) 하재훈(+1.5,72)
9번	65.6(+8.1점)	박지환(+6.7,94) 오태곤(+4.1,69)

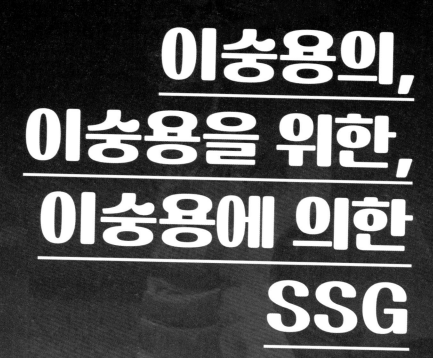

이숭용의,
이숭용을 위한,
이숭용에 의한
SSG

_황규인

"주인이 바뀌었는데 그 정도 인사권은 행사할 수 있는 거 아닙니까."

김원형 전 감독이 SSG 지휘봉을 내려놓은 지 얼마 지나지 않았던 2023년 말이었다. 모 기업 관계자에게 "그래도 '와이어 투 와이어' 우승을 한 지 1년밖에 지나지 않은 감독인데 경질이 너무 빠른 것 아니냐"고 묻자 이런 대답이 돌아왔다. 이 관계자는 그러면서 "혹시 프로야구에 플레잉 감독(선수 겸 감독)이 있었습니까"라고 물었다. '이호준, SSG 간다'는 기사가 쏟아지고 있던 와중에 다른 인물을 감독으로 예상했던 이유다.

SSG, 초짜 감독에게
낭만의 팀일까?

실제로 SSG 지휘봉을 잡게 된 건 이숭용 감독이었다. SSG는 새 감독 선임 사실을 전하면서 "이 감독이 개방적 소통과 상호존중을 기반으로 코칭스태프와 선수 개개인의 잠재력을 극대화할 수 있도록 지원하는 '서번트형 리더십'을 갖췄으며, 특히 선수 중심의 사고와 강한 신뢰관계를 형성해 하나된 팀을 이끌 수 있는 지도자로 판단했다"고 선임 배경을 설명했다.

그러면서 "수년간의 코치, 프론트 경험을 바탕으로 육성 시스템 및 KBO 야구 트렌드에 대한 해박한 지식을 보유했으며, 시즌 운영 통찰력을 겸비해 단 기간 내 구단의 지향점에 도달할 수 있는 적임자라고 판단했다"고 덧붙였다. ('프론트'와 '트렌드', '단 기간'은 오타가 아니라 신세계그룹 뉴스룸에 있는 그대로 가져온 것이다.)

이 감독은 "SSG의 감독으로 선임되어 영광스럽고 기회를 주신 구단에 진심으로 감사드린다. 무엇보다 성적과 육성이라는 막중한 임무가 주어진 만큼 책임감을 갖고 주위 코칭스태프, 선수, 프론트와 함께 매년 좋은 성적을 낼 수 있는 강팀의 기조를 다지겠다"고 포부를 밝혔다. 그리고 계속해 "팬분들의 기대에 부응할 수 있도록 팀의 신구조화와 유망주 성장을 목표로 맡은 바 소임을 다하겠다"고 강조했다.

초짜와 소짜

SSG는 사실 '초짜 감독'이 뿌리내리기 쉽지 않은 팀이다. 안방 구장에서 홈런이 펑펑 터지기 때문이다. 이럴 때 감독은 더그아웃에서 열심히 손뼉만 치면 된다. 문제는 그러면 폼이 나지 않는다는 데 있다. 감독이 선수에게 '홈런을 쳐

라'하고 사인을 낼 수는 없으니 "내 작전 덕분에 우리가 이겼다"고 인터뷰할 기회가 줄어들 수밖에 없다.

이를 알아볼 때는 '득점가치'(Run Value)라는 지표가 도움이 될 수 있다. 득점가치가 가장 높은 플레이는 당연히 홈런이다. 2022-2024년 한국프로야구에서 홈런 하나당 득점가치는 1.453점이었다. 홈런이 나왔을 때는 똑같은 상황에서 다른 플레이가 나왔을 때보다 이닝 종료 시점까지 평균 1.453점을 더 뽑았다는 뜻이다. 반대로 득점가치가 가장 낮은 플레이는 보기 드문 삼중살(-1.645점)이다.

2022-2024년 주요 이벤트별 득점가치			
이벤트	전체	문학	차이
홈런	1.453	1.493	0.040
3루타	1.249	1.069	-0.180
2루타	0.856	0.883	0.027
번트 안타	0.544	0.674	0.130
단타	0.500	0.531	0.031
몸에 맞는 공	0.467	0.589	0.122
볼넷	0.400	0.471	0.071
고의4구	0.194	0.072	-0.122
도루	0.189	0.137	-0.052
희생번트	-0.149	-0.264	-0.115
번트 아웃	-0.157	-0.287	-0.130
기타 아웃	-0.274	-0.304	-0.030
삼진	-0.324	-0.341	-0.017
도루 실패	-0.460	-0.516	-0.056
병살타	-0.902	-1.008	-0.106

득점 환경이 변하면 이 득점가치도 변한다. 경기당 평균 득점이 4.8점이었던 이 3년 동안 단타는 득점가치 0.500점이었다. 같은 기간 경기당 평균 득점이 5.2점이던 문학구장에서는 0.531점으로 0.031점(6.2%)이 오른다. 거꾸로 병살타, 삼중살, 삼진을 제외한 아웃은 −0.274점에서 −0.304점으로 0.029점(9.7%) 줄어든다. 요컨대 점수가 많이 나는 구장에서는 득점에 도움이 되는 이벤트는 득점가치가 더욱 크게 늘어나고 득점을 깎아 먹는 이벤트는 더욱 작게 줄어든다고 할 수 있다.

득점가치가 가장 크게 변한 건 번트다. 번트를 시도한 뒤 아웃 당했을 때 리그 평균 득점가치는 −0.157점인데 문학에서는 −0.287점으로 손해가 82.7% 늘어난다. 번트 안타를 기록했을 때도 0.544점에서 0.674점으로 이득이 23.9% 올라가기는 한다. 그렇다고 손실에 비할 바는 아니다.

요컨대 문학을 안방으로 쓰는 팀은 함부로 번트를 시도하면 안 된다. 현실은 달랐다. SSG 타자들은 2024년 번트를 총 230번 시도(성공한 번트 외에 번트 실패, 번트 파울 등도 포함)했다. 프로야구 10개 구단 가운데 가장 많은 기록이다. 어쩌면 여기서 어떤 독자분은 이 감독이 '번트 군단' 현대 4번 타자 출신이라는 사실을 떠올리실지도 모르겠다.

2024년 구단별 번트 시도	
구단	개수
SSG	230
두산	216
두산	216
KT	182
LG	182
KIA	163
한화	152
NC	148
롯데	124
키움	110

문학에서는 또 도루에 성공했을 때 얻는 이득은 줄어들고 도루 실패 때 입는 손실은 커진다. 역시나 SSG가 도루를 아껴야 하는 이유다. 실제로는 도루 시도 3위(188번) 팀이었다. 프로야구 9개 구장 가운데 가장 저득점 환경인 잠실구장을 안방으로 쓰는 LG(250번)와 두산(234번)만 SSG보다 도루 시도가 많았다.

2024년 구단별 도루 시도	
구단	개수
LG	250
두산	234
SSG	188
KIA	169
롯데	147
삼성	142
NC	137
한화	110
KT	88
키움	84

이 감독이 구장 특성에 어울리지 않는 선택만 내린 건 아니다. 이 감독은 2024년 고의4구 사인을 총 24번 냈다. 역시나 리그 최다 1위 기록이다. 고의4구도 기본적으로 볼넷이라 점수가 올라가는 이벤트이기는 하다. 대신 +0.194로 다른 볼넷(0.400) 절반 수준도 되지 않는다. 문학에서는 0.072점까지 줄어든다.

번트, 도루, 고의4구는 감독이 적극적으로 개입하는 플레이라고 할 수 있다. 이 세 가지 항목 순위를 매겨 보면 이 감독은 평균 2위로 나온다. 2024년 프로야구에서 가장 '마이크로 매니징'에 열심이었던 사령탑이 바로 이 감독이었던 셈이다.

2024년 구단별 고의4구	
구단	개수
LG	46
SSG	24
KT	22
삼성	18
롯데	18
키움	15
KIA	13
두산	11
한화	10
NC	9

이에 대해 이 감독은 "남들이 나더러 초보 감독 같지 않다고 하더라"고 자평했다. 실제로 누군가는 "선수 개개인의 잠재력을 극대화할 수 있도록 지원하는 '서번트형 리더십'"이라고 평가할지 모른다. 다만 '선수 중심의 사고'를 하는지는 의문이 따를 수밖에 없다.

적어도 '팬분들의 기대'에 부응하지 못한 건 확실하다. SSG는 2024년에도 리그 대표 '홈런 구장'으로 통하는 문학에서 안방 경기를 치렀다. 그런데 팀 OPS(0.762)와 득점(756점) 모두 8위에 그쳤다. 괜히 2024시즌 마지막 경기 그러니까 5위 결정전이 끝난 뒤 '숭용아, 우리는 네가 정말 창피하다'는 현수막이 등장했던 게 아니다. 물론 '감독이 바뀌었는데 그 정도 작전은 구사할 수 있는 거 아닙니까'라고 반박한다면 할 말은 없다.

타짜와 얼짜

SSG는 KT와 똑같이 72승 70패 2무(승률 0.507)로 2024년 정규리그를 마감했다. 공동 5위였다. 이에 10월 1일 수원구장에서 와일드카드 결정전 진출팀을 가리는 5위 결정전이

열렸다. 두 팀은 상대 전적도 8승 8패로 똑같았지만 KT가 득점에서 앞서 안방 어드밴티지를 가져갔다. KT는 16차례 맞대결에서 92점, SSG는 87점을 올렸다.

SSG는 선발 투수 로에니스 엘리아스가 1회말 멜 로하스 주니어에게 홈런을 내주면서 0-1로 끌려갔다. 3회초 정준재의 적시타로 1-1 동점을 만든 SSG는 5회초 2사 1, 2루 기회에 타석에 들어선 최정이 중전 안타를 치면서 결국 경기를 뒤집었다. 최정이 8회초에도 홈런을 쏘아 올리면서 SSG는 3-1로 점수 차를 벌렸다.

문제는 7회말 엘리아스에게 마운드를 넘겨받은 노경은이 8회말 상대 선두타자 심우준에게 우전 안타를 내줬다는 것. KT 타석에 왼손 타자 김민혁이 들어설 차례였다. 이 감독은 경기 전 자진 등판을 요청했던 김광현을 마운드에 올린다. 이틀 전 선발 등판했던 김광현은 대타 오재일에게 안타를 내준 뒤 다음 타자 로하스에게 결국 역전 3점 홈런까지 얻어맞았다. SSG는 결국 3-4로 패하면서 최종 6위로 시즌을 마쳤다.

SSG로서 더욱 안타까운 건 9월에만 평균 자책점 제로(0)로 8세이브를 거둔 마무리 투수 조병현을 마운드에 올리지도 못하고 경기를 내줬다는 점이다. 인정한다. 김광현이 이 상황에서 로하스를 막아냈다면 더할 나위 없이 '낭만적인 그림'이 됐을 거다. 김광현이 데뷔 시즌(2007년)을 제외하면 '커리어로우'라고 할 수 있는 시즌을 보냈다는 점에서 더욱 그렇다.

그러나 포스트시즌 진출을 노리고 시즌 막바지에 '총력전을 펼치자'고 주문한 감독이 패하면 시즌이 끝나는 경기에서 낭만을 찾아서는 안 됐다. 물론 "투수 교체는 정답이 없잖아요. 결과를 놓고 얘기를 하는 거니까"라고 인터뷰했던 이 감독이라면 '이것도 다 결과론'이라고 생각할지 모르겠지만 말이다.

한 가지 확실한 건 이 감독이 경기 상황에 따라 순발력 있게 대처하는 타입이라고 보기는 힘들다는 점이다. 대신 준비를 '열심히는' 한다. 이 감독은 2024년 시즌에 144경기를 치르는 동안 선발 라인업을 135개 버전으로 만들어 제출했다. 삼성 박진만 감독(139개) 한 명만 이 감독보다 선발 라인업 종류가 많았다. 대신 경기 야수 교체(경기당 평균 3.1명)는 8위, 투수 교체는 공동 7위였다.

2024년 구단별 선발 라인업 교체

구단	라인업 개수
삼성	139
SSG	135
키움	131
KT	129
한화	122
NC	121
KIA	119
두산	118
롯데	118
LG	101

2024년 구단별 경기당 야수 교체

구단	평균
롯데	4.6
KT	4.0
삼성	3.8
KIA	3.8
한화	3.7
NC	3.2
LG	3.1
SSG	3.1
두산	2.9
키움	2.8

2024년 구단별 경기당 투수 교체

구단	평균
두산	4.4
KIA	4.2
롯데	4.0
한화	4.0
삼성	3.9
LG	3.9
SSG	3.9
NC	3.8
KT	3.6
키움	3.4

그 탓에 1984년생으로 40세 시즌을 보낸 노경은은 리그 구원투수 가운데 가장 많은 83⅔이닝을 소화해야 했다. 또 주전 유격수 박성한은 8월 24일 안방 경기에서 상대 타구에 맞아 허벅지가 부어오른 상태에서 2-9로 뒤진 9회말에도 타석에 들어서야 했다. 중견수로 989⅔이닝을 소화한 최지훈도 허벅지 부상으로 시즌 도중 '이지마(飯島) 접골원'에 다녀와야 했다. '이 감독이 시즌 운영 통찰력을 겸비했다'던 모기업 평가에도 역시 고개를 갸웃거릴 수밖에 없는 이유다.

통짜와 공짜

잠시 쉬어가는 차원에서 '가중평균' 공부를 해보자. 25세 선수가 100타석, 30세 선수가 50타석에 들어선 팀이 있다. 두 선수는 평균 27.5세지만 타석 숫자에 따라 가중치를 주면 이 팀은 평균 26.7세 선수가 타석에 들어섰다고 할 수 있다. 반대로 25세 선수가 50타석, 30세 선수가 100타석일 때는 28.3세가 된다. 똑같은 선수가 두 명 있을 때도 타석 점유율에 따라 평균 나이가 달라질 수 있다.

이런 식으로, 외국인선수를 제외하고, 타자와 투수 모두 (상대) 타석 숫자를 기준으로 평균 나이를 계산해 보면 2024년 SSG 선수는 평균 29.7세가 나온다. 프로야구 10개 구단 가운데 가장 평균 나이가 많은 팀이 SSG였다. 이 상황이 더욱 문제가 되는 건 이 감독이 취임 일성으로 '신구조화와 유망주 성장'을 강조했기 때문이다.

2024년 구단별 '가중 평균' 나이

구단	나이
SSG	29.7
KT	29.5
LG	29.2
KIA	29.0
삼성	28.9
두산	28.8
롯데	28.3
한화	28.2
NC	27.9
키움	26.8

유망주를 성장시키려면 어떻게 해야 할까. 이 감독은 2023년 11월 21일 열린 취임 기자회견에서 "KT에서 단장과 육성총괄을 하면서 선수 육성을 잘하려면 1군 경기 경험을 많이 쌓게 해줘야 한다고 느꼈다"고 말했다. 그런데도 SSG가 1군 경기 출전 선수 평균 나이가 가장 많은 팀으로 2024시즌을 마친 걸 어떻게 봐야 할까.

2024년 프로야구에 한 번이라도 출전한 선수를 한 줄로 세우면 한 가운데 있는 선수는 26세다. SSG는 공수를 합쳐 총 9550타석을 기록했고 이 중 39.5%(3777타석)를 26세 이하 선수가 책임졌다. SSG 전체 WAR(22.8승) 가운데 26세 선수가 차지한 비중 역시 39.5%(9.0승)였다. 타석 점유

율은 6위였는데 WAR 점유율은 4위다. 리그 평균 기록은 타석 점유율 39.9%, WAR 점유율 36.7%이었다.

2024년 구단별 26세 이하 선수 출전 vs WAR 점유율

구단	출전(%)	WAR
삼성	47.4	53.2
KIA	35.8	49.9
NC	45.4	42.2
SSG	39.5	39.5
두산	39.3	33.9
롯데	42.3	33.4
한화	40.2	30.7
KT	27.3	29.9
LG	29.1	20.7
키움	52.5	19.4

또 SSG 26세 이하 선수는 같은 또래 그룹 가운데 WAR 5위, 27세 이상 선수(13.8승)는 9위였다. SSG 26세 이하 선수는 리그 평균 정도는 됐다. 반면 27세 이상 선수 WAR 합계가 SSG보다 적은 팀은 최하위 키움(10.9승) 한 팀밖에 없었다. 신구조화를 강조하면서도 젊은 선수는 딱 흠 잡히지 않을 만큼만 쓴 거다.

그래도 2002년생 투수 조병현(WAR 2.4승)과 2003년생 내야수 정준재(WAR 1.8승)를 발굴한 건 칭찬 받을 만한 일이라고 할 수 있다. 다만 두 선수에게는 육성보다 '선발(選拔)'이라는 말이 더 잘 어울린다. 명문고에서 명문대를 많이 보내는 건 명문고가 잘 가르치기 때문이기도 하지만 처음부터 좋은 학생이 많이 들어오기 때문이기도 하다. 조병현은 국군체육부대(상무)에서 '커서 돌아온' 케이스고 정준재는 이해 신인이었다. 6월까지는 펄펄 날았던 2005년생 내야수 박지환(WAR 0.1승) 역시 고졸 신인이었다.

진짜와 가짜

2025년에도 SSG 타선은 여전히 '노익장'이라는 말을 증명할 확률이 높다. 유격수 박성한(1998년생), 중견수 최지훈(1997년생)처럼 붙박이로 우승을 경험한 20대 선수도 건재하다. 전체적으로도 투수 쪽과 비교하면 '신구조화'라는 표현에 더욱 가깝다고 할 수 있다.

대신 투수, 특히 선발 투수 쪽은 어느새 노쇠화라는 말을 들어도 이상하지 않을 나이가 된 1987년생 김광현을 제외하면 믿고 맡길 만한 '토종' 선수를 찾기가 쉽지 않다. 문승원, 박종훈, 송영진 등 전력 자체가 없는 건 아니지만 이름 옆에 전부 물음표를 달고 있다. 새 외국인 투수 미치 화이트 역시 내구성에 붙어 있던 물음표를 완전히 뗐다고 보기는 아직 이르다.

구원진도 노경은과 함께 이닝을 나눌 카드가 더 필요하다. 오원석을 KT에 내주고 김민을 트레이드로 데려온 건 사실. 그런데 김민도 2024년 리그 구원투수 가운데 네 번째로 많은 77⅓이닝을 소화했다. 조병현도 73이닝을 던졌다. 구원진도 전력이 없다고는 할 수 없지만 떼어내야 할 물음표가 적지 않다.

SSG가 신구조화를 이루려면 1군과 호흡을 맞출 수 있는 인물에게 퓨처스리그(2군) 지휘봉을 맡기는 것도 중요하다. 박정태 감독 선임 논란으로 시간을 낭비한 건 아쉽지만 프랜차이즈 스타 출신인 박정권을 '소방수'로 투입한 건 나쁘지 않은 선택이라고 할 수 있다.

아, 제일 중요한 1군 감독 이야기는 SSG 팬 여러분 정신 건강을 생각해 일단 생략하기로 한다. 혹시 아나, 이 감독이 1년 만에 명장이 되는 그런 낭만적인 그림이 그려질지.

© SSG 랜더스

롯데 자이언츠
— LOTTE GIANTS —

종합

경기당 득점	경기당 실점	실책/경기	수비효율
5.57 3위<6	**5.49** 6위<6	**0.85** 9위<3	**0.629** 10위<10
118(+23) 5.38(리그)	89(-12) 5.38(리그)	77(-48) 0.76(리그)	61(+11) 0.647(리그)
도루시도/경기	도루성공률	희생번트/경기	경기당 투수교체
1.0 5위<5	**71.4** 7위<9	**0.26** 9위<4	**3.99** 7위<6
97(-3) 1.1(리그)	86(-4) 74.4(리그)	60(-58) 0.34(리그)	91(-5) 3.90(리그)

타격

타율	출루율	장타율	OPS
0.285 2위<4	**0.352** 5위<4	**0.430** 2위<8	**0.782** 2위<8
122(+18) 0.277(리그)	101(+2) 0.352(리그)	115(+37) 0.420(리그)	111(+26) 0.772(리그)
심진회피	순출루	순장타	타석당 투구수
0.81 3위<7	**0.067** 10위<6	**0.145** 6위<9	**3.90** 6위<4
104(+8) 0.81(리그)	57(-30) 0.074(리그)	105(+42) 0.142(리그)	98(-19) 3.90(리그)

선발

ERA(선발)	경기당이닝(선발)	피타율(선발)	피순장타(선발)
4.91 6위<3	**5.30** 1위<2	**0.279** 8위<6	**0.145** 6위<3
89(-34) 4.77(리그)	141(+18) 5.00(리그)	84(-5) 0.274(리그)	99(-29) 0.144(리그)
SO9(선발)	Walk9(선발)	HR9(선발)	선발xRA9
8.09 2위<2	**3.54** 3위<8	**1.00** 5위<1	**5.09** 5위<6
123(-6) 7.64(리그)	113(+37) 3.71(리그)	108(-34) 1.03(리그)	101(+12) 5.09(리그)

구원

ERA(구원)	경기당이닝(구원)	피타율(구원)	피순장타(구원)
5.34 8위<8	**3.62** 9위<9	**0.294** 10위<7	**0.134** 4위<6
85(+6) 5.16(리그)	61(-10) 3.91(리그)	52(-29) 0.282(리그)	120(+24) 0.141(리그)
SO9(구원)	Walk9(구원)	HR9(구원)	구원xRA9
7.75 6위<1	**5.19** 6위<8	**0.94** 5위<9	**6.21** 9위<8
108(-24) 7.59(리그)	86(-1) 4.96(리그)	111(+20) 0.98(리그)	71(-7) 5.91(리그)

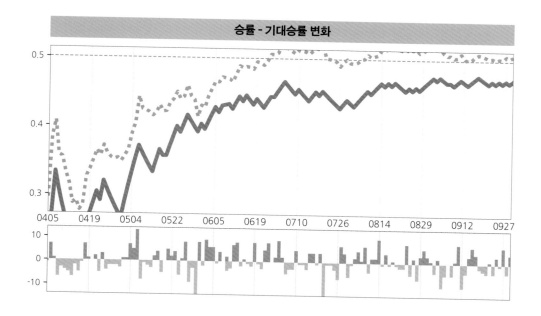

승률 - 기대승률 변화

연승과 연패

04월09일-04월17일 8연패 경기당 3.1득점 7.4실점 (삼성,키움,LG 상대)

04월26일-05월01일 5연패 경기당 2.6득점 5.2실점 (키움,NC 상대)

05월02일-05월09일 5연승 경기당 9.4득점 4.0실점 (삼성,키움,한화 상대)

07월20일-07월26일 5연패 경기당 3.6득점 9.4실점 (삼성,LG,NC 상대)

초반-중반-종반 승부

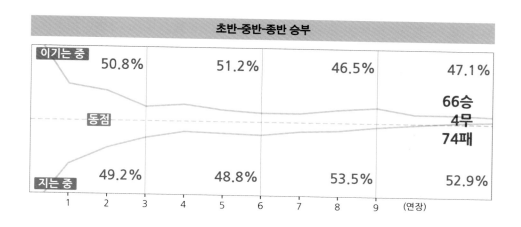

포지션 DepthChart

CF　661PA RC 86.8 (+2.6)
윤동희 81G 4E RAA +4.1
황성빈 58G 2E RAA +1.1

LF　649PA RC 99.6 (-0.6)
전준우 47G 1E RAA -4.0
레이예스 44G 0E RAA +7.3
황성빈 27G 2E RAA +9.7

RF　653PA RC 115.0 (+20.5)
레이예스 81G 4E RAA +12.4
윤동희 54G 0E RAA +12.1

SS　590PA RC 70.2 (+1.5)
박승욱 97G 22E RAA +3.2
이학주 25G 2E RAA -2.4
노진혁 18G 5E RAA -1.1

2B　646PA RC 85.4 (-0.4)
고승민 99G 13E RAA +10.2
최항 21G 1E RAA -7.1
손호영 15G 0E RAA +1.3

3B　613PA RC 88.9 (-2.8)
손호영 74G 12E RAA +10.6
김민성 19G 2E RAA -5.3
박승욱 11G 1E RAA +1.4

1B　630PA RC 113.1 (+20.1)
나승엽 111G 11E RAA +20.7
정훈 29G 2E RAA +1.4

DH　628PA RC 92.6 (+5.9)
전준우 62G 0E RAA +11.8
정훈 27G 0E RAA -1.2
레이예스 19G 0E RAA +0.7

C　497PA RC 21.9 (-33.8)
손성빈 52G 4E RAA -5.2
유강남 42G 3E RAA -6.2
정보근 42G 4E RAA -13.6

5시즌 포지션별 공격력 추이(리그평균대비+)

C	1B	2B	3B	SS	LF	CF	RF	DH
20김준태	20이대호	20안치홍	20한동희	20마차도	20전준우	20민병헌	20손아섭	20이대호
21지시완	정훈	21안치홍	21한동희	21마차도	21전준우	정훈	21손아섭	21이대호
22정보근	21정훈	22안치홍	22한동희	22이학주	22전준우	22피터스	22고승민	22이대호
지시완	22정훈	23안치홍	23한동희	박승욱	24전준우	황성빈	23윤동희	23전준우
23유강남	23고승민	박승욱	24손호영	23노진혁		23김민석	24레이예스	24전준우
24손성빈	정훈	24고승민		24박승욱		24윤동희	윤동희	
유강남	24나승엽					황성빈		

타순별 공격력(wRC)과 리그평균 비교

타순	wRC(점)	선수
1번	92.8(-8.9점)	황성빈(-0.4,322) 윤동희(-3.3,303)
2번	110.1(+11.7점)	고승민(+0.6,350) 윤동희(+8.3,142)
3번	107.4(-4.4점)	손호영(+0.9,204) 레이예스(+0.4,176)
4번	112.2(+7.0점)	레이예스(+10.4,418) 전준우(+3.0,175)
5번	101.4(+15.0점)	나승엽(+12.6,197) 전준우(+1.9,158)
6번	109.3(+28.5점)	나승엽(+14.3,219) 손호영(+8.3,73)
7번	66.4(-4.1점)	윤동희(+13.8,111) 정훈(+3.8,100)
8번	51.2(-13.3점)	박승욱(+4.1,246) 유강남(+0.4,80)
9번	46.2(-13.0점)	손성빈(-2.5,117) 박승욱(-1.2,90)

2024년
롯데와
'유스 무브먼트'

_황규인

지난해 롯데는 66승 74패 4무로 정규시즌 7위에 머물렀다. 5위 KT와 5경기 차이로 포스트시즌 진출에 실패했다. 7년 연속으로 가을야구에 초대받지 못했다. 팀 사상 최대 암흑기로 꼽히는 2001-2007년 이후 두 번째 7년 연속 기록이다. 2025년 5위 이내에 들지 못하면 기록이 새로 쓰여진다.

봄데가

돌아온다

롯데 연도별 순위					
연도	리그 구단	순위*	PS 진출	정규시즌 승률	wRC+
1982	6	5	X	0.388	100.4
1983	6	6	X	0.434	97.2
1984	6	4	O	0.510	104.8
1985	6	2	X	0.536	97.3
1986	7	5	X	0.490	93.7
1987	7	3	X	0.523	102.8
1988	7	4	X	0.528	102.0
1989	7	7	X	0.421	94.8
1990	7	6	X	0.388	90.4
1991	8	4	O	0.560	100.4
1992	8	3	O	0.563	114.0
1993	8	6	X	0.496	95.3
1994	8	6	X	0.456	95.8
1995	8	3	O	0.560	104.4
1996	8	5	X	0.476	115.3
1997	8	8	X	0.385	79.4
1998	8	8	X	0.410	96.0
1999	8	2	O	0.591	111.9
2000	8	5	O	0.504	86.8
2001	8	8	X	0.457	107.1
2002	8	8	X	0.265	74.4
2003	8	8	X	0.300	77.0
2004	8	8	X	0.410	82.2
2005	8	5	X	0.464	87.5
2006	8	7	X	0.407	97.1
2007	8	7	X	0.447	99.4
2008	8	3	O	0.548	112.6
2009	8	4	O	0.496	96.0
2010	8	4	O	0.519	112.9
2011	8	2	O	0.563	115.6
2012	8	4	O	0.512	97.5
2013	9	5	X	0.532	89.2
2014	9	7	X	0.457	98.7
2015	10	8	X	0.462	100.3
2016	10	8	X	0.458	96.7
2017	10	3	O	0.563	97.5
2018	10	7	X	0.479	102.1
2019	10	10	X	0.340	82.8
2020	10	7	X	0.497	100.6
2021	10	8	X	0.478	104.8
2022	10	8	X	0.457	98.1
2023	10	7	X	0.472	96.5
2024	10	7	X	0.471	101.5

*정규시즌 승률 순위

지난해엔 '봄데'도 없었다. 2023년 롯데는 14승 8패로 4월까지 승률 1위를 차지했다. 하지만 2024년에는 개막 이후 19경기에서 4승 15패로 승률이 0.211에 불과했다.

특히 타선의 부진이 심각했다.

wRC(가중득점생산력)은 안타, 4사구, 장타, 실책, 도루, 희생타 등을 이용해 타자의 공격력을 득점으로 환산한다. 2024년 10개 구단 평균 wRC는 767.7점으로 실제 평균 득점인 774점과 거의 비슷했다. 이를 기본으로 리그 득점 환경과 파크팩터를 적용한 100을 기준으로 하는 지표가 wRC+다. wRC+ 100인 팀은 리그 평균 수준 공격력을 갖고 있다. 그보다 낮으면 평균 아래다.

지난 시즌 19번째 경기를 마친 4월 16일, 롯데의 wRC+는 67.9였다. 리그 평균보다 32% 가량 떨어지는 팀이었다. 시즌 극초반이긴 했지만 눈에 띄는 부진이었다. 1982년 원년부터 지난해까지 wRC+가 가장 낮았던 팀은 1999년 쌍방울 레이더스였다. 이해 쌍방울의 수치는 72.5. 지난해 4월 중순 롯데가 더 낮았다. wRC+ 67.9는 역대 1위인 1987년 삼성(134.9)의 절반에 불과한 수치였다. 당시 1위 KIA는 119.2로 19% 이상 높았다.

주전 포수 유강남은 17경기에서 41타수 5안타에 그친 뒤 2군으로 내려갔다. 1루는 공격력이 중요한 포지션이지만, 당시 롯데의 주전 1루수 정훈은 18타수 5안타에 1홈런에 OPS 0.603에 불과했다. 병역의무를 마치고 복귀한 나승엽은 15타수 3안타에 장타를 하나도 치지 못했다.

안치홍이 FA로 떠난 2루에는 다섯 명이 기용됐다. wRC+가 가장 높은 타자는 LG에서 트레이드로 영입한 김민성으로 76.9에 불과했다. 2루수로 가장 많은 타석에 들어선 최항은

역대 KBO 리그 wRC+ 하위 팀

구단	연도	wRC+
쌍방울	1999	72.5
태평양	1993	72.9
MBC	1985	73.7
롯데	2002	74.4
한화	2020	75.2
OB	1990	75.4
삼미	1982	75.5
롯데	2003	77.0
청보	1986	78.0
쌍방울	1993	78.7
롯데	1997	79.4

역대 KBO 리그 wRC+ 상위 팀

구단	연도	wRC+
삼성	1987	134.9
삼성	1993	130.6
LG	1994	125.6
삼성	1997	125.0
삼성	2002	124.5
삼성	1986	123.9
두산	2013	121.3
삼성	2003	120.9
빙그레	1991	120.6
현대	2003	120.2
두산	2018	120.2

56.1. 2023년 맹활약했던 박승욱은 마이너스였다. 원래 3루수 주전이었던 한동희가 복사근 부상으로 개막전 로스터에서 제외되면서, 급하게 LG에서 영입한 손호영이 핫코너에 투입됐다. OPS 0.578에 불과했다. 유격수 노진혁은 2023년 유강남과 함께 FA로 영입됐다. 유강남보다 빨리 2군으로 내려갔다. 타율 0.176에 OPS 0.488.

좌익수 개막전 주전 고승민은 0.552로 부진에 빠져 있었다. 이정훈이 OPS 0.824로 선전했지만 하지만 23타석에만 들어섰다. 포지션 전체 wRC+는 67.8에 불과했다. 국가대표 윤동희가 버틴 중견수는 롯데의 강점으로 꼽혔다. 하지만 타율 0.200에 OPS 0.585로 기대 이하였다. 부상에서 돌아온 김민석은 0.208/0.532로 더 부진했다.

주전 중에서 리그 평균 이상 활약을 한 선수는 베테랑 지명타자 전준우와 우익수 빅터 레이예스뿐이었다. 전준우는 wRC+ 105.6으로 평균을 살짝 넘는 수준이었다. 사실상 '레이예스(162.9)와 여덟 난쟁이' 타선이었다. 팀 역사상 최악의 '물타선'이었던 2002년의 wRC+ 74.4보다도 낮았다.

팀 OPS 0.632라는 치욕적인 숫자를 찍은 다음 날, 반등이 시작됐다.

4월 17일 롯데는 LG에 6대 5로 무릎을 꿇었지만 홈런 2개 포함 14안타를 치며 오랜만에 활발한 공격력을 선보였다. 그날을 시작으로 조금씩 타선이 살아났다. 5월 OPS는 0.782로 10개 구단 중 4위로 올라섰다. 여름에는 더 힘을 냈다. 6월 OPS는 0.860으로 리그 1위. 2위 KIA가 0.825였다. 7월에 주춤했지만 8월에 0.862로 다시 1위였다. 2위 KIA(0.816)와 차이는 46포인트로 더 벌어졌다. 여름 기간

2024년 롯데 월별 OPS

월	롯데	순위	리그	리그 대비
3월	0.668	9	0.762	88%
4월	0.712	9	0.762	93%
5월	0.782	4	0.763	102%
6월	0.860	1	0.780	110%
7월	0.736	8	0.769	96%
8월	0.862	1	0.780	111%
9-10월	0.766	7	0.778	98%
전반기	0.775	3	0.767	101%
후반기	0.791	5	0.779	102%

전체로는 OPS 0.822로 KIA에 이어 2위. 공격 면에선 '봄 데'가 아니라 '여름데'인 2024년이었다. 시즌 최종 OPS는 0.782로 역시 KIA에 이어 두 번째로 높았다. wRC+는 101.5로 4월 16일의 1.49배였다. 롯데 타선에 잔인했던 시즌 초반은 결국 "봄 기록을 믿지 말라"는 오래된 야구 격언의 좋은 사례가 됐다.

김태형 신임 감독은 선수를 자주 교체하는 스타일의 감독이다. 지난해엔 더 심했다. 경기 도중 야수 교체가 평균 4.6명이었다. 10개 구단 최다다. 하지만 이런 일이 일어나는 건 감독의 성향 때문만은 아니다. 선수단 구성과 특징도 영향을 미친다.

롯데는 수비를 못하는 팀이다. 2020년부터 4년 연속 수비 WAR이 10개 구단 최하위다. 여기에는 사직구장의 문제도 있다. 이 책에 실린 글 〈수비하기 좋은 구장, 나쁜 구장, 이상한 구장〉에서는 프로야구 각 구장의 DER(수비효율)을 다룬다. 롯데의 홈인 사직구장은 2019-2024년 6시즌 동안 DER이 가장 낮은 구장이었다. 그것도 압도적으로 낮다. 그리고 유일하게 롯데는 원정보다 홈에서 DER이 떨어졌다 그리고 사직구장은 원정 팀 DER도 가장 나빴다. 롯데의 악명 높은 수비 문제에는 구장 환경이 상당한 요인일 가능성이 높다. 따라서 롯데 같은 팀은 경기 중 수비 강화를 위해 야수 교체를 해야 할 가능성이 높다.

주전 가운데 베테랑이 많다면 역시 체력 안배를 위해 교체가 일어날 가능성이 높다. 하지만 롯데는 그런 팀은 아니다. 24세 이하 선수 타석이 1947회로 10개 구단 가운데 가장 많았다. 반대로 34세 이상 타자 타석(1183)은 8위에 그쳤다. 그런데도 교체가 많았던 이유는 롯데의 개막전 선발 라인업에서 짐작할 수 있다.

2024년 10개 구단 24세 이하·34세 이상 타자 타석

구단	24세 이하		구단	34세 이상	
	타석	순위		타석	순위
롯데	1947	1	KT	2828	1
키움	1918	2	SSG	2418	2
삼성	1880	3	두산	2276	3
한화	1337	4	LG	2167	4
NC	1335	5	KIA	1931	5
SSG	997	6	한화	1626	6
KIA	990	7	NC	1399	7
LG	961	8	롯데	1183	8
KT	187	9	삼성	1140	9
두산	157	10	키움	1006	10

20019-2024년 구장별 DER 순위

구장	DER
인천SSG랜더스필드	0.688
잠실야구장	0.684
창원NC파크	0.677
대전한화생명볼파크	0.676
대구삼성라이온즈파크	0.675
고척스카이돔	0.674
광주KIA챔피언스필드	0.671
수원KT위즈파크	0.670
사직야구장	0.655

롯데는 3월 23일 인천 문학구장에서 SSG와 개막전을 치렀다. 포수, 2루수, 3루수, 유격수, 좌익수 등 다섯 명이 시즌 종료 시점에서 주전이 아니었다. 포수 유강남은 2015년 이후 최소인 52경기에만 나왔고, 2루수 오선진은 개막전 바로 다음날 2군으로 내려갔다. 1군 복귀는 4월 30일에야 가능했다. 14년 만에 롯데로 복귀한 3루수 김민성은 5경기만 치르고 3월 31일 2군으로 내려갔다. 유격수 노진혁은 시즌 73경기 출장에 그치며 유강남과 같은 처지가 됐다. 그리고 좌

익수 고승민은 30타수 5안타로 부진한 뒤 4월 2일 경기를 끝으로 2군으로 내려갔다. 4월말 복귀 이후엔 2루수로 포지션이 변경됐다. 그만큼 초반부터 포지션이 안정되지 않은 시즌이었다. 개막 이전에도 의문부호가 붙은 포지션은 여럿이었다.

롯데 개막전과 시즌 전체 포지션별 주전 비교

포지션	개막전		시즌 전체		
	4월 16일까지	OPS	시즌	OPS	차이
포수	유강남	0.363	손성빈	0.653	0.290
1루수	나승엽	0.450	나승엽	0.880	0.430
2루수	오선진	0.000	고승민	0.834	0.834
3루수	김민성	0.717	손호영	0.896	0.179
유격수	노진혁	0.488	박승욱	0.716	0.228
좌익수	고승민	0.552	황성빈	0.812	0.260
중견수	윤동희	0.585	윤동희	0.829	0.244
우익수	레이예스	0.973	레이예스	0.904	-0.069
지명타자	전준우	0.749	전준우*	0.854	0.105
팀		0.638		0.782	0.144

*전준우는 좌익수 수비이닝 1위, 지명타자 타석 1위.

그래서 롯데의 5월 이후 타격 안정은 더 대단하다. 레이예스가 KBO 리그 역사상 가장 많은 안타를 쳤고, 전준우는 전준우다운 시즌을 보냈다. 손호영은 가히 '2024년의 발견'이라 할 만 하다. LG에서 4년 동안 부상에 발목을 잡혀 꽃피우지 못했던 재능을 폭발시켰다. 하지만 가장 눈에 띈 건 젊고 새로운 4명의 얼굴이었다. 롯데 팬들은 그들의 성을 따 '윤나고황'이라 불렀다.

가장 어린 윤동희는 2년차던 2023년 423타석에 출장하며 첫 풀시즌을 맞았다. 타율 0.282에 팀 역대 20세 이하 타자 최다인 111안타를 때려냈다. 홈런은 2개에 그쳤지만 파워가 향상될 수 있다는 기대를 모았다. 항저우 아시안게임에서 타

율 0.435로 활약했고, 10안타 중 4개가 장타였다. 시즌 뒤 열린 아시아프로야구챔피언십(APBC) 결승 일본전에서도 5타수 2안타로 활약했다. 그리고 지난해 OPS 0.829로 도약했다. 홈런은 14개를 때려냈다. 인내심이 강한 타자로 타석당 투구수 4.27개는 300타석 이상 기준 리그 3위였다.

군복무를 마치고 돌아온 나승엽은 고교 시절 '타격 천재'로 불리며 메이저리그의 주목까지 받았던 재능을 꽃피우기 시작했다. 상무에서 2년 연속 타율 3할을 기록하더니 지난해 첫 1군 풀시즌에서 2023년 상무에서와 같은 타율 0.312를 때려냈다. 가장 눈에 띄는 건 '눈야구'다. 볼넷/타석 비율 14.1%는 리그 9위. 4할대 출루율(0.411)을 찍은 이유다. 홈런 7개는 적어 보이지만 2루타(35)는 공동 5위, 3루타(4)는 공동 9위였다. 데뷔 시즌인 2021년 순장타율(Iso)은 0.070으로 100+타석 기준 리그 1루수 18명 가운데 가장 낮았다. 지난해엔 0.157로 두 배 이상 향상됐다.

2018년 드래프트 1라운드 지명자 고승민도 '커리어하이' 시즌을 보냈다. 홈런 14개는 앞 세 시즌 합계보다 딱 두 배 많았다. 87타점은 1999년 박정태를 넘은 구단 사상 2루수 최다 기록. 윤동희, 나승엽과는 스타일이 다른 타자다. 볼넷비율 7.7%로 리그 평균보다 낮다. 하지만 공을 배트에 맞추는 컨택트 비율은 83.5%로 팀내 1위 나승엽(85.5%)과 큰 차이가 없다. 안치홍의 FA 이적으로 원래 포지션인 2루수로 돌아왔다. 실수가 많았지만 괜찮은 수비 범위를 보이며 성공적으로 정착했다.

지난해 27세로 넷 중 최연장자인 황성빈은 현대 야구에서 사라져가는 기술의 흔치 않은 계승자다. 지난해 리그 전체 번트 시도는 1698회. 10개 구단 시대가 시작된 2015년 2409회보다 30%나 감소했다. 그리고 전체 타구 중 뜬공의 비율은 2015년의 45.4%보다 6%가 증가한 51.4%가 됐다. 전세계 타자들이 '강한 뜬공'을 추구하는 지금. 땅볼과 번트를 무기로 생존한 황성빈의 독특함은 더욱 돋보인

다. 땅볼 비율(56.8%)과 번트 시도(46회) 모두 리그 최상위 권이다. 배드볼히터 타입으로 스트라이크존을 벗어나는 공에 39.8% 비율로 스윙을 했다. 고승민처럼 수준급의 컨택트 능력으로 이 약점을 커버했다. 첫 두 시즌 도루 19개를 성공시켰지만 실패가 무려 17개였다. '뛰어선 안 되는 주자' 였다. 하지만 지난해 61회 도루시도에서 51개를 성공시키며 성공률을 83.7%로 끌어올렸다. 베이스가 커진 효과를 가장 크게 누린 선수 중 한 명이었다.

2024년 롯데 OPS 0.800/400타석 이상 타자

선수	나이	포지션	OPS	wRC+
레이예스	30	RF	0.904	127.5
손호영	30	3B	0.896	121.7
나승엽	22	1B	0.880	129.7
전준우	38	LF	0.854	115.7
고승민	24	2B	0.834	107.9
윤동희	21	CF	0.829	113.1
황성빈	27	LF	0.812	109.0

'윤나고황'은 모두 OPS 0.800/400타석을 넘기는 준수한 활약을 했다. 아직 '슈퍼스타'로 불릴 만한 선수는 없다. 하지만 20대 야수 네 명이 주전으로 활약하며 맹타를 휘두르는 건 흔치 않은 일이다. 지난해 10개 구단에서 OPS 0.800/400타석 이상 내국인 타자는 평균 세 명이었다. 롯데가 6명으로 가장 많았고, 두산이 5명으로 그 다음이었다. 하지만 두산에는 이 중 27세 이하 선수가 단 한 명도 없었다. 두산 뿐 아니라 SSG와 NC에도 없었다. 키움에는 김혜성 한 명이 있었지만 2025년는 메이저리그에서 뛴다. 27세 이하로만 좁히면 10개 구단 평균은 1.1명. 롯데는 무려 네 명이다. 이 점에서 롯데는 타격 리빌딩이 가장 성공적으로 진행되는 구단이다.

2024년 10개 구단 OPS 0.800/400타석 이상 내국인 타자

구단	내국인	27세 이하	27세 이하 선수명
KIA	4	2	김도영 한준수
삼성	3	1	김영웅
LG	3	1	문보경
두산	5	0	
KT	2	1	강백호
SSG	1	0	
롯데	6	4	나승엽 고승민 윤동희 황성빈
한화	2	1	노시환
NC	2	0	
키움	2	1	김혜성
평균	3.0	1.1	

지난해 롯데의 '유스 무브먼트(Youth Movement)'는 '역대급'이기도 하다. 프로야구에서 젊은 선수가 활약하는 건 쉽지 않다. 투수보다는 타자가 더 어렵다. 원년 이후 24세 이하 타자 타석이 1800회 이상인 팀은 33개뿐이다. 43년 동안 모든 팀이 353시즌을 보냈으니 10% 확률이 되지 않는다. 지난해 롯데는 1947타석으로 이 기준을 충족시켰다. 롯데 24세 이하 타자들의 OPS는 0.806으로 1999년 두산, 2004

역대 구단 24세 이하 타자 OPS 순위(1800+타석 기준)

구단	연도	타석	OPS	wRC+	WAR
두산	1999	1980	0.893	132.7	15.2
한화	2004	1876	0.810	117.5	10.0
롯데	2024	1947	0.806	106.9	7.7
넥센	2018	2387	0.800	101.1	11.8
두산	2009	1997	0.793	102.1	7.5
빙그레	1991	2142	0.782	116.8	8.8
키움	2022	2161	0.767	114.7	13.2
OB	1998	1889	0.758	108.2	11.4
LG	1994	2742	0.754	120.6	18.0
키움	2019	2465	0.748	108.3	12.8

년 한화에 이어 역대 3위였다. 물론 지난해는 타고투저 시즌이었다. 하지만 시즌과 구장 조건을 중립화한 wRC+에서도 11위로 정상권이다 (WAR은 21위로 그보다 10계단 낮다. 역시 수비 문제 때문이다).

선수의 이동 자유가 제약된 프로야구에서 강한 팀이 전력을 오랫동안 유지하는 건 어렵다. 뛰어난 선수도 나이가 들면 기량이 처질 수밖에 없다. 젊은 선수가 자리를 메워야 하는데 말처럼 쉬운 일이 아니다. 주전 기량이 확 떨어졌을 때 2군에서 올릴 유망주가 없는 상황은 드물지 않게 일어난다. 뛰어난 유망주들이 주전에 밀려 기회를 얻지 못하는 경우도 많다. 전성기를 누리는 나이가 점점 길어지는 최근 프로야구에서 세대교체는 더욱 어렵다.

롯데는 과거에도 '유스 무브먼트'를 여러 차례 했다. 24세 이하 타자들에게 1800타석 이상 기회를 부여한 시즌이 지난해 포함 여섯 번이다. 10개 구단을 통틀어 두산(7회) 다음으로 많다. 하지만 두산과는 달리 롯데는 '화수분 야구'라는 말을 들은 적이 없다. 두산 24세 이하 wRC+는 7시즌 중 한 번을 제외하곤 리그 평균(100)을 넘었다. 반면 롯데는 2024년 이전 다섯 시즌 모두에서 평균 미만이었다. 2004년엔 59.1로 위 33개 팀 중 꼴찌였다.

하지만 지난해 롯데 24세 이하 타자들은 처음으로 평균 이상 wRC+(106.9)를 찍었다. 젊은 선수들의 수치는 전성기 연령 선수들의 기록보다 더 의미가 있다. 앞으로 더 높아질 가능성이 있기 때문이다. 20년 전 롯데는 24세 이하 야수 16명을 기용했다. 그 시즌의 활약은 wRC+ 수치에서 보듯 형편없었다. 롯데는 4년 연속 최하위 수모에 빠졌다. 하지만 이들 가운데 포수 강민호와 최준석, 유격수 박기혁, 외야수 김주찬이 있었다. 그리고 22세 1루수 이대호가 입단 4년차 처음으로 두 자릿수 홈런을 때려내며 슈퍼스타로 가는 길을 열었다.

윤동희 나승엽 고승민 황성빈은 20년 전 선배들보다 화려한 선수 생활을 보낼 수 있을까. 미래는 아무도 모른다. 하지만 출발이 훨씬 좋다는 점은 분명하다.

롯데 24세 이하 타자 wRC+ 순위(1800+타석 기준)

구단	연도	타석	OPS	wRC+	WAR
롯데	2024	1947	0.806	106.9	7.65
롯데	2006	1893	0.695	94.9	8.45
롯데	1993	1806	0.635	91.3	9.94
롯데	2005	1967	0.677	81.2	5.69
롯데	2023	1833	0.645	79.7	-0.02
롯데	2004	1830	0.643	59.1	-0.01

한화 이글스
HANWHA EAGLES

종합

경기당 득점	경기당 실점	실책/경기	수비효율
5.17 9위<10	**5.42** 5위<8	**0.73** 5위<5	**0.631** 9위<5
81(+10) 5.38(리그)	96(+26) 5.38(리그)	106(-3) 0.76(리그)	63(-46) 0.647(리그)
도루시도/경기	도루성공률	희생번트/경기	경기당 투수교체
0.8 8위<9	**62.7** 10위<4	**0.29** 8위<7	**4.04** 8위<10
82(+4) 1.1(리그)	46(-70) 74.4(리그)	78(-3) 0.34(리그)	85(+30) 3.90(리그)

타격

타율	출루율	장타율	OPS
0.270 8위<10	**0.347** 7위<10	**0.398** 9위<10	**0.745** 9위<10
79(+42) 0.277(리그)	85(+28) 0.352(리그)	68(+13) 0.420(리그)	72(+19) 0.772(리그)
심진회피	순출루	순장타	타석당 투구수
0.81 4위<10	**0.077** 3위<1	**0.128** 9위<6	**3.88** 7위<2
100(+51) 0.81(리그)	115(-35) 0.074(리그)	69(-27) 0.142(리그)	88(-51) 3.90(리그)

선발

ERA(선발)	경기당이닝(선발)	피타율(선발)	피순장타(선발)
4.95 7위<8	**4.69** 10위<10	**0.291** 10위<8	**0.133** 2위<10
86(+17) 4.77(리그)	57(+20) 5.00(리그)	45(-40) 0.274(리그)	122(+76) 0.144(리그)
SO9(선발)	Walk9(선발)	HR9(선발)	선발xRA9
8.01 3위<6	**3.59** 6위<6	**0.95** 3위<10	**5.38** 9위<9
119(+17) 7.64(리그)	109(+8) 3.71(리그)	120(+63) 1.03(리그)	73(+5) 5.09(리그)

구원

ERA(구원)	경기당이닝(구원)	피타율(구원)	피순장타(구원)
5.07 5위<7	**4.16** 2위<1	**0.278** 5위<3	**0.133** 3위<7
107(+14) 5.16(리그)	134(-30) 3.91(리그)	115(-7) 0.282(리그)	125(+31) 0.141(리그)
SO9(구원)	Walk9(구원)	HR9(구원)	구원xRA9
7.94 3위<4	**4.77** 3위<9	**0.85** 2위<4	**5.65** 2위<5
118(-3) 7.59(리그)	111(+35) 4.96(리그)	132(+17) 0.98(리그)	124(+22) 5.91(리그)

승률 - 기대승률 변화

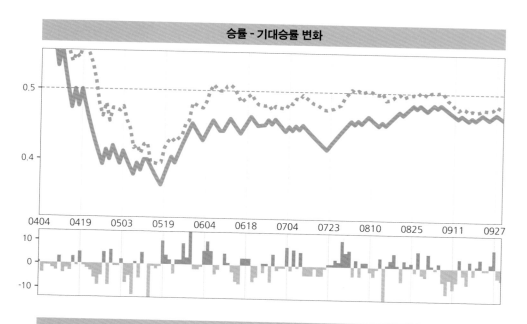

연승과 연패

03월24일-03월31일 7연승 경기당 7.4득점 3.0실점 (KT,LG,SSG 상대)

04월05일-04월10일 5연패 경기당 4.6득점 6.8실점 (두산,키움 상대)

04월20일-04월26일 6연패 경기당 2.5득점 6.8실점 (두산,삼성,KT 상대)

05월24일-05월30일 5연승 경기당 8.2득점 2.0실점 (롯데,SSG 상대)

07월13일-07월21일 7연패 경기당 3.6득점 6.7실점 (KIA,LG,NC 상대)

07월23일-08월02일 7연승 경기당 9.4득점 5.0실점 (삼성,KIA,KT,LG 상대)

09월07일-09월12일 5연패 경기당 1.6득점 9.0실점 (삼성,LG,SSG 상대)

초반-중반-종반 승부

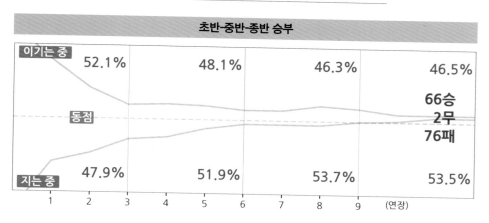

포지션 DepthChart

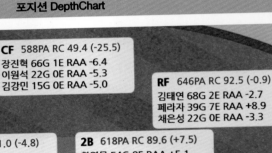

CF 588PA RC 49.4 (-25.5)
장진혁 66G 1E RAA -6.4
이원석 22G 0E RAA -5.3
김강민 15G 0E RAA -5.0

RF 646PA RC 92.5 (-0.9)
김태연 68G 2E RAA -2.7
페라자 39G 7E RAA +8.9
채은성 22G 0E RAA -3.3

LF 645PA RC 79.8 (-19.8)
최인호 46G 2E RAA -3.8
페라자 42G 2E RAA +2.4
김인환 23G 0E RAA -6.8

SS 565PA RC 61.0 (-4.8)
이도윤 89G 13E RAA -8.5
황영묵 29G 4E RAA -2.0
하주석 26G 3E RAA +6.4

2B 618PA RC 89.6 (+7.5)
황영묵 54G 8E RAA +5.1
문현빈 38G 1E RAA -6.4
안치홍 36G 2E RAA +7.5

3B 641PA RC 94.7 (-1.1)
노시환 125G 9E RAA +0.6
문현빈 13G 2E RAA +1.0

1B 631PA RC 98.9 (+5.8)
채은성 73G 7E RAA +6.4
안치홍 34G 4E RAA +0.5
김태연 30G 5E RAA +2.5

DH 633PA RC 74.9 (-12.4)
안치홍 57G 0E RAA -3.6
페라자 32G 0E RAA -2.4
채은성 24G 0E RAA -2.0

C 547PA RC 57.9 (-3.4)
최재훈 95G 5E RAA +3.0
이재원 40G 1E RAA -8.3

5시즌 포지션별 공격력 추이(리그평균대비+)

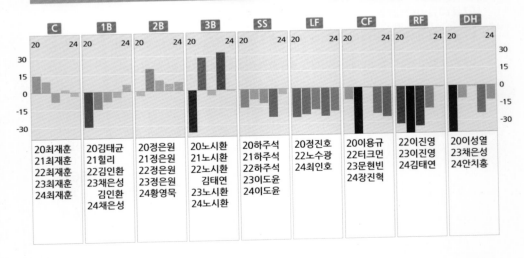

C	1B	2B	3B	SS	LF	CF	RF	DH
20최재훈	20김태균	20정은원	20노시환	20하주석	20정진호	20이용규	22이진영	20이성열
21최재훈	21힐리	21정은원	21노시환	21하주석	22노수광	22터크먼	23이진영	23채은성
22최재훈	22김인환	22정은원	22노시환	22하주석	24최인호	23문현빈	24김태연	24안치홍
23최재훈	23채은성	23정은원	김태연	23이도윤		24장진혁		
24최재훈	김인환	24황영묵	23노시환	24이도윤				
	24채은성		24노시환					

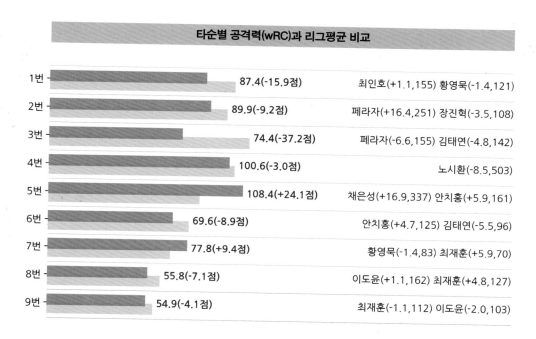

타순별 공격력(wRC)과 리그평균 비교

타순	wRC	선수
1번	87.4(-15.9점)	최인호(+1.1,155) 황영묵(-1.4,121)
2번	89.9(-9.2점)	페라자(+16.4,251) 장진혁(-3.5,108)
3번	74.4(-37.2점)	페라자(-6.6,155) 김태연(-4.8,142)
4번	100.6(-3.0점)	노시환(-8.5,503)
5번	108.4(+24.1점)	채은성(+16.9,337) 안치홍(+5.9,161)
6번	69.6(-8.9점)	안치홍(+4.7,125) 김태연(-5.5,96)
7번	77.8(+9.4점)	황영묵(-1.4,83) 최재훈(+5.9,70)
8번	55.8(-7.1점)	이도윤(+1.1,162) 최재훈(+4.8,127)
9번	54.9(-4.1점)	최재훈(-1.1,112) 이도윤(-2.0,103)

© 한화 이글스

한화의 리빌딩은 왜 끝나지 않았을까

_이성훈

지난해 시즌 개막 직전이던 3월 19일. 한화는 이글스파크에서 '언베일링쇼'를 열었다. '달라진 우리 Different Us'라는 슬로건이 등장했고, 고통스러웠던 리빌딩의 과정과 희망의 근거를 소개했다. 행사의 마지막에 '리빌딩은 끝났다 Rebuilding is Over'라는 문구가 등장했다. 독수리가 다시 날아오를 준비가 끝났다는 선언에 한화 팬들은 열광했다.

'리빌딩 특효약'

효과는 여전한가?

지난 시즌 한화의 결말이 어땠는지는 모두가 안다. 하지만 잠시 그때로 시간을 되돌려보자. 당시 자신감 넘치는 선전 포고가 이례적으로 느껴지긴 했다. 불확실성이 지배하는 프로야구에서 너무 단정적인 표현 같았기 때문이다. 리빌딩이 끝났다는 건 포스트시즌에 나간다는 이야기다. 아무리 류현진이 돌아오고 안치홍이 가세했어도, 전년도 9위 팀이 5위로 뛰어오른다고 확신해 선언하는 게 가능한가? 2015년 10구단 체제가 시작된 뒤, 5위 팀의 평균 승률은 0.509. 5위 팀 최저 승률은 2015년 SK의 0.486, 최고는 2020년 키움의 0.559였다. 그러니까 승률 5할 정도는 되어야 가을잔치 가능성을 논할 자격을 얻는 셈이다. 2023년 한화는 58승 80패 6무로 승률 0.420이었다. 승률 5할이 되기 위해서는 최소 11승 추가가 필요했다.

필자는 확신할 수는 없었지만, 가능성은 꽤 높다고 생각했다. 이유는 이랬다.

1. 직전 시즌 메이저리그 구단의 주축 선발투수가 이듬해 한국으로 오는 경우는 극히 드물다. 류현진은 KBO 리그 팀과 계약한 역대 최고의 메이저리거다. 또한 한국 프로야구 역사상 최고의 선발 전문투수였다. 이런 선수는 아주 잘 할 것이라고 기대하는 게 합리적이다. 최근 한 시즌에 WAR 4승를 넘기는 국내 투수는 5-7명 정도다. 여기에는 동년배 양현종, 김광현도 보통 포함된다. 류현진에게 이 정도 활약을 기대하는 건 무리가 아니었다. 그러니까 한화에 최소한 4승 이상을 더해줄 거라고 기대할 수 있었다.

2. 프리에이전트(FA)로 합류한 안치홍은 직전 3시즌 연속으로 WAR 2승을 넘겼다. 2023년 한화 2루수들이 기록한 WAR은 0.22승에 불과했다. 10개 구단 중 압도적인 꼴찌였다. 정은원이 부진에 빠졌고, 문현빈은 이제 막 걸음마 단계였다. 즉 리그에서 가장 약한 포지션 중 하나를, 준수한 선수로 대체할 수 있었다. 2승 이상 전력 상승 효과를 기대할 수 있었다.

3. 결정적으로, 한화의 2023년 외국인 농사는 재앙이었다. 외국인 에이스로 데려온 버치 스미스가 개막전 3회 만에 부상으로 쓰러졌고, 타자 브라이언 오그레디는 86타석 40삼진이라는 충격적인 부진 끝에 퇴출됐다. 2023년 한화 외국인선수들의 WAR 합계는 5.36승. 10개 구단 중 압도적 꼴찌였다. 10개 구단 평균(10.87)에 5.5승이 모자랐다. 이 책에서 반복되는 명제를 다시 꺼내자면, 외국인 농사는 운에 가깝다. 즉 외국인 운이 정상화되기만 해도 한화는 5-6승 정도 추가할 수 있을 것이다.

이유 3개를 합치면 '추가 11승'이 넘는다. 5강 희망을 위한 조건이 충족되는 셈이다. 3가지 이유 중 앞 두 개는 크게 빗나가지 않았다. 안치홍의 WAR(1.33)이 약간 기대에 못 미쳤지만, 류현진이 4.44승을 기록해 부족분을 채웠다.
3번은 완전히 빗나갔다. 그리고 다른 많은 악재들이 발생했다. 한화는 2023년보다 8승을 추가하는데 그치며 또 다시 가을잔치에 오르지 못했다.

무엇이 잘못된 걸까?

1. 젊은 주축들의 퇴보

2023년 노시환은 리그 최고의 타자 중 한 명이었다. 홈런왕에 올랐고 OPS와 WAR은 야수 2위였다. 23세 시즌에 마침내 잠재력을 꽃피우며 리그 최고 거포로 자리매김하는 듯했다. 그래서 지난해의 퇴보는 놀라웠다. WAR은 절반 이하로 줄었고, 선구안 및 장타력과 관련한 모든 지표들이 하락했다. 부상이 없었더라도 연말 프리미어12 국가대표 발탁이 쉽지 않았을 정도였다.

노시환 뿐이 아니다. 2023년 '대한민국 에이스'로 성장하는 듯했던 문동주가 각종 통증에 시달리며 WAR 1.77승이라는 잊고 싶은 시즌을 보냈다. 문현빈과 김서현도 잠재력은 보여줬지만, 확실하게 자리를 잡지 못했다. 김택연 대신 선택한 왼손 루키 황준서도 프로의 높은 벽만 실감했다. 한화의 25세 이하 선수들이 기록한 WAR은 7.77승. 10개 구단 중 7위에 불과했다.

한화는 2019년부터 5년 연속 9위 이하로 처졌다. 그래서 해마다 드래프트 상위픽을 행사했고, 뛰어난 유망주를 많이 모을 수 있었다. 그런데 육성의 성적표가 낙제점인 것이다. 지난해 25세 이하 선수 WAR 상위 10명 중에 한화 소속은 아무도 없었다.

육성 부진은 어제 오늘의 일이 아니다. 류현진이 미국으로 떠난 2013년 이후, 한화에서 한 번이라도 WAR 4승을 넘겨본 25세 이하 국내 투수는 아무도 없다. 타자는 노시환과 정은원 단 두 명, 정은원은 2023년부터 심각한 정체에 빠진 끝에 결국 지난해 12월 상무에 입대했다.

2. 베테랑도 동반 퇴보

2023년 한화에서 가장 좋은 활약을 펼친 10명, 즉 WAR 팀 내 10위 안에 든 선수들에겐 공통점이 있다. 2024년 WAR이 하락했다는 점이다. 단 한 명의 예외도 없이.

WAR 집단 하락		
선수	2023년	2024년
노시환	6.53	2.41
문동주	3.08	1.77
주현상	2.44	3.13
최재훈	3.34	1.82
이진영	2.44	-0.15
채은성	1.79	1.14
이태양	1.78	-0.5
이도윤	1.64	0.59
문현빈	1.38	0.5
윤대경	1.39	-0.26

심지어 FA로 이적해 온 안치홍까지 전년도보다 WAR이 하락(2.30→1.33)했다.

집단 부진의 이유로 너무 꼬여버린 시즌 초반 부진에 따른 중압감을 드는 이들도 있다. 실제로 최원호 감독 경질 전까지 한화의 승률은 0.420. 김경문 감독 부임 이후는 0.489로 높아졌다. 김 감독 부임 이후 피타고라스 승률은 0.500를 넘겼다. 즉 이전 체제에서 선수들이 실력 발휘를 못했을 가능성이 있다. 하지만 주변 상황과 상관없이 제 실력을 발휘하는지 여부도 실력이다.

3. 다시 찾아온 '외국인 흉작'

지난해 한화 외국인선수들의 활약은 2023년의 재앙보다는 나았다. 외국인 WAR 총합이 5.36승에서 8.48승으로 향상됐다. 문제는 두 가지였다. 첫째, 이 정도 향상으로는 가을잔치에 오르기에 부족했다. 둘째, 한화는 2년 연속 외국인 WAR 합계 꼴찌였다. 즉 한화는 2024년에도 외국인 농사를 제일 못 지은 팀이었다. 이 또한 오래된 문제다. 최근 5년간 한화 외국인선수들의 활약은 항상 바닥권이었다.

한화 외국인선수 WAR 합계		
연도	WAR	순위
2020	3.76	10
2021	8.57	7
2022	8.17	8
2023	5.36	10
2024	8.48	10

지난해 발생한 세 가지 문제는, 결국 두 가지 구조적 원인을 가리킨다.

1. 선수들의 성장과 기량 발휘를 막는 무언가가 구단 내부에 있다.
2. 그 무언가를 바꿔 내려는 시도들이 계속 실패하고 있다.

한화 구단은 고질적 문제 해결을 위해 많은 것을 시도해왔다. 한국 야구를 대표적인 '명장'을 줄줄이 모셔왔다. FA 거물 선수들도 영입해봤다. 선수단과 프런트 물갈이도 해봤다. 능력으로 정평이 난 젊은 사장이 구단 운영 지휘봉을 잡기도 했다. 지금까지는 그 어떤 시도도 가시적인 성과로 이어지지 않았다.

2025년에는 어떨까?

2025년에도 장밋빛 희망을 가질 근거들은 있다. 특히 FA로 영입한 엄상백이 지난 3년 정도의 활약을 해준다면 WAR 3승 이상을 보태줄 것이다. 새 외국인 타자 에스테반 플로리얼의 방망이는 미지수다. 하지만 한화의 오랜 숙제였던 중견수 수비를 대폭 업그레이드해줄 능력이 있다.
그리고 새로 문을 여는 대전한화생명볼파크가 한화 타선과 궁합이 맞을 가능성이 보인다. 지난해 한화에서 OPS가 가장 높았던 국내 주전 4명(채은성, 노시환, 김태연, 안치홍)은 모두 우타자다. 주전 유격수가 우투좌타 이도윤에서 우투

우타 심우준으로 바뀌면서 우타 편향은 더 심해질 것이다. 새 구장에는 95m 거리 우측 펜스에 높이 9m에 가까운 벽이 설치된다. 좌타자의 홈런을 자주 막아낼 게 확실하다. 즉 새 구장은 '우타 편향 타선'에 상대적으로 유리한 생김새다. 한화 투수들은 상대적으로 좌타자가 많은 상대 타선을 조금 더 자신 있게 상대할 수 있을 것이다. 지난해 김경문 감독 부임 이후 피타고라스 승률 0.500를 넘긴 전력에 이런 호재들이 더해져 4승 이상이 추가된다면? 가을야구를 노릴 수준이 된다.

물론 불확실성과 운이 지배하는 야구의 세계에서 이 정도로 확신을 하기는 어렵다. 관건은, 선수단 체질 개선의 전권을 쥔 김경문 감독의 리더십이 통할지 여부다.

김 감독은 감독 커리어 내내 일관된 지휘 스타일을 보여줬다. 야구를 진심으로 대하고 전력을 다하는 젊은 선수라면 과감하게 기회를 줬다. 확실한 동기를 부여받은 젊은 선수들은 더 많은 땀을 흘렸다. 기존 베테랑 선수들은 안주할 수 없게 됐다. 그 결과 선수단에 건강한 긴장감이 조성됐고, 선수단 기량이 동반 성장했다. 이런 리더십 아래에서 김현수, 이종욱, 손시헌, 고영민, 나성범, 박민우 등 많은 국가대표급 선수가 배출됐다. 두산과 NC가 단기간에 강팀이 된 과정이다. 한화에서도 많은 선수들의 눈빛이 달라졌다는 이야기가 들린다.

물론 김 감독에게는 '2등 징크스'도 있다. 포스트시즌에 10번, 한국시리즈에 3번이나 오르고도 한 번도 우승하지 못했다. 포스트시즌 승률은 0.468에 불과하다. 그 과정에서 몇 차례 비합리적인 경기 운용으로 비난도 받았다. 2015년 플레이오프 최종 5차전에서 2점차로 뒤진 9회 나성범을 투수로 기용한 장면은 지금도 회자되는 기이한 선택이다. 하지만 이런 건 일단 가을야구에 올라간 다음에 신경 쓸 일이다.

구단 전체 조직의 힘이 중요해지는 현대 야구에서, 감독 한 명이 구단을 바꾸는 사례는 점점 줄어들고 있다. 한 시대를 풍미했던 명장 김응용, 김성근이 한화에서 실패할 것이라 예상한 사람은 많지 않았다. 과거 '리빌딩 특효약'이었던 김경문 리더십이 지금 통한다는 보장도 없다. 거꾸로 보자면, 또다시 감독 한 명의 카리스마에 운명을 맡긴 현재 한화의 상황이 오랜 부진의 이유를 말해주고 있다.

© 한화 이글스

NC 다이노스
— NC DINOS —

종합

경기당 득점	경기당 실점	실책/경기	수비효율
5.37 5위<3	**5.56** 8위<3	**0.75** 6위<10	**0.646** 5위<1
99(-9) 5.38(리그)	82(-48) 5.38(리그)	101(+50) 0.76(리그)	97(-51) 0.647(리그)
도루시도/경기	도루성공률	희생번트/경기	경기당 투수교체
1.0 7위<3	**75.9** 5위<8	**0.35** 5위<5	**3.80** 3위<5
93(-12) 1.1(리그)	107(+16) 74.4(리그)	106(+16) 0.34(리그)	111(+13) 3.90(리그)

타격

타율	출루율	장타율	OPS
0.274 6위<3	**0.353** 4위<2	**0.428** 3위<4	**0.781** 3위<3
90(-28) 0.277(리그)	104(-15) 0.352(리그)	112(-13) 0.420(리그)	110(-14) 0.772(리그)
심진회피	순출루	순장타	타석당 투구수
0.79 10위<6	**0.079** 2위<5	**0.154** 3위<3	**3.99** 1위<6
62(-35) 0.81(리그)	127(+27) 0.074(리그)	125(+7) 0.142(리그)	162(+67) 3.90(리그)

선발

ERA(선발)	경기당이닝(선발)	피타율(선발)	피순장타(선발)
4.82 5위<2	**4.97** 6위<8	**0.272** 5위<1	**0.152** 8위<5
96(-33) 4.77(리그)	96(+12) 5.00(리그)	105(-53) 0.274(리그)	84(-17) 0.144(리그)
SO9(선발)	Walk9(선발)	HR9(선발)	선발xRA9
7.51 7위<1	**3.69** 8위<5	**1.03** 7위<8	**5.24** 7위<1
93(-47) 7.64(리그)	102(-3) 3.71(리그)	101(+28) 1.03(리그)	86(-60) 5.09(리그)

구원

ERA(구원)	경기당이닝(구원)	피타율(구원)	피순장타(구원)
5.35 9위<3	**3.89** 6위<3	**0.287** 8위<2	**0.139** 6위<5
85(-35) 5.16(리그)	98(-13) 3.91(리그)	78(-60) 0.282(리그)	106(-1) 0.141(리그)
SO9(구원)	Walk9(구원)	HR9(구원)	구원xRA9
7.45 8위<3	**4.90** 4위<3	**0.88** 3위<5	**6.04** 8위<2
93(-35) 7.59(리그)	104(-1) 4.96(리그)	125(+19) 0.98(리그)	88(-49) 5.91(리그)

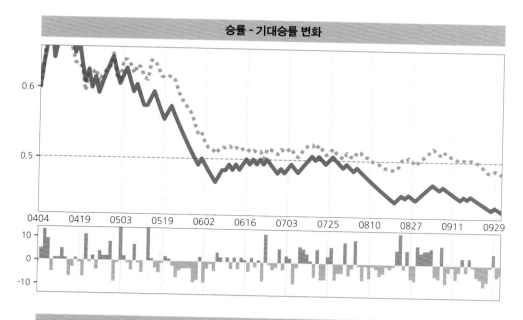

승률 - 기대승률 변화

연승과 연패

05월23일-05월31일 8연패 경기당 4.4득점 9.2실점 (롯데,키움,KIA,LG 상대)

08월06일-08월20일 11연패 경기당 4.0득점 6.8실점 (롯데,삼성,한화,LG,SSG 상대)

08월29일-09월04일 5연승 경기당 9.8득점 3.4실점 (두산,키움,SSG 상대)

09월08일-09월14일 5연패 경기당 4.4득점 8.6실점 (삼성,KT,LG 상대)

09월19일-09월28일 6연패 경기당 3.8득점 8.7실점 (두산,롯데,한화,SSG 상대)

초반-중반-종반 승부

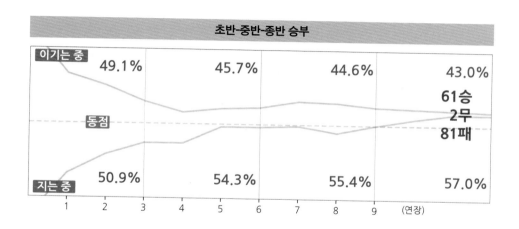

포지션 DepthChart

CF 607PA RC 72.8 (-4.5)
김성욱 83G 1E RAA -6.0
최정원 20G 2E RAA +3.4
박시원 19G 0E RAA -3.9

LF 641PA RC 102.2 (+3.3)
권희동 101G 2E RAA +12.1
천재환 17G 0E RAA -2.8
박한결 13G 1E RAA -2.7

RF 621PA RC 78.9 (-10.9)
박건우 67G 1E RAA +6.2
천재환 26G 2E RAA -4.2
손아섭 17G 0E RAA -0.1

SS 589PA RC 79.9 (+11.3)
김주원 115G 18E RAA +12.8
김휘집 22G 3E RAA -3.1

2B 661PA RC 92.6 (+4.7)
박민우 95G 6E RAA +15.5
서호철 24G 5E RAA -5.9
도태훈 12G 1E RAA -0.9

3B 627PA RC 85.2 (-8.6)
서호철 100G 9E RAA -13.8
김휘집 42G 7E RAA +4.0

1B 638PA RC 120.1 (+25.9)
데이비슨 109G 11E RAA +36.9
도태훈 17G 1E RAA -6.6

DH 651PA RC 101.3 (+11.4)
손아섭 51G 0E RAA -8.1
데이비슨 22G 0E RAA -6.8
박민우 20G 0E RAA +9.6

C 580PA RC 52.1 (-12.9)
김형준 104G 12E RAA -11.9
박세혁 36G 3E RAA -3.1

5시즌 포지션별 공격력 추이(리그평균대비+)

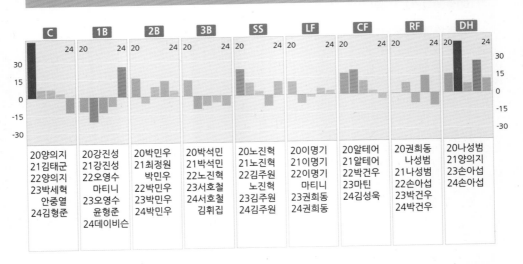

C	1B	2B	3B	SS	LF	CF	RF	DH
20양의지	20강진성	20박민우	20박석민	20노진혁	20이명기	20알테어	20권희동	20나성범
21김태군	21강진성	21최정원	21박석민	21노진혁	21이명기	21알테어	나성범	21양의지
22양의지	22오영수	박민우	22노진혁	22김주원	22이명기	22박건우	21나성범	23손아섭
23박세혁	마티니	22박민우	23서호철	노진혁	마티니	23마틴	22손아섭	24손아섭
안중열	23오영수	23박민우	24서호철	23김주원	23권희동	24김성욱	23박건우	
24김형준	윤형준	24박민우	김휘집	24김주원	24권희동		24박건우	
	24데이비슨							

타순별 공격력(wRC)과 리그평균 비교

순번	wRC	선수
1번	104.8(+0.9점)	박민우(+17.6,492) 손아섭(-5.9,63)
2번	89.9(-9.8점)	서호철(-5.5,196) 권희동(+4.6,141)
3번	111.4(-1.1점)	박건우(+5.6,261) 데이비슨(+6.7,156)
4번	132.5(+26.3점)	데이비슨(+11.9,406) 권희동(+10.0,176)
5번	90.6(+5.0점)	김휘집(+4.0,200) 권희동(+2.7,170)
6번	58.8(-20.2점)	김성욱(-6.1,207) 서호철(-4.6,174)
7번	69.7(+0.4점)	김형준(-5.2,93) 김성욱(-1.4,92)
8번	58.6(-4.7점)	김형준(-5.4,313) 박세혁(-4.5,85)
9번	78.7(+19.7점)	김주원(+6.2,288)

© NC 다이노스

손아섭 박건우가 없어서, 아니 있었더라도

_신원철

NC 다이노스는 2023년 포스트시즌 첫 두 경기에서 만원 관중에 실패했다. 10월 19일 목요일 밤 와일드카드결정전에 1만2299명, 6일 뒤인 수요일 밤 준플레이오프(PO) 3차전에 1만6649명이 입장했다. 평일 경기와 지리적 여건 때문이라는 해석과 함께, '비인기 팀'의 한계라는 시선 또한 피하지 못했다. 팬심을 움직인 것은 NC의 가을 돌풍이었다. NC가 와일드카드 결정전부터 PO 2차전까지 포스트시즌 6연승을 달리자 관중석이 꽉 차기 시작했다. PO 3차전과 4차전 모두 평일 저녁 경기였는데 1만 7400석 전석이 모두 팔렸다. 손아섭-박민우-박건우로 이어지는 '현역 통산 타율 1, 2, 3위' 라인업은 높은 타율과 출루율로 기대감을 심어줬다. 홈런은 주자 없을 때보다 주자가 나갔을 때 더 많이 터졌다. 팬들의 '도파민'도 같이 터졌다.

이론상으로는
더 강해야 했다

NC의 2023년 포스트시즌 6연승은 팀 컬러의 승리였다. 구단 프런트는 '삼진·볼넷·홈런' 3요소가 지배하는 메이저리그와 달리 KBO 리그에서는 인플레이 타구가 중요하다고 판단했다. 그래서 타율이 높은 선수를 집중적으로 영입했다. 손아섭–박민우–박건우로 이어지는 '고타율 라인업'은 선취점에 최적화한 구성이었다. NC는 2023년 144경기 가운데 81경기에서 선취점을 냈다. 1회 득점 경기는 53경기. 모두 10개 구단 1위다. 타순별 1회 OPS는 1번이 0.832(2위), 2번이 0.795(1위), 3번이 0.819(3위)로 모두 상위권에 속했다. 손아섭(1번 115경기)–박민우(2번 69경기)–박건우(3번 119경기)로 이어지는 상위 타순 조합이 높은 선취점 확률로 이어졌다는 해석이 가능하다.

NC가 '홈런 빼고' 가장 자주 점수를 낸 과정 TOP9

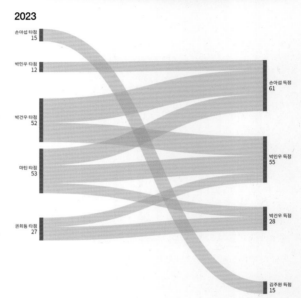

NC 득점루트로 본 '손박'의 빈자리

2023년		
타자	득점주자	득점
박건우	손아섭	29
박건우	박민우	23
마틴	박민우	21
마틴	손아섭	20
권희동	박건우	16

2024년		
타자	득점주자	
데이비슨	박민우	16
손아섭	박민우	14
권희동	서호철	13
박건우	손아섭	12
김성욱	데이비슨	10

*홈런 외 타점이 가장 많은 타자와 득점한 주자 각 TOP5

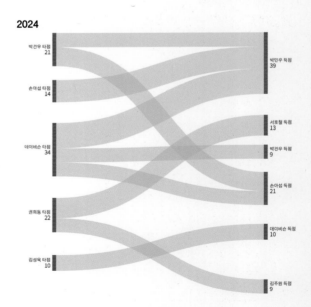

그 시즌을 마치고 NC 전민수 타격코치는 〈코치컨벤션〉 행사에 발표자로 참여해 '메타인지'의 중요성을 강조했다. 메타인지는 발달심리학에서 나온 개념으로 '자신의 인지적 활동에 대한 지식과 조절'을 뜻한다. '자기 생각에 대해 생각한다'고 표현할 수도 있다.

"손아섭은 자기 성향을 잘 아는 선수다. 스윙하겠다고 마음먹으면 멈출 수가 없다고 하더라. 그래서 못 칠 것 같은 공에 방망이가 나갈 때가 있다고 한다. 이 성향 때문에 더욱 열심히 자신과 상대를 분석한다. 박민우는 높은 공을 치면 결과가 안 좋다는 걸 안다. 그래서 낮은 공을 골라서 치려고 노력하는 유형이다".

2023년 NC 야구는 메타인지의 승리였다. 타율 높은 선수들이 자기 장점을 활용하기 위해 방망이를 더 자주 냈다. 인플레이 타구를 만들려는 노력이 스윙 비율에서 드러난다. 2023년 NC 타자들은 전체 투구의 50.3%에 스윙을 했다. 51.0%를 기록한 SSG에 이어 두 번째로 적극성을 보였다.

이론상 2024년 NC 타선은 2023년보다 더 강해야 했다. 통산 타율 1-3위 '손박박'에 홈런왕 맷 데이비슨이 가세했고

권희동은 나이 서른 셋에 커리어 하이 시즌을 보냈다. 그러나 NC의 팀 wRC+는 2023년 105.2에서 2024년 102.7로 퇴보했다. 팀 내 최고 타자 다섯 명을 제대로 활용하지 못한 탓이다. 이 5명이 동시에 출장한 경기는 144경기 가운데 46경기, 전체의 31.9%에 불과했다. 손아섭의 십자인대 파열에 이어 박건우가 손목 골절상을 당하며 주력 타자 다섯 명 가운데 두 명이 빠졌다. 라인업은 허전해졌다. 두 선수 없이 박민우, 데이비슨, 권희동이 같이 출장한 경기조차 나머지 98경기 가운데 29경기에 불과했다.

지난해 NC의 선취점 경기는 71경기. 10개 구단 가운데 6위로 순위가 떨어졌다. 1회 상위타순 OPS는 1번이 0.663(9위), 2번이 0.715(5위), 3번이 0.756(7위)였다. 세 타순 모두 리그 평균 이하였다. 손아섭 박건우 박민우 데이비슨 권희동이 모두 출장한 46경기에서 NC는 232점을 내고 222점을 잃었다. 그런데도 22승 24패로 승률이 5할에 못 미쳤다. 손아섭 박건우 없이, 박민우 데이비슨 권희동만 동시에 출장한 경기 승률은 턱없이 떨어졌다. 8승 21패로 승률 0.276에 그쳤다.

라인업 핵심이 빠진 자리를 대체하지 못한 대가는 두 번의

					치명적 8연패, 사라진 '손박박'					
날짜	1번	2번	3번	4번	5번	6번	7번	8번	9번	투수	
5월 23일	손아섭	서호철	권희동	데이비슨	김성욱	박한결	김형준	김주원	도태훈	김시훈	4-6 패
5월 24일	손아섭	최정원	권희동	데이비슨	오영수	김성욱	김주원	김형준	도태훈	이준호	4-11 패
5월 25일	손아섭	최정원	박건우	데이비슨	권희동	서호철	김주원	김형준	김성욱	이용준	6-10 패
5월 26일	손아섭	서호철	박건우	데이비슨	권희동	김성욱	김주원	김형준	도태훈	카스타노	3-6 패
5월 28일	서호철	최정원	박건우	데이비슨	손아섭	박한결	김형준	김성욱	김주원	신민혁	8-11 패
5월 29일	최정원	서호철	박한결	데이비슨	김성욱	김형준	한석현	박세혁	김주원	하트	3-6 패
5월 30일	박민우	권희동	박건우	데이비슨	손아섭	서호철	박한결	김형준	김휘집	김시훈	2-11 패
5월 31일	박민우	권희동	박건우	데이비슨	김휘집	서호철	김성욱	박세혁	김주원	신영우	5-13 패
5경기 이상 출전	데이비슨(8)-서호철 김성욱 김형준 김주원(7)-손아섭 권희동(6)-박건우(5)										

긴 연패였다. 시즌 흐름으로 보면 8월 11연패보다 5월 8연패가 더 치명적이었다. NC는 5월 23일부터 31일까지 8연패로 27승 20패 1무에서 27승 28패 1무로 5할 승률선이 붕괴됐다. 손아섭과 박건우가 장기 이탈하기 전인데도 이 8경기 동안 NC는 톱니바퀴가 빠진 라인업을 가동해야 했다. 데이비슨만 8경기에 개근했을 뿐 손아섭과 권희동이 6경기, 박건우가 5경기, 박민우가 2경기에 출장했다. 이 기간 35득점 74실점으로 득점이 실점의 절반 아래였다.

시즌이 끝난 뒤 성적만 봤을 때 2023년 손아섭-박민우-박건우에서 2024년 박민우-권희동-박건우로 상위 타순을 조정한 결정은 해볼 만한 선택이었다. 스탯티즈에 따르면 지난해 NC 타자들의 wRC+ 순위는 데이비슨(153.9) 박건우(150.1) 권희동(137.9) 박민우(129.6) 김주원(108.4) 김휘집(106.3) 순서였다. 손아섭은 출루율이 2009년 0.263 이후 가장 낮은 0.314에 그쳐 1번 타자에 어울리는 성적을 내지 못했다.

주자 있을 때 장타가 적었다는 점 또한 아쉬운 시즌이었다. 2023년 포스트시즌 홈런 8개 가운데 5개가 주자 있을 때 나왔다. 경기 스코어로는 7개가 3점 차 안쪽에서 터졌다. 역전 홈런은 2개, 동점에서 리드하는 홈런은 2개였다. 이른바 '결정적인 한 방'이었다.

그러나 2024년 NC는 홈런에 의한 득점은 물론, 비홈런 장타(2루타, 3루타)로 따낸 득점까지 저조했다. 홈런은 172개로 10개 구단 2위인데, 홈런으로 만든 득점은 270점으로 3위였다. 팀 홈런 163개인 KIA가 273점을 뽑았다는 점과 비교된다. NC의 상황별 장타율은 주자 없을 때 0.432로 가장 높고, 주자 있을 때 0.423, 득점권 0.395였다. 득점권 장타율은 리그 최하위. 득점권 순수장타율(ISO)은 0.125로 뒤에서 두 번째였다. 팀 홈런이 2위인데 득점권 장타율과 ISO는 리그 최하위권이라는 기현상이 벌어졌다.

기는 상황에서도 득점권 기회는 온다. WPA로 '중요한 상황' 타격 결과를 파악해도 NC는 역시 부진했다. NC 타자들의 WPA는 2.81로 10개 구단 중 9위에 그쳤다. 데이비슨이 3.32(11위), 권희동이 3.21(13위)로 상위권에 올랐지만 김주원(-0.42, 51위)과 서호철(-1.48, 55위), 김휘집(-1.96, 최하위) 셋이 WPA 최하위권에 그쳤다.

김주원과 김휘집의 각성이 조금 이른 시점에 이뤄졌다면 달

주자 없을 땐 크게, 홈에 가까워지면 짧게? 주자 상황별 ISO

시즌		주자 없을 때		주자 있을 때		득점권	
삼성	0.159	NC	0.165	삼성	0.162	SST	0.167
KIA	0.158	삼성	0.157	SSG	0.161	삼성	0.163
NC	0.154	KIA	0.157	KIA	0.160	KIA	0.153
두산	0.148	KT	0.152	두산	0.150	두산	0.148
SSG	0.147	두산	0.146	롯데	0.145	롯데	0.145
롯데	0.145	롯데	0.145	LG	0.145	LG	0.142
KT	0.138	SSG	0.135	NC	0.141	한화	0.139
LG	0.131	한화	0.124	한화	0.132	키움	0.130
한화	0.128	LG	0.117	KT	0.123	NC	0.126
키움	0.116	키움	0.114	키움	0.119	KT	0.120

슬로스타터? 후반기에 더 강했다

선수	전반기 OPS	후반기 OPS	차이
채은성	0.652	1.004	0.352
구자욱	0.925	1.264	0.339
김주원	0.620	0.905	0.285
강민호	0.732	1.010	0.278
최주환	0.612	0.838	0.226
문보경	0.806	0.973	0.167
김휘집	0.673	0.835	0.162
오스틴	0.899	1.046	0.147
김지찬	0.737	0.870	0.133
데이비슨	0.952	1.071	0.119

랐을까. 이런 가정이 떠오를 만큼 두 선수의 후반기 활약상은 대단했다. wRC+ 순위에서 팀 내 빅4의 뒤를 이은 김주원과 김휘집은 프로 입단 동기라는 점 외에도 비슷한 면이 있었다. 지난해 전반기 내내 슬럼프를 겪다가 후반기에 불타오르며 시즌을 마무리했다. 전반기 대비 후반기 OPS 상승폭이 남달랐다. 김주원은 0.285(0.620→0.905), 김휘집은 0.162(0.673→0.835)나 올랐다. 전·후반기 모두 각각 200타석 이상 출장한 타자 47명 가운데 김주원은 3번째, 김휘집은 7번째로 높은 상승폭을 기록했다.

타선은 주전 공백 속에서도 여전히 평균 이상의 결과물을 냈다. 그러나 투수진은 창단 이후 두 번째로 저조한 시즌을 보냈다. NC 타자 WAR 합은 2023년 24.8승에서 2024년 22.2승으로 2.6승 감소했다. 2023년 26.9승이었던 투수 WAR 합은 18.8승으로 훨씬 큰 폭으로 떨어졌다. KT(31.0→21.4)에 이어 두 번째로 감소폭이 컸다.
NC의 2024년 투수 WAR은 10개 구단 중 9위다. 창단 뒤 첫 최하위 시즌이었던 2018년 13.75승(10위)이후 가장 나빴다. NC는 2014~2016년 3년 연속 투수 WAR 합계 1위를 지켰고, 2019년부터 2023년까지도 중위권을 유지하고 있었다.

NC 시즌별 투수 WAR 합계

연도	WAR	비고
2013년	19.4	외국인투수 3명
2014년	27.2	
2015년	30.3	에릭 해커
2016년	30.2	
2017년	24.0	
2018년	13.8	창단 첫 최하위
2019년	27.7	
2020년	29.1	통합우승
2021년	21.5	
2022년	23.3	
2023년	26.9	에릭 페디
2024년	18.8	카일 하트

스탯티즈

그러나 2024년에는 선발과 불펜 어느 쪽에서도 경쟁력을 드러내지 못한 채 시즌을 마쳤다. 선발 로테이션에서는 투수 골든글러브와 최동원상을 차지한 카일 하트가 에이스 역할을 했다. 하지만 원투펀치 파트너인 다니엘 카스타노의 부상으로 선발 로테이션이 흔들렸다. 불펜은 2023년의 영웅들이 시즌 초반부터 고전했다. 필승조를 새로 정비하기까지 시행착오가 잦았다.

성공적인 외국인투수 영입은 NC를 빠르게 포스트시즌 단골로 만든 원동력이었다. 창단 팀 특별 규정으로 외국인선수를 1명 더 보유할 수 있었던 2013년과 2014년 모두 외국인투수 WAR 합계에서 2위 안에 들었다. 여기까지는 외국인투수 3명 효과라고 볼 수도 있다. 하지만 그 뒤 일어난 일들은 NC의 국제 스카우팅 실력을 보여준다. NC는 창단 후 외국인투수 WAR 합이 9.0승 아래로 떨어진 시즌이 단 두 번 밖에 없을 만큼 꾸준히 좋은 선수를 데려왔다.

단일 시즌 외국인투수 WAR 순위에서는 NC 소속 5명이 20위 안에 들었다. 최고는 역시 2023년 에릭 페디다. WAR 8.5승으로 역대 단일 시즌 외국인투수 3위에 올라 있다. 2020년 통합 우승의 주역 드류 루친스키가 7.8승(5위), 2015년 에릭 해커가 7.0승(14위), 2024년 하트가 6.9승(17위), 2013년 찰리 쉬렉이 6.8승(20위)을 올렸다.

NC 외국인투수의 WAR 합이 가장 높았던 해는 창단팀 특례 규정 덕을 본 2013년도, 2014년도 아닌 2015년의 12.6승이다. 당시 해커가 31경기에서 7.0승, 6월 대체 외국인선수로 합류한 재크 스튜어트가 19경기에서 5.2승을 기록했다. KBO 리그 3년차였던 찰리는 12경기 0.36승에 그친 뒤 방출됐다. NC 외국인투수 WAR이 10.0승을 넘은 경우는 모두 4번이다.

2024년은 하트가 전부였다. NC 투수 WAR 합이 18.8승인데 하트의 몫이 37.0%에 달했다. 외국인투수 합은 9.40승으로 50.1%다. 2023년에는 에릭 와이드너가 5월 30일에야 데뷔전을 치르면서 외국인투수 1명만 현역 등록한 시기가 두 달 이상이었다. 그럼에도 NC는 외국인투수 덕을 본 팀에 속했다. 하지만 이 기간 에이스 페디가 전체 투수 WAR에서 차지하는 몫은 31.4%로 지난해 하트보다 낮았다. 대체 외국인선수로 들어온 태너 털리가 단 11경기로 WAR 2.1승 공헌도를 보였다. 투수 전체 WAR 중 외국인 비중은 42.5%였다. 탈삼진 능력만큼은 페디보다 하트가 나았다. 하트의 90이닝당 탈삼진은 10.32개로 역대 외국인투수 4위 기록이다.

외국인선수 스카우팅에 강점이 있다는 것은 역설적으로 '꾸준한 전력'을 유지하기 어렵다는 뜻도 된다. 요즘 KBO 리그 톱클래스 외국인선수라면 메이저리그 구단의 관심을 받기 마련이다. 팀에 오래 남는 선수가 되려면 조금은 부족한, 메이저리그가 관심을 적게 둘 요소들이 있어야 한다. NC는 페디를 그렇게 놓쳤고, 하트도 메이저리그를 바라봤다. NC의 마지막 외국인투수 재계약은 2022년 드류 루친스키와 웨스 파슨스였다. 2025년에는 라일리 톰슨과 로건 앨런이 새 원투펀치다.

원투펀치'가 4.14승을 합작했을 뿐만 아니라 팀 구원 WAR이 8.7승으로 LG(10.7승)와 KT(9.5승)에 이어 3위였다. 지난해는 이 수치가 3.8승으로 내려앉았다. 2차 드래프트 성공작 김재열이 WAR 2.4승으로 팀 내 1위이자 전체 8위였다. 마무리투수 이용찬은 2023년 1.2승에서 2024년 -1.1승에 그쳤고 2025년 선발투수에 재도전한다.

순위가 떨어지자 경기 운영 방식이 달라졌다. 김재열은 전반기 불펜투수 가운데 가장 많은 경기에서 가장 많은 이닝을 책임졌다. 김재열은 전반기 83경기 가운데 46경기나 등판했는데, 후반기 61경기 중에서는 23경기에만 나왔다. 80이닝 페이스였다가 68⅔이닝으로 시즌을 마쳤다. NC가 시즌 막판까지 순위 싸움을 벌이고 포스트시즌에 진출한 2023년에도 2연투 108회(9위), 3연투 7회(9위)로 연투 관리에 신경을 쓴 구단이었다는 점을 감안하면 튀는 사례다.

NC는 2024년에도 2연투 사례가 94회로 가장 적었고 3연투는 3번만 나왔다. 임정호와 류진욱, 이용찬이 각각 한 차례씩 3일 연속 마운드에 올랐다. 김재열은 3연투 없이 2연투만 16번 했다. 후반기 휴식 덕분에 리그 전체로 보면 출장 수는 공동 11위, 2연투는 공동 15위로 시즌을 마칠 수 있었다.

에이스의 무게

연도	에이스	외국인투수 WAR	전체 투수 WAR
2015년	에릭 해커	12.6	30.3
2020년	드류 루친스키	11.7	29.1
2023년	에릭 페디	11.4	26.9
2024년	카일 하트	9.4	18.8

스탯티즈

불펜의 신데렐라, 불펜의 마당쇠 김재열 전후반기 비교

기간	등판 수	팀 경기 수 대비	등판 순위	2연투
전반기	46경기	55.4%	공동 1위	13번
후반기	23경기	37.7%	41위	3번

스탯티즈

2023년에는 페디 다음으로 높은 WAR을 기록한 투수가 불펜 에이스 류진욱이었다. 류진욱은 70경기에 나와 2.7승만큼 공헌을 했다. 리그 전체 구원투수 가운데 세 번째로 높은 수치였다. 김영규도 1.4승으로 류진욱을 받쳐줬다. '불펜

2025년. 외국인선수는 다 바꿨고, 2023년 필승조는 2024년에 고전했다. 이번 시즌부터 팀을 이끄는 이호준 감독은 미국 애리조나 투손 캠프를 앞두고 "선발 로테이션부터 불펜 보직까지 결정할 문제가 많다"고 털어놨다. 미래가 막연

하게 느껴지지만, 한 가지 기댈 곳은 있다. 왼손 선발 구창
모가 6월 전역을 앞두고 있어서다. 구창모는 지금까지 규정
이닝을 채워본 적이 없는 투수다. 그러나 동시에 2019년부
터 2022년까지 평균적으로 103⅔이닝을 투구하면서 WAR
4.6승을 기록했다. 11경기에서 51⅔이닝만 던진 2023년마저
WAR이 1.9승이었다. 구창모가 이호준 감독에게 한 '공약'은
지켜질 수 있을까. "6월까지 5위 싸움하고 있으면 1위 만들
어드리겠다"고 호기롭게 말했다고 한다. 주장 박민우는 "몸
상태 좋다고 하는데 안 믿겠다"고 뼈있는 농담을 했다.

규정이닝 채운 구창모라면…				
연도	등판	이닝	WAR	WAR 순위
2019	23경기	101이닝	3.58	20위
2020	15경기	92이닝	5.39	9위
2022	19경기	111⅔이닝	4.79	13위
2023	11경기	47이닝	1.87	–

72이닝 이상 기준 스탯티즈

© NC 다이노스

키움 히어로즈
KIWOOM HEROES

종합

경기당 득점	경기당 실점	실책/경기	수비효율
4.67 10위<9	**5.53** 7위<9	**0.72** 4위<6	**0.658** 3위<7
33(-40) 5.38(리그)	86(+17) 5.38(리그)	108(+13) 0.76(리그)	125(+36) 0.647(리그)
도루시도/경기	도루성공률	희생번트/경기	경기당 투수교체
0.6 10위<10	**84.5** 1위<1	**0.26** 9위<10	**3.43** 1위<4
72(+4) 1.1(리그)	147(-11) 74.4(리그)	60(-3) 0.34(리그)	152(+51) 3.90(리그)

타격

타율	출루율	장타율	OPS
0.264 10위<7	**0.337** 10위<9	**0.380** 10위<9	**0.717** 10위<9
61(-32) 0.277(리그)	55(-23) 0.352(리그)	42(-19) 0.420(리그)	42(-24) 0.772(리그)
심진회피	순출루	순장타	타석당 투구수
0.80 8위<9	**0.073** 7위<9	**0.116** 10위<10	**3.86** 9위<7
76(-0) 0.81(리그)	92(+24) 0.074(리그)	43(-6) 0.142(리그)	73(-3) 3.90(리그)

선발

ERA(선발)	경기당이닝(선발)	피타율(선발)	피순장타(선발)
4.63 4위<6	**5.25** 2위<4	**0.276** 7위<3	**0.146** 7위<4
110(+10) 4.77(리그)	134(+20) 5.00(리그)	93(-32) 0.274(리그)	95(-30) 0.144(리그)
SO9(선발)	Walk9(선발)	HR9(선발)	선발xRA9
6.68 10위<4	**3.54** 4위<7	**1.01** 6위<4	**5.11** 6위<3
51(-61) 7.64(리그)	113(+15) 3.71(리그)	105(-21) 1.03(리그)	99(-25) 5.09(리그)

구원

ERA(구원)	경기당이닝(구원)	피타율(구원)	피순장타(구원)
6.02 10위<9	**3.59** 10위<7	**0.291** 9위<10	**0.160** 10위<9
32(-30) 5.16(리그)	58(-35) 3.91(리그)	62(+8) 0.282(리그)	39(-47) 0.141(리그)
SO9(구원)	Walk9(구원)	HR9(구원)	구원xRA9
6.26 10위<10	**5.01** 5위<5	**1.13** 9위<6	**6.44** 10위<10
34(-21) 7.59(리그)	97(+6) 4.96(리그)	63(-38) 0.98(리그)	51(-7) 5.91(리그)

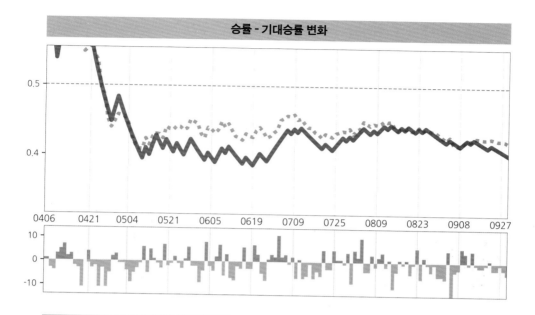

승률 - 기대승률 변화

연승과 연패

03월30일-04월07일 7연승 경기당 8.0득점 3.9실점 (삼성,한화,LG 상대)

04월11일-04월16일 5연승 경기당 7.0득점 3.0실점 (롯데,KT,SSG 상대)

04월23일-04월28일 6연패 경기당 2.3득점 8.2실점 (삼성,KIA 상대)

05월02일-05월10일 7연패 경기당 2.7득점 6.1실점 (두산,롯데,한화,KT 상대)

06월25일-07월03일 6연승 경기당 8.3득점 4.7실점 (KIA,LG,NC 상대)

07월12일-07월19일 6연패 경기당 3.8득점 9.0실점 (KT,NC,SSG 상대)

08월27일-09월04일 6연패 경기당 3.0득점 7.2실점 (롯데,삼성,NC 상대)

초반-중반-종반 승부

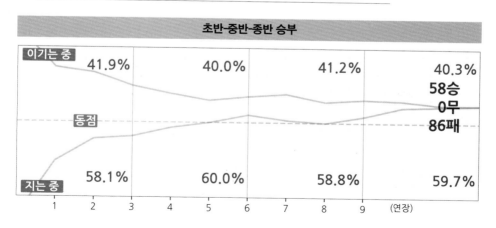

포지션 DepthChart

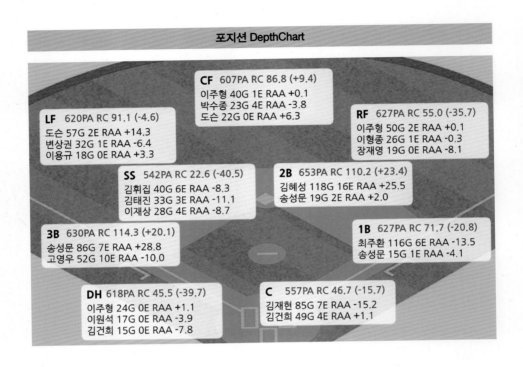

CF 607PA RC 86.8 (+9.4)
이주형 40G 1E RAA +0.1
박수종 23G 4E RAA -3.8
도슨 22G 0E RAA +6.3

LF 620PA RC 91.1 (-4.6)
도슨 57G 2E RAA +14.3
변상권 32G 1E RAA -6.4
이용규 18G 0E RAA +3.3

RF 627PA RC 55.0 (-35.7)
이주형 50G 2E RAA +0.1
이형종 26G 1E RAA -0.3
장재영 19G 0E RAA -8.1

SS 542PA RC 22.6 (-40.5)
김휘집 40G 6E RAA -8.3
김태진 33G 3E RAA -11.1
이재상 28G 4E RAA -8.7

2B 653PA RC 110.2 (+23.4)
김혜성 118G 16E RAA +25.5
송성문 19G 2E RAA +2.0

3B 630PA RC 114.3 (+20.1)
송성문 86G 7E RAA +28.8
고영우 52G 10E RAA -10.0

1B 627PA RC 71.7 (-20.8)
최주환 116G 6E RAA -13.5
송성문 15G 1E RAA -4.1

DH 618PA RC 45.5 (-39.7)
이주형 24G 0E RAA +1.1
이원석 17G 0E RAA -3.9
김건희 15G 0E RAA -7.8

C 557PA RC 46.7 (-15.7)
김재현 85G 7E RAA -15.2
김건희 49G 4E RAA +1.1

5시즌 포지션별 공격력 추이(리그평균대비+)

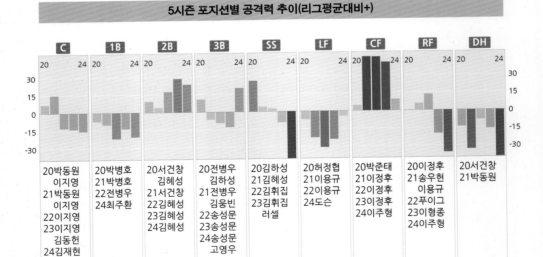

C	1B	2B	3B	SS	LF	CF	RF	DH
20박동원 이지영 21박동원 이지영 22이지영 23이지영 김동헌 24김재현 김건희	20박병호 21박병호 22전병우 24최주환	20서건창 김혜성 21서건창 22김혜성 23김혜성 24김혜성	20전병우 김하성 21전병우 김웅빈 22송성문 23송성문 24송성문 고영우	20김하성 21김혜성 22김휘집 23김휘집 러셀	20허정협 21이용규 22이용규 24도슨	20박준태 21이정후 22이정후 23이정후 24이주형	20이정후 21송우현 이용규 22푸이그 23이형종 24이주형	20서건창 21박동원

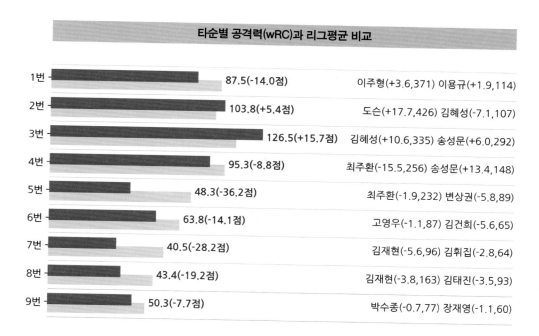

타순별 공격력(wRC)과 리그평균 비교

타순	wRC	선수
1번	87.5(-14.0점)	이주형(+3.6,371) 이용규(+1.9,114)
2번	103.8(+5.4점)	도슨(+17.7,426) 김혜성(-7.1,107)
3번	126.5(+15.7점)	김혜성(+10.6,335) 송성문(+6.0,292)
4번	95.3(-8.8점)	최주환(-15.5,256) 송성문(+13.4,148)
5번	48.3(-36.2점)	최주환(-1.9,232) 변상권(-5.8,89)
6번	63.8(-14.1점)	고영우(-1.1,87) 김건희(-5.6,65)
7번	40.5(-28.2점)	김재현(-5.6,96) 김휘집(-2.8,64)
8번	43.4(-19.2점)	김재현(-3.8,163) 김태진(-3.5,93)
9번	50.3(-7.7점)	박수종(-0.7,77) 장재영(-1.1,60)

키움으로 보는
탱킹에 대한
새로운 관점

_신원철

샐러리캡(경쟁균형세) 걱정은 남의 일이다. 키움 히어로즈의 상위 40인 연봉 총액은 샐러리캡 예비 기간이었던 2022년부터 제재 규정이 적용된 2023, 2024년까지 3년 연속 리그 최저였다. 2024년 캡 상한액이 114억2638만 원. 키움은 49.7%인 56억7876만 원에 불과했다.

샐러리캡에 하한선이 필요하다?

2025년 키움은 상위 40인 연봉에 2022년(49억9422만 원)보다도 적은 금액을 쓴다. 한 팀만 연봉 지출이 유난히 적다 보니 한편에서는 샐러리캡에 하한선이 필요하다고도 한다. 메이저리그에도 없는 샐러리캡 하한선을 KBO 리그가 도입할 가능성은 크지 않아 보인다. 수익공유제도 덕분에 지출을 줄이면서 다른 구단의 이익을 공유 받을 수 있는 메이저리그와 KBO 리그는 환경과 제도가 다르다. 모기업 없는 야구회사 히어로즈 입장에서는 지금의 허리띠 졸라매기가 당연하다고 주장할 수 있다.

2022년 이후 역대 상위 40인 연봉 총액 비교

1기 샐러리캡 상한액 114억 2638만원					
2023년			2024년		
구단	연봉 상위 40인	소진률	구단	연봉 상위 40인	소진률
두산	111억8175만원	97.9%	LG	138억5616만원	121.3%
SSG	108억4647만원	94.9%	KIA	112억4900만원	98.4%
LG	107억9750만원	94.5%	두산	111억9436만원	98.0%
롯데	106억4667만원	93.2%	삼성	111억8100만원	97.9%
삼성	104억4073만원	91.4%	롯데	111억5018만원	97.6%
NC	100억8812만원	88.3%	한화	107억1046만원	93.7%
KIA	98억7771만원	86.4%	KT	105억1641만원	92.0%
KT	94억8300만원	83.0%	SSG	104억5700만원	91.5%
한화	85억3100만원	74.7%	NC	94억7275만원	82.9%
키움	64억5200만원	56.5%	키움	56억7876만원	49.7%

2025년부터는 샐러리캡 상한액이 137억1165만으로 늘어나는데 키움의 연봉 지출은 10억원 이상 빠질 전망이다. 먼저 고액 연봉 선수 여럿이 팀을 떠났다. 지난해 연봉 상위 40위 안쪽 선수 가운데 김혜성(LA 다저스 이적)과 조상우(KIA 타이거즈 트레이드), 정찬헌(은퇴 후 지도자)이 빠졌다.

비FA 다년계약 선수도 연봉 총액 감소에 영향을 준다. 최주환은 네 시즌 전 SK와 맺었던 FA 계약이 만료되고 키움과 새로 다년계약을 했다. 지난해 샐러리캡 기준으로 연봉 6억5000만 원과 계약금 3억 원을 더해 9억5000만 원을 차지하는 선수였는데 2025년은 연봉 3억원이 전부다. 다년계약 2년 째인 이원석은 연봉이 4억원에서 3억원으로 감소한다.

연봉 재계약에서는 인상 선수 25명 인상액이 총 4억7800만 원, 삭감 선수 9명 삭감액이 총 6300만 원으로 합계 4억1300만 원이 늘어났다. 그래서 키움의 상위 40인 연봉 총액은 43억원을 넘지 않을 것으로 보인다. 2년 연속 최하위였던 키움이 지출을 최소화하면서 또 한번 최하위를 노리는 메이저리그의 '휴스턴식 탱킹'을 추진할 거라는 예상은 전혀 새롭지 않다. 그래서 리그의 재미를 해친다는 비판을 받기도 한다.

2023-2024년 키움 주요선수 연봉 및 분할계약금 변화(단위 만 원)

선수	2024		2023		차이	비고
	연봉	분할계약금	연봉	분할계약금		
송성문	30000		13000		17000	연봉 인상
하영민	16500		8000		8500	연봉 인상
이형종	60000		68000		-8000	연봉 삭감
이원석	30000		40000		-10000	FA ⇨ 다년
정찬헌			20000	10000	-30000	은퇴
조상우			34000		-34000	트레이드
최주환	30000		65000	30000	-65000	FA ⇨ 다년
김혜성			65000		-65000	메이저리그

그런데 키움이 '탱킹으로 보이는' 운영을 하게 된 건 불과 2

년 전의 일이다. 키움은 2018년부터 2022년까지 5년 연속 포스트시즌에 진출했다. 2015년 이후 '와일드카드 시대' 10년 동안 7차례 가을 야구에 올랐고, 2008년 창단 이후 2011년이 첫 최하위였을 만큼 꼴찌가 익숙하지 않은 팀이다.

그러나 2023년 '원나우' 전략이 실패로 돌아간 뒤 곧바로 '탱킹으로 보이는' 방향으로 돌아섰다. 2022년에 정규시즌 4위로 가을 야구를 시작해 한국시리즈에 올라가 명승부를 펼쳤다. 이정후가 메이저리그로 떠나기 전이고 안우진이 건재한 2023년에 승부를 보겠다는 계산을 했을 수 있다. 그러나 이정후의 부상에 이은 장기 이탈로 계획이 틀어지고 순위 싸움에서 밀려나면서 뜻을 이루기 어려워졌다. 그리고 최원태 트레이드와 안우진의 수술이 이뤄졌다. 당분간 우승 도전을 포기했다는 신호였다.

키움의 2023년 시즌 7월 이후 행보는 전형적인 탱킹의 형태를 띠고 있다. ESPN은 지난 2022년 기사에서 '휴스턴-

컵스식 탱킹'을 이렇게 정의했다. "포스트시즌 진출 가능성이 떨어지면 베테랑을 트레이드하고 바닥을 친다. 적은 연봉 총액으로 새 시즌을 맞이한 뒤 유망주를 모으고 팬들에게는 '미래를 위한 결정'이라고 말한다. 당장은 100패 시즌이 되겠지만".

키움에 대입해 보면 이렇다. 야심차게 시작한 2023년 5위로 7월을 맞이했지만 올스타브레이크를 앞두고 순위가 9위로 떨어졌다("포스트시즌 진출 가능성이 떨어지면"). 7월 28일 최원태를 LG로 트레이드한 뒤("베테랑을 트레이드하고") 10위로 정규시즌을 마쳤다("바닥을 친다"). 2024년 연봉 상위 40인 합계 금액은 56억7876만원에 불과했다("적은 연봉 총액으로 새 시즌을 맞이한 뒤"). 그 사이 적극적인 지명권 트레이드로 2년 동안 다른 팀보다 6명 많은 신인 28명을 뽑았다("유망주를 모으고 팬들에게는 '미래를 위한 결정이라고 말한다'").

2023-2025 키움이 지명권 트레이드로 얻은 선수

2023년 2라운드 12순위 충암고 포수 김동헌 박동원 트레이드(KIA)

2024년 1라운드 9순위 서울고 투수 전준표 최원태 트레이드(LG)

2024년 2라운드 16순위 성남고 내야수 이재상 주효상 트레이드(KIA)

2024년 3라운드 24순위 비봉고 투수 이우현 김태훈 트레이드(삼성)

2025년 1라운드 7순위 충훈고 투수 김서준 김휘집 트레이드(NC)

2025년 3라운드 27순위 대구상원고 내야수 여동욱 김휘집 트레이드(NC)

2025년 3라운드 28순위 비봉고 투수 박정훈 이지영 사인앤드트레이드(SSG)

역대 최강의 최하위?

4할 꼴찌의 역사

그렇다면 지난 2년 동안 키움은 일부러 '지는 싸움'을 했을까. 단언하기 어렵다. 키움은 2년 연속 최하위로 실리를 챙기면서도 4할 이상 승률로 명분을 지켰다. '역대 최강의 꼴찌'는 승률 0.457에 7위와 경기 차 없이 승률만 1리 차이가 났던 2001년 롯데다. 그 정도는 아니더라도 2024년 키움을 '만만치 않은 꼴찌'라 부를 수는 있겠다. KBO 리그 43년 역사에서 시즌 최저 승률 팀이 0.400을 넘기고, 윗 순위 팀과 네 경기 차 이하였던 적은 딱 8번뿐이었다. 표에서 보듯 키움의 지난 두 시즌이 모두 여기에 포함된다. 탱킹으로 리그의 재미에 해를 끼치지 않았다.

역대 4할 승률 최하위

누구?	승무패	승률	윗순위와 경기차
2001 롯데	59승 4무 70패	0.457	0.0
1983 롯데	43승 1무 56패	0.434	1.0
1989 롯데	48승 5무 67패	0.421	0.5
1991 OB	51승 2무 73패	0.413	1.5
2023 키움	58승 3무 83패	0.411	1.5
2004 롯데	50승 11무 72패	0.410	0.5
1998 롯데	50승 4무 72패	0.410	5.5
2012 한화	53승 3무 77패	0.408	4.5
2007 KIA	51승 1무 74패	0.408	5.0
2018 NC	58승 1무 85패	0.406	2.0
2024 키움	58승 86패	0.403	4.0

게다가 키움은 이번 시즌을 앞두고 앞서 정의된 '전형적인 탱킹'과는 거리가 있는 판단을 내렸다. 고액 연봉 선수 영입으로 지출을 늘리지는 않았지만, 새로운 방식으로 약점을 채웠다. 외야수 야시엘 푸이그와 루벤 카디네스를 영입해 외국인 타자 2명을 보유하는 파격적인 시도에 나섰다. 외국인 타자 2명을 동시에 보유한 채 시즌을 시작한 팀은 2014년 이후 키움이 처음이다. 이에 비하면 키움이 외국인선수 연봉 총액마저 10개 구단 최소인 240만 달러인 점은 놀랄 일도 아니다.

키움은 '선택과 집중', '팀의 방향성', '젊은 선수 성장'을 이유로 외국인 타자 두 명 영입을 결정했다고 밝혔다. 방출 시장에서 영입한 강진성과 김동엽 또한 출루보다는 장타에 강점이 있는 선수다. 지난해 장타율과 출루율에서 모두 최하위에 머무른 가운데, 두 마리 토끼를 다 잡을 수는 없으니 장타자를 보강하는 쪽을 선택했다는 얘기다. 스탯티즈의 연도별 보정 파크팩터에 따르면 고척스카이돔은 개장 이래 모두 장타에서 평균 이상의 수치를 나타냈다. 홈런은 치기 어려워도 2루타나 3루타는 많았다. 팀 홈런 최하위(104개)일 뿐만 아니라 2루타 9위(222개)에 순수장타율마저 최하위(0.116)였던 키움의 지난해 선수단 구성은 구장 환경을 제대로 활용하지 못한 셈이다.

탱킹 팀이 굳이 이런 시도를 해야 할까? 키움은 2025년 개막 기준 소속 선수로 신인 9명 포함 61명을 등록했다. 투수가 25명인데 입단 2년 차 이내는 김서준 박정훈 윤현 정현우(이상 신인), 김윤하 전준표 손현기 김연주(이상 2년 차)까지 8명이나 된다. 그러면서도 전체 등록선수 가운데 투수(25명)가 가장 적다. 6개 구단은 30명 이상이다. 외국인투수 2명을 데려와 투수 유망주 이닝을 관리하며 보호하는 수단으로 활용할 수도 있었는데 키움은 그렇게 하지 않았다.

역대 최약의 장타력, 그 이후

KBO 리그 구단 단일시즌 순수장타율 순위 (2015-)

100위 2021 KIA 0.088 → FA 나성범 영입

99위 2023 키움 0.092 → 2차 드래프트 최주환 지명

98위 2020 한화 0.093 → 수베로 감독 선임, 리빌딩 선언

97위 2023 롯데 0.097 → 외국인타자 교체, 손호영 트레이드 영입

.
.
.

79위 2024 키움 0.116 → 야시엘 푸이그 · 루벤 카디네스 영입

키움의 탱킹 근거로 들었던 연봉 총액은 다른 시선에서 볼 수도 있다. 키움은 연봉 지출을 아끼기만 하는 팀은 아니었다. 톱클래스 선수에게는 고액 연봉을 안기기도 했다. 2024 시즌 개막 시점에서 이정후가 3년 차와 4년 차, 6년 차와 7년 차 연봉 최고액 기록을 보유했다. 김하성은 지난해 8년 차 연봉 최고액을 달성했다. 덕분에 상위 28인 연봉 총액은

쓸 때는 썼는데

2020년

박병호 20억, 전년 대비 5억 원 인상

김하성 5억 5000만원

이정후 3억 9000만원, 4년차 최고 연봉

2021년

박병호 15억 원

이정후 5억 5000만 원, 5년차 최고 연봉

조상우 3억 3000만 원

2022년

이정후 7억 5000만 원, 6년차 최고 연봉

이용규 4억 원

김혜성 3억 2000만 원

2023년

이정후 11억 원, 7년차 최고 연봉

이지영 5억 원, 전년 대비 2억 원 인상

원종현 5억 원, FA 계약

2024년

이형종 6억 8000만 원, 퓨처스 FA

최주환 6억 5000만 원, 2차 드래프트

김혜성 6억 5000만 원, 8년차 최고 연봉

2022년과 2023년 9위였고, 2021년에는 6위였다. 다른 팀이었다면 최상위권 선수들에게 쏠린 연봉 배분이 동기부여 측면에서 의미가 있다는 평가가 나왔을지도 모른다.

탱킹은 미국스포츠에서 메이저리그보다는 NBA에서 더 성행하는 방식이다. 야구와 달리 '특급 신인' 한 명이 팀을 바꿀 수 있어서다. 그래서 NBA에서는 탱킹에 대한 세밀한 분석 또한 발달했다. 심지어 교묘하게 지는 방법을 연구하기도 한다. 지난 2018년 ESPN은 탱킹 구단들이 '역분석(Inverse Analytic)'을 활용하고 있다고 지적했다. 이기기 위한 분석이 아니라 지기 위한 분석이라는 의미다. 대놓고 주전을 경기에서 빼는 방식이 아니라, 상황에 따라 불리한 매치업을 그대로 두는 방식으로 교묘하게 이기지 않기 위한 방법을 연구하기에 이르렀다는 얘기다.

혹시 키움도 '역분석'을 적용한 것은 아닐까. 키움은 시즌이 끝을 향할수록 약해졌다. 2023년은 최원태 트레이드라는 확실한 터닝포인트가 있었다. 트레이드 전날인 2023년 7월 27일까지 승률 0.456으로 5위와 3경기 차 9위였는데, 28일부터 시즌 끝까지는 17승 34패 1무(승률 0.333)에 그쳤다. 2024년에는 NC와 숨막히는 꼴찌 대결을 벌였다. 8월 20일까지 51승 64패(0.443)로 9위였지만 나머지 29경기에서 7승 22패(0.241) 부진에 빠지며 10위를 탈환(?)했다. 같은 기간 NC는 31경기에서 12승 19패(0.387)였다. 하지만 이를 근거로 키움이 고의로 지거나 이기지 않는 운영을 했다고 말할 수는 없다. 순위 싸움에서 밀린 팀이 유망주를 적극 기용하는 것이 키움만의 일은 아니다.

꼴찌를 지킨 비결

2023년   최원태 트레이드 전 승률 0.456, 5위와 3경기 차→트레이드 후 승률 0.333

2024년   8월 20일까지 승률 0.443, NC에 밀려(?) 9위→21일부터 승률 0.241

세상에 나쁜 탱킹은 없다

공정한 경쟁이 이뤄져야 할 프로스포츠에서 '고의 패배'를 바탕으로 하는 운영 방침은 받아들여지기 어렵다. NBA 댈러스의 마크 큐반 전 구단주는 지난 2018년 "패배는 최선의 선택이다. 선수들에게 우리는 플레이오프 경쟁에 뛰어들지 못한다고 말했다"고 발언했다. NBA 사무국은 그에게 벌금 60만 달러를 부과했다. 키움은 탱킹을 인정한 적이 없다.

키움의 행보는 입체적이다. 탱킹으로 보이는 지점이 분명히 있다. 김하성 이정후 김혜성으로 이어지는 연이은 주축 선수 유출로 재정비가 필요해진 것은 사실이다. 이런 상황이 지금의 키움을 '탱킹 팀'으로 보이게 만들었다. 동시에 쉽게 지지 않겠다는 의도 또한 보인다. 연봉 지출을 아끼는 대신 남들이 하지 않는 방식으로 팀의 약점을 채웠다. 키움은 리빌딩을 하는 것일까, 탱킹을 시도한 것일까. 그 이전에 리빌딩은 괜찮고 탱킹은 나쁜 것일까.

박성주 국민대학교 교수는 논문 〈스포츠에서 탱킹은 잘못된 행위인가?〉에서 탱킹과 스포츠 윤리 문제에 대해 새로운 시각을 제시한다. 이 논문은 탱킹을 옹호하거나 정당화하지는 않는다. 하지만 탱킹에 대한 비판이 탱킹을 제재하거나 금지할 만한 일관성과 논리성을 보이지 못한다고 주장했다. 그러면서 "탱킹하는 팀이 결코 이기고 싶어 하지 않는 것이 아니다. 탱킹하는 팀은 장기적인 목표, 즉 최종적인 승리나 우승을 달성하는데 이득이 되는 최선의 옵션을 선택하는 것이다. (중략) 그러므로 탱킹은 본질적으로는 '승리를 위해 최선을 다하라'는 스포츠맨십 지침을 위반하고 있지 않다"고 썼다.(박성주.. 스포츠에서 탱킹은 잘못된 행위인가?. 움직임의 철학 : 한국체육철학회지, 2024, 32. 4: 73-83.)

미국 스포츠 매체 더링어의 수석 에디터 벤 린드버그도 "탱킹에 대한 비판은 그 용어가 지나치게 자주 쓰인다는 문제점을 지녔다"는 입장이다. 그는 "휴스턴이 극단적인 탱킹을 했을지 몰라도 리그에는 늘 경쟁에서 밀려난 팀이 있었다.(MLB) 피츠버그와 캔자스시티 같은 팀은 해마다 깊은 침체에 빠져들면서 기대감을 주지 못했다. 그들은 탱킹하지 않았다. 야구를 못했다. 무능하거나 파산했거나 혹은 둘 다였다"고 지적했다.

이름난 세이버메트리션인 댄 짐보르스키는 "탱킹은 항상 있었다. 무능하고 멍청한 결정 탓에 결과적으로 탱킹하게 되는 팀보다 계획적으로 탱킹하는 팀이 야구에 더 나쁜 영향을 끼치는지 잘 모르겠다"고 말한다. 그의 의견대로라면 세상에 나쁜 탱킹은 없다. 10년 가까이 '2025년은 다르다'를 외치면서도 '암흑기'에 빠지는 것이 나쁠까, 아니면 '탱킹'이라는 지적을 받으면서도 승률 0.400을 지키면서 반등을 계획하는 것이 나쁠까.

2025년
주목해야 할
고교야구
유망주

_이재국

3월 봄소식과 함께 2025년 고교야구도 기지개를 켠다. 대한야구소프트볼협회
(KBSA)는 3월 8일 주말리그 개막을 시작으로 고교야구 공식 대회의 문을 연다.
지난해에는 3월 16일에 주말리그 개막전을 치렀는데, 2025년은 이보다 일주일 가
량 앞당겨졌다. 베이스볼클럽을 포함해 팀 수가 급격히 늘어난 데다, 여름철 폭염
과 장마 등 이상기후에 대비하며 일정을 차질없이 소화하기 위해서다.

지난해 KBO 리그가 사상 최초로 1000만 관중을 돌파하면서 전에 없는 흥행에 성공했지만, 이에 못지 않게 고교야구를 향한 팬들의 열기도 뜨거워지고 있다. 무엇보다 신인 드래프트에 대한 관심이 고조되면서 고교야구에 주목하는 팬이 많이 늘어나고 있다.

주머니 속의 송곳처럼 초등학교나 중학교, 고교 1-2학년 때에 일찌감치 두각을 나타내 스포트라이트를 받는 선수들이 있다. 지난해 한국야구위원회(KBO) 신인드래프트 1라운드 전체 1순위로 뽑힌 덕수고 정현우(키움)가 대표적이다. 정현우는 리틀야구 월드시리즈 대표팀에 선발될 정도로 어릴 때부터 엘리트 코스만 밟아 왔다.

하지만 고교 선수는 하루가 다르게 기량이 급성장한다. 1-2학년 때 선배들에게 가려져 있다가 3학년 진학 뒤 주전으로 도약하면서 특급 유망주로 떠오르는 사례도 적지 않다. 부상이나 유급, 전학 등으로 눈에 띄지 않던 선수가 혜성처럼 등장하기도 한다. 대표적인 선수가 지난해 화제를 몰고 온 정우주(한화)다. 신일고 2학년 8월에 전주고로 전학하면서 규정상 공식대회 출전 금지 규정에 묶여 있었지만, 겨울을 나면서 전국 최고 유망주로 급부상했다.

아직 시즌 개막도 하지 않은 시점에서 2025년 고교 최고 유망주를 꼽는다는 것은 다소 이른 감이 없지 않다. 이 글에서는 고교 2학년 때까지 보여준 기량과 고교 감독, KBO 구단 스카우트들의 평가 등을 토대로 2025년 고교야구에서 팬들이 눈여겨 볼 만한 유망주 10명을 미리 소개하고자 한다.

2025년는 투수의 비중이 더 커질 수 있다는 평가도 나오고 있지만, 투수에 편중될 수는 없기에 투수 6명, 내야수 2명, 외야수 2명을 골고루 소개하고자 한다.

투수 빅3

현 시점에서 투수 빅3가 1라운드 전체 1순위를 다툴 것이라는 전망이 우세하다. 장충고 문서준, 북일고 박준현, 여기에 광주일고 '투타 이도류' 김성준이 주인공이다. 이들은 모두 탁월한 신체와 운동능력으로 시속 150㎞ 강속구를 뿌리는 우완 투수다.

●문서준(장충고 투수)

2007년생 / 우투우타 / 196㎝·105㎏
성동리틀–홍은중–장충고

가장 강력한 1라운드 1순위 후보다. 키 196㎝에 몸무게 105㎏. 피지컬이 압도적이다. 송민수 장충고 감독은 "어릴 땐 위로만 크더니 이젠 옆으로도 커졌다. 하체와 엉덩이가 엄청나게 탄탄해졌다"며 웃었다. 지난해 구속이 이미 최고 152㎞/

h를 찍었다. 스카우트들은 "2025년 150km/h 중반, 장차 160 km/h까지도 던질 수 있는 재목"이라며 엄지를 치켜세운다.

투구시 팔이 하이스리쿼터 유형으로 약간 내려오는 형태지만 워낙 키가 큰 덕분에 타점이 높다. 투구폼이 유연하고 피칭 밸런스가 좋아 안정적으로 스트라이크존을 공략한다. 슬라이더, 커브도 잘 던지지만 서클체인지업이 주무기다. 각이 큰 것과 빠르게 떨어지는 두 종류를 구사한다.

아버지가 고교 시절까지 육상선수였다. 문서준 역시 초등학교 때 육상(100m, 멀리뛰기)으로 운동에 입문했을 만큼 신체능력을 타고났다. 홍은중 시절엔 중견수에 4번 타자를 맡았다. 타격에도 재능이 있어 2025년 '투타 이도류'에 도전할 가능성도 있다.

1학년 때엔 그 유명한 독수리 5형제(황준서 육선엽 김윤하 조동욱 원종해)가 버티고 있었기에 등판 기회가 적었지만, 2학년 때부터 팀 주축 투수로 활약하기 시작했다. 지난해 13경기에 등판해 3승 무패, 평균자책점 1.85를 기록했다. 38⅔이닝을 던지면서 볼넷은 18개(BB/9=4.2), 삼진은 52개(K/9=12.1)나 잡아냈다.

A구단 스카우트 팀장은 "큰 키에도 불구하고 투구에 일관성이 있고 제구력도 괜찮은 편"이라면서 "올 시즌 선발투수로서 지속적인 스태미너와 회복력을 보여주느냐에 따라 지명 순번이 정해질 것 같다"고 평가했다.

●박준현(북일고 투수)

2007년생 / 우투우타 / 188cm-93kg
대구 율하초-경상중-북일고

"벌써 150, 151km를 던져."

2월 1일 일본 미야자키 캠프에서 이상군 감독은 에이스 박준현에 대해 이같이 말하며 기대감을 나타냈다. 박준현은 2학년 때 최고 153km/h 강속구를 뿌려 일찌감치 1라운드 1순위를 다툴 후보로 평가 받았다.

프로에서 통산 269홈런을 기록한 강타자 출신 박석민(현 두산 베어스 타격코치)의 아들이다. 대구 경상중 시절까지는 투수와 타자를 겸했다. 아버지 유전자를 이어받아 힘이 좋다. 타격과 유격수 수비에서도 재능을 보였다. 하지만 아버지(178cm)와 달리 키가 188cm로 크다. 몸무게는 93kg.

박준현은 대구 지역 명문고를 제쳐두고 북일고 진학을 결정했다. 명투수 출신인 이상군 감독은 투수로서 재능과 매력을 확인하고는 집중적으로 투수로 육성하기 시작했다. 박준현은 1학년 때 팔꿈치 부위에 관절경 수술을 한 적이 있다. 하지만 그 이후 아픈 적이 없다. 빠른 공을 던지지만 제구력도 나쁘지 않다. 스태미너가 좋아 2학년 때 선발로 등판해 7-8이닝을 던져도 포심 패스트볼이 140km/h 후반대를 찍었다. 변화구는 커브와 슬라이더가 주무기다. 특히 파워커브가 각이 좋다. 불리한 볼카운트에서도 파워커브로 스트라이크를 잡을 정도다.

지난해 11경기에 등판해 3승 2패, 평균자책점 3.48을 기록했다. 31이닝 동안 29안타 23사사구(19볼넷+4사구)를 내줬다. WHIP 1.55. 탈삼진 30개를 기록했다.

다만 아직 마운드에서 연타를 맞으면 흥분해 완급조절보다는 힘으로만 승부하려고 하는 경향이 있다. 이상군 감독은 "강약 조절과 경기운영 능력은 경험이 쌓이면 좋아질 것"이라며 올 시즌 큰 기대를 걸고 있다.

●김성준(광주일고 투수 겸 유격수)

2007년생 / 우투우타 / 185cm-82kg /
광주수창초-충장BC-광주일고 ─────

"투수로 보면 10년에 한 번 나올까 말까. 야수로 보면 30년에 한 번 볼 수 있을 재능이다."

조윤채 광주일고 감독이 2년 전인 2023년 투타 겸업 1학년 김성준을 두고 한 말이다. 조 감독은 2021년 10월 모교인 광주일고 지휘봉을 잡기 전까지 LG 트윈스에서 11년간 스카우트를 한 인물이다.

야수로 보자면 분명 광주 지역에서 김도영 이후 나타난 5툴 유형의 최대어급 내야수다. 발도 빠르고 제자리 점프를 하면 농구 림에 닿을 정도로 탄력도 넘친다.

하지만 아직은 미완의 대기다. 2학년이던 지난해 주전 3루수로 나서며 기대를 모았지만 청룡기 대회에서 타율 0.053(19타수 1안타)로 극심한 슬럼프를 겪기도 했다. 시즌 타율은 3할대(0.307, 101타수 31안타)를 유지했다. 공식 대회 홈런은 1개. 분명 장타력도 갖추고 있기에 올 시즌에는 더 많은 홈런을 기대할 수 있다.

오히려 투수로 성공 가능성을 더 높게 점치는 스카우트도 많다. "1라운드에 지명하는 팀이라면 투수로 볼 가능성이 크다"는 평가도 나오고 있다. 지난해 투수로는 14경기에 등판해 3승 1패, 평균자책점 2.65를 기록했다. 34⅓이닝을 던져 볼넷은 13개(BB/9=3.4) 내준 반면 삼진은 47개(K/9=12.3)나 잡아냈다.

3루수로 선발출장했다가 승부처에 중간 혹은 마무리로 마운드에 올라 상황을 정리하는 모습을 자주 보여줬다. 투수로 집중적인 훈련을 하지 않고도 최고 구속 151km/h를 찍었다. 제구력과 승부사 기질도 두루 보여줬다. 만약 본격적으로 투수 훈련을 한다면 더 큰 선수가 될 가능성도 있다.

다크호스 투수

1-2학년 시절 활약상과 가능성에서 빅3가 앞서나가고 있는 것 같지만 투수 쪽에서 이들을 위협할 다크호스도 있다. 그 중 경기항공고 양우진, 전주고 박지훈, 대구고 김민준을 눈여겨 볼 만하다. 이들은 올 시즌 성장에 따라서는 빅3를 제치고 앞쪽으로 튀어나갈 수도 있다.

●양우진(경기항공고)

2007년생 /우투우타/ 189cm-98kg
수원신곡초-수원북중-경기항공고

1학년 때 최고 구속 148km/h를 찍더니 2학년 때 전국체전에서 153km/h까지 끌어올렸다. 평균적으로 146-147km/h를 꾸준히 던진다. 구위 하나는 고교 최고 수준이다.

체격 조건도 좋다. 키 189cm에 몸무게 98kg. 투수로서 이상적인 몸매를 갖추고 있다. 투구폼이 유연하며 다이내믹하다. 키가 계속 크고 있고 힘도 붙어 구속이 더 상승할 가능성이 있다. 그래서 스카우트들도 '올 시즌 판도를 뒤흔들 최고 다크호스'에 대해 물으면 양우진의 이름을 거론하곤 한다.

양우진은 아직 전국적으로 널리 알려지지 않았다. 소속 학교인 경기항공고의 전력이 강하지 않아 전국대회에서 노출될 기회가 거의 없었기 때문이다.

다만 제구력을 어떻게 잡느냐가 관건이다. 수원북중 2학년 때까지는 포수였다. 어깨는 강하고 포수로는 키가 너무 커 투수로 전향했다. 투수 경력이 오래되지 않아 빅3에 비해 완성도는 떨어진다. 하지만 갈수록 제구도 잡혀가고 있기 때문에 오히려 실링(성장 고점) 면에서 높은 평가를 받고 있다.

주무기는 스플리터다. 2학년 때인 지난해 6경기에 등판해 2승 1패, 평균자책점 1.80을 기록했다. 25⅓이닝을 던져 안타 16개, 19사사구를 내줬지만 삼진 28개를 뽑아냈다.

●박지훈(전주고 투수)

2007년 1월생 / 우투우타 / 188cm·90kg /
천안남산초-경기 양평 개군중-강릉고-전주고

박지훈은 동기 중 가장 먼저 스포트라이트를 받았다. 강릉고 1학년 시절이던 2023년 제2회 신세계이마트배 결승전에 선발 등판했다. 3학년 선배 원투펀치 조대현(투구수 제한)과 육청명(재활)이 등판할 수 없는 상황에서 '난세의 영웅'으로 등장했다.

고교 입학 후 공식대회 첫 등판. 더군다나 전국대회 결승전. 상대팀은 에이스급 투수들이 즐비한 덕수고였다. 하지만 박지훈은 주눅들지 않았다. 7이닝 동안 투구수 100구로 6안타 3볼넷 4삼진 2실점(1자책점). 팀이 3-2로 앞선 상태에서 마운드에서 내려왔는데 9회말 끝내기 패배(4-5)를 당하는 바람에 빛이 바랬다.

●김민준(대구고 투수)

2006년생 / 우투우타 / 185cm—92kg
대구 포항중-대구고

호사다마였다. 1학년 11월에 토미존 수술을 받았다. 그리고는 지난해 5월 전주고로 전학했다. 동생(전주고 2학년 투수 박지황)이 강릉고의 강훈련에 적응하지 못하면서 함께 전주고로 간 것이었다.

작년 11월 연습경기에 등판해 147—148㎞/h를 찍었다. 2025년는 150㎞/h 이상 구속을 기대하고 있다. 발도 빠르고 순간적으로 힘을 쓰는 능력을 타고났다. 138㎞/h까지 나오는 슬라이더는 각도가 날카롭다.

지난해에는 신일고에서 전주고로 전학온 정우주가 에이스로 성공한 케이스를 만들었다면, 2025년는 또 다른 전학생 박지훈이 전주의 전성시대를 만들 태세다.

대구고는 매년 좋은 투수를 배출하고 있다. 전면드래프트가 시행된 2003년 이로운(SSG)과 김정운(KT)이 1라운드에 지명됐고, 지난해에는 배찬승이 1라운드 전체 3순위로 삼성에 선택됐다. 손경호 대구고 감독은 "2025년는 김민준이 계보를 이어갈 후보다"라며 추천하고 있다.

강릉고 박지훈과 함께 1학년 때부터 140㎞/h 중반대 빠른 공과 안정된 제구력, 배짱을 갖춘 가장 완성도 높은 투수로 일찌감치 주목을 받았다. 그해 봉황대기 결승전에서 마무리 투수로 등판해 3⅔이닝 2안타 1실점 역투로 팀을 우승으로 이끌어 눈길을 모았다.

지난해엔 더 성장했다. 13경기에 등판해 7승 1패, 평균자책점 1.85(39이닝 8자책점)이라는 호성적을 올렸다. 볼넷 10개(BB/9=2.3), 탈삼진 55개(K/9=12.7)로 3학년 에이스 배찬승과 원투펀치로 활약했다.

2007년생으로 동기들보다 한 살 많다. 초등학교 6학년 때 취미반으로 뒤늦게 야구를 시작하면서 중학교 1학년 때 1년 유급을 했기 때문이다. 지난해 가을 마지막 연습경기에서 151km/h를 찍었다. 체인지업, 슬라이더도 좋지만 주무기 스플리터는 프로에서도 통할 수준으로 평가받고 있다.

야수 유망주

KBO 드래프트 1라운드에선 투수가 대부분 지명된다. 하지만 야수 1라운더도 드물지만 배출된다. 전면드래프트가 부활한 2024 드래프트에서 세광고 내야수 박지환이 SSG에 지명됐다. 롯데 전미르는 지명 당시 투타 겸업이었다. 지난해 열린 2025 드래프트에선 덕수고 내야수 박준순과 강릉고 포수 이율예가 두산과 SSG로부터 호명받았다. 박준순은 시즌 첫 두 대회인 이마트배와 황금사자기에서 연속 MVP를 수상하며 주가를 올리면서 투수들을 제쳤다.

내야 포지션 중에서는 유격수가 1라운드 후보에 오를 때가 많다. 외야수라면 장타력이 돋보이거나 주루와 수비에서 확실한 강점이 있을 경우 스카우트들의 주목을 받는다.

●최재영(휘문고 유격수)
2007년생 / 우투우타 / 183cm·85kg
강남초–강남중–선린인터넷고–휘문고

2025년는 전반적으로 투수에 비해 야수 유망주 풀이 약하다는 평가지만 최재영은 5툴 유형의 대형 유격수감이라 스카우트들의 눈길이 쏠린다. 한 지방 구단 스카우트팀장은 "갖고 있는 능력치가 내야수로서 최고 수준이다. 공·수·주가 다 되는 선수"라며 "지금까지는 다 좋다. 2025년 유격수가 된다는 판단이 들면 가치가 더욱 높아져 1라운드에 지명될 수도 있는 후보"라고 설명했다.

몸에 탄력이 좋고 저돌적인 플레이를 펼친다. 타석에서 늘 자신있게 스윙하면서 빠른 배트 스피드로 빠른 타구와 장타를 생산한다는 점이 매력적이다. 지난해 20경기에서 타율 0.294에 2홈런을 기록했다. 연습경기에서는 1경기 3홈런을 쳤을 정도로 기본적인 파워를 갖추고 있다.

선린인터넷고 1학년 때 황금사자기 도루왕(6개)에 올랐을 만큼 어릴 때부터 폭발적인 주루를 자랑했다. 어깨가 강해 빠른 송구도 가능하다. 초등학교와 중학교 시절엔 포수와 외야수를 봤을 정도로 다재다능하다. 타격에서 정교함을 끌어올리는 게 과제다.
지난해 후반기에 선린인터넷고에서 휘문고로 전학갔다. 쌍둥이 동생 최재호(3루수)가 휘문고에서 주전으로 뛸 수 있어 함께 이적했다.

●박한결(전주고 유격수)

2007년생 / 우투좌타 / 178cm·75kg
전주진북초-전라BC-전주고

전주고 1학년 때부터 주전 내야수로 뛸 정도로 공·수·주에 걸쳐 천부적인 야구재능과 센스를 보여주고 있다. 1-2학년 때까지는 2루수 또는 1루수로 출장했지만 올 시즌엔 유격수를 맡는다. 초·중학교 시절의 주 포지션이기에 퍼포먼스에 대한 기대감이 더 커지고 있다.

지난해 전주고는 청룡기와 봉황대기, 전국체전 3관왕을 차지하며 고교 최고 팀으로 거듭났다. 정우주를 비롯한 막강한 투수력과 3학년 야수들의 활약이 절대적이었지만 2학년 박한결의 존재를 빼놓고 설명할 수 없다. 42경기에서 49안타를 때리면서 덕수고 3학년 박준순(50안타)에 이어 고교 최다안타 2위에 올랐다. 타율 0.350, 출루율 0.457로 좋은

선구안과 안정된 콘택트 능력도 갖췄다.

키 178cm에 몸무게 75kg. 외형만 보고 힘이 부족해 보인다면 오산이다. 강한 손목 힘과 배트 스피드, 몸통 회전력을 활용하는 타격으로 지난해에만 홈런 3방을 쳤다. 장타율은 0.579를 기록했다. 도루 16개를 성공할 만큼 주력도 좋다.

여기에 어떤 내야 포지션에 갖다 놓아도 부드러운 볼 핸들링과 넓은 수비폭을 자랑하고 있다. 그래서 유격수 자원이 필요한 팀은 박한결을 주목하고 있다.

●오시후(덕수고 외야수)

2007년생 / 좌투좌타 / 185cm·85kg
서울 갈산초-양천중-덕수고

타격 하나만으로도 가장 주목해야 할 야수다. 2학년이던 지난해 최강 전력 덕수고에서 당당히 4번 타자를 맡았다. 신세

계이마트배 결승전에서 전국 최고 투수라는 전주고 정우주를 상대로 오른쪽 펜스 중단에 꽂히는 총알 같은 동점 2점 홈런을 날렸다. 이어 밀어치는 스윙으로 좌측 펜스 상단을 때리는 결승 2루타를 터뜨리면서 팀의 우승을 이끌었다.

타석에서 흔들림이 없다. 시속 150㎞/h대 공도 길목을 지키면서 자유자재로 잡아당기고 밀어치면서 자신만의 스윙을 해냈다.

제2회 한화이글스배 고교 vs 대학 올스타전 때 고교 2학년 선수로서 유일하게 올스타에 선발됐다. 여기서도 선배들을 제치고 4번 타자로 선발 출장했다. 4번 타자답게 3타점을 뽑아내며 대회 MVP에 올랐다. 당시 경기를 중계한 '타격 레전드' 김태균 해설위원은 "몸의 밸런스로 치고 있다"면서 "저런 스윙을 2학년이 한다니"라며 놀라움을 금치 못했다.

지난해 타율 0.388(121타수 47안타)에 2홈런 49타점 출루율 0.494 장타율 0.570 OPS 1.064라는 빼어난 수치를 기록했다. 외야수로서 타구 판단 등 수비력에서 다소 미흡한 면은 있다. 하지만 2025년 홈런과 장타력에서 한층 더 발전된 모습을 보여준다면 외야수 중 최대어가 될 듯하다.

●오재원(유신고 외야수)

2007년생 / 우투좌타 / 177㎝·77㎏
경기 신도초-부천중-유신고

유신고 오재원은 공·수·주 밸런스가 잘 갖춰진 외야수다. 지난해 제13회 아시아청소년야구선수권대회 대표팀에서 2학년 선수로는 유일하게 선발됐다.

일단 고교생 중 가장 빠르다. 우투좌타로 타격 뒤 1루까지 3.7-3.8초에 도달한다. 기습번트에도 능하다. 중견수로서 수비 범위가 넓을 뿐만 아니라 강한 어깨를 갖고 있다.

1학년 때 이미 4할대 타율(0.436)을 올렸고, 주말리그 전반기 경기·강원권 타격상과 타점상을 휩쓸었다. 2학년 때에도

3할대 후반 타율(0.385)을 기록할 정도로 콘택트 능력을 타고났다. 선구안이 좋아 출루율 0.500을 기록했다. 도루도 21개나 성공했다. 홈런은 없지만 2루타와 3루타 생산으로 장타율도 0.564를 찍었다. OPS는 1.064.

키 177㎝에 몸무게 77㎏으로 체격이 크지 않다. 하지만 다부지다. 유신고 선배 정수빈(두산)의 플레이도 유심히 보지만, 같은 우투좌타인 박해민(LG)을 롤모델로 삼고 있다.

_이재국 스포팅제국 대표(SPOTV 고교야구 해설위원)

사진
KIA 타이거즈 삼성 라이온즈 LG 트윈스 두산 베어스 KT 위즈
SSG 랜더스 롯데 자이언츠 한화 이글스 NC 다이노스 키움 히어로즈
n2shot 게티이미지

프로야구 넘버스 북 2025

2025년 3월 12일 1판 1쇄 인쇄
2025년 3월 24일 1판 1쇄 발행

신동윤 신원철 이성훈 최민규 황규인 **지음**

발행인 황민호
본부장 박정훈
편집기획 신주식 김선림 최경민 윤혜림
마케팅 조안나 이유진
국제판권 이주은
제작 최택순 성시원

발행처 대원씨아이(주)
주소 서울특별시 용산구 한강대로 15길 9-12
전화 (02)2071-2018
팩스 (02)797-1023
등록 제3-563호
등록일자 1992년 5월 11일

www.dwci.co.kr

ISBN 979-11-423-1253-3 13690